*How to Use Herbs,
Nutrients & Yoga in Mental Health*

メンタルヘルスケアのための
統合医学ガイド

著：リチャード・P・ブラウン　Richard P. Brown
　　パトリシア・L・ゲルバーグ　Patricia L. Gerbarg
　　フィリップ・R・マスキン　Philip R. Muskin
訳：飯野彰人（児童精神科医）　Iino Akihito

法研

HOW TO USE HERBS, NUTRIENTS AND YOGA IN MENTAL HEALTH CARE
by Richard P. Brown, M.D., Patricia L. Gerbarg, M.D., and Philip R. Muskin, M.D.

Copyright © 2009 by Richard P. Brown, M.D., Patricia L. Gerbarg, M.D., and Philip R. Muskin, M.D.

Japanese translation rights arranged with W. W. Norton & Company, Inc.
through Japan UNI Agency, Inc., Tokyo

～ 直観とやさしさと ～

医療法人直心会 帯津三敬病院 名誉院長
帯津良一

　医療とは、"治し"と"癒し"の統合です。治しとはからだの一部に生じた故障をあたかも器械のそれを修理するかのように直すことをいい、主として西洋医学がこれを担当します。一方、癒しとは下降したいのちのエネルギーを回復上昇させることをいい、主として代替療法がこれを担当します。

　ところで、"いのち"とはなんでしょうか。私たちの体内には電磁場や重力場のように、まだ発見されないとはいえ、より生命に直結した物理量が分布して生命場を形成しています。この生命場のエネルギーがいのちであり、刻々と変化する生命場の状態が脳細胞を通して外野に表現されたものが"こころ"だとすると、こころとは生命場と脳細胞の働きが統合されたものということになります。

　つまり、主としてからだを対象とするのが西洋医学、主として生命場を対象とするのが代替療法。そしてからだと生命場の掛橋を対象とするのが"こころの医学"という図式が成り立ちます。

　そして統合とは英語のインテグレイト（Integrate）つまり積分のことで単なる足し算ではないのです。そして積分とは双方を一旦解体したものを集めなおして、まったく新しい体系を築くことなのです。並大抵のことではありません。

　さらに西洋医学といい、代替療法といい、こころの医学といい、いずれ

も互いに切磋琢磨する医療の担い手なのです。互いの立場を尊重(そんちょう)こそすれ反発しあっている暇はないのです。代替療法は科学的根拠が乏しいという非難がいまだに聞こえてきますが、科学がいのちを解明しきっていない現在、これにアプローチする方法が万全な科学的根拠を備えるわけにはいかないのです。

　すでに得られている科学的根拠は尊重しながら、足りない部分は直観をもって補えばいいのです。分析と直観の統合ですよ。さらにはここにやさしさが伴わなければなりません。代替療法は本来、やさしさあふれる治療法なのですから。

　本書は心の治療法の根底に本来の統合医学をしっかりと据(す)え、多くの研究成果を分析した結果を、これまた本来の直観とやさしさで包んで評価した好著です。そのうえ翻訳者に填(は)まり役を得ました。飯野彰人さんは、我が気功の盟友。練功中の彼からは直観とやさしさがあふれています。さあ、心の治療の新しい地平が開けてきますよ！

目　次

〜直観とやさしさと〜 ……………… 2

本書のご利用にあたって ……………… 10

序章 …………………………………… 11

第1章　統合的メンタルヘルスケア
（心の健康管理）の基本原則 ……… 14
　倫理綱領 ……………………………… 19
　責任問題 ……………………………… 19
　まずはじめに：鑑別診断 …………… 24
　CAM（補完代替医療）の導入 …… 25
　　ストレスに注目する ……………… 26
　　最高の結果を得るために ………… 28

第2章　気分障害 ……………………… 29
　機能性食品 …………………………… 33
　　S-アデノシルメチオニン、
　　アデメチオニン ………………… 33
　　副作用 ……………………………… 36
　　うつ病治療に対するSAMeの使用法
　　…………………………………… 36
　　SAMeの投与量 ………………… 38
　　ビタミンB群の併用によるSAMeの
　　効果増強 ………………………… 38
　　臨床における適応疾患と実践的考察
　　…………………………………… 39
　　抗うつ薬の効果を増強するSAMe
　　…………………………………… 40
　　うつ病、関節炎、線維筋痛症 …… 41
　　うつ病と肝疾患 …………………… 42
　　うつ病とパーキンソン病 ………… 43
　　うつ病とHIV感染症 …………… 45
　　小児のうつ病 ……………………… 46
　　SAMeの品質と効力 …………… 46
　気分障害に用いるハーブ …………… 47
　　セイヨウオトギリソウ …………… 47
　　セイヨウオトギリソウの副作用 … 49

　　うつ病治療のためのセイヨウオトギ
　　リソウの使用法 ………………… 50
　　セイヨウオトギリソウによる抗うつ
　　薬の効果増強 …………………… 52
　　身体表現性障害 …………………… 52
　　季節性感情障害 …………………… 53
　　製品の品質と効力 ………………… 53
　　イワベンケイ ……………………… 54
　　うつ病と更年期障害 ……………… 55
　　イワベンケイの副作用 …………… 55
　　臨床適応 …………………………… 56
　　イワベンケイ商品の品質と効力 … 57
　気分障害に用いるビタミン ………… 57
　気分障害に用いる栄養素 …………… 61
　　オメガ-3脂肪酸 ………………… 61
　　オメガ-3脂肪酸とうつ病 ……… 62
　　オメガ-3脂肪酸と双極性障害 … 64
　　小児や青年の双極性障害 ………… 65
　　境界性パーソナリティ障害や自傷患
　　者に対するオメガ-3脂肪酸 …… 65
　　副作用と危険性 …………………… 66
　　オメガ-3FA製品 ……………… 67
　　双極性障害に対するコリン ……… 67
　　イノシトール ……………………… 67
　　5-ヒドロキシトリプトファン …… 68
　　5-HTPの副作用、危険性、相互作用
　　…………………………………… 69
　　N-アセチルシステインの双極性障害
　　への使用 ………………………… 70
　アーユルヴェーダ医学 ……………… 71
　ホメオパシー ………………………… 72
　気分障害に対するホルモン：
　DHEAと7-keto DHEA …………… 73
　　副作用：DHEAより副作用が少ない
　　7-keto DHEA …………………… 74
　　うつ病に対するDHEA ………… 74
　　HIV/AIDS患者に対するDHEA … 76
　　PTSD（心的外傷後ストレス障害）や

双極性障害に対する7-keto DHEA
　　　　　　　　　　　　　　　　　　76
　　気分障害に用いる心身医療 …… 77
　　　うつ病に対するヨガ …………… 77
　　　アイアンガーヨガ ……………… 79
　　　シャバアサナ（ヨガ）………… 81
　　　ハタヨガ ………………………… 81
　　　気功 ……………………………… 81
　　　ヨガの呼吸法：スダルシャンクリヤ
　　　ヨガ（SKY）…………………… 82
　　　うつ病に対する運動 …………… 84
　　困難な症例：統合治療のための多層的
　　方法 …………………………………… 85
　　　うつ病のための統合的治療法 … 88
　　　双極性障害のための統合的治療法
　　　　　　　　　　　　　　　　　　89

第3章　不安障害 ……………………… 93
　　ストレス反応系 ……………………… 94
　　　副交感神経系（PNS）の活動性の測
　　　定方法 …………………………… 97
　　　副交感神経系（PNS）の活性化 … 97
　　　感情の末梢の形：内受容 ……… 100
　　心身医療 …………………………… 103
　　　不安障害に対する心身医療の調査研
　　　究 ………………………………… 104
　　　干渉呼吸法、共鳴呼吸法 ……… 104
　　　気功 ……………………………… 107
　　　スダルシャンクリヤヨガ（SKY）
　　　　　　　　　　　　　　　　　　108
　　　脳波の干渉や同調性に対するSKYの
　　　影響 ……………………………… 109
　　　解離、分裂、長期間の同調性 … 111
　　　仮説：SKYと心的外傷（トラウマ）
　　　　　　　　　　　　　　　　　　112
　　　シャンティクリヤヨガ ………… 113
　　　クンダリーニヨガと認知行動療法
　　　　　　　　　　　　　　　　　　113
　　　アイアンガーハタヨガ ………… 114
　　　太極拳 …………………………… 115
　　　サハジャヨガ …………………… 115
　　　ハワイの「ハァ」呼吸法 ……… 115
　　　マントラ復唱法と瞑想 ………… 116
　　　仏教の瞑想法 …………………… 117
　　　ヨガのポーズ、呼吸法、瞑想法 … 117

　　　マインドフルネス瞑想法とマインド
　　　フルネスストレス低減法 ……… 118
　　　超越瞑想 ………………………… 119
　　　自由焦点（オープンフォーカス）瞑
　　　想法 ……………………………… 119
　　臨床現場での心身医療の技法 …… 120
　　　簡単、安全で効果的な呼吸法 … 120
　　　不安障害に対するウジャイ呼吸法
　　　　　　　　　　　　　　　　　　121
　　　片鼻交替呼吸法 ………………… 123
　　心的外傷後ストレス障害（PTSD）
　　　　　　　　　　　　　　　　　　124
　　　退役軍人や現役軍人、戦争から生還
　　　した民間人 ……………………… 124
　　　大規模災害の生存者 …………… 127
　　　感情的、身体的、性的虐待の犠牲者
　　　　　　　　　　　　　　　　　　129
　　恐怖症と心身医療 ………………… 132
　　強迫性障害 ………………………… 134
　　睡眠障害 …………………………… 134
　　心身療法の注意：危険を最小に、効果
　　を最大に …………………………… 135
　　　妊娠 ……………………………… 136
　　　身体疾患 ………………………… 136
　　　けいれんを伴う疾患 …………… 136
　　　双極性障害 ……………………… 136
　　　境界性パーソナリティ障害などの重
　　　度のパーソナリティ障害 ……… 137
　　　精神病 …………………………… 137
　　　不安障害 ………………………… 138
　　　心的外傷後ストレス障害（PTSD）
　　　　　　　　　　　　　　　　　　138
　　精神療法や精神分析を円滑にするヨガ
　　　　　　　　　　　　　　　　　　140
　　補完治療としてヨガを導入する時機
　　と方法 ……………………………… 142
　　介護者のストレス：心身医療が医療従
　　事者自身の役に立つ ……………… 144
　　不安障害や不眠症に用いるホルモン
　　　　　　　　　　　　　　　　　　145
　　　メラトニン ……………………… 145
　　　レム睡眠行動障害 ……………… 147
　　　広汎性発達障害や自閉症 ……… 148
　　　時差ぼけと高地生活 …………… 148
　　　ベンゾジアゼピン離脱症候群 … 150

臨床での治療指針、安全性と副作用 …… 151
心的外傷後ストレス障害と
7-keto DHEA …… 151
不安障害や不眠症に用いるハーブや栄養 …… 155
　カヴァ …… 155
　イワベンケイ …… 157
　軍隊でのストレスとアダプトゲン：イワベンケイ属やウコギ属、ゴミシ属 …… 157
　セイヨウオトギリソウ …… 159
　吉草 …… 159
　レモンバーム …… 161
　吉草とレモンバーム …… 161
　吉草とカヴァ …… 162
　トケイソウ …… 162
　テアニン …… 163
　γ-アミノ酪酸（GABA） …… 164
　イチョウ …… 166
　カモミール …… 167
　オメガ-3脂肪酸 …… 167
　臨床現場での不安や不眠に対するハーブ使用時の注意点 …… 168
　ホメオパシー …… 169

第4章　認知記憶障害 …… 174
脳機能に対するCAM治療の効果を理解する、10の重要な概念 …… 175
神経発達と神経保護：オメガ-3脂肪酸とビタミン …… 178
　オメガ-3脂肪酸 …… 178
　ビタミン …… 181
　ビタミンB群、葉酸、ホモシステイン …… 181
　S-アデノシル-L-メチオニン（SAMe） …… 182
　ピカミロン …… 186
ミトコンドリアにおけるエネルギー産生増強と抗酸化保護 …… 188
　コエンザイム（補酵素）Q10、イデベノン、ユビキノール …… 188
　アセチル-L-カルニチン …… 189
コリン作用増強薬 …… 191
　ガランタミン：スノードロップ …… 191
　シチコリン、CDP-コリン …… 192
　フペルジン-A …… 193
ハーブの代替治療 …… 195
　アダプトゲン …… 195
　イワベンケイ …… 196
　チョウセンゴミシ …… 202
　エゾウコギ …… 203
　ニンジン（オタネ、チョウセン） …… 203
　アシュワガンダ …… 205
　インテリジェンスプラス …… 205
　マカ …… 205
　困難な症例に対するアダプトゲンの組み合わせ：認知障害と易疲労感 …… 206
認知機能増強のための他のハーブ …… 211
　レモンバーム、セージ、スパニッシュセージ …… 211
　ビンポセチン …… 212
　イチョウ …… 214
　オトメアゼナ …… 215
向知性薬 …… 217
　セントロフェノキシン、BCE-001 …… 218
　ラセタム …… 220
　セレギリン …… 221
　αリポ酸 …… 223
　ホスファチジルセリン …… 223
麦角誘導体 …… 226
　ヒデルギンとニセルゴリン …… 226
認知増強ホルモン …… 227
　DHEA …… 227
　メラトニン …… 229
神経療法 …… 230

第5章　注意欠陥障害と学習障害 …… 237
食事療法 …… 242
　亜鉛 …… 243
　鉄 …… 244
　S-アデノシルメチオニン（SAMe） …… 244
　アミノ酸：トリプトファン、フェニルアラニン、レボドパ、L-チロシン …… 245
　アセチル-L-カルニチン …… 246

オメガ-3脂肪酸 …………… 246
ジメチルアミノエタノール、メクロフェノキセート …………… 247
認知活性薬（脳機能改善薬）…… 247
　ハーブ …………………… 248
　ピクノジェノール ………… 249
　オトメアゼナ ……………… 249
バイオフィードバックと神経療法 … 250
失読症や学習障害 ……………… 251
　ラセタム：ピラセタム、アニラセタム
　……………………………… 251
ADHDや学習障害に用いる心身医療
　……………………………… 252
　瞑想 ………………………… 252
　マッサージ、前庭刺激法、チャンネル固有の知覚訓練法 ……… 254
ADHDや学習障害のための統合的治療法 …………………………… 254
　ADDやADHDに対する統合的治療法 ……………………………… 257
　12歳未満の小児 …………… 259
　12〜18歳の青年 …………… 260
　成人のADDもしくはADHD患者
　……………………………… 260

第6章　精力増強（性機能強化）とライフステージにおける諸問題　264
女性のライフステージにおける諸問題
　……………………………… 265
　月経前症候群（PMS）と月経前不快気分障害（PMDD）………… 265
　ビタミン、必須元素、栄養素 …… 267
　ハーブと植物抽出薬 ……… 270
　心身医療の介入 …………… 273
　鍼治療 ……………………… 274
　光療法 ……………………… 274
　PMSやPMDDに対する統合的治療方法 …………………………… 275
　妊娠と産後 ………………… 276
　周産期のオメガ-3脂肪酸 … 276
　妊娠中の高照度光療法：分娩前のうつ病 ……………………… 278
　周産期双極性障害 ………… 279
　妊娠中や産後うつ病に対するS-アデノシルメチオニン（SAMe）…… 280

不安障害やストレス、心的外傷後ストレス障害に対する心身医療 …… 281
女性の閉経 …………………… 283
　ハーブと栄養素 …………… 287
　大豆とイソフラボン ……… 287
　閉経期の顔面紅潮に対する向精神薬の適応外使用 ……………… 294
　閉経前後の認知や記憶、気分に関する疾患 ……………………… 294
　閉経症状のための心身医療 …… 297
　閉経に関する疾患に対する統合的治療法 ……………………… 298
女性の性機能強化と妊孕性（妊娠しやすさ）………………………… 300
　アルギニン、アルギンマックス … 302
　閉経後の女性に対する性的興奮のためのDHEA ………………… 303
　女性の性機能不全に対する統合的治療法 ……………………… 303
　女性の妊孕性 ……………… 304
　ハーブ ……………………… 304
男性の性機能強化と妊孕性 …… 306
　勃起障害 …………………… 306
　ヨヒンビン ………………… 306
　DHEA ……………………… 307
　ニンジン …………………… 307
　イチョウ …………………… 308
　ピクノジェノール ………… 308
　ムイラプアマ ……………… 309
　マカ ………………………… 310
　アルギニン、アルギンマックス … 311
　アセチル-L-カルニチン …… 312
　前立腺肥大症と性機能不全 …… 313
　ノコギリヤシ ……………… 314
　ピジウム …………………… 315
　セイヨウイラクサ ………… 315
　男性の妊孕性 ……………… 317
　ビタミンと必須元素 ……… 317
　栄養 ………………………… 318
　男性の性機能不全に対する統合的治療法 ……………………… 318

第7章　統合失調症や他の精神疾患
　……………………………… 324
ハーブ ………………………… 326

イチョウ ………………… 326
　　セイヨウオトギリソウ ………… 327
　向知性薬 …………………… 328
　ホルモン治療：メラトニンやDHEA
　　……………………………… 328
　　メラトニン ………………… 328
　　DHEA ……………………… 329
　栄養とビタミン …………… 330
　　オメガ-3脂肪酸：エイコサペンタエ
　　ン酸（EPA）………………… 330
　　N-アセチルシステイン（NAC）
　　……………………………… 331
　　ビタミンB群 ……………… 333
　　抗精神病薬治療による体重増加 … 334
　　ハーブや栄養素、メラトニン … 334
　処方薬の効果補強戦略：適応外使用
　　……………………………… 337
　心身医療：瞑想、ヨガの呼吸法、ヨガ
　のポーズ …………………… 338

第8章　がん等の身体疾患 ……… 341
　担がん患者への統合的治療法 …… 342
　　精神腫瘍学 ………………… 342
　　がん関連疲労、化学療法、免疫抑制
　　……………………………… 345
　　アダプトゲンは肝臓や骨髄を保護し
　　ながら化学療法を補強する … 346
　　イワベンケイ ……………… 346
　　アダプトゲンを組み入れた治療 … 348
　　アーユルヴェーダ医学 …… 348
　　アシュワガンダ …………… 349
　　アムリットカラシ ………… 350
　　ビオストラス ……………… 350
　　がん関連疼痛に対するCAM … 351
　　心身医療の実践 …………… 351
　　マインドフルネスストレス低減法
　　（MBSR）…………………… 352
　　チベットヨガ ……………… 352
　　アイアンガーヨガ ………… 353
　　クンダリーニヨガ ………… 353
　　スダルシャンクリヤヨガ（SKY）
　　……………………………… 354
　　腫瘍の専門職や介護者のストレス
　　……………………………… 358
　　スダルシャンクリヤヨガ（SKY）

　　……………………………… 358
　　心血管系疾患 ……………… 358
　　慢性疲労症候群、線維筋痛症、関節炎
　　……………………………… 360
　　S-アデノシルメチオニン（SAMe）
　　……………………………… 360
　　他の方法：鍼治療、マグネシウム、
　　カルニチン、セイヨウオトギリソウ
　　……………………………… 361
　　イワベンケイ ……………… 362
　　外気功療法 ………………… 364
　　スダルシャンクリヤヨガ（SKY）
　　……………………………… 365
　　CFSやFMSに対する統合的治療方法
　　……………………………… 365
　ヒト免疫不全ウイルス（HIV）、AIDS
　や肝炎と生きる患者 ………… 367
　　S-アデノシルメチオニン（SAMe）
　　……………………………… 367
　　イワベンケイ ……………… 368
　　アセチル-L-カルニチン …… 368
　　心身（霊）医療の実践 …… 368
　　マントラ復唱法 …………… 369
　　マインドフルネス瞑想と集中的瞑想
　　（クンダリーニ）…………… 370
　　アートオブリビング財団のSKY
　　……………………………… 370
　過敏性腸症候群（IBS）……… 371
　　ヨガのポーズと右鼻孔呼吸法 … 372
　　リラックス法とイメージ療法 … 372
　　IBSに対する統合的治療方法 … 373

第9章　物質乱用 ………………… 377
　心身医療 …………………… 378
　　気功 ………………………… 379
　　スダルシャンクリヤヨガ（SKY）
　　……………………………… 381
　　ハタヨガ …………………… 381
　ハーブや栄養 ……………… 384
　　ビタミンB_1 ……………… 385
　　マグネシウム ……………… 385
　　タウリンとアカンプロサート … 385
　　アセチル-L-カルニチン（アルカー）
　　……………………………… 386
　　N-アセチルシステイン（NAC）

……………………………… 386
　　魚油由来のオメガ-3脂肪酸 ……… 387
　　S-アデノシルメチオニン（SAMe）
　　　……………………………… 387
　　トケイソウ ……………………… 390
　　動物実験ではアルコール摂取量を減
　　らしたハーブ …………………… 390
　　チョウセンニンジン …………… 391
　　クズ ……………………………… 391
　　メンタト ………………………… 391
　　ドネペジル ……………………… 392
　最新技術を用いた補完的治療法 …… 392
　統合的治療法 …………………………… 393
　胎児性アルコール症候群 ……………… 395

第10章　薬物による副作用のための補完代替医療（CAM） ……………… 398
　身体症状 ……………………………… 400
　　衰弱、倦怠感、傾眠 …………… 400
　　多汗症（過剰な発汗） ………… 400
　　体重増加 ………………………… 401
　　ロードデンドロンカウカシウムとイ
　　ワベンケイ ……………………… 402
　胃腸症状 ……………………………… 404
　　口渇 ……………………………… 404
　　吐き気、嘔吐 …………………… 404
　　肝機能不全 ……………………… 405
　　便秘と痔 ………………………… 405
　神経系 ………………………………… 406
　　アカシジア ……………………… 406
　　下肢静止不能（レストレスレッグ
　　ス）症候群（RLS） …………… 406
　　遅発性ジスキネジア（TD） …… 406
　　認知や記憶の障害、換語困難 … 407
　　不眠 ……………………………… 407
　性機能不全やホルモン変化 ………… 408
　　無オルガズム症 ………………… 408
　　勃起不全 ………………………… 408
　　性欲低下 ………………………… 408
　　生理不順、乳汁漏出、乳房痛 … 408
　心血管系 ……………………………… 409
　　足背の浮腫 ……………………… 409
　筋骨格系 ……………………………… 409
　呼吸器系 ……………………………… 410
　血液系疾患 …………………………… 410

　　脱毛 ……………………………… 411

付録A　CAM用製品の一覧 ……… 412

付録B　医薬品一覧 ……………… 420

訳者あとがき ………………………… 422

索引 …………………………………… 424

編集協力　村木美紀子
本文デザイン・DTP　株式会社RUHIA
装丁　澤田かおり（トシキファーブル）

本書のご利用にあたって

　本書は2012年にアメリカで発行された書籍『How to Use HERBS, NUTRIENTS & YOGA in Mental Health Care』を翻訳しています。そのため内容が日本の医療制度、または市場に合っていない場合があります。日本で手に入らない薬剤、製品、サービス等が掲載されている場合もありますのでご了承ください。

　また、本書を参考に実際の治療法を検討される場合には、必ず医師の判断を仰ぎ、またご使用になる製品についても最新の情報をお確かめください。

　本書に掲載されている各治療法、健康法、また製品等に関するお問い合わせには、編集部、訳者はお答えできません。

序章

　医療者の助言の有無によらず、補完治療は消費者の大多数に利用されています。医師や施術者の多くは、ハーブや心身医療が健康によいと思ってはいますが、臨床現場に持ち込むことは躊躇しています。それは理解できます。なぜなら研修時代にCAM（補完代替医療）の講義を受けた人は少ないからです。

　一度プロとして医療現場に出ると、数百ものハーブの使用法を習得するような時間はなく、精神科では大変重要である老練な臨床家に指導を仰ぐ機会（スーパービジョン）を得ることも困難になります。

　大きな効果を得られ、最小の副作用で済む、根拠に基づいた治療法に注意を向けることができれば、臨床家はCAMについて十分な専門知識を身につけ、不要なリスクを避けながら最良のCAMを患者に紹介することができます。

　自身の健康を高め、病気を予防し、老化を遅らせ、健康管理に選択肢を増やすために、CAMを行う人がいます。

　一方、処方薬の効果に満足していなかったり、薬の副作用に耐えられない、あるいは長期使用による副作用の出現を恐れている人もいます。

　残念ながら、この分野の知識と経験のある医療関係者の指導がないために、患者の多くは、たくさんの誤った情報や、特定の商品を推奨することで利益を得る者の犠牲になっています。

　この本では、私達が実際に臨床現場で使用し、患者にとても役に立ち、比較的実行しやすく、副作用が少ないCAM治療に集中しています。

　健康管理の専門家の側にこれらの知識があると、患者らの不安に配慮しつつ治療計画を組み立てて、健康を増強し、病気を予防し、最小の副作用で、症状の改善が適切にできるでしょう。

クリニックで遭遇する一般的な症状に対して、多層的な治療決定を行うと、まず最初にどの治療を行い、さらなる改善を期待して、どのように補完的治療を重ねていけばよいかがわかるようになります。
　症状ごとに、庭に茂るハーブの中から最良のものを選び、最小時間で実行可能な心身医療の技法を紹介します。どの章においても、最も役に立つCAM治療から順番に紹介しています。

　この本は、CAMの知識を広げたり、臨床現場において安全に最新の治療法を応用したい臨床家に利用されるでしょう。また学生の勉強の手引きとして、メンタルヘルスを含む医療教育現場において、CAMについての教材や症例を提供しています。
　この本では、気分障害や不安障害、認知記憶障害、ホルモンに関連する疾患、人生の各段階における諸問題、身体疾患に伴う精神的側面、統合失調症、物質乱用など、精神科領域の主要な領域を網羅しています。消費者や臨床家は、自分自身や家族が多くの健康問題に直面しています。これらに対する、実践的な情報源をこの本の中に見出せます。
　たとえば、第5章（注意欠陥障害と学習障害）においては、薬物治療に代わる代替治療を探している家族の助けになるでしょう。
　女性らは、月経前症候群や不妊症、妊娠前後の気分障害、閉経に伴う身体や認知の変化、性的能力の向上に対して、新しい治療法を発見できます。
　認知記憶障害の章では、加齢に伴う記憶低下や脳卒中後、外傷性脳障害、アルツハイマー病、パーキンソン病を持つ患者の、精神機能や生活の質（QOL　Quality of life）を改善する方法を紹介しています。
　がんやHIVのような身体疾患を持つ患者の精神や感情面の幸福をもたらす情報については、第8章（がん等の身体疾患）に示されています。
　この本を端から端まで読むも良し、必要な部分だけ拾い読みするも結構です。本書があなたにとって、補完医療や心身医療の分野で日々発見されることを学び続ける一助になることを望んでいます。

どの章でも、メンタルヘルスの広い領域の中の主要な診断分類について触れています。これらの分類に含まれる疾患について、著者らが有益であると認め、実際に経験した補完代替治療が述べられています。

各治療法について、研究結果や臨床経験、危険性、有益性が論じられています。そして症例報告もあり、これは臨床現場において、どの患者もできる限り完全な寛解に近づくように、補完治療をどのように適用するか、また、薬物療法や精神療法などの標準的治療にどのように組み合わせるかという実践法を提示しています。

「臨床の金言」では、重要な知識の要点を示しています。

要約一覧や表、付録も添付しています。

読者が興味のある分野のさらなる情報を得る一助となるよう、参考文献その他の情報源も掲載しています

この本は、標準的な精神医療に代替補完医療を統合するための手引きとして著しました。CAMのあらゆる方法が載っている百科事典ではなく、むしろ多くの臨床家のために、現場で役に立つ治療法に焦点を当てています。

治療法は、患者の必要性や医学的状況、身体状況、他の薬物との前後関係の中で決めた方がよいでしょう。

主治医は常に、すべてのCAMの治療や治療計画、そして知りうる限りの副作用を患者に説明すべきです。

各章の最後に掲載している表では、一般的な副作用について概説していますが、すべての副作用や相互作用には及んでいません。

特定のCAMを安全に行うためには臨床的判断が重要であり、特定の治療法について、入手可能な情報をさらに確認することをお勧めします。

なお多くの処方薬と同じく、ほとんどのCAM治療の小児、妊婦、授乳中の女性に対する安全性は確立されていません。

第1章 統合的メンタルヘルスケア（心の健康管理）の基本原則

統合的メンタルヘルスケア（心の健康管理）は、ライフスタイルを含む全人格（身体、心、精神）を考慮に入れて行います。患者と治療者の関係が大切で、通常の医療や代替、補完医療など、すべての治療法を適切に使用して行います。

〜アリゾナ大学統合医学科プログラムによる統合医療の定義より〜

あなたが一般開業医、精神科医、神経内科医、内科医、あるいは他の医療専門職、心理学者、看護師、ソーシャルワーカー、カウンセラー、医師助手、カイロプラクティック治療家、理学療法士、鍼師、心身療法家、栄養士、ホメオパシー治療家、歯科医、その他の人を癒すどの職種であっても、既にそれぞれの臨床分野において、良い治療を行うための基本原則というものがあるでしょう。

皆さんが行う補完代替医療（CAM）をよりよいものにするため、そしてCAM治療を既知の治療の中に自然に取り入れていくことについて、私達はいくつかの提案をします。

カリフォルニア大学サンフランシスコ校の健康科学の教員らを対象にした、情報入手行動に関する調査によると、彼らの大多数が、自らの研究、教育、診療のために必要なCAM情報を入手できていないと言っています（Owen & Fang, 2003）。

役に立つ情報の入手経路は、回答者の41％は「インターネット」、40％は「医学雑誌」であった一方、46％は「信頼できる同僚」に頼っていました。信頼できる情報は、臨床の基礎となります。

各章では、私達が臨床で役に立つと確認した治療法を紹介しており、付

録Aには高品質な製品を入手するための情報を記載しています。

　CAM治療法に関する科学的情報は、質量ともにかなりバラつきがあります。治療者はCAM治療を用いる際に、不確実な中で行わなければなりません。CAMの各治療法についての科学的研究の範囲と有効性を示すことに加えて、私達はこの不確実な状況下で治療方針を決定しています。

　調査研究がなくても、ハーブの潜在的効果にはあまり関係ありません。一方、製薬会社は十分な利益を上げられるかどうか、二重盲検偽薬対照試験（DBPC）を行う費用（約6千万円から2億4千万円）を稼げるかどうかに興味を持っているため、注意しなければなりません。

　合成薬品とは異なり、通常、自然のハーブは特許で保護することができないため、製薬会社は研究費用を回収するために独占販売から十分な利益を得られません。多くの会社は、「独自のハーブの調合」に対して特許を取得します。

　CAM治療では、大規模対照研究がほんの少ししか存在せず、その多くは予備研究や先行研究によるデータです。CAM治療について、研究がさらに重ねられ、もっと良い結果が出るのを待つのか、それとも実際に使用してみるか、臨床家は決断しなければなりません。

　医療専門家は、「二重盲検無作為偽薬対照（DBRPC）試験」を、最も高い研究基準（エビデンスレベル）であると認めていますが、多くの場合、その結果が有効性や安全性を保証するわけではありません。

　試験では良い結果が得られた多くの薬が、市場に出た後に、薬効不足や重い副作用のため、市場から消えてゆきました。

　その一因として、多くの研究で"合併症を持つ患者はあらかじめ除外する"など治験参加者の注意深い選別を行っていることが挙げられます。これは臨床現場の患者の実態とは違っているのです。

　さらに、6週間以上調査が行われることは稀です。長期使用の効果に関する情報が得られることはほとんどありません。

　合成薬品よりも、予備研究結果に基づくCAM治療を用いるようお勧めするのは、いくつかの理由があります。

第1章　統合的メンタルヘルスケア（心の健康管理）の基本原則

　まず、そもそも合成薬品は生態系にはまったく新しいものです。一方、CAMの多くは数百年以上にわたり使用され、あらゆる年代のさまざまな健康状態の人々に使用されてきました。ですので、対象を健常者に絞り6週間だけテストされた合成薬品よりも、安全性や起こりうる副作用がよく知られているのです。

　第2に、一般的にCAMは、処方薬や手術よりはるかに副作用が少なく、作用も穏やかです。CAMは比較的安全性が高いので、科学的な研究結果が限られていても、治療を試みることが多いのです。

　補完治療を行うかどうかを決めるには、状況と選択が大切です。患者の苦しみが強く、標準的治療で効果がなかったり、副作用に耐えられない場合は、副作用や危険性の少ない代替治療を提案するのがよいでしょう。

　エビデンスの確かさは、治療を選択する際の調査研究の質的、量的評価と等しいです。

　たとえば、多くの人数が参加したDBRPC試験が6つあれば、確かなエビデンスとなるでしょう。一方、たった一つの調査研究もしくは非盲検非対照試験であれば、証拠としての水準は低くなります。臨床ではいろいろな条件があるので、最高の証拠がある治療法以外を無視するよりも、さまざまな水準のエビデンスを参考にした方がよいと考えます。

　低いレベルの証拠しかなくても、臨床家がCAM治療を患者に薦める可能性のある場面を、以下に列挙します。

1. 患者は標準治療を試みたが反応しなかった。
2. 患者が標準治療の副作用に耐えられない。
3. 患者に別の疾患があり、標準治療で効果がない。
4. 標準治療や他の治療戦略により症状はやや緩和したが、まだ主症状標がある。
5. 治療薬が必要で内服しているが副作用を生じており、その副作用がCAM治療で緩和できる可能性がある。
6. 危険因子の影響を緩和するもしくは減らしたい患者、たとえばアルツ

ハイマー病の家族歴、喫煙歴、頭部外傷歴など。
7. 疾患の予防、アンチエイジング、機能増強（たとえば認知機能や性機能）を、最大限探求したい患者。
8. 標準治療をすぐに得られない場合、たとえば大規模災害や戦争地帯の人々など。
9. 標準治療薬に合わない人や、CAMを始めるのに抵抗のない人。
10. 標準治療による薬物の費用が高すぎて、安価な代替治療を望む患者。

　まず臨床家は少数のCAM治療から始めて、経験を積み重ねながらより深い知識に発展させていくとよいでしょう。そして徐々に、CAM治療のレパートリーを増やしていきます。
　ヘルスケアのすべての分野においていえますが、自分の限界を知り、患者へ害のない治療を目指すため、自分以外の治療者にいつ紹介するか、時宜をはかるのは大切なことです。
　標準治療の中でよい臨床判断を下すための原則はCAMにも当てはまり、客観的に危険と治療効果を比べること、どの治療も証拠に基づく評価をすること、患者個人の必要性に治療を合わせる柔軟性、危険を減らすことなどが重要です。この方法を採れば、CAMの専門家と同じ手法で、患者にとってよい情報を発見できるでしょう。
　もし専門家を見つけられたら、その人の講演に参加したり、必要とあれば専門的な意見を求めることができます。文献を読むことで、文献リストの中に貴重な情報を探せるでしょう。
　さらに、CAM治療の作用機序を理解するのも必須です。XのハーブをYの症状に使うというのは、限定的な使い方にすぎません。治療の作用機序を正しく理解すると、薬との相互作用を含め、患者に与えるすべての影響をよりよく理解できます。専門の学会や学術団体など有名な組織が提供しているCAMの講義やコースを探してみてください。
　CAMに使われる製品の質には、かなりバラつきがみられます。臨床家は、銘柄ごとの品質の良し悪しがわからないととても困ります。ビタミン

Cのような安定した栄養補助食品は、大規模で信頼が高い企業の製品が入手できます。しかしハーブ製品の純度と有効性は、ハーブが成長した場所、収穫された時期、抽出方法などに左右されます。

S-アデノシルメチオニン（SAMe）のような特定の栄養成分はとても不安定で、製造方法だけでなく、錠剤の製造工程や包装にも注意する必要があります。

製造や方法に特別な注意が必要な栄養補助食品について、付録Aに高品質と考えられる製品の一覧を示しました。これは臨床家が、信頼のおける製品を選ぶのに役立ちます。しかしこの一覧表は、すべての製品を網羅している訳ではありません。この表に載っていないから劣っているという訳でもありません。

高品質のハーブ製品の一覧表を作る際には、以下の情報源を参考にしています。

1. いくつかの企業には、材料の供給源や抽出・製造法、また、純度の証明をする高圧力液体クロマトグラフィによる調査報告書、当該製品を用いて行われたすべてのテストや臨床実験の報告書、有効期限（完全な効力が商品棚でどのぐらい持続するか）に関する試験の証拠等、詳細な情報を提供するよう求めました。それらの情報や文章が提供されなかった場合、その企業の製品はリストに載せていません。
2. 効果が対照試験で証明され、その効果が査読を要する雑誌に投稿されている製品は、高品質であると考えました。
3. コンシューマーラボ（CosumerLab）やサプリメントウォッチ（SupplementWatch）のような、独立した調査機関から得た情報も使用しました。
4. 長年にわたり臨床現場で使用され、製品の効果と忍容性について価値ある情報が得られた製品。

これらの情報には、特定の会社の宣伝をする意図はありません。どの症

状でも、いくつかの選択肢を提供するようにしています。

　ある企業は患者の特定の症状に合わせて、ハーブ調合薬を販売しています。そのような場合、製品の選択は1つか2つに絞られます。

倫理綱領

　治療者が、CAM製品の販売から直接利益を得ることは避けた方がよいでしょう。医療関係者は、ハーブ製品を扱う会社から、彼らの製品を処方したり販売したりするとキックバックを払うと持ちかけられる場合が多くあります。こんな時、ただ拒否すれば自分の職業上の倫理を守れます。

　たとえ、ある製品が良いと考えていても、それを職場で販売し始めると、あなたの臨床的判断は金銭的利益の影響を受け始めます。CAMの専門家の多くが、彼らの名前を冠した製品を作りますが、信頼を守るか利益を上げるかの葛藤が続くでしょう。

　しかし例外もあり、他国では、CAM製品や薬物を免許ある医師しか購入できない場合があります。そのような場合、医師がまず直接購入し、患者に再販することがあるかもしれません。倫理を冒すことのないよう、そのような製品は利益の上乗せなしで販売することをお勧めします。禁欲的すぎると見えるかもしれませんが、そうしたことが無意識に臨床判断に影響しないとも限りません。

　専門家がCAM製品を処方する際、たとえそれが金銭にとらわれない判断によるものだとしても、その製品の販売から利益が得られる場合、その事実により患者からの信頼は失われていくでしょう。慣習的な講演料の収受も倫理綱領の範囲にあります。

　CAMでも、薬を処方するのと同じ倫理的基準を持った方がよいです。

責任問題

　医師の多くは医療過誤の責任を恐れて、CAMを医療現場に持ち込むこ

とをためらっています。多くの医師は、責任問題をどのように扱ったらよいのかわからないのです。

　法律や規制問題を論ずる中で、医療過誤の専門家であるマイケル・コーヘン（Michael Cohen）やロナルド・スハウテン（Ronald Schouten, 2007）らは、"誤診、治療の失敗、説明と同意（インフォームドコンセント）の失敗、不正行為と虚偽の説明、放棄、代位責任、個人情報や機密情報の侵害"といった医療過誤の項目がCAMにも当てはまると指摘しています

　当然ではありますが、CAM治療を望む患者も通常の医療を求める人も、同等の診断的評価が必要です。

　一般的に、標準的な治療の中で法的問題に対処するのと同じ方法が、統合的メンタルヘルスケアでも適用されます。CAM治療を用いて問題が生じる場合、以下のような場面が想定されます。

1. あるCAM治療について、その安全性と有効性を支持する科学的証拠がある場合、法的責任を追及される結果に至ることはまずないでしょう。通常の治療に耐えられなかった、もしくは効果が認められなかった患者の場合、合理的で安全で効果のあるCAM治療を行うことがあります。その際、患者にCAM治療について説明しなかったり、適切な選択を勧めないと、それは医師の怠慢であると主張されることもあり得ます。
2. あるCAM治療が無効果、もしくは有害な可能性があるという科学的証拠がある場合、医療者はCAM治療を止めるよう患者を説得すべきです。
3. あるCAM治療の有効性や安全性の証拠が曖昧である場合、医療者は、既知の危険性やその証拠の質について、メリット・デメリットの双方から患者とよく話し合うべきです。その議論の結果（議論の内容はカルテに記載する）、もし患者がその治療を試みると決めたら、医療関係者は患者の状態を把握し、有害な反応が生じたら介入すべきです。

4. 患者が通常の治療で早く簡単に治る状況で、わざわざCAM治療を追加することで、治療が遅れたり、副作用に苦しんだり、病気が進行する場合、これは医療過誤や怠慢、標準以下の治療とみなされるでしょう。

現代の医学で行われているインフォームドコンセントの原則は、CAMにも当てはまります。

専門家は、CAMの実践を管理する所属の州の条例を熟知すべきです。

米国の医事審議会連合（FSMB, 2002）は、医療現場におけるCAM治療の使用に対する模範的ガイドラインを認可しました（https://www.fsmb.org/Media/Default/PDF/FSMB/Advocacy/2002_grpol_Complementary_Alternative_Therapies.pdf）。

FSMBはいかなるCAM治療を患者に推薦する前に、医師は当該患者の既往歴や身体検査を適切に評価し、カルテを確認することを推奨しています。

FSMBのガイドライン（2002）によると

CAM治療のための患者の評価には、問診や触診、検査などの診断方法を用いる。西洋医学以外の方法論を用いる場合でも、西洋医学と同じ信頼性や安全性が必要だろう。そしてその診断のためのプロセスは患者のカルテにすべて記録され、特に以下の点について注意して記録する。

・どのような選択肢が話し合われ、提供され、試みられたか。試みられた場合、その効果はどうだったか、もしくは、特定の選択肢について患者あるいは保護者が拒否を示したかどうかの記述、適切な治療を提供できる適切な紹介先の提示。
・推奨された治療に関する、既知の危険性や有益性に関して、適切に保護者や患者と話し合ったこと。
・医師が決めた治療方針と、その治療が現治療もしくは他の推奨される治療を妨げる可能性について。

第1章　統合的メンタルヘルスケア（心の健康管理）の基本原則

　補足1.1に記録の例を示します。これは第２章にうつ治療の代替薬として記載されているSAMeを、うつ病患者へ勧める過程を記録しています。患者の発言をそのまま記載していることが、この記録の信用性を高めています。

　CAM治療のための同意文書は、予想される危険性や薬物との相互作用、有益性を記載できるスペースがあり、わかりやすい書式を用いて作成できます。しかし、新しい治療が始まるたびに患者にサインをしてもらうのでは、時間も手間もかかるでしょう。さらに、たとえこれがあっても、議論や意思決定の過程は患者記録に記さなければなりません。

　一般的に、CAMの施術者へ患者を紹介しても、紹介する医者の側に責任は発生すべきではありません。しかし、紹介したことで現治療が遅れて患者に害が現れた場合や、CAM治療家の実力不足を知っていた、あるいは知っているべきである場合、もしくは共同で治療を行った場合、医師の側に責任があると考えられます（Cohen & Schouten, 2007）。

　西洋医学、CAM、統合医学の専門家は、自らが推奨する治療に関して熟知すること、診断目的の検査を完璧に行うこと、治療の選択肢（西洋医学やCAM）を患者にすべて説明すること、治療に関する話し合いの内容をカルテに記録すること、患者に現れる効果と副作用を観察すること、患者自身が治療決定に関わること、そして、治療に関する問題について患者と明確なコミュニケーションをとることによって、法的問題に巻き込まれる危険性を最小限におさえることができます。

　法的問題を防ぐ最も効果のある究極の方法は、患者への優しさや責任を持った専門家としての関係を維持することです。

責任問題

補足1.1 CAMについての記録例

次の例を参考に、記録するとよいでしょう。

1. 患者は中等度の大うつ病に罹患し、再発のため家庭や職場において著しい困難がある。
   今まで8種類の抗うつ剤を試されており、2つの三環系抗うつ薬（TCA）、3つの選択的セロトニン再取り込み阻害薬（SSRI）、ベンラファキシン、ブプロピオン、ミルタザピン、そして2つの気分安定薬が使用された。しかし眠気、体重増加、認知障害、肝機能上昇、性機能低下などの副作用に耐えられなかったため、いずれもうまくいかなかった。

2. 患者はさらなる抗うつ薬、気分安定薬やMAOI（モノアミン酸化酵素阻害薬）に関して効果と副作用について説明された。
   さらにうつ治療の代替療法SAMeに関する有益性と、予測できる副作用、嘔気や下痢、頭痛、頻脈、不眠、不安、興奮、双極性障害の患者の躁転などについても話し合った。SAMeはFDA（米国食品医薬品局）により、米国内で栄養補助食品として市販することが承認されていると説明した。

3. 眠気や体重増加、認知障害、肝機能上昇、性機能障害といった副作用がないため、私はSAMeを推奨した。
   SAMeは、患者が現在内服している薬との有害な相互作用がない。

4. 患者はできる限り薬による副作用を避けたいため、SAMeを試みることを選択した。
   彼女は「今までの薬でさんざん苦しんだの。私は代替治療を試したい」と言った。

第1章 統合的メンタルヘルスケア（心の健康管理）の基本原則

 まずはじめに：鑑別診断

　鑑別診断とは、患者の現症状から説明できる、可能性のある疾患の一覧です。初回診察時に診断できることもありますが、通常正確な診断を得るためには時間が必要です。
　診断や治療は進化するチェスのように進められ、局面が進むにつれて、どの瞬間でも、ある特定の動きだけが可能となります。
　すべての治療法は、患者への理解と気持ちに添った信頼の構築から始まります。
　標準治療と同じく、CAMの経験や姿勢について患者に敬意をもって質問しましょう。

補完治療により効果があったか？
どんな製品を使用しているか？
心身医療を行っているか？

　しばしば患者は、数年前に行ったヨガや瞑想、太極拳のことを教えてくれますが、それらにどのくらい効果があったかは忘れています。あるいは、瞑想を試したものの、瞑想中にいろいろと考えすぎて続かなかったと話してくれる人もいるでしょう。
　第3章では、これらの貴重な情報が治療計画を作る上でいかに役立つかについて述べています。

　　「毒」と書いてあるボトルからたくさん飲めば、遅かれ早かれあなたはそう思わなくなります。
　　　　　　　　　　　　　ルイス・キャロル　「不思議の国のアリス」

　ガラスのテーブルの上にあった瓶には「私を飲んで」とあり、アリスはそれを飲む前に「瓶の注意書きをよく読まなくては」と思い出しました。
　臨床家も、ハーブの瓶の注意書きが常に正しいとは限らないことに注意

する必要があります。アリスが見たように、「毒」とは書いていなくても安全性は保証されません。

　私達は診察の際、患者に「普段飲んでいるビタミンや栄養補助薬品のすべてを持ってくる」ように言い、虫眼鏡で小さな活字を拡大し、チェックしています。患者のそれまでの治療記録を見たり、食生活を知ることで、鑑別診断にとても役に立ちます。

CAM（補完代替医療）の導入

　患者がCAMに興味を持つか、あるいは抵抗するかは、治療方針を決める上で重要です。
　その症状に適切な標準治療と代替治療双方のメリットとデメリットを説明するために、十分な時間を取りましょう。
　患者が標準治療を好み、CAM治療に対して完全に否定的な態度をはっきり示し続ける場合は、適切な処方薬から始めた方がよいでしょう。もし治療効果が確かで副作用も少なければ、CAMは必要ないでしょう。
　しかし適切な治療を試みても50〜75％程度しか改善せず、厄介な副作用が生じている場合、その時がCAMについて再び話し合うよい機会です。患者は処方薬の限界を経験し、おそらく代替治療を試したいと望むでしょう。CAMの選択肢について、知識を患者と共有し、CAM治療の作用機序や予想される効果と危険性を説明します。CAMを勧める理由とともに、話し合いの内容をカルテに記録して、法的問題のリスクも減らします。
　逆に患者が強くCAMを望んであなたの元に来た場合、初めに患者の動機を理解し、そして標準治療と代替治療双方の選択肢を、患者へ詳しく説明する必要があります。患者の治療の経過をみると、いろいろな治療を試みたがその結果に満足しなかったことがわかります。
　再度強調しますが、標準治療とCAM治療について患者によく説明した事実を、カルテにしっかり記載してください。
　CAMは万能薬ではありませんが、病気からの回復や患者の幸福のため

に役立ちます。患者が意思決定の過程に参加すると、治療関係が強化されます。多くの場合、患者は選択肢がなく、医師などの他人の決定に従うしかない状況にあります。治療について一緒に考えるようにし、CAMを現治療に統合するようにすれば、患者はその過程を喜んでくれます。

この本の中には多くの症例が提示されており、処方薬の評価、増加、変更がなされています。

あなたが医師以外の職種で処方箋を書けなくても、チームの議論に参加したり、CAMの最新情報を患者や他の専門家に提供することを通じて、統合治療の計画に貢献することができます。

患者は、ハーブや栄養補助食品を追加・変更する前に、主治医に相談すべきであり、CAMを紹介する人はそうしたことに気をつけなければなりません。

ストレスに注目する

補完治療では、心理学的、環境的、身体的ストレスという概念がよく使われます。

CAMを実践すると、直接的・間接的にストレスを軽減し、ストレス抵抗性を高め、ストレスによる有害作用を和らげます。

ストレスとは、エネルギーの補給よりも消費の方が多い状態と考えられます。これは細胞レベルと同じく、人間全体にも当てはまります。

エネルギーはミトコンドリアで生み出され、アデノシン3リン酸やクレアチンリン酸といったエネルギー分子に蓄えられます。このエネルギーは、細胞の修理など生命活動を維持する全機能のために使われます。

細胞は、活性酸素や放射能、炎症、感染、毒、加齢により常に損傷している細胞膜やミトコンドリア、DNAなど、細胞構造を損傷を修復するために、酸素や栄養、エネルギーが常に必要とされます。

抗うつ薬は、気分を司るある特定の神経伝達物質を治療標的としています。これに対して代替療法では、細胞のエネルギー産生や代謝を支え、そして損傷を防ぎ、炎症や脂肪の過酸化を減らし、修理を促進するビタミン

や栄養を供給し、神経細胞の機能最適化をサポートします。さらに心身医療を通して、酸素供給量を増し、神経の科学的電気的活動をより統合、効率的に機能させ、無駄なエネルギー消費を減らします。心身にストレスがあると、細胞はエネルギーを多く消費し、その副産物として活性酸素が生じます。

ストレス反応系は主に交感神経系（SNS）と、視床下部−下垂体−副腎系軸（HPA）があります。人間が危険を察知すると、SNSは神経伝達物質を放出し、心拍数を増やし、筋肉への血流を増やし、消化管への血流を減らし、闘争・逃走反応の準備をします。HPAはアドレナリンのようなホルモンを放出し、神経系や心臓を刺激します。コルチゾールは、貯蔵されていたグルコースを利用するために放出されます。

人間のストレス反応系は短期間に強い活動を行うために発達してきており、また回復のために長い時間が必要です。直近の危険が去ると、副交感神経系（PNS）はより活発に働き始め、心臓や呼吸を遅くし、消化管をリラックスさせ、エネルギー貯蔵を回復し、細胞修理を加速します。

PNSとSNSの作用の釣り合いが取れないと、不安症、うつ病、ストレスと関連する疾患、心臓病や糖尿病、過敏性腸症候群、がん、加齢に伴う病気の、重要な病因となります。

ストレスは、多くの心身霊（スピリチュアル）的な病気の主要な原因です。

長期間の感情的ストレスがあると、SNSが慢性的な過活動状態となることがよく知られています。不安、興奮、不眠、過度な心配、過活動、頻脈、不整脈、高血圧、腹痛（たとえば胃がきりきり痛む）、体重増加などの症状は、SNSの活動増加で現れます。さらに極端な場合は、パニック障害、PTSD（心的外傷後ストレス障害）、慢性疲労症候群のすべての症状が現れます。

ストレス症状への薬理学的介入は、SNSを標的としています。抗不安薬や多くの抗うつ薬は、SNSの反応を弱めます。

しかし最新の研究では、不安障害やパニック障害、PTSD、うつ病、

ADHD（注意欠陥多動性障害）、攻撃性、社会病質、自閉症などの疾患においても、PNSの活動性低下が重要な特徴であることがわかっています。

ストレス反応系のバランスを回復することが重要ですが、薬物療法にはPNSの活動を増すような効果が見られていません（Glassman, Bigger, Gaffney, VanZyl, 2007）。

イワベンケイ（*Rhodiola rosea*）のようなアダプトゲン作用のあるハーブは、PNSの活動性を高めるでしょう（Baranov, 1994）。

自律神経系の機能の重要性や、ある特定の心身医療の技法を用いてPNSの活動性を高める方法は、第3章で述べられています。

最高の結果を得るために

治療の目的は寛解であり、症状からの完全な解放、生活全般の機能の完全な回復です。100％の寛解は不可能ですが、この目標に向かって補完治療の可能性を追求することには価値があります。

統合的メンタルヘルスケアは、病気の負担軽減から、健康の獲得にまで広がっています。長年にわたり心の問題に取り組んできた患者は、どれほどの機能を取り戻せるのかわからないかもしれません。既往歴から、昔の治療結果を知るのも大切ですが、患者が最高の結果を得るために、以前の診断や治療について隈なく聞き取るべきです。

第2章　気分障害

概要

- 機能性食品／S-アデノシルメチオニン、アデメチオニン
- 気分障害に用いるハーブ／セイヨウオトギリソウ（St. John's Wort）、イワベンケイ
- 気分障害に用いるビタミン
- 気分障害に用いる栄養素／オメガ-3脂肪酸、コリン、イノシトール、5-ヒドロキシトリプトファン、Nアセチルシステイン
- アーユルヴェーダ医学
- ホメオパシー
- 気分障害に対するホルモン：DHEAと7-keto DHEA
- 気分障害に用いる心身医療／うつ病に対するヨガ、アイアンガーヨガ、シャバアサナ（ヨガ）、ハタヨガ、気功、スダルシャンクリヤヨガ（SKY）、うつ病に対する運動
- 困難な症例：統合治療のための多層的方法

第2章　気分障害

　この章では、うつ病と双極性障害の治療に用いる機能性食品、ハーブ、ビタミン、栄養素、ホルモン、心身医療の技法、そしてこれらの多層的な治療法を探求していきます。

　うつ病の症状や兆候はよく知られていますが、今日十分に治療をされていない病気の一つです。うつ病の長期管理は、言葉による精神療法と薬物療法を組み合わせると、それぞれ単独で行うよりも効果があるという意見で一致しています（Pampallona, Bollini, Tibaldi, Kupelnick, Munizza, 2004）。

　抗うつ薬は費用が高く、危険性や副作用があり、効果は限定的であるにもかかわらず、現在の治療の主流です。抗うつ薬の薬物治療の研究では、8週間で全患者の1/3以下しか完全な寛解を達成できませんでした（Thase, 2003）。

　およそ30％の患者は治療効果が部分的であり、別の30％では効果が認められませんでした（Baghai, Moller, Rupprecht, 2006）。

　非常に多くの抗うつ薬の二重盲検偽薬対照試験（DBPC）で60％超の奏功率が報告されているにもかかわらず、うつ病が「完治」したという患者をそれほど見ないのはなぜでしょうか？　それを理解するには、まず「効果」の定義と患者選択の方法を理解することが重要です。

　多くの臨床試験（治験）の参加者は、比較的単純なうつ病患者が中心であり、除外基準を用いて患者を前もって選別しているので、実際の患者の人口構成とは違っています。

　この問題が表面化したため米国国立精神衛生研究所は、うつ病治療のための長期代替法（SATR*D）という研究に資金提供しました。これは4000人の患者を対象とした、より自然主義的な治験であり、慢性うつ病や、精神病と身体疾患を合併する患者も含まれています（Trivedi, Rush, Wisniewski, Nierenberg, Warden et al., 2006）。

　この研究では、精神科やプライマリケアの現場でより広く行われている治療法に近づけるために、はじめにシタロプラム（選択的セロトニン再取り込み阻害薬：SSRI）60mg/日の投与が行われました。寛解率はわずか

27%（反応率は47%）でした。

　治療に反応しなかった患者には、さらに他の抗うつ薬の追加もしくは変更が行われ、今度も約30%の寛解率でした（Trivedi et al., 2006）。

　抗うつ薬の治験の多くでは、不安障害、パーソナリティ障害、自殺企図、長期間の身体疾患、物質乱用、治療に反応しなかった病気を持つ患者などは、あらかじめ除外してあります。これは、外来の患者の60〜80%が対象にならないことを意味しています。

　そのような結果と少し関連はあるとしても、実際の患者と治験のために選ばれた患者は異なることを知っていると、標準的な向精神薬治療の効果について、より現実的な見通しが立てられるようになり、多層的な補強的治療戦略の必要性に気づきます。

　また治験の多くでは、有効例（治療が効いた患者）の定義は、うつ症状尺度の50%以上の減少となっています。この場合、治験開始時にうつ症状尺度のスコアが高い患者は、たとえうつ病の大きな遺残症状があったとしても、有効例とみなされることを意味します。

　私達は抗うつ薬の本当の効果をよく知っています。たとえばうつ症状が50%改善したとしても、それは患者が希望と絶望の間にいることを意味します。その回復途上の状態でも患者は仕事に戻れますが、本当に幸福な状態とは症状が100%寛解することです。うつ病の遺残症状は人生から楽しみを奪います。さらにマサチューセッツ総合病院のうつ病臨床研究計画では、遺残症状はうつ病の再発の危険をも高めていました（Fava, 2006; Petersen, 2006）。

　うつ病患者の改善の程度を知るための、簡単な評価法を提案します。

　患者が抗うつ薬を始めてから、うつ症状がどの程度改善したか、大体の割合（パーセント）を尋ねてみてください。すると多くの患者は30〜70%と答えるでしょう。

　CAMを追加してさらなる改善を追求すると、患者を完全寛解に近づけることが可能です。患者の多くは、うつ病からの回復に処方薬が必要です。しかし処方薬のみに頼っていては、より完全で持続的な回復のチャン

スを提供できないでしょう。

治療の失敗の主な原因は、患者が薬物の治療計画を守らないことです。

ハーバードピルグリムヘルスケア（米国民間保険）の加入者を対象とした3年間の調査では、抗うつ薬を処方されていた患者の平均75%が処方通り薬を服用していませんでした（Bambauer, Adams, Zhang, Minkoff, Grande et ai., 2006）。

患者側に怠惰や混乱があったかもしれませんが、患者自身の選択もあると考えています。多くの人が薬の服用を中止する理由は、副作用や費用が効果と釣り合わないと感じているからです。患者が治療計画を心から良いと思えたら薬を続けるでしょう。

CAM治療の効果を評価するのは困難です。これに関して、大規模無作為対照試験はほんのわずかしかありません。

さらに一般的に、うつ病の治験で明らかに良い結果を得るのは難しく、特に軽症から中等度の外来うつ病患者の場合では困難です。

米国での薬事承認を得るために提出された抗うつ薬の対照試験の約50%では、良い結果が得られませんでした。しかし、これらの抗うつ薬には別の治験が行われ、そして良い結果を得て、後に米国食品医薬品局（FDA）に承認されました。言い換えれば、抗うつ薬の治験結果が悪くても、抗うつ作用が皆無という意味ではないのです（Khan, Khan, Walens, Kolts, Giller, 2003）。

CAMのエビデンスの質を評価するのは複雑なことです。なぜなら多くの評価方法やメタ解析法が単剤使用に限られ、補助治療の研究を排除する傾向があるからです。

CAMは単独療法として使用できますが、しばしば他の治療法と併用されます。そして研究者は、CAMの治験を行う際、単独治療よりも補助治療としての方が、許可を得やすいと感じているでしょう。

この章では、気分障害の治療における栄養補助食品やハーブ、栄養素、心身医療、運動について理解を深め、その使用方法について述べます。気分障害には、大うつ病、気分変調症、身体疾患があるうつ病患者、双極性

障害、PTSDに関連する双極性障害が含まれます。

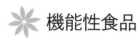
機能性食品

機能性食品とは、米国において安全性がFDAにより認められている特別に分類された栄養補助食品で、薬局で処方箋なく手に入ります。

臨床の金言

　機能性食品、ハーブ、栄養素は、軽度から中等度のうつ病に対して、第一選択薬として使用が可能です。

　最も重度のうつ病の場合は、急性期反応（最初の２週間）や寛解のために（８週間）抗うつ薬が必要ですが、CAMを追加すると治療の初期反応が改善し、反応率や寛解の程度が増し、寛解期間が長くなり、副作用を減らすのに役立ちます。

S-アデノシルメチオニン、アデメチオニン

　S-アデノシルメチオニン（SAMe）は、ヨーロッパの多くの国では20年以上にわたり抗うつ薬の主流であり、第一選択薬です。米国ではまだ代替治療として考えられています。1998年にFDAは薬局で販売可能な機能性食品として認可しました。

　SAMeは、すべての生物有機体の細胞にある数百の生物化学反応において、必須の分子です（図2.1参照）。

　細胞では、メチオニンとアデノシン３リン酸が結びつくことによってSAMeが産生されます。DNAや蛋白質、リン脂質、神経伝達物質（セロトニン、ノルアドレナリン、ドパミン）、他の構造物に対して、SAMeは必須となる分子であるメチル基を提供します。そして主要な抗酸化物質であるグルタチオンの合成に対して、硫酸基も提供します（Bottiglieri,

2002)。

　SAMeは、大うつ病治療を対象とした16の非盲検試験、13のDBPC、標準的な抗うつ薬を対照とした19の二重盲検比較対照試験において、その安全性と有効性が示されました。

　SAMeの代謝や臨床治験の詳細については、ブラウン（Brown）、ゲルバーグ（Gerbarg）、ボッティグリエリ（Bottiglieri）による2002年の報告をご覧ください。

　SAMeは自然な代謝産物（ビタミンにとても似ている）なので、抗うつ薬と比較すると副作用がとても少なく、効果もとても早く現れます。

　SAMeの薬物に対する相互作用は報告されていません。事実SAMeには、薬による肝毒性から肝臓を守る作用があります。SAMeは標準的な抗うつ薬の効果を増強し、薬効が消えそうになると効果を回復します。

　SAMeはモノアミン酸化酵素阻害薬（MAOI）との併用で治験が実施され、良い結果を得た唯一の抗うつ薬です（Torta et al., 1988）。

　さらに抗うつ作用に加えて、健康に対して無数の長期効果があり、重症の患者に対しても広い効果を持っています。

　SAMe内服患者の脳波検査では、三環系抗うつ薬（TCA）の脳波像と似ており、一方、セイヨウオトギリソウ（St. John's Wort）の脳波像はSSRIの脳波像と似ています。SAMeの大脳皮質の神経細胞の代謝への影響もTCAと類似しています。

　SAMeに関する3つの対照試験の総括では、TCAの作用の増強効果が認められました（Brown, Gerbarg, Bottiglieri, 2000）。

　SAMeにはTCAのような効果があり、副作用はとても少なく使いやすいです。

図2.1 さまざまな必須分子を産生するS-アデノシルメチオニン（SAMe）の代謝経路

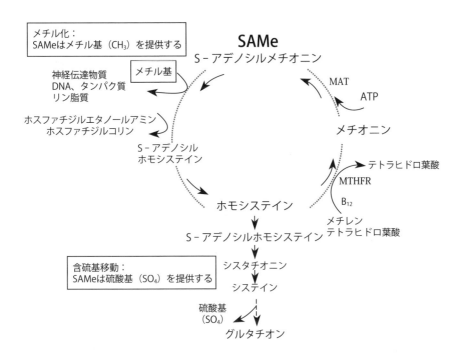

メチオニン＋ATP（アデノシン3リン酸）→SAMe

メチオニンアデノシルトランスフェラーゼ（MAT）によって、メチオニンとATPからSAMeが作られる。SAMeは神経伝達物質、蛋白質、その他の重要な分子の合成する際に、メチル基（CH_3）を提供する。SAMeの代謝経路はさらにグルタチオン（主要な抗酸化物質）を産生する

メチレンテトラヒドロ葉酸還元酵素（MTHFR）と補酵素であるビタミンB_{12}によって、メチオニンを再生し（メチオニンはSAMeの合成維持に必要）、メチレンテトラヒドロ葉酸をテトラヒドロ葉酸に変換する

副作用

　SAMeの副作用で、最も多いものは軽い吐き気です。その場合、内服前に軽食を摂ったり、ショウガカプセルやお茶を摂ったり、SAMeの量を減らすとよいでしょう。

　便がゆるくなったりお腹が張ったり、腹痛が現れる場合があります。うつ病患者は便秘しがちなので、これは良い作用でしょう。しかし吐き気や胃部不快感を持つ患者、過敏性腸症候群の患者には、悪影響となります。稀に、吐き気や下痢がひどくなり過ぎて、SAMeを中止することがあります。頭痛が現れる場合もあります。

　さらにSAMeは患者を賦活化するので、しばしば不安やパニック、興奮を悪化させる場合があり、これは他の抗うつ薬では賦活症候群として知られています（以下参照）。

　SAMeを含む抗うつ薬は、双極性障害の患者の軽躁状態や躁状態を引き起こすことがあります。双極性障害の診断がある場合は、SAMeの使用は禁忌です。

　一般的に心血管系疾患の患者でも使用可能ですが、動悸がある患者がSAMeを内服すると、動悸が増えることが稀にあります。症状が悪化したら中止すべきです。

　SAMeでは性機能への影響や眠気、体重増加、認知の低下などは生じません。これらの副作用がないので、SAMeは多くの患者にとても使いやすいでしょう。

うつ病治療に対するSAMeの使用法

　SAMeは、抗うつ薬のように作用する傾向があります。エネルギー低下、疲労、意欲の低下、過眠などの症状を特徴とするうつ病患者に活力を与えます。吸収効率を最大にするためには、朝昼食の最低20〜30分前に服用するのが良いです。患者が食前に服用を忘れた場合、食後2時間して胃が空になってから服用が可能です。午後に服用すると、睡眠が妨げられる場合があります。

不安や興奮の症状が重いうつ病患者には、SAMeの賦活効果が不安を悪化させることがあるため、最初の数週間はベンゾジアゼピン（抗不安薬）やブスピロンの服用がしばしば必要になります（SSRIなど賦活作用がある抗うつ薬の場合と同様）。

しかし2〜3週以内に抗うつ薬の作用が確立されたら抗不安薬は徐々に減らすことが可能です。

 うつ病に対するSAMe

ジムは50歳の男性で、経営管理士をしており、通算4回のうつ病エピソードを経験していました。普段は外交的で積極的でしたが、突然不安を抱き、優柔不断になり、恐怖を感じるようになりました。

彼の心は「商売がうまく行かないのでは」という心配で満ちていました。普段の彼なら、不景気は新しい顧客を見つける好機ととらえていましたが、今はそのかわりに無力だと感じていました。夜眠れず、家族や友人と何時間も電話をし、慰めを求めましたが効果はありませんでした。

ジムのうつ病には、いつもセルトラリン（ゾロフト）やフルオキセチン（プロザック）が投与され効果を示しました。過去2年間は治療薬が必要ありませんでした。

性欲がなくなり、勃起障害が起きるため、ジムはSSRIを再開するのを嫌がりました。そのため彼は代替療法を求め、SAMeを用いた治療法を選んで、朝400mgの服用を開始しました。1200mgに達した時、不安が減りうつ症状が減ったと感じ始めました。800mgを1日2回服用すると、うつ病は完全に寛解しました。

3ヵ月間無症状が続いたので、SAMeは徐々に減らされました。

ジムはSAMeによる副作用はなく、1回400mg、1日2回の維持量で快適な日常を過ごせました。

SAMeの投与量

　高齢者や、薬への過敏性、重度の不安、胃腸障害、重い身体疾患を持つ患者には、まずSAMeを200mg、朝食の20分前に数日服用することから始めます。これで副作用が出なければ、1回400mgへと増量し、朝食前20分の服用を3～7日間続けます。

　外来診療で様子を見ながら、SAMeを増量します。

　老人や虚弱体質、症状が安定しない患者には、より時間をかけながら量を増加していきます。患者が副作用を訴えた場合も、次の増量までに十分時間をかけます。

　一般的に、SAMeの量は、軽度のうつ病には400～600mg、中等度のうつ病には600～1200mg、重度のうつ病には1200～1600mg、最重症の治療抵抗性のうつ病には1600～2400mgを1日量として投与します。

　患者に1600mg以上のSAMeを使用することを考慮する場合（過去に実施された臨床試験での最大用量）、他のCAMや抗うつ薬と組み合わせたり、CAMについて他の治療者にまず相談しましょう。患者には、「SAMeは臨床試験に1600mgを超えたものはないが、大量に使用しても安全である」と説明し、そしてこの会話をカルテに記録します（第1章参照）。

ビタミンB群の併用によるSAMeの効果増強

　感情を制御する主要な神経伝達物質を作るため、SAMeがメチル基を提供する経路（メチル化）には、ビタミンB_{12}（メチルコバラミン）と葉酸が補酵素として必要です（図2.1参照）。

　重度のうつ病と、ビタミンB_{12}（メチルコバラミン）や葉酸値の低下との関連が見つかっています。1日あたり1000mcgのビタミンB_{12}や800mcgの葉酸、50～100mgのビタミンB_6を追加すると、SAMeや他の抗うつ薬の抗うつ作用を高めるでしょう（以下参照）。

　ホモシステイン濃度が15μmol/L以下の患者の場合、ビタミンBや葉酸を投与するとステントの再狭窄を促進してしまうことがあり、心臓にステントを持つ患者には使用すべきではありません。

機能性食品

臨床における適応疾患と実践的考察

　軽度から中等度うつ病に対して、SAMeは抗うつ薬と同等の効果を持ちます。

　患者がSAMeを買う経済的余裕がない場合は、軽度や中等度うつ病に対してはまずセイヨウオトギリソウやイワベンケイを試してみるとよいでしょう。初回診断が中等度や重度のうつ病の場合は、CAM治療の第一選択薬としてはSAMeが薦められます。

　SAMeはセロトニンやノルアドレナリン、ドパミンの産生に寄与しますが、SAMe自体の薬理活性は、ノルアドレナリン作動薬の特性に類似しています。三環系や四環系抗うつ薬など、ノルアドレナリン作動性抗うつ薬で効果を示した患者では、SAMeは薬効を示す可能性が高いでしょう。

　SAMeは標準的抗うつ薬と比べ、副作用がかなり少なく効果も早く現れます。抗うつ薬による性機能障害や体重増加を訴える患者の場合でも、SAMeにはそれらの副作用がないため、効果を期待できます。さらにSAMeは、他の抗うつ薬の効果増強目的でも非常に有用です。高齢者にも効果を発揮し、標準的抗うつ薬よりも飲みやすいです。

　合併症を伴ううつ病患者、関節炎、線維筋痛症、肝疾患、HIV/AIDS等の治療の際にも、特有の効果を示します（以下当該部参照）。

　脂質異常症に対するスタチン製剤などを服用している患者など、肝臓に影響する薬物の場合、薬物の追加はかなり慎重に行わなくてはいけません。抗うつ薬にスタチンを加える場合、肝機能障害の危険性があります。SAMeは肝臓への副作用はなく、むしろ処方薬の肝毒性から肝臓を保護する作用があります。

　SAMeは、多くの国でまだ保険適用がなく、費用が一番の問題です。400mg錠20錠入り1箱の価格は、20〜60ドル（2400〜7200円）です。

　巻末の付録にある高品質の商品を、大規模チェーン店などで値段を比べて購入したり、インターネットショップの安売りを利用するとよいでしょう。

　残念ながら、1錠あたりのSAMe量が増えると値段が高くなります。し

かし、SAMeを他の抗うつ薬と組み合わせて効果が発揮されると、SAMeも抗うつ薬も少量で済みます。

SAMeを支払える範囲で治療へ加えると、抗うつ薬の副作用が減らせるため、有効な治療戦略となります。

抗うつ薬の効果を増強するSAMe

SAMeは、処方薬の抗うつ薬の効果を高め、また効果の出現も早めます。

マサチューセッツ総合病院での非盲検試験では、SSRIやベンラファキシンに反応しなかったうつ病患者30名に対し、SAMe 800〜1600mgが投与されました。(Alpert, Papakostas, Mischoulon, Worthington, Petersen et al., 2004)。

SAMeを加えると、反応率は50％へ、寛解率も43％へ上昇しました。上記抗うつ薬と併せて飲むと、副作用として胃腸症状や頭痛が現れました。

初期のDBPCにおいて、SAMeはイミプラミンの効果の出現を早めました (Berlanga, Ortega-Soto, Ontiveros & Senties, 1992)。

6ヵ月間にわたる350名の患者に対する研究では、SAMeはイミプラミンの抗うつ作用を改善しました。

ベンゾジアゼピンを服用している患者500名、MAOIを服用中の60名、抗けいれん薬内服中の445名、アルコール依存症で抗うつ薬や抗けいれん薬を飲んでいる患者18名に対して、SAMeの追加投与に関する研究が行われました。SAMeを追加しましたが、副作用は現れませんでした。

MAOIや抗うつ薬、抗けいれん薬によりγ-GTPが上昇していた全患者に対して、SAMeは肝機能を改善し、γ-GTPを下げる効果を示しました (Torta、Zanalda, Rocca, 1988)。

 抗うつ薬とSAMeの併用

バーバラは48歳の女性で特殊教育学校の教師をしており、大うつ病の

再発エピソードのために、ベンラファキシン（エフェクサー XR）300mg/日を服用していました。

　彼女は長年にわたりフルオキセチン（プロザック）、セルトラリン（ゾロフト）、パロキセチン（パキシル）、ネファゾドン（セルゾン）、ブプロピオン（ウェルブトリン）、シタロプラム（セレクサ）、エスシタロプラム（レクサプロ）を服用してきました。どの処方薬でもしばらくの間は効果がみられましたが、徐々に減弱していきました。

　エフェクサーの服用で約2年間症状が安定していましたが、新学期に生徒の割り当てがほぼ2倍になり、頼りにしていた補助教員の産休のために来た新任の女性教員は、経験がなく、混乱していました。バーバラは教師として教育技術と統率力に自信を持っていましたが、圧倒され、ストレスがかかり、今にも泣き出しそうでした。ある日限界に達し、職員室で泣き、自分を見失う恐怖を感じました。

　主治医はエフェクサーを増量しましたが、バーバラの血圧が10mmHg上昇してしまい、無オルガズム症（性的興奮を得にくい）が現れました。彼女はSAMeを試したいと思いましたが、高用量での単独治療の場合、費用が高額になることが心配でした。

　結局エフェクサーを続けながら、1日2回SAMe 400mgの服用を追加しました。この組み合わせによる副作用はありませんでした。

　彼女のうつ気分は改善し、困難な仕事にも対処できるようになりました。

うつ病、関節炎、線維筋痛症

　関節炎を持つ患者はしばしばうつ病を併発し、またうつ病が、慢性・進行性の疼痛や睡眠障害、加齢、衰え、抗炎症薬や鎮痛薬の副作用など多くのストレス要因により悪化します。

　SAMeは12の研究において、変形性関節炎に対する鎮痛作用や抗炎症作用が認められました。6つの研究において、うつ病と線維筋痛症が合併する患者に対して、SAMeを1日当たり800mg投与すると、いずれも副作

用が現われず、疼痛が改善する作用が認められました（Ernst, 2003; Grassetto & Varatto, 1994; Ianiello, Ostuni, Sfriso, et al., 1994; Tavoni, Vitali, Bombardieri & Pasero, 1987）。

詳細については第8章を参照ください。

うつ病と肝疾患

肝疾患を持つ患者はしばしばうつ病を併発し、たとえばウイルス性肝炎や後天性免疫不全症候群（AIDS）に対するインターフェロン治療など、原疾患を治療するために使われる治療薬により、肝機能が悪化する場合があります。さらに向精神薬、特にSSRIは肝機能値を上昇させたり、悪化させる可能性があります。アルコールの乱用は、肝内のSAMeを減少させ、組織障害を引き起こす酸化ストレスの原因となります。

SAMeは肝硬変やアルコール、薬剤性、毒、感染による肝炎、妊娠による胆石などによる肝機能異常を改善し、生化学検査の結果を正常化するという多数の研究があります（Frezza, Centini, Cammareri, Le Grazie & Di Padova, 1990; Friedel, Goa & Bemfield, 1989; Lieber, 1999; Mato et al., 1999; Milkiewicz, Hubscher, Skiba, Hathaway & Elias, 1999）。

アルコール性肝硬変患者らに対して、2年間にわたる二重盲検偽薬対照試験（DBRPC）が行われました。Childsの分類AとBの患者らにSAMeを1200mg/日投与すると、生存率が上昇し肝移植への適応時期が遅くなりました（Mato, Camara, Fernandez de Paz, Caballeria, Coll et al., 1999）。

SAMeは、抗けいれん薬やMAOIを服用している患者の肝機能を保護し、回復しました（Torta et al., 1988）。

外傷やアルコール乱用、肝炎により肝機能の予備能力が低下している患者が、SSRI等の抗うつ薬を内服すると、肝機能値が上昇します。うつ病に対してSSRIを投与された患者に、突然肝機能異常が出現し、今まで診断されていなかった肝炎が多く見つかっています。しかし抗うつ薬の中断やSAMeの開始により、肝機能は正常に回復します。

軽度の肝機能異常に対して、SAMe 800mgを朝に投与します（双極性

機能性食品

障害の患者を除く）。双極性障害の患者には、Ease-Plus（巻末参照）やミシマサイコを含む漢方薬が使われるでしょう。

高氏柴胡（*Bupleurum kaoi*）は抗炎症作用、グルタチオン産生の増強、肝細胞再生などの肝保護作用を有します（Yen, Weng, Liu, Chai & Lin, 2005）。

肝機能が急激に悪化したり正常値の3倍以上であれば、SAMe 1200〜1600mg/日をポリエノールホスファチジルコリンとともに投与します。ホスファチジルエタノールアミンをホスファチジルコリンに変換する際に、SAMeは枯渇してしまいます。（図2.1参照）。ポリエノールホスファチジルコリンを服用するとホスファチジルコリンが補充され、SAMeの消費が減ります。SAMeの備蓄量が増えれば、肝臓への酸化損傷を防ぐグルタチオンがさらに産生されます（Aleynik & Lieber, 2003; Lieber, 2001, 2005）。

繊維化が認められる重い肝疾患がある患者には、ビタミンB群やαリポ酸を加えると、治療への反応が良くなります。もし肝機能上昇が続く場合、ベタイン（トリメチルグリシン）をSAMeとともに投与すると、抗酸化作用のあるグルタチオンが増加し、化学作用から肝臓を守り、脂肪の分解能を増します（Barak, Beckenhauer & Tuma; Efrati, Barak, Modan-Moses, Augarten, Vilozni et al., 2003; Kharbanda, Rogers, Mailliard, Siford, Barak et al., 2005）。

臨床の金言

肝機能異常を持つうつ病患者に対してSAMeを使うと、うつ症状が緩和し、肝機能の保護、回復が可能です。

うつ病とパーキンソン病

パーキンソン病は進行性かつ退行性の病気で、すくみ足やジスキネジア

（異常な不随意運動）、硬直、振戦、筋強剛、仮面様顔貌（表情の消失）、不安定な歩容などの症状が特徴であり、レボドパ（シネメット）はその一般的な治療薬です。しばしば活動性が失われ、自発的行動や意思疎通が減っていきます。患者は誰かに動くよう促されるまで、椅子にただじっと座ることが多くなります。

レボドパ（L-ドーパ）が脳内のSAMeを減らすことは、あまり知られていません。衰弱性の病気によるうつ反応の存在に加えて、SAMeの枯渇が、パーキンソン病の患者のうつ病発症の一因と考えられます。パーキンソン病患者にうつ病が発症した場合、標準的な抗うつ薬に治療抵抗性を示します。

パーキンソン病患者21名に対して二重盲検交差試験が行われ、SAMe 1200mg/日を投与すると、8名でうつ病がかなり改善しました（Carrieri, Indaco & Gentile, 1990）。

パーキンソン病患者13名に対する非盲検試験では、SAMe 1600〜4000mg/日を投与すると、11名でうつ病が改善しました（DiRocco, Rogers, Brown, Werner & Bottiglieri, 2000）。

SAMeをこの程度投与すると、ジスキネジアのような神経学的症状まで改善する症例も認められました。

臨床の金言

レボドパは脳内のSAMeを消耗します。SAMeの枯渇は、おそらくパーキンソン病患者のうつ病の発症の原因の一つであり、SAMeを大量投与するとうつ症状を緩和します。

症例3　うつ病とパーキンソン病

レオナードは68歳の引退した弁護士で、パーキンソン病を患い、3年に

わたりレボドパによる治療を受けてきました。

　彼の妻アメリアによると、彼は食欲が落ち、眠れなくなり、すぐ疲れるようになり、友人の訪問に興味を示さなくなったそうです。

　レオナードの主治医である神経内科医は、彼を精神科へ紹介しました。

　アメリアが彼を診察室の椅子に座らせると、彼は床を見ており、感情表現が乏しく混乱し、質問にも投げやりに答えました。

　彼は高血圧、冠動脈疾患、右脚ブロック、そして脂質異常症の既往歴がありました。彼は3種類の血圧降下剤とスタチンを服用していました。

　レオナードの治療方針を決める際に、以下が重要視されました。

1. パーキンソン病患者は標準的抗うつ薬に反応しづらい。
2. レボドパは中枢神経系内にあるSAMeを消耗する傾向がある。
3. 冠動脈疾患や高血圧、不整脈。
4. スタチンのような肝臓に負担をかける薬の使用。

　レオナードは副作用が現れるまで、徐々にSAMeが増やされました。1日量が2000mgに達すると、食欲が改善し、夜眠れるようになりました。

　その後6週間にわたり、彼はより元気になり覚醒しているように見えました。家族や友人は、彼が社交活動を再開したので安心しました。ある日は、友人との夕食会に主賓として招かれ、とても楽しい時を過ごしました。

うつ病とHIV感染症

　HIV感染症患者は低い免疫状態、病気の進行、生存率の低下、QOLの低下により、30〜50％がうつ病を経験します。

　HIV感染症患者では、SAMeの欠乏が認められます。

　HIV感染症と大うつ病を持つ患者20名に対して非盲検試験が行われ、SAMe 400mgと葉酸800mcg、ビタミンB_{12} 1000mcgを1日2回投与すると、4週目でうつ病が著しく改善しました（Shippy, Mendez, Jones, Cergnul & Karpiak, 2004）。

　詳しくは第8章を参照してください。

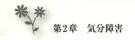

小児のうつ病

　SAMeをよく知る患者は、うつ病を持つ子どもへ使用してよいか時々尋ねてきます。残念ながら、小児におけるSAMeの有効性と安全性について検討した対照試験は報告されていません。

　しかし臨床現場において、SAMeは学童や思春期のうつ病患者の治療に既に使用されており、良い結果を示しています。8歳、11歳女児姉妹、16歳男児の症例報告があります（Schaller, Thomas & Bazzan, 2004）。

　姉妹例の両親はうつ病の既往歴があり、SAMeが彼らのうつ病を回復させた経験があったことから信頼を置いていました。両親は抗うつ薬の副作用で子どもらが苦しむのを望みませんでした。姉妹はともに啼泣、退行、悲嘆、死への関心を伴う大うつ病がありました。11歳女児にはSAMeが1日200mgから投与され、600mgまで増量されるとうつ病は寛解し、副作用はありませんでした。8歳の妹のうつ病も、1日2回のSAMe 200mgの内服で寛解しました。

　3例目の16歳男児は、18ヵ月間の大うつ病に反抗挑戦性障害を伴っており、彼は薬を外からの異物とみなし治療薬を拒否していました。彼にはイライラ、退屈、無関心、ゲームへの没入、悲嘆、疲れやすさ、絶望、睡眠過多、集中力低下という症状がありました。学校の成績はBからDへと急落していました。主治医は彼に、SAMeを試すよう勧めました。SAMeが体内に存在する自然の物質であるとの説明を受け、彼は喜んで服用しました。朝に800mg、下校後に400mgまでSAMeが増量されると、彼の気分や活力、学業成績はうつ病前の状態にまで回復しました。

SAMeの品質と効力

　SAMeは、幾百にも及ぶ必須代謝経路の過程で他の分子と速やかに作用します。体内において最も活発に他の分子にメチル基を供給します。しかし、SAMeは空気に触れるとすぐ酸化してしまいます。相互作用しやすいSAMeを安定させるために、塩の分子と組み合わされ、腸で溶けるコーティングが施されます。

SAMeやその錠剤の質は、効力を長期にわたり持続させる上で重要です。もし製造過程に欠陥があったら、店の棚に置かれている間に効力はほぼ失われてしまいます。

　残念ながら、製造会社の多くは低品質のSAMeを製造し、安く販売しています。それらは有効性が低いだけでなく、副作用をもたらす可能性もあります。患者にSAMeを勧める際には、品質の保証された製品を購入し、錠剤が金属箔のブリスターパックに入っているものを推薦しましょう（その効果を長く保つため）。

　付録Aに高品質のSAMe製品を掲載しています。

　SAMeの錠剤は、ブリスターパックの内部にできる水分によって影響を受けるので、冷蔵庫に保管しない方がよいでしょう。さらに、SAMeの錠剤は、胃の消化酵素による変質を防ぐ目的で腸溶コーティングされているため分割しない方がよいでしょう。

気分障害に用いるハーブ

　ハーブ（薬草）には、その葉、花、根に生理活性を示す物質が無数に存在します。ハーブ製品中の薬効成分は、生育条件や収穫時期、乾燥方法、抽出方法により影響を受けます。

　ハーブの多くでは、各々の化学成分の医学的効果はまだ十分にわかっていません。一方、セイヨウオトギリソウに含まれるヒペルフォリンのように、一部のハーブでは臨床効果と関連がある測定可能な化合物が見つかっています。

セイヨウオトギリソウ（St. John's Wort）

　セイヨウオトギリソウの花や葉の抽出物は、うつ病治療に果たす役割について議論されています。

　1996年にセイヨウオトギリソウの23の研究に対してメタ解析が行われ、13の研究において副作用の増加は認められず、偽薬より効果が優れて

いました（Linde, Ramirez, Mulrow, Pauls, Weidenhammer et al., 1996）。

後にその成分の一つであるヒペルフォリンの濃度が、効果の重要な指標であることが判明しました。そしてその後に、より高品質の標準化されたセイヨウオトギリソウを使用した厳格な研究が行われました。

重度の大うつ病の入院患者209名に対する、6週間にわたる二重盲検偽薬対照研究（DBPC）では、イミプラミン（1日150mg）は、セイヨウオトギリソウ（商品名Kira LI 160、600mgを1日3回、6〜12週内服）より早く効果を示しましたが（3〜6週間）、セイヨウオトギリソウはイミプラミンと同等の効果を示し、副作用はわずかでした（Vorbach, Arnoldt, & Hubner, 1997）。

軽度から中等度のうつ病患者240名に対する、6週間にわたる無作為試験では、セイヨウオトギリソウ（商品名Remotiv or ZE 117, 500mg/日）は、フルオキセチン20mg/日と同等の効果を示しました（Schrader, 2000）。さらに、フルオキセチンの副作用（嘔吐、めまい、不安、勃起障害）よりセイヨウオトギリソウの副作用（軽度の胃腸の不調）がはるかに少なかったのです。この研究は、ドイツの医療保険機構が資金提供していました。

重度のうつ病をセイヨウオトギリソウで治療する際には、前述の研究でフォルバッハ（Vorbach）らが行ったように、高用量（1800mg/日）を長期間（6〜12週間）にわたり投与する必要があるでしょう。

一方、米国の最重度のうつ病入院患者200名に対する多施設DBRPC試験では、1日900mgのセイヨウオトギリソウを4週間、その後1200mgをさらに4週間投与しましたが、偽薬と同じ効果しか認められませんでした（Shelton, Kelle, Gelenberg, Dunner, Hirschfeld et al., 2001）。

この研究を拡大解釈すると、重症うつ病患者に対してセイヨウオトギリソウの投与量が、治療量以下の不十分な量だったと考えられます。

Kira LI 160（ドイツのJarsin 300mgと同じ）は、ドイツのベルリンにあるリヒター・ファーマ（Lichtwer Pharma）が製造しているセイヨウオトギリソウ抽出物で、販売はアブキット・リヒター・ヘルスケア

(Abkit, Lichtwer Healthcare）が行っています。この300mgの錠剤には、900mcgのヒペルフォリンが含まれています。

ドイツでは他のハーブと同じく、高品質の製造基準がドイツコミッションEにより定められています。

他のセイヨウオトギリソウについての、その効果に否定的な研究では、重度のうつ病患者に治療域以下の量（1日900～1500mg）が投与され、やはり治療域以下のセルトラリン（ゾロフト、1日50～100mg）と比較されました。(Hypericum Depression Trial Group, 2002）。

この研究では、セルトラリンもセイヨウオトギリソウも偽薬と差はありませんでした。いくつかの再調査では、その効果がセルトラリンは偽薬と同等とはいえない一方、セイヨウオトギリソウは偽薬と同等というものでした。

セイヨウオトギリソウが軽度から中等度のうつ病患者に対して有効で(Gastpar, Singer, & Zeller, 2005)、さらに中等度から重度のうつ病にも有効であるとの報告（Kasper, Anghelescu, Szegedi, Dienel, & Kieser, 2006; Philipp, Kohnen, & Hiller, 1999）は数多く存在しています。

精神科プライマリケアで、中等症から重症のうつ病患者に対して、別のDBRPC研究が行われ、オトギリソウ抽出物Ws5570（1日900～1800mg）投与群の71％が治療に反応を示したのに対して、パロキセチン（パキシル、1日20～40mg）投与群では60％でした（Szegedi, Kohnen, Dienel, & Kieser, 2005)。

セイヨウオトギリソウの副作用

セイヨウオトギリソウには強い副作用があり、治療開始前に患者とよく話し合った方がよいです。副作用は量を増やすと現れやすくなります。

1日900mg以上服用した人の1％未満で光線過敏症が報告されています。

高用量のセイヨウオトギリソウの副作用は、より穏やかではあるもののSSRIと同じく吐き気や、胸焼け、軟便、性機能障害、歯ぎしり、下肢静止不能（レストレスレッグス）症候群などがあります。

第2章　気分障害

　セイヨウオトギリソウとセロトニン作動系抗うつ薬を併用すると、セロトニン症候群の危険性が増えるでしょう。
　双極性障害の患者では、躁状態となるリスクがあります。
　35の二重盲検無作為試験の総括では、脱落例や有害事象発生率はオトギリソウ抽出物と偽薬では変わらず、古典的抗うつ薬よりも低く、SSRIなどよりもやや低いものでした。
　17の観察研究における35,562名の患者調査では、副作用による脱落率は0～5.7%であり、重大な有害事象は認められませんでした。
　セイヨウオトギリソウは薬物代謝酵素であるチトクロムP450 3A4と1A2を誘導し、腸管壁のP糖蛋白質を誘導するため、多くの薬剤の代謝や吸収を妨げる可能性があります。
　ジゴキシン、ワーファリン、フェンプロクモン、HIVプロテアーゼ阻害薬、逆転写酵素阻害薬、インジナビル、イリノテカン、テオフィリン、アミトリプチリン、シクロスポリン（Knuppel & Linde, 2004）、アルプラゾラム、デキストロメトルファン、シンバスタチン、経口避妊薬の血中濃度を下げることがわかっています。
　麻酔中の心拍数や血圧の変動を起こす可能性があるため、セイヨウオトギリソウは手術の2～3週間前には中止すべきです。
（訳注：現在セイヨウオトギリソウは、現存する多くの薬物との相互作用が報告されております（Rahimi & Adbollahi, 2012）。日本においても十分な警告がなされており、今飲んでいる薬との飲み合わせには注意が必要です。）

うつ病治療のためのセイヨウオトギリソウの使用法

　軽度から中等度のうつ病に対して、セイヨウオトギリソウは有用です。
　うつ病患者や重症例の多くは、寛解には1日1500mg以上の高用量が必要です。しかしここまで増量すると、SSRIと類似した副作用の発生率が高くなるため、あまり有用ではありません。
　特定の状況、たとえば冬季の季節性感情障害に伴う軽度うつ病には、セ

イヨウオトギリソウはかなり有効です（Cott & FughBerman, 1998; Hansgen, Vesper & Ploch, 1994; Wheatley, 1999）。

通常セイヨウオトギリソウは単剤、もしくは第一選択薬としては、うつ病の治療には勧められません。しかし既に低用量のSSRI（たとえばプロザック1日5mgやパキシル1日20mg）に良い反応を示しており、性機能障害や体重増加などの副作用に苦しむ患者には勧めています。そのような患者は、セイヨウオトギリソウを用いると徐々に回復します。

加えて、このハーブは軽度のうつ病に対して使いやすく、薬効を高めるために他の抗うつ薬と組み合わせたり、季節性感情障害や身体症状が前面に出てくる際にも有効です。

セイヨウオトギリソウを使用する際は、その薬効と、SSRI様の副作用、光線過敏症、薬物相互作用などの不利益を鑑みる必要があります。

症例4　抗うつ薬の副作用が多く出ていた患者

マギーは26歳の大学院生で、覚えている限り長くうつ病を患ってきました。

彼女は15歳の時に、初めてフルオキセチン（プロザック）の服用を始めました。その結果うつ病は改善しましたが、性欲が失われ性的快感がなくなってしまいました。16歳の時、セルトラリン（ゾロフト）へ変更しましたが、同じ副作用に悩みました。

レクサプロの内服では性機能障害と頻脈が、ブプロピオン（ウェルブトリン）ではパニック発作や吃音、頻脈が、ベンラファキシン（エフェクサー）では極度の怒りがそれぞれ出現しました。

彼女には双極性障害の家族歴があり、それは抗うつ薬を飲んでいる患者の敵対的な反応と関連していることがよくあります。

ブスピロン（バスパー）の服用中、彼女はぼーっとしたり、「気が変になる」と感じました。ラモトリギン（ラミクタール）を9ヵ月間服用しましたが、しつこい頭痛と吐き気に苦しみました。

彼女は自己判断でSAMeを試しましたが、胃腸の不調が長く続きました。

結局、イワベンケイ（ロザビン）1日450mgと、セイヨウオトギリソウ（ペリカ）600mg1日2回を組合せて服用したところ、彼女のうつ病は体重増加や頻脈、性機能障害などの副作用もなく治癒しました。

> **臨床の金言**
>
> セイヨウオトギリソウは、男女のうつ病を緩和します。しかし臨床現場では、抗うつ薬の副作用に敏感で、SSRIによく反応するうつ病の女性に一番効果があると、筆者は考えています。

セイヨウオトギリソウによる抗うつ薬の効果増強

セイヨウオトギリソウは三環系抗うつ薬（TCA）、ブプロピオン（ウェルブトリン）、ベンラファキシン（エフェクサー）、SAMe等の抗うつ薬の薬効を高めるのに有効です。

しかし、MAOI（モノアミン酸化酵素阻害薬）と併用すべきではありません。

セロトニン作動性向精神薬に高用量のセイヨウオトギリソウを加えると、セロトニン症候群を引き起こす可能性があります。

現時点ではセイヨウオトギリソウと他の抗うつ薬との併用に関する、公開された研究はまだありません。

身体表現性障害

セイヨウオトギリソウは、身体表現性障害にも有用です。

身体表現性障害を持つ患者151名に対するDBRPC試験では、セイヨウオトギリソウが1日600mgもしくは偽薬が6週間投与されました。うつ症状の有無にかかわらず、セイヨウオトギリソウ投与群には、著しい改善が

認められました（Volz, Murck, Kasper, & Moller, 2002）。

　身体表現性障害を持つ外来患者184名に対して、別のDBPC並行試験が6週間にわたり行われました。1日600mgのセイヨウオトギリソウ投与群では45％に反応が認められましたが、偽薬群では21％でした。自律神経系の不安定さがある患者に大きな効果を示しました。セイヨウオトギリソウ群は、偽薬群と同じく副作用は認められませんでした（Muller, Mannel, Murck & Rahlfs, 2004）。

季節性感情障害

　セイヨウオトギリソウは、季節性感情障害（SAD）に有効です。

　SAD患者20名に対する予備的偽薬対照試験が行われました。オトギリソウと弱い光（偽薬群）は、オトギリソウと高照度光療法の組合せ群と比較して、SADの症状軽減効果は同等でした（Kasper, 1997）。

　イギリスのSAD協会会員に対して、8週間にわたる11の質問項目による郵送調査が行われました（Wheatley, 1999）。そこではKira 900mg/日を内服した人（168名）は、それに加えて光療法を行った人（133名）と同じく改善がみられました。この調査は、無作為や盲検方法、患者に使用された光療法の強さや量の情報がないという限界がありました。

　SADに対するオトギリソウの有効性を確立するためには、比較対照臨床試験の実施が必要ですが、予備試験では、その効果を支持する結果が得られています。

製品の品質と効力

　セイヨウオトギリソウ製品を選ぶ際には、高品質の製品を選ぶよう注意してください。標準的な抽出物には、通常0.3～0.5％のヒペルフォリンが含まれています。製品ラベルで詳細を確認してください。

　セイヨウオトギリソウ製品の質には大きなばらつきがあるため、標準化された製品で、かつ臨床試験で有効性が立証されている製品をお勧めします。

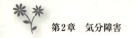

第2章 気分障害

> **臨床の金言**
>
> イワベンケイは、うつ病治療への補完治療として使用でき、エネルギーや幸福感を改善し、ベッドから出る元気、身体運動の意欲を高めます。

イワベンケイ

　身体的や精神的なエネルギーを高めるため、認知障害、記憶やストレス下の遂行能力を改善するために、イワベンケイ（第4章参照）は臨床現場で使われていますが、これはうつ病の治療にも有効です。

　イワベンケイには、トリプトファンやセロトニンの脳内への輸送を増やす効果が認められています。

　うつ病への研究は、1987年旧ソビエト連邦で初めて行われ、いろいろなタイプのうつ病患者128名に対して、1回150mgのイワベンケイもしくはその偽薬を1日3回投与しました。するとイワベンケイ投与群の3分の2が著しく改善しました（Brichenko, & Skorokhova, 1987）。

　この研究方法は古く、現行の基準に達していませんが、イワベンケイについてさらなる研究を行う価値があることを示しています。

　さらに最近の研究では、イワベンケイの根茎の標準抽出物（SHR-5、Swedish Herbal Institute製造）を用いた二重盲検無作為偽薬対照群間比較試験が6週間にわたり実施されました（Darbinyan, Aslayan, Gabrielian, Malmstrom, et al., 2007）。

　DSM-Ⅳ（精神障害の診断と統計マニュアル第4版）の診断基準に当てはまる軽度から中等度のうつ病を持ち、ハミルトンうつ病評価尺度（HAM-D）が12〜31点である、18歳から70歳の成人患者が、3つのグループに無作為に振り分けられました。グループAはSHR-5中等量である1日340mgが、グループBにはSHR-5、1日680mgが、そしてグルー

プCは偽薬が投与されました。6週間の試験終了時点におけるHAM-Dの平均点数は、グループA（24.52から15.97に）、B（23.79から16.72に）では著しく減少していましたが、グループCでは顕著な差は認められませんでした（24.7から23.4に）。どのグループでも重い副作用は認められませんでした。SHR-5は、軽度から中等度のうつ病患者に対して1日340～680mg、6週以上使用した場合に、穏やかですが確かな有効性が認められました。

私達はうつ病治療に対する補完治療として、日常的にイワベンケイを使用しており、患者の低いエネルギーを高めて、身体面や精神面に効果を認めています。さらに気分が改善し、ストレスにも強くなります。

抗うつ薬は落ち込んだ気分を和らげる傾向がありますが、やる気を生み出す効果は不十分であることが多いです。イワベンケイを追加で服用した多くの患者が、ベッドから出て行動する元気が出て、幸福感を得たと教えてくれます。

外来で使用した経験では、身体と精神が疲労する神経衰弱患者でも、イワベンケイの治療に良い反応を示します。

うつ病と更年期障害

うつ病や疲労感、記憶減退を伴う更年期障害の女性には、イワベンケイが特に有効です。

一部の患者は人生における喜びや興奮の感覚が回復します（詳しい考察は、第6章を参照ください）。

イワベンケイの副作用

イワベンケイには精力増強、もしくは穏やかな刺激作用があります。

興奮作用のある処方薬（たとえばアンフェタミン）のような依存性、習慣性、禁断症状がありません。カフェインなどの刺激物に敏感な人は、服用直後に不安や動揺、神経過敏、興奮などが現れるかもしれません。刺激作用が重なるので、このハーブを内服する時はカフェインなどの刺激物を

減らすほうがよいでしょう。敏感な人はほんの少量の内服から始めて、徐々に耐えられる量まで増やすことが可能です。

軽度から中等度のうつ病患者には、まず1日100〜150mgを2日間服用し、3〜7日ごとに1カプセルずつ増やし、最大1日500mgまで増量します。

うつ病の補助治療として使用するなら、通常1日200〜400mgで効果が出ます。単独治療としてなら、1日750mgの高用量が必要でしょう。

睡眠障害を避けるため、イワベンケイは午前中に服用すべきです。服用後2週間の間は明晰夢をみるという患者もいます。

時々軽い吐き気が出現するかもしれません。こんな時は、イワベンケイを服用する20分前に、ショウガカプセルを2つ服用する、もしくはショウガ茶を飲むことで避けられます。

無月経期間が1年未満の更年期障害の女性の場合、イワベンケイを服用すると生理が再開するかもしれません。月経不順の更年期女性の場合、生理周期が正常化したり、閉経期が遅延する可能性もあります。

出産適齢期の女性では受胎能（妊娠の可能性）が増えるため、理論的には経口避妊薬を飲んでいても妊娠の可能性があります。イワベンケイの服用による望まない妊娠例は報告されていませんが、避妊に十分注意を払う必要があります。

イワベンケイはエストロゲン受容体に結合することが示されていますが、これらの受容体の活性化は認められていません（第5章参照）。

イワベンケイの内服と発がん性の増加との関連はありません。しかしエストロゲン受容体陽性乳がんが増加する可能性はまだ適切に調査されていないので、乳がんの既往歴や家族歴を持つ女性には十分に説明するべきです。

第8章では、イワベンケイの抗腫瘍形成作用に関する証拠について記述しています。

臨床適応

臨床現場においてイワベンケイは、気分障害、記憶障害、認知障害、疲労といった広い疾患に効果を認めています（第4章参照）。

イワベンケイは、ストレスやうつ病、加齢、薬物、身体疾患による疲労で悩む患者のエネルギーを高めます。

イワベンケイ商品の品質と効力

イワベンケイの根には、幾百の薬効成分が含まれています。多くの効果がどの組み合わせによって生まれるのか、いまだ誰も証明できていません。根を乾燥させ、薬効成分を抽出する方法では、ある成分は保存されますが、別の成分は揮発してしまいます。従って、臨床上効果があると証明されている製品のみを使用する必要があります。

残念ながら、ハーブ製品の製造会社の中にはコスト削減のために、イワベンケイ以外の植物を使用しています。

高品質のイワベンケイ製品を探すためには、少なくとも標準化されたロザビン3％とサリドロシド1％含有とラベルに記載されていることを確認してください。

しかし、これらの成分が存在したとしても、原材料の収穫場所や抽出の方法、他の大切な成分が欠けている可能性があるため、効果が保証されるわけではありません。従って臨床家や研究者は、ヒトか動物で効果があると証明されたイワベンケイの抽出物のみを含む製品を使用することが肝要です。

気分障害に用いるビタミン

メンタルヘルスに最も重要なビタミンと栄養素とは、神経細胞が正常に機能するために必須のもので、低栄養や吸収不良、迅速な消費、老化や病気や環境ストレスによる悪化によって枯渇しやすいです。

その代表がビタミンB群（葉酸を含む）やオメガ-3脂肪酸です。

食事中の葉酸塩や葉酸（栄養補助食品として）は、代謝経路において使用可能なL-メチルテトラヒドロ葉酸へと変換されなければなりません。この変換の最終段階は、メチルテトラヒドロ葉酸還元酵素（MTHFR）に

補足2.1　MTHFRの多型、葉酸塩、ホモシステイン、SAMeとうつ病

　MTHFRの遺伝子において、677番塩基番号のシトシン（C）がチミン（T）に置き換わる変異により活性の低い酵素が生じる。これをC→T多型という。

　正常な遺伝子型はC/Cで、MTHFRの酵素活性は100%を示す。しかしC/Tでは71%、T/Tでは34%の酵素活性しか発揮しない。C/TやT/T多型の結果、ホモシステイン濃度が上昇し（約20%）葉酸濃度が低くなる。

　人口の約40〜50%はC/T変異を、10〜12%はT/T変異を持つ。

　ホモシステインの増加は、心血管系疾患のリスク上昇と関連しており、SAMe産生も減少する可能性がある。

　ホモシステインの増加に伴うSAMeや葉酸の減少は、うつ病や、抗うつ薬への反応性低下に関係している可能性がある。

依存しており、これはホモシステインからメチオニンを作る際にも必要です（図2.1を参照）。

　MTHFR遺伝子多型（通常遺伝子突然変異により起こる）によって、メチレンテトラヒドロ葉酸からL-メチル葉酸（補足2.1参照）への変換が減少し、ホモシステイン（心血管疾患の独立した危険因子）の増加につながります。

　うつ病患者における葉酸塩、他のビタミンB群、ホモシステインの関連についての詳しい議論は、テオドロ・ボッティグリエリ（Teodoro Bottiglieri）の学究研究（2005）を参照してください。

　MTHFR遺伝子中の、677番目塩基のCからTへの転位というある特定の多型により、ポリペプチド鎖中のアラニンがバリンへ置換されると、酵

素が熱に対して不安定になります。

このMTHFR677TTという遺伝子型は多くみられ、白人の12％、ラテンアメリカ人や地中海沿岸の人々では最大22％にみられます。

L-メチルテトラヒドロ葉酸の補充は、葉酸単独よりも効果があると指摘されています。なぜなら、これによりMTHFRの最終の変換段階を省略できるからです。

L-メチルテトラヒドロ葉酸は、腸管において吸収される形で脈絡叢に存在する特定の受容体によって脳血管関門を通過します。これはメチオニンやSAMeの合成に必要で、神経伝達物質の合成にも寄与します。

急性精神障害（大うつ病や統合失調症）患者123名に対して二重盲検無作為偽薬対照試験（DBRPC）が行われ、33％の患者が葉酸欠乏症の境界例（赤血球中の葉酸が200mcg未満）でした。患者らは標準的な向精神薬治療が維持され、さらに1日15mgのメチル葉酸塩、もしくは偽薬が投与されました。メチル葉酸の投与群は、偽薬投与群と比較して著明な臨床的、社会的回復が認められました（Procter, 1991）。

L-メチル葉酸を含む経口の栄養補助食品は、現在入手可能です（この章最後の表2.1、及び付録Aの高品質の製品一覧をご覧ください）。

うつ病患者や老人はビタミンB_{12}（シアノコバラミン）や葉酸が低下しており、これらが気分や記憶、認知障害に関連しています（Bottiglieri, 1996; Crellin, Bottiglieri & Reynolds, 1993）。

ビタミンB群や葉酸のうつ病に対する単独治療の試験結果にはばらつきがありました。しかし、三環系抗うつ薬治療中の高齢患者14名に対して、ビタミンB群（B_1、B_2、B_6）と葉酸を投与すると、良い結果が得られました（Bell, Edman, Morrow, Marby, Perrone et al., 1992）。

フルオキセチン（プロザック）を内服している患者127名に対して、葉酸を1日400mcgもしくは偽薬を投与するDBRPC試験が行われました。抗うつ薬の治療に反応しなかった患者では、葉酸値が低値でした（Coppen & Baily, 2000）。

フルオキセチンと葉酸が投与された女性らの94％が良い反応を示した

のに対して、フルオキセチンと偽薬が投与された群は61%でした。

　遺伝子多型に加えて、慢性疾患、糖尿病、がん、喫煙、飲酒、低栄養、気分安定薬やレボドパ、スタチン、経口糖尿病薬、化学療法薬などの薬剤も、葉酸を低下させる要因となります。メチル葉酸やビタミンB群は、一般的にとても安全であり、副作用もほぼありませんが、アレルギー反応が起こる可能性があり、妊婦や授乳中の安全性は確立されていません。

　ホモシステイン値の上昇は、心血管系疾患リスク増加と関連しています。ビタミンB群と葉酸を併用すると、ホモシステイン値が低下します。

　冠動脈にステントを留置した患者636名に対して、葉酸とビタミンB_6、B_{12}を併用投与した影響を調べる6ヵ月の二重盲検無作為偽薬対照試験が行われました。ビタミンを投与された患者らで、ステント再狭窄の発生率が8%増加しました。

　しかし女性や糖尿病患者、投与前のホモシステイン濃度が高い（15μmol/L以上）患者では、再狭窄の増加は認められませんでした（Lange, Suryapranata, DeLuca, Borner, Dille et al., 2004）。ビタミンB群と葉酸が血管内皮細胞の増殖を刺激することによって、一部の患者の心臓ステントで閉塞が生じるのでしょう。

　ビタミンDは、季節性感情障害（SAD）にも効果があります。冬の期間は光曝露が減るために、皮膚でのビタミンD産生が減少します。

　日光曝露とビタミンD濃度、SADの関連性は、小規模の無作為試験がいくつか行われましたが、結果はさまざまでした（Dumville, Miles, Porthouse, Cockayne, Saxon et al., 2006; Gloth, Alam, & Hollis, 1999）。

　健康への良い影響を多く持つビタミンDは冬季に低くなりがちであるため、これをSADに対する補助治療として使用できます。

臨床の金言

　ホモシステイン濃度が15μmol/L未満の男性に、ビタミンB群と葉酸を併せて投与すると、心臓のステントの閉塞を促進するという医

学的証拠が最近得られています。

気分障害に用いる栄養素

オメガ-3脂肪酸や特定のアミノ酸は、気分を制御する神経伝導路の機能に重要です。

オメガ-3脂肪酸

百年前の食事にはオメガ-3高度不飽和脂肪酸（オメガ-3FA）が多かったので、彼らよりも現在の人類は、細胞膜の流動性が少なくなっています。

魚由来のオメガ-3FAには、細胞膜の流動性を高めるエイコサペンタエン酸（EPA）やドコサヘキサエン酸（DHA）があります。さらにEPAやDHAは、炎症性のエイコサノイドの産生や、炎症を促進するサイトカインの放出を減らします。

現代人は飽和脂肪酸を家畜動物の肉から摂取し、さらにオメガ-6高度不飽和脂肪酸（オメガ-6FA）を栽培野菜（トウモロコシ、ベニバナ、大豆）からさらに多く摂るようになったので、細胞膜中のオメガ-6FAの割合が増加しています。

養殖業者が魚にオメガ-6FAを含む野菜由来の油を与え始めるまでは、魚がオメガ-3FAの主な供給源でした。それまでは魚にオメガ-3FAが豊富でしたが、現在では魚の多くが養殖であり、オメガ-6FAの割合が増え、相対的にオメガ-3FAが減っています。

特に鮭等の多脂魚は、現在オメガ-3FAの重要な供給源になっていますが、供給環境は汚染されていることが多く、PCBs（ポリ塩化ビフェニル）や水銀を多く摂取する可能性があり、これらだけを食べすぎるのはやめた方がよいです。

その代わりに、魚油や魚油カプセルの摂取をお勧めします。高品質の製品は後味がよく、PCBsが少ないでしょう。

亜麻の種にはアルファリノレン酸（ALA）が含まれていますが、挽かなければ人体に吸収されません。ALAはオメガ-3FAやEPA、DHAに変換されますが、変換効率には個体差があります。

ナッツ、種、キャノーラ油や亜麻仁油も、ALAを少量含んでいます。

臨床の金言

EPAとDHAの比が2：1のオメガ-3FAを、1日2〜3g内服すると、患者の抗うつ薬の作用を強めます。

オメガ-3脂肪酸とうつ病

細胞膜中のオメガ-3FAがオメガ-6FAに置き換わると、単極性うつ病や双極性障害が増えるという研究結果があります。これは神経伝達系において細胞膜の流動性や柔軟性が失われると、膜蛋白（酵素、受容体、イオンチャンネル）を侵すことと、エイコサノイドや炎症性サイトカインの増加によるものと考えられます。

双極性障害の女性患者12名に対して行われた研究では、オメガ-3FAを投与された患者らは、細胞膜の柔軟性が著明に改善されました（Hirashima, Parrow, Stoll, Demopulos, Damico et al., 2004）。

パーカーとその同僚ら（2006）は、オメガ-3FAのうつ病に対する効果に関する研究について、優れた総括を行っています。良い結果と悪い結果が混在していましたが、これらはEPAやDHAの投与量や割合の差、患者の選択、その他の要因に影響を受けていた可能性があります。

オメガ-3FAの欠乏と自殺の危険性の増加には関連がみられます（Sublette, Hibbeln, Galfalvy, Oquendo, & Mann, 2006）。

ブロードマン領域10番目の前頭極に含まれるオメガ-3FAの内容について、剖検による研究が行われました。大うつ病15名の患者と、年齢を合わせた27名の正常対照群が比較されました。唯一DHAは、正常対照群と

かなり差が現われ、大うつ病の女性患者では32％低く、男性患者では16％低かったです（McNamara, Hahn, Jandacek, Rioder, Tso et al., 2007）。

まとめると、オメガ-3FAは、単極性うつ病や双極性障害における補助治療として、有効性が十分に証明されています（Freeman, Hibbeln, Wisner, Davis, Mischoulon et al., 2006）。

さらに加えて、妊婦の健康や、乳幼児の発達にも安全で効果的なので、オメガ-3FAはうつ病の妊婦や産後の女性にも使用可能です。

魚をあまり食べないこととうつ病の関連は、男性よりも女性に強く認められています。（Timonen, Horrobin, Jokelainen, Laitinen, Herva et al., 2004）。

オメガ-3FAを抗うつ薬の補助治療として使用すると、患者のうつ病評価尺度を著明に低下させることは、オメガ-3FA（4.4gのEPAと2.2gのDHA）を大うつ病の患者に用いた二重盲検偽薬対照試験（Su, Huang, Chiu & Shen, 2003）や、エチルEPA、1日2gを再発した単極性うつ病患者に使用した並行群間DBPCにおいて（Nemets, Stahl & Belmaker, 2002）、証明されています。

エチルEPAはイギリスで使用されているEPAの一つであり、米国でも使用の承認が待たれています（日本は保険収載済です）。

大うつ病への単独治療法としてDHAを用いたDBRPC試験が行われましたが、偽薬とDHAの治療効果に差は認められませんでした。

臨床の金言

オメガ-3FAは、双極性障害の補助治療として、高い安全性と良好な予備研究の結果があります。そのため双極性障害の後遺症と関連した重大な危険を考えると、双極性障害の患者に、この栄養補助食品を推薦する価値があります。

オメガ-3脂肪酸と双極性障害

　海産物の消費が多くなると、特に双極Ⅱ型障害の生涯有病率は減少します（Noaghiul & Hibbeln, 2003）。

　オメガ-3FA（1日EPA6.2gとDHA 3.4mg）を用いたDBRPC試験が行われ、双極性障害を持つ対象患者の多くは気分安定薬を服用していましたが、症状や再発率が減少しました（Stoll, Severus, Freeman, Rueter, Zboyan et al., 1999）。

　双極Ⅰ型障害の患者に対して1ヵ月にわたる非盲検予備試験が行われ、うつ症状が評価されました。EPAを1日1.5〜2.0g与えられた患者において10症例中8症例では、うつ病尺度が50％減少していました（Osher, Bersudsky & Belmaker, 2005）。

　双極性障害患者75名のうつ症状に対してDBRPC試験が行われ、エチルEPA（1日1〜2g）が補助治療として投与されました。彼らは他に気分安定薬や抗精神病薬、抗うつ薬、抗不安薬を服用していました。エチルEPA追加群では、HAM-Dや臨床全般印象尺度のうつ病の点数が、著明に減少しました。

　1日投与量が1gと2gでは、効果に差はありませんでした（Frangou, Lewis & McCrone, 2006）。

　オメガ-3FAが躁症状を引き起こしたという報告がいくつか存在しますが、ストール（Stoll）やオッシャー（Osher）、フランゴウ（Frangou）らによって行われた研究では、それは認められませんでした。おそらく投与されたEPAとDHAの割合に関連しているのでしょう。

　双極性障害や気分安定薬を内服している急速交代型の患者に対して、4ヵ月の無作為補助試験が行われました。EPAを1日6mg投与された患者と偽薬を投与された患者では、うつ病の総体症状やヤング躁病評価尺度において、明らかな差は認められませんでした（Keck, Mintz, Mcloroy, Freeman, Suppes et al., 2006）。この研究ではEPAのみが投与され、DHAを投与しなかったため、効果が出なかったのでしょう。

　双極性障害の研究では、1日1〜2mgのオメガ-3FAでうつ症状が改善

気分障害に用いる栄養素

しましたが、我々は急速交代型の躁うつ混合症状の患者に対しては、さらに高用量を使用するよう勧めています。

ストールは予備研究の中で、双極性患者を安定させるために、合計9.6gのEPAとDHAの追加投与を行っていました（Stoll et al., 1999）。

患者の多くは1日6g以上のEPAとDHAを摂ると、胃腸症状が増加するため、実際にこの量を摂取するのは困難です。しかし可能であれば、1日合計8〜10gのEPAとDHAを服用するよう提案します。

一般的に、オメガ-3FAは双極性障害の患者に使用すると、躁症状を穏やかに減らし、うつ症状を穏やかで控えめに改善します。私達は躁うつ両症状を明らかに改善し、処方薬を減らせた症例を経験しています。

うつ病や双極性障害を持つ妊婦や産後女性の治療におけるオメガ-3FA使用については第6章を参照ください。

小児や青年の双極性障害

ヤング躁病評価尺度の点数が28.9±10.1であった、双極性障害を持つ6〜16歳の小児患者20名に対して非盲検試験が行われ、1日EPA 1290mgとDHA 4300mgが8週間投与されました。その結果、ヤング尺度の点数は19.1±2.6となり、穏やかですが、統計上有意な減少がみられました。わずかで軽度の副作用が現われ、主に胃腸症状でした。35％の患者において、ヤング尺度の点数が50％減少しました（Wozniak, Biederman, Mick, Waxmansky, Hantsoo et al., 2007）。

双極性障害の小児患者において、躁症状が穏やかに改善したので、オメガ-3FAは危険の少ない補助治療と考えられます。

これらについてさらなる研究が求められています。

境界性パーソナリティ障害や自傷患者に対するオメガ-3脂肪酸

大うつ病の基準に当てはまらないが境界性パーソナリティ障害を持つ女性患者30名に対して、8週間の偽薬対照試験が行われました。エチルEPAを1日1g投与された患者は、うつ症状や攻撃性が劇的に減少しまし

た（Zanarini & Frankenburg, 2003）。

　この結果を確認するためにさらなる研究が必要ですが、臨床家は境界性人格障害患者に対してオメガ-3FAを試みることを考えてもよいでしょう。自傷歴のある患者49名に対して12週間の臨床試験が行われ、標準的な精神科的治療に加えて1日1.2gのEPAと0.9gのDHA、もしくは偽薬が無作為に投与されました。オメガ-3FA投与群では、ベックうつ病特性尺度、HAM-Dにおいて、うつ症状や自殺傾向、ストレスが著明に改善しました。しかし攻撃性や衝動性、敵意に関して、改善は認められませんでした（Hallahan, Hibbeln, Davis, & Garland, 2007）。

副作用と危険性

　オメガ-3FAの最も一般的な副作用は、嘔気、胸焼け、胃痛、げっぷ、腹部膨満、下痢などの胃腸症状です。これらの症状は高用量使用時に現れやすく、高品質の精製された魚油調剤を用いることで少なくなります。

　躁病エピソードを引き起こす可能性はおそらく低いですが、注意しておく必要があります。

　オメガ-3FAは血小板凝集能を低下させるので、抗凝固剤を服用中の患者は、オメガ-3FAを追加したら出血傾向に注意しましょう。

　水銀やPCBのような環境毒が、養殖魚を含む多くの魚の生息環境を汚染しています。週に一度以上の魚食で、これら汚染物質が体内に蓄積する可能性があります。魚油中のPCBへの懸念から、PCBや水銀の含有が低いと記載されている製品を意識して購入する必要があります。

　医療関連誌「メディカルレター」に掲載された魚油の栄養補助食品を使用した研究の総説によると、多脂魚（たとえば鮭）を週2回食べること、もしくは市販の魚油カプセルを服用すること（1日1000〜1500mg）は、急性冠動脈疾患の患者の死亡率を減らしますが、慢性冠動脈疾患の患者の死亡率は変わりませんでした（"Fish Oil Supplement," 2006）。

　これらの研究の中では、魚食は魚油カプセルの摂取よりも効果がありました。これは、EPAやDHAの質や内容の違いを表しているのでしょう。

魚油を腐らせないために、冷蔵しましょう。

オメガ-3FA製品

　米国食品医薬品局（FDA）は、高トリグリセリド血症の治療として、魚油（Reliant社のOmacor）の処方を認めています。（"Fish Oil Supplement", 2006）。

　900mgカプセルには、EPA 465mgとDHA 375mgが入っています。1日1カプセルを1ヵ月服用する費用は、だいたい35ドル（4200円）です。同等の魚油を薬局で購入した場合の費用は、製品にもよりますがだいたい12～30ドル（1440～3600円）です。

　米国薬局方（USP）では市販薬の一部を検査しており、いくつかの製品では水銀や重金属、汚染物質が認められなかったと報告しています。

　コンシューマーラボ（Consumer Lab）は魚油42製品について、汚染物質を含んでおらず成分表も正確だったと公表しています。

　ヴァイタルニュートリエンツ社は、高品質の精製された魚油を濃縮液剤として製造しています。他社製品より高価ですが、軽く、魚臭くない味で、胃腸症状の副作用を生じにくいです。

双極性障害に対するコリン

　重酒石酸コリンは、いくつかの症例報告において、躁病を減らす効果が認められています。

　リチウムを服用中の難治性躁うつ病の患者6名に対して、1日2000～7200mgのコリンの追加を行ったところ、臨床上改善が見られましたが、うつ症状への効果にはばらつきがありました（Stoll, Sachs, Cohen, Lafer, Christensen et al., 2006）。

イノシトール

　イノシトールは、ホスファチジルイノシトールのグルコース異性体の前駆体であり、神経伝達物質と結びつく二次情報伝達物質の一部です。うつ

病、パニック障害、強迫性障害を対象としたいくつかの研究において、イノシトールを1日12000mg～20000mg投与すると、偽薬よりも有益であることが確認されました（Benjamin, Agam, Levine, Bersudsky, Kofman et al., 1995; Fux, Levine, Aviv & Belmaker, 1996）。

残念ながら、効果を発揮するイノシトールの量では、胃腸症状の副作用が出現する可能性があり、躁症状が出現したという症例も一例報告されています。またお腹が膨れる副作用があり、服薬遵守が問題となっています。そのため、イノシトールは第三選択の治療と考えたほうがよいでしょう。

イノシトールは双極性障害によく使われています。双極性障害を持つ成人患者24名に対して、DBRPC試験が行われたところ、効果は認められませんでした。

しかしモントゴメリ・アスベルグうつ病評価尺度を用いた評価では、かなりの改善傾向が認められたので、さらなる大規模調査を行う価値があるでしょう（Chengappa, Levine, Gershon, Mallinger, Harden et al., 2000）。

治療抵抗性のうつ症状を持つ双極Ⅰ型障害と双極Ⅱ型障害の患者66名に対して、ラモトリギン（ラミクタール）やイノシトール、リスペリドン（リスパダール）といった気分安定薬を追加する比較無作為試験が行われました。その結果、回復率はラモトリギンで23.8%、イノシトールで17.4%、リスペリドンで4.6%でした（Nierenberg, Ostacher, Calabrese, Ketter, Marangell et al., 2006）。

イノシトールがラモトリギンに次ぐ効果を示したため、双極性障害のうつ病に対して標準的な気分安定薬や抗うつ薬で改善しない場合、イノシトールを追加の治療薬として考えてもよいと思われます。

5-ヒドロキシトリプトファン

アミノ酸である5-ヒドロキシL-トリプトファン（5-HTP）をうつ病治療へ使う理論的根拠は、セロトニン（5-ヒドロキシトリプタミン）の合成過程の直近の前駆体であることに基づいています。

5-HTPは栄養補助食品として入手可能で、うつ病や不眠症、線維筋痛

症に広く使用されています。

L-トリプトファンはある製造会社が汚染された製品を出荷販売し、その副作用で好酸球増加悪性症候群が生じたため、1989年に市場から撤去されました。そのため、5-HTPがL-トリプトファンの代わりに使用されるようになりました。

5-HTPのさらなる研究が行われましたが、毒性は確認されませんでした（Das, Bagchi, Baguchi & Preuss, 2004）。

5-HTPのうつ病への効果は、総括されています（Das et al., 2004; Turner, Loftis & Blackwell, 2006）。

27の研究中11の研究は、二重盲検偽薬対照試験でした。その11の研究の内、7つで偽薬よりも効果があり、5つの研究では統計的意義がみられました。いくつかの研究では5-HTPをニアラミドやクロミプラミン、ノミフェンシンなどの抗うつ薬へ追加しており、うつ症状に対して著明な改善を見せました。成人の5-HTPの通常量は、200〜300mgを1日2〜3回に分けて服用します。

これらの研究を総括すると、5-HTPはうつ病に対して、追加投与薬として限定的な効果を示していたと考えられます。

5-HTPの副作用、危険性、相互作用

5-HTPの一般的な副作用は、吐き気や嘔吐、下痢です。稀な副作用として頭痛、不眠があります。

げっ歯動物を用いた研究では、50mg/kg/日未満の投与量では毒性はなく、100mg超になるとセロトニン症候群が出現しました。

ヒトでは、5-HTP単独もしくはSSRIとの併用治療で、セロトニン症候群が出現したという報告はありません。

5-HTPとモノアミン酸化酵素阻害薬（MAOI）の併用の研究では、副作用は出現していません。

レボドパのような末梢性脱炭酸酵素阻害剤の使用は、5-HTPの血中濃度を14倍に増加させるかもしれません（Gijsman, Van Gerven, de Kam,

第2章　気分障害

Schoemaker, Pieters et al., 2002)。

N-アセチルシステインの双極性障害への使用

　N-アセチルシステイン（NAC）はグルタチオンの合成のための前駆体であり、脳内で最も重要な抗酸化物質です。

　動物実験では長期間NACの経口投与を行うと、末梢部のグルタチオン濃度が増加し、グルタチオンの減少を予防し、酸化ストレスの標識が減少しました。

　酸化ストレスの増加やグルタチオン代謝の混乱は、双極性障害やうつ病と関連しています。バルプロ酸（デパケン）やリチウムのような気分安定薬は、双極性障害患者の酸化状態を改善します。

　双極性障害の患者75名に対する6ヵ月間にわたる二重盲検無作為対照試験が行われ、1日2gのNACが追加投与されました。すると偽薬群と比較して、うつ病や躁病、生活の質（QOL）、社会職業的機能の尺度が著明に改善しました。

　治療効果は、NACを連日投与してから8週目に現れ、投与終了後約1ヵ月で消失しました。これまでのNACの研究と同じく、忍容性は良好で重大な副作用は認められませんでした（Berk, 2007; Tucker, 2007）。

　この試験のさらなる経過をみる必要がありますが、既に薬物治療が行われています。NACは、双極性障害の患者にも効果をみせており、安全であることが示されています。

　ラットの動物実験で、NACはハロペリドール（ハルドール）等の抗精神病薬による酸化ストレスや脂質過酸化から、線条体を保護していました（補足2.2参照）。向精神薬、特に抗精神病薬は線条体の線維に損傷を与える可能性があり、その結果、振戦や硬直、異常運動が現れます。これらは、NACが抗精神病薬の治療による副作用を防ぐ可能性を示しています。

　NACは現在、アセトアミノフェン（カロナール）の過量投与の治療や、呼吸器感染症、インフルエンザの危険を減らすために使用されています。

NACは安全で飲みやすく、健康上のメリットもあり、臨床家は双極性障害の患者へ補完治療として導入しやすいでしょう。

あらかじめ患者に、治療効果を得るためには最低8週間、連日NACを1日2g服用する必要があると説明しておく必要があります。

補足2.2 線条体と基底核

尾状核と被殻で構成される線条体は大脳基底核の一部であり、大脳皮質や中脳の内部の解剖学的構造で、黒質や視床や大脳皮質へのフィードバック回路を持っています。このフィードバック回路により、関節の状態が安定するため、対になる筋肉の緊張状態を維持調整し、運動を協調し、動作初期においてある筋肉の緊張状態を抑えています。

この回路のいずれの部位に損傷が起こっても、振動運動の制御ができなくなり、振戦症状が現れます。

たとえば、黒質から線条体へ至るドパミン作動性線維の変性により、振戦や硬直、その他のパーキンソン症候群の運動症状が現れます。

アーユルヴェーダ医学

アーユルヴェーダ医学は古代の癒しの方法で、ヨガやハーブ、マッサージ、洗浄法、生活の変化、特定の栄養、その他の治療法を用い、個人個人の構成要素のバランスを取り戻します（第8章参照、Prathikanti, 2007）。

アーユルヴェーダ医学はうつ病治療のために、特にインドの人々に広く用いられていますが、臨床での対照試験はほとんど行われていません。

アーユルヴェーダ治療のほとんどは、多くのハーブと栄養の改善、他の介入方法と組み合わされるため、対照試験を行いにくく、治療につながる要因を同定することが困難です。さらに、治療は個別化されており、症状

よりも患者全体に焦点を当てます。

アーユルヴェーダで用いられるハーブの効果は穏やかで、効果発現も緩徐であり、しばしば数ヵ月を要します。処方薬に耐えられない患者は、時に穏やかな効果の医療用ハーブによる治療が適しています。

一般的に西洋医学の医師は、自分らが理解できる医療体系に基づいた、根拠ある治療法を好みます。特に深刻な精神疾患患者に対して、複雑なハーブを安全に効果的に使うためには、経験のあるアーユルヴェーダの専門家との共同作業が必要になります。

治療抵抗性の双極性障害を持つ患者、特に子宮内膜症や月経不整など軽微なホルモン異常がある女性で、複数の治療薬（気分安定薬、抗精神病薬、抗うつ薬）による適切な標準治療を数十年にわたり試しても良好な効果が得られなかった患者において、アーユルヴェーダ専門家に紹介したところ、臨床上著明に改善した例を数例経験しています。

その治療は約1年間続き、食事や生活の改善、ヨガや呼吸法を毎日行うこと、瞑想、パンチャカルマ解毒法、その他の技法が行われました。その結果、気分の改善がかなりみられ、働けるようになりました。

そして抗精神病薬の維持量をかなり減量できました。

この方法には忍耐と継続が必要ですが、結果的にその患者や家族から深く感謝されました。

ホメオパシー

うつ病治療におけるホメオパシーの効果について総括的に検討したところ、質の高い臨床試験が少なく、証拠は限定的でした。

二つの無作為対照試験のうちの一つでは、試験を完遂したのは6例のみでした。もう一方の試験では研究方法に多くの問題があり、方法論の厳格性は100点中45点という評価でした。しかし、非対照試験や症例報告の多くで、特に不安やうつ症状を持つがん患者に関し、良い結果が報告されていました。

興味深いことに、ホメオパシー治療を受けた患者は高い満足度（65～75％）を表していました。

副作用は一般的に軽度で、以前の症状の一時的な悪化がありました。

異なる種類のホメオパシーが使用されたり、個別化された処方、特別な一覧による処方、標準化された混合薬が存在したために、これらの結果の解釈はさらに複雑になりました。（Pilkington, Kirkwood, Rampes, Fisher & Richerdson, 2005）。

さまざまな疾患を持つ患者960名に対して6ヵ月の非対照予備試験が行われ、ホメオパシー医師がいる14施設が参加しました。参加者の疾患ではうつ病（55名）と不安障害（41名）患者が最多でした。最も良い結果が得られたのは、過敏性腸症候群（23名、73.9％）、うつ病（63.6％）、不安障害（61％）でした。包括解析は行われず、良好な結果に寄与した治療、患者背景は同定できませんでした（Mathie & Robinson, 2006）。

おそらくベテランの専門家であれば、ホメオパシー療法で高希釈薬を安全に使用できるでしょう。

うつ病治療に、ホメオパシー治療を取り入れるための根拠は不十分です。もし外来患者が、既にホメオパシー治療を受け、その効果を感じている場合は、患者が使用しているホメオパシー薬の材料の一覧を入手し、検討するとよいでしょう。もし相互作用の問題がなければ、ホメオパシー治療を継続するという患者の意思を尊重します。

しかし医療者が治療計画を策定中であれば、各々の治療効果を検討するためにも、現行のホメオパシー治療を継続するよう依頼した方がよいでしょう。

気分障害に対するホルモン：DHEAと7-keto DHEA

デヒドロエピアンドロステロン（DHEA）は副腎で産生されるアンドロゲンです。男女とも中年期には減少する傾向があります。

うつ病患者にはDHEAの減少が認められ、DHEAを補給すると、男女

とも気分が高まることが知られています。それが代謝され硫酸DHEAが増加すると、うつ病や気分変調症の改善がみられます（Bloch, Schmidt, Nelson, Freedland et al., 1999）。

双極性障害の患者は、躁症状やイライラ、攻撃性が悪化する可能性があり、DHEAを慎重に少しずつ増量した方がよいです。

副作用：DHEAより副作用が少ない7-keto DHEA

DHEAは一般的にとても飲みやすいです。

しかしテストステロン（男性ホルモンの一種）の上昇が現れ、にきびや脂性肌、頭髪が薄くなる、男性型多毛症（体毛の増加）、前立腺症状などの症状がみられる場合があります。さらにエストロゲン（女性ホルモンの一種）の上昇により、子宮や乳がんの危険性の増加、不正出血、子宮内膜増殖症、静脈血栓症などの可能性があります。

一方、7-keto DHEAは、体内でテストステロンやエストロゲン、プロゲステロンに変換されないので、これらの副作用はありません。7-keto DHEAはDHEAや硫酸DHEAを増加させないことから、DHEAとは違う経路で効果を発揮しているものと考えられます。

うつ病に対するDHEA

米国精神衛生研究所のメンタルヘルス外来において、6週間にわたる二重盲検無作為偽薬対照交差試験が行われ、大うつ病や小うつ病を持つ男性23名と女性中年患者23名が参加しました。DHEAを1日90mg 3週間そして次の3週間は450mg投与した群と、6週間偽薬投与群に分け、試験が行われました。6週間後DHEA投与群では、23名がハミルトンうつ病評価尺度（HAM-D）で50％以上改善がみられましたが、偽薬投与群では13名しか改善しませんでした。さらにDHEA投与群では、性機能の評価尺度の改善も認められました（Schmidt, Daly, Bloch, Smith, Danaceau et al., 2005）。

気分障害に対するホルモン：DHEAと7-keto DHEA

 気分変調症と大うつ病に対する7-keto DHEA

エレナは成人後長い間、気分変調症と大うつ病に苦しみました。

40代の時、エレナは一連の電気けいれん療法を受け、気分は改善しましたが、継続的な強い記憶喪失に苦しみました。

51歳の時乳がんにかかり、放射線治療と化学療法、手術、広汎乳房再建術を受けました。治療が進むにつれ、化学療法により閉経が早まり、記憶障害やうつ病が悪化しました。

その後の10年間以上抗うつ薬や他剤の追加を行いましたが、症状の改善はみられませんでした。ノルポラミン（デジプラミン）、フェネルジン（ナルジル）、ブプロピオン（ウェルブトリン）を服用すると、興奮症状が出現しました。フルオキセチン（プロザック）は吐き気をもたらしました。セルトラリン（ゾロフト）、パロキセチン（パキシル）、リチウム、バルプロ酸（デパケン）、カルバマゼピン（テグレトール）、甲状腺ホルモン、ベンラファキシン（エフェクサー）、SAMe、イワベンケイそれぞれをかなりの量服用しましたが、効果は認められませんでした。アリピプラゾール（エビリファイ）やチアネプチン（スタブロン。フランスで製造された選択的セロトニン再取り込み促進剤で、性機能障害や体重増加を引き起こさない）ではわずかな改善がみられました。

閉経後にうつ病が悪化したことがあったので、硫酸DHEA値を検査したところ、極端に低値でした。

エレナの乳がんの主治医は、エストロゲンに影響しない7-keto DHEAを試すことを了承しました。7-keto DHEAを1日50mgで1週間服用すると、気分やエネルギー、認知機能がかなり改善したと感じました。1日75mgまで増量するとよく眠れるようになり、うつ病は100%寛解しました。

チアネプチン（スタブロン）の維持量は1日25mgでした。

エフェクサーを徐々に減らすと顔面紅潮（ホットフラッシュ）が現れました。そのためエフェクサーを1日37.5mgで継続すると、顔面紅潮は現

れませんでした。

その後数年にわたり安定していましたが、近親者2人の病気による介護ストレスが生じ、日常生活は可能なものの中等度のうつ病が再発しました。そのため7-keto DHEAを1日200mgまで、スタブロンを1回25mgで1日2回まで増量したところ、気分は大きく改善しました。

HIV/AIDS患者に対するDHEA

亜症候性大うつ病や気分変調症（うつ症状が2年以上続く）は、一般人口の中では大うつ病よりはるかに多く、HIV/AIDS患者にも多いです。それにもかかわらず、このような病気に対して抗うつ薬が効果を示すという研究はかなり少ないです。

HIV/AIDS患者が軽度のうつ病となった場合、副作用や抗ウイルス薬との相互作用への懸念から、標準的な抗うつ薬の治療は避けられがちです。

亜症候性大うつ病や気分変調症を持つ成人HIV感染者145名に対して、8週間にわたるDBRPCが行われました。HAM-D値の50％以上の減少を治療反応者と定義すると、DHEA投与群（1日100～400mg）では64％でしたが、偽薬投与群では38％でした（Rabkin, McElhiney, Rabkin, McGrath & Ferrando, 2006）。

8ヵ月後の追跡調査でも、気分の改善は持続していました。治療への反応率と、服用開始前の硫酸DHEA値に関連は認められませんでした。しかしDHEA投与群のうち、DHEA服用により硫酸DHEA値が100％以上上昇した患者では、治療反応がみられた割合は70％と顕著でした。DHEAの服用に関して患者らの評判は良く、中断率は低かったです。

DHEAの副作用は、偽薬と同等でした。

薬局で手に入る（OTCの）DHEA製品は、質と内容にバラつきがあるので、この試験の研究者は、薬局で微粒子化されたDHEAを使用しました。

PTSD（心的外傷後ストレス障害）や双極性障害に対する7-keto DHEA

セージマンとブラウンは、重度の慢性PTSDを持つ女性5例の症例報告

気分障害に用いる心身医療

を行いました。彼女らは小児期に虐待があり、長い間認知行動療法や向精神薬治療を行いましたが、効果が認められませんでした（2006a）。

7-keto DHEAの治療を開始する前の硫酸DHEA値は、3名が低値を示していました。この3名は7-keto DHEAを1日25〜50mg投与され、気分やPTSDの症状が著明に改善し、同時に対人関係や職務遂行能力も改善しました。正常値を示していた他の2名も、治療後に気分が改善し、重いPTSD症状が減少しました。1人の患者は双極性障害（双極II型障害）と解離性同一性障害を合併しており、治療前の硫酸DHEA値は70でしたが、DHEAで治療されると解離症状が減少しました。

7-keto DHEAの投与による血中のDHEA、テストステロン、エストロゲン、プロゲステロン値の変化はありませんでした。

気分障害に用いる心身医療

うつ病緩和のためのヨガや他の心身医療（mind body practice）の働きに関する研究は、数多く行われてきました。しかし残念ながら、これらの研究の多くは対照試験ではなく、症例も少なく、研究方法に欠陥がありました。心身医療には多くの種類があるため、それぞれの手法について十分な情報を集積するのは困難です。

しかし、多くの心身医療では、さまざまな技術的違いはあるものの、基本的な動作は共通しているため、ある程度の知見は導くことができます。

うつ病に対するヨガ

うつ病研究での医学的証拠に関するある総説によると、うつ病に対してヨガを用いた5つの無作為対照研究において、良い結果が報告されていました。しかしこれらの報告には、研究方法の詳細が記されていませんでした。これらの研究結果は楽観的です。結果の解釈には用心が必要です（Pilkington, Kirkwood, Rampes & Richardson, 2005）。

ヨガを行うと気分が改善しますが、うつ病で苦しむ患者や健常者にも良

い効果があります。

たとえば71名の成人が参加した研究があり、視覚化法とリラックス法を受けた群と30分のヨガと呼吸法を受けた群で比較を行いました。ヨガ参加者群では精神面・身体面のエネルギー、注意力、熱意、積極的な気持ちに著明な改善が認められました（Wood, 1993）。

ある予備研究では、精神科入院患者113名がハタヨガ（週1回、45分）を行いました。そのクラスでは、ゆっくりしたストレッチとやや強い運動が行われ、参加者らは深い呼吸、身体感覚、リラックスすることに集中しました。

参加者の内訳は気分障害患者が43名（双極性障害、大うつ病、気分変調症）、精神病患者36名（統合失調症、統合失調感情障害、統合失調様障害、妄想性障害、短期反応精神病）、境界性パーソナリティ障害患者9名、適応障害患者5名、その他の患者20名でした。

ヨガクラスの初回で、気分状態評価尺度による数値が著明に低下しました。5つの否定的な感情要素、緊張と不安、抑うつと落胆、怒りと敵意、疲労と不活発、混乱と当惑においても著明な改善が認められました（Lavey, Sherman, Mueser, Osborne, Currier et al., 2005）。

この研究により、ヨガはうつ病や他の疾患をもつ入院患者にも効果を示しました。ヨガクラス参加者の多くは、気分や健康が改善したと述べています。

遺伝的素因や環境要因、態度、ストレス、緊張、疲労、認識方式、思考や判断の習慣的様式、防衛機制（たとえば怒りが自分に向くと厳しい自己批判の形をとる）、過剰な自身への期待、限界や失望を受け入れられないこと、否定的思考の遷延など、多くの要因が人間の感情に影響しています。

ヨガのポーズやストレッチは、ヨガ呼吸法や肯定的断言、精神哲学霊的発達、認知再構築法と組み合わせると、うつ病要因を改善するのに最も効果を示します。

これらの方法は、有名なヨガの講座で学ぶことが可能です。

臨床現場では、うつ病の多方面に働きかけるヨガの運動法について探求し

ています。読者には、エイミー・ワイントラーブの『Yoga for depression: A Compassionate Guide to Relieve Suffering Through Yoga』という書籍をお勧めします（Weintraub, 2004）。

アイアンガーヨガ

　B. K. S.アイアンガーは、構造化されたヨガの運動を普及させました。それはヨガのポーズ（アサナ）に焦点が当てられ、初心者にもポーズを支えられるよう補助器具（ロープや椅子、クッション）を用いて、正しい技法で徐々に訓練します（Iyengar, 1966, 1988）。

　呼吸法や注意力、集中、協調も大切ですが、この方法では、特に筋肉の動きや関節に意識が強調されます。

　アイアンガーは、うつ症状を緩和するために、胸を開く（後方にやや反る）、倒置（頭を下にする）、足でしっかり立つなど特定のポーズを勧めていました。

　正式に診断されていない軽度のうつ病を持つ30歳未満の成人28名に対する無作為対照試験では、アイアンガーヨガを1回1時間、週2回で5週間にわたって行った群は、対照群と比較すると、ベックうつ病特性尺度やスピルバーガー状態特性不安尺度の数値が著明に減少していました（Wooley, Myers, Sternlieb & Zeltzer, 2004）。

　デビッド・シャピロとその同僚は、抗うつ薬を内服中で部分寛解しているうつ病患者において、アイアンガーヨガを用いた研究を行いました（2007）。さらに彼らは、ヨガを行って完全寛解した群としなかった群で、その特性や生理学的要素も分析しました。そして27名中17名が、8週間にわたる20回のアイアンガーヨガ講座を完遂し、この群の結果を研究しました。

　このヨガの姿勢法はよく知られ、呼吸調節法や短期間の休息と呼吸運動から成っています。HAM-D17の数値はヨガ実施前の平均12.5から介入後6.2となり（$p<0.001$）、うつ病患者で著明な減少が認められました。さらに簡易ストレス度チェックリスト（SCL, $p<0.4$）やスピルバーガー怒り

第2章 気分障害

表出尺度（ANGOUT, p<0.05）、スピルバーガー状態特性尺度（p<0.005）、ピッツバーグ睡眠尺度（p<0.2）を用いて評価しても、著明に数値が改善していました。

一方、心理学的評価や生理学的測定において、うつ症状や感情の制御に関連する自律神経機能にも変化が認められていました。

患者らの心拍可変性（HRV）が、低周波帯（LF-HRV, 0.075-0.125）と高周波帯（HF-HRV, 0.125-0.5Hz）で測定されました。LF-HRVは、交感神経系と副交感神経系（PNS）の心拍に対する影響を反映し、HF-HRVは主にPNSの心臓への影響を示しています。17名の研究対象者では、平均LF-HRVは明らかに減少していました（p<0.05）。しかしHF-HRVは増加せず、これは副交感神経による調節が相対的に欠けていたことを示唆しています。その17名中11名は、寛解（HAM-D17で数値が7未満）を得ていました。寛解した患者は、寛解しなかった患者と比べて定期的な運動を多く行い、試験開始時のHRVが高値で、感情を制御する能力も優れていました。この研究で副作用は認められませんでした。

著者は、うつ病が寛解しなかった患者は、休息時にも迷走神経作用が低く、ヨガの介入によって迷走神経の活動を十分に引き上げることができなかったことを指摘しておきます。さらにもっと長期間治療を行えば、効果が現れたのではと考えています。

これらの可能性は私達のクリニックでの観察とも一致しています。重度のうつ病患者は、軽度の患者と比べて、しばしば週当たり2倍から3倍のスダルシャンクリヤヨガ（SKY 後述）を必要としています。

臨床の金言

重度のうつ病患者の場合、やや強めのヨガの運動が頻回に長期間必要でしょう。

医療関係者はヨガを続けるよう患者を励まし、サポートする役割を担うべきで、それは良い結果を得るためにとても大切です。

シャバアサナ（ヨガ）

クマールとその同僚は、軽度のうつ病を持つ大学生に対して、シャバアサナ（リラックス法とリズミカルな呼吸法）を行う研究をしました（Khumar & Kaur, 1993）。

学生は無作為に、毎日30分シャバアサナを行う群と行わない群に割り当てられ、30日間にわたり行われました。シャバアサナ施行群では未施行群と比較して、アムリッツァうつ病調査票や、ザンうつ病自己評価尺度の数値が明らかに減少していました。副作用は認められませんでしたが、研究方法の詳細は正確に報告されていませんでした。

ハタヨガ

ハタヨガは、ポーズと呼吸動作の調和に重点が置かれています。

自然主義的研究（観察を中心とした研究）が行われ、大学生87名が水泳教室とハタヨガ（ポーズと呼吸法を含む）、健康に関する講義（対照群）に、それぞれ自発的に参加しました。ヨガ施行群では、水泳参加群や対照群と比較して、怒りや緊張、疲労の数値が著明に減少しました（Berger & Owen, 1992）。

これらの研究は健常者を対象として行われたので、うつ病を持つ患者にそのまま当てはめることは注意した方がよいでしょう。

気功

気功は古代中国や韓国の運動法で、調身、調息、調心によって構成されています。「気（Qi）」とは「生命のエネルギー」や「呼吸」のことで、「功（Qong）」とは「動作」「功夫（カンフー）」という意味です。

16週間にわたる評価者盲検化研究が行われ、65歳超のうつ病患者82名が、1回30～45分の気功（八段錦（はちだんきん））を週3回行う群、もしくは新聞を読む群（対照群）に、無作為に割り当てられました。

気功参加群では、高齢者うつ病尺度（$p=0.041$）、中国一般自己効力感尺度（$p<0.001$）、個人幸福度指標（$p<0.001$）、精神保健調査票（$p<0.042$）

において著明な改善が認められました。指導者への集中効果や、結果に対する集団の社会化といった影響をなくすために、対照群を設けました。研究者は、8〜12週間気功を行うと、老人のうつ症状を緩和できると結論づけました（Tsang, Fung, Chan, Lee & Chan, 2006）。

効果を持続するためには、毎日の運動や指導者のもとで定期的に気功を行うことが必要です。

ヨガの呼吸法：スダルシャンクリヤヨガ（SKY）

SKYと呼ばれるヨガの呼吸法は、抗うつ効果を示すといういくつかの研究があります。SKYについては、第3章に詳しく述べられています。

簡潔に解説すると、SKYには5つの呼吸法（①ウジャイ・勝利の呼吸、②バストリカ・ふいご呼吸、③オーム・聖音、④スダルシャンクリヤ・循環呼吸法、⑤片鼻交替呼吸法）があります。

さらにSKYのコースではヨガの姿勢や瞑想法、リラックス法、いくつかのヨガの哲学、ストレスを減らす心理教育も教えられます。

気分変調症（大うつ病よりも症状はやや軽いが慢性的）患者15名と大うつ病患者15名の合計30名が参加した小規模予備研究では、治療のためにSKY呼吸法（ウジャイ、バストリカ、スダルシャンクリヤ）が用いられました。その結果、全員にうつ症状の著明な改善が認められました（Naga, Venkatesha, Janakiramaiah, Gangadhar & Subbakrishna, 1998）。

3ヵ月間の大規模な追跡研究が行われ、気分変調症の外来患者46名に対してSKY呼吸法が教えられ、自宅でも毎日実践するよう指導されました。最初の1ヵ月間に最低週3回定期的に実践した患者は、68％がうつ症状から回復しました。定期的に行えなかった患者では、効果はわずかでした。興味深いことに、ヨガ呼吸法に対し疑いを持っていても、熱心であっても、結果は同じでした（Janakiramaiah, Gangadhar, Murthy, Harish, Shetty et al., 1998）。

精神病棟に入院中の重度のうつ病患者に対する研究が行われ、成人患者45名が3つの群に割り当てられました。第1群にはSKY呼吸法のみが行

われ、治療薬は投与されませんでした。この群では、呼吸法の影響と他の要因と区別するために、以前にヨガを集団で行ったことのある人やヨガの知識がある患者は選ばれませんでした。第2群には、1日150mgのイミプラミンが投与されました。第3群では、単極電気ショック療法が週3回行われました。4週間後に、HAM-Dとベックうつ病評価尺度で再評価が行われました。第1群と第2群は、うつ病の評価尺度の数値上同等で、かなりの改善が認められました。第1群と第2群は、第3群とほぼ同じ結果でした（Janakiramaiah, Gangadhar, Murthy, Harish, Subbakrishna et al., 2000）。一つ残念だったのは、群に割り当てる方法の記録がないことです。

SKYを実践すると、神経可塑性の指標である、脳由来の神経栄養因子の血中濃度が上昇していました（Pan, Liao, Jiang, Wang & Huang, 2006）。

A.ミンフアンと同僚らは、うつ病患者に対する無作為対照試験を行いました。SKYの実践により、うつ症状の改善と関連している脳由来神経栄養因子が増加していました（Pan, Brown, Gerberg, Liao, Jiang et al., 投稿準備中）。

うつ症状を持つ患者は孤立しがちで自尊心が低く、過去を後悔したり、罪悪感を持つ傾向があります。SKYを行うと、人とのふれあいの感情を取り戻し、過去を思い悩むよりも今を生きるようになり、自己非難や批判が減り、経験はすべて糧と考え、感情と折り合うようになり、その結果、うつ病の症状を緩和するのに役立ちます。

補助治療としてSKYを用いると薬の必要性が減り、治療を促進し、喜びや他人とのふれあいの感情が高まります。

SKYにはまだ十分な科学的証拠がなく、治療薬や精神療法の代わりになるとは考えられませんが、臨床現場では多くの患者がSKYの実践で、処方薬なくうつ病に打ち勝っています。

さらにSKYは、精神療法にも大きな進歩をもたらします。精神療法中に患者が治療のある地点で行き詰まり、治療の袋小路に入ってしまうことはよく知られています。そうなるとより深い洞察が得られず、患者は強烈

な感情を締め出す必要があり、それを隠してしまうでしょう。SKYは、新たな洞察やより深い感情、効果的な行動を促すことによって、この治療の袋小路から抜け出すのに役立ちます（Gerberg, 2007; 第3章参照）。

症例6　老人性うつ病と不安障害に対するSKY

ある80歳の内科医（女性）は、高血圧と慢性的な関節の痛みがあり、薬物治療を行っていましたが、身体は健康でした。

しかし独り暮らしのため、ある時彼女に強いストレスと不安、うつ症状が現れました。彼女はうつ症状と慢性疼痛の双方を改善するために、同僚の助言でSKY呼吸法の講座へ参加し、その結果にとても満足しました。

3つの段階のウジャイ呼吸法とスダルシャンクリヤを実践すると、うつ症状が緩和し、慢性疼痛が減り、活動性が増えました。

2年後も彼女はヨガ呼吸法を毎朝続けており、ストレスやうつ、不安の感情は現れませんでした。今でも彼女は身のまわりのことができ、仕事を続け、患者にSKYを勧めているそうです。

うつ病に対する運動

うつ病への運動効果に関する研究には、研究方法が古いという問題がありました。

しかし11以上の新しい無作為対照研究をメタ解析すると、12週間にわたる週2〜4回の運動が、中等度のうつ病に効果があることがわかりました（Blumenthal, Babyak, Moore, Craighead, Herman et al., 1999）。

別のメタ解析でもうつ病に対する運動の効果が支持され、年齢や性別、うつ病の重症度、運動の種類に違いはないという結果でした（Craft & Landers, 1998）。

運動の有効性を立証する具体的な機序はまだ明らかにされていませんが、神経化学的変化（セロトニン、ノルアドレナリン、エンドルフィン、その他の神経調節物質の増加）、幸福感の改善、ストレス耐性、自己効力

感などが関与していると考えられます（Otto, Church, Craft, Greer, Smits et al., 2007）。

困難な症例：統合治療のための多層的方法

多くの患者は2つ以上の問題を抱えており、その解決のために精神療法や薬物療法、CAMなどの治療を組み合わせる必要があります。

病気に不満を持つが治療意欲のある患者に対して、多層的な統合的治療方法を導入した、とても複雑な症例を提示します。

 うつ病、PMS、不安障害、強迫パーソナリティ障害があり男性と交際できない女性患者

精神分析を伴ったCAM治療のタイミングと追加方法、まとめ方

Wさんはうつ症状や先延ばし、強迫思考のために、法学試験委員会の試験に失敗してしまいました。大学時代に彼女は大うつ病を3回患い、月経前にうつ気分が悪化しました。SSRI（プロザック、ゾロフト、パキシル）の内服で症状は一部改善しましたが、体重が約23kg増えたり、性機能障害の副作用が現れ、とても困っていました。

彼女はとても魅力的でしたが、男性の友人と親しくなった経験がありませんでした。3年間精神分析を受け、人間関係の改善に取り組みました。

フルオキセチン（プロザック）はうつ症状に効果があり学校生活も可能になりましたが、今度は性的興奮がなくなってしまいました。ブプロピオン（ウェルブトリン）を内服すると、イライラが生じました。セルトラリン（ゾロフト）もうつ症状を改善しましたが、性機能障害を生じ、結局効果も先細りになりました。

これらの治療経過を見ると、彼女の診断は注意欠陥障害（タイプ2、不注意型）もしくは双極2型障害と考えられました。彼女の両親の家系双方にうつ病の既往歴があり、母親は強迫性障害を患っていました。

統合治療の第1段階として、シタロプラム（セレクサ）の内服と、睡眠を改善するための光治療を開始しました。シタロプラムは、1999年に体重増加や性機能障害の副作用が少ない新しいSSRIとして発売されました。しかし予想とは逆に、体重は約83kgに増加し、さらに性機能障害も引き起こしました。

体重増加を止めるため、シタロプラムを徐々に減らしながら、抗不安薬ブスピロン（バスパー）1日7.5mgとSAMe 800mgを追加しました。SAMeを1日2000mgまで増やすと、彼女のうつ症状は改善し始めました。最終的にうつ症状に合わせてSAMeを1日1200～1600mgの用量で維持しました。

セロトニンやドパミンに働く中枢性食欲抑制剤であるメリディアを1日10mg使用すると体重減少が早まりました。その後2年間かけて徐々に体重が約27kg減っていきました。しかし、月経前症候群（PMS）や強迫症状は続いていました。SAMeの効果を評価するのに6ヵ月を費やし、うつ症状が約60％改善しました。シタロプラムの服用を中止しても、性機能障害は一部しか回復しませんでした。

治療の第2段階として、イワベンケイを1日600mg追加すると、彼女の性機能が回復しました。

彼女は男性との出会いを求め、インターネット上のカップリングパーティーに参加しました。同時にイワベンケイを内服し、不安も解消しました。

治療の第3段階として、強迫症状のためにセイヨウオトギリソウ600mgを追加しました。珍しいことにWさんには力強い反応が現れ、先延ばしの症状が止まり、人生で初めて仕事をこなせるようになりました。

セイヨウオトギリソウを止めると、強迫症状が再発しました。そこで1日600mgを再開すると、今度は性的興奮が弱まってしまいました。彼女は妥協して1日300mgを内服し、法律文書を書く時など特にストレスが強い時には1日600mgに増やすことにしました。

体重は56kgまで減り、不安もなんとか治まっていたので、Wさんはメ

リディアとブスピロンの内服を止め、SAMeとイワベンケイ、セイヨウオトギリソウの内服は継続しました。

　Wさんは、カップリングパーティーで多くの男性と出会いました。彼女は魅力的な身体つきでしたが、出会った男性から次のデートには誘われませんでした。知人に尋ねた自分の印象は、「近づきにくい」でしたが、その具体的な理由までは指摘されませんでした。どうやら彼女の強い緊張感が、男性を遠ざけているようです。

　治療の第4段階はこの障害を克服するために、フェロモン（嗅覚上皮にある受容体を活性化し、元来の魅力を強調すると考えられている生物活性化合物を試してみました。合成フェロモンを用いると、社交的になりパートナーを求める行動が高まるという2つの研究がありましたが、その研究には統計や抽出方法の誤りがありました（Winman, 2004）。

　偽薬効果を完全には否定できませんでしたが、それでも素晴らしい結果を得ました。Wさんのデートの回数はゼロから週6、7日に増え、一晩に数回デートが重なることもありました。

　しかし、男性は彼女の性的魅力にはひきつけられましたが、デートからさらなる交際にはつながりませんでした。Wさんはいまだに緊張し、不安があり、やや過活動でしたので、交際が深まらなかったのです。

　持続する緊張や不安、過活動は自律神経系の不安定によるものと仮定し（交感神経系の過活動と副交感神経系の活動低下）、治療第5段階として、心身医療的介入であるアートオブリビング（インドに本部のあるNPO団体）のヨガ呼吸法を推薦されました。Wさんがこの講座に参加して、ヨガの呼吸法を実践すると、不安が減り、過活動に伴う頻脈の発症も減りました。毎日ヨガの呼吸法を実践すると、気分が改善しました。逆に、4日間ヨガ呼吸の練習を忘れたところ、症状が急に悪化したので、その効果は明らかでした。

　彼女はより穏やかになり、さらに魅力的になったため、男性は親密な交際を求めてくるようになりました。彼女に残された唯一の悩みは、うつ症状やイライラを伴うPMSでした。

治療の第6段階として、光療法（10,000ルクス）を毎朝30分間行うことでPMSは完全に寛解しました。同時に、精神療法を行い、Wさんは男性と親密になれないことに向き合いました。彼女の治療者は、彼女が選り好みしすぎると考えていました。37歳となった彼女は子どもを持ちたがっており、残された時間が少なくなっていると心配していました。彼女はついに心理的抵抗に打ち勝ち、一人の男性と親密な関係になりました。最終的には、彼と人生初の同棲をしました。

この症例は大変複雑でしたが、臨床現場でよくみられる患者像です。

SAMeやイワベンケイ、セイヨウオトギリソウ、フェロモン、精神療法、ヨガ呼吸法、ブスピロンとメリディアの一時的使用など、長時間かけていろいろな治療を統合しました。その結果大きな回復がみられ、うつ症状は95％改善し、彼女の私生活と仕事で大きな満足をもたらしました。

うつ病のための統合的治療法

1. 栄養状態、精神的身体的疾患の併存、治療薬による副作用、物質乱用などを含む評価と診断を行う。過去や現在に、患者がどのようなCAM治療を使用したかを確かめる。
2. 標準的治療とCAM治療双方の危険と効果の選択について、患者に詳しく説明する。この内容をカルテに記録する。
3. 血液検査、甲状腺機能、生化学検査、DHEAや硫酸DHEA（40歳超の場合）、コエンザイムQ10（CoQ10、スタチン内服中の場合）値の検査を行う。緯度が高い地方に住み、日光を浴びる機会が少ない人々には、ビタミンD値を検査する。
4. 食事指導や補助食品を用いて、栄養失調を是正する：マルチビタミン、ビタミンB_{12} 1日1000mcg、葉酸 1日800〜1000mcg、オメガ-3脂肪酸（魚油由来が望ましい）を1000mg1日2回。心臓にステントがある男性で、治療前のホモシステイン値が$15\mu mol/L$未満の場合は、ステント閉塞の危険があるため、ビタミンB群や葉酸の栄養補助食品は避ける。

5. 患者が抗うつ薬を内服したが効果も副作用もない場合、抗うつ薬の変更や増加、もしくはCAMの追加を考慮する。CAMや標準治療の選んだ理由をカルテに記録する。
6. 多くの適切な抗うつ薬や話し合い療法を試しても、効果がなかったり、副作用に耐えられない場合、SAMeによるCAMを試みる。SAMeは1日400mgの服用から始めて、副作用がなければ1600mgまで増やす。
7. 患者が心身医療を行える場合は、ヨガの呼吸法や姿勢、気功の講座を紹介する。
8. うつ症状が長引く場合、イワベンケイの内服を1日150mgから始め、副作用に注意して朝400mgと昼350mgまで増量する。1日500mgを超える場合、内出血や出血傾向に注意する。
9. さらにうつ症状が続く場合、この章で述べられている他のCAMを継続して試す。

双極性障害のための統合的治療法

1. 上記1〜4の段階を行う。
2. 患者が気分安定薬を内服したが、効果が不十分で副作用がなかった場合、薬の血中濃度を調べる。
次に他の気分安定薬や抗うつ薬の追加や変更、増量を検討する。
3. 多くの適切な抗うつ薬を試しても、効果がなかったり、副作用に耐えられない場合、治療方法についてよく話し合い、CAMを試みる。
4. オメガ3脂肪酸（魚油が好ましい）の内服を、食事と一緒に1回1000mg1日2回から始め、副作用がなければ1日量8000〜10000mgの分割投与まで増量する。胃腸症状の副作用に注意する。
5. Nアセチルシステイン1日2gの内服を考慮する。効果を得るためには、8週間以上継続内服が必要である。
6. うつ状態が主であり、躁状態になりにくい双極性障害の患者には、イワベンケイや7-keto DHEAの内服が有益である可能性がある。これ

らは低用量から始め、過刺激、興奮、敵意などの副作用に注意しながら徐々に増量する。患者の血中DHEAや硫酸DHEA値が比較的低い場合（通常基準域の下半分）、7-keto DHEAの方が反応しやすいが、まだ研究では証明されていない。

困難な症例：統合治療のための多層的方法

表2.1 気分障害の治療指針

補完代替医療	臨床用途	1日量	副作用、薬物相互作用 注1)、禁忌
ビタミンB群	うつ病、エネルギー低下	B_{12} 1000mcg、葉酸 800mcg	稀：賦活 注意：心臓のステント 注2)
コリン	躁病	2000～7200mg	過剰投与：うつ病
デヒドロエピアンドロステロン（DHEA）	うつ病	25～200mg	男性型多毛、にきび 注意：双極性障害 禁忌：エストロゲン感受性がん、前立腺がん
7-ケトデヒドロエピアンドロステロン（7-keto DHEA）	うつ病	25～200mg	注意：双極性障害 禁忌：エストロゲン感受性がん、前立腺がん
イノシトール	うつ病	12～20g	ガス、下痢、躁病
オメガ-3脂肪酸	双極性障害、単極性障害：薬の効果増強、境界性パーソナリティ障害：薬の効果増強	6～10g	胃腸障害、げっぷ、下痢、糖尿病患者の糖代謝への影響の可能性
イワベンケイ	うつ病	150～900mg	興奮、不眠、不安、頭痛、稀：頻脈、胸痛
S-アデノシルメチオニン（SAMe）	うつ病、線維筋痛症、関節炎、肝疾患、パーキンソン病	400～1600mg、600～1200mg、800～1600mg、1200～1600mg、800～4400mg	吐き気、下痢、賦活、不安、双極性障害の躁状態、頭痛、時々出現する頻脈
ビオストラス（Bio-Strath）ビタミンB群＋抗酸化物質	気分、エネルギー低下	テーブルスプーン一杯を2回、3錠を2回	注意：心臓のステント 注2)

表2.1 続き

補完代替医療	臨床用途	1日量	副作用、薬物相互作用 注1)、禁忌
セイヨウオトギリソウ (Hypericum perforatum)	軽〜中等度うつ病、身体表現性障害、季節性感情障害	300〜600mgを3回	吐き気、胸焼け、下痢、不安、不眠、疲労、歯ぎしり、光線過敏症、双極性障害の躁病。CYP 3A4,1A2に影響するP糖蛋白質に対する影響：ジゴキシンやワーファリン、インジナビル、シクロスポリン、テオフィリン、経口避妊薬の血中濃度の減少 中止：妊娠中と手術10日前
L-メチル葉酸 (商品名Deplin)	気分、エネルギー低下	―	注意：心臓のステント 注2)
ナチュラルバランス (Natural Balance) イワベンケイ100mg ＋セイヨウオトギリソウ350mg	軽〜中等度うつ病	3〜6錠	前述のイワベンケイとセイヨウオトギリソウの副作用参照
メタンクス (Metanx) L-メチル葉酸2.8mg、ピリドキサル5'リン酸25mg、メチルコバラミン2mg	心血管系リスク、ホモシステイン上昇	―	ごくわずか 注意：心臓のステント 注2)

注1) 一般的な副作用を表に列挙しましたが、まれな副作用もあります。高血圧、糖尿病、妊婦授乳婦、慢性もしくは重度の疾患を持つ人は、栄養補助食品を内服する前に主治医に照会すべきです。さらに抗凝固剤を内服している患者は、栄養補助食品を使用する前に主治医に相談しましょう。

注2) ホモシステイン血中濃度が15μmol/L未満男性の場合、心臓のステントの再閉塞の危険性が増加する可能性があります。

第3章　不安障害

概要

- ストレス反応系
- 心身医療
- 臨床現場での心身医療の技法
- 恐怖症と心身医療
- 強迫性障害
- 睡眠障害
- 心身医療の用法注意と禁忌：リスクを最小に、効果を最大に
- 精神療法や精神分析を円滑にするヨガ
- 介護者のストレス：心身医療が医療従事者自身の役に立つ
- 不安障害や不眠症に用いるホルモン/メラトニン、レム睡眠行動障害、心的外傷後ストレス障害と7-ketoDHEA
- 不安障害や不眠症に用いるハーブや栄養/カヴァ、イワベンケイ、吉草（セイヨウカノコソウ）、レモンバーム（コウスイハッカ）、トケイソウ（パッションフラワー）、テアニン、γ－アミノ酪酸（GABA）、イチョウ、カミツレ（カモミール）、オメガ-3脂肪酸
- ホメオパシー

第3章 不安障害

　この章で焦点となるのは、補完代替医療が効果を示しうる不安や感情制御の神経生理学的諸相で、ストレス反応系、恐怖や不安の制御回路、恐怖消去、内受容（外傷体験記憶の内部体性感覚知覚）、トラウマ（感情）の枠組み（スキーマ）、神経可塑性を含みます。

　いくつかのハーブは不安障害に有効ですが、臨床現場では、特定の心身医療を行った方がはるかに有効だと私達は感じています。なぜなら心身医療は根底にある病原性機序を改善し、最小の副作用で素早い効果を示すからです。

　それゆえにこの章は心身医療の考察から始めて、次にハーブや栄養素へと進みます。

ストレス反応系

　無数の身体、精神面の反応である不安は、内的・外的ストレスにより引き起こされます。心が、現在や過去、未来の脅威を知覚したり、予期すると、ストレス反応系が働き始め、神経伝達物質や神経ホルモンが放出され、闘争、逃走、硬直反応（すくみ）に備えます

　人間がまだ狩猟者や採集民だった頃、ストレス反応系は生存のために発達しました。当時は1日が静かで単調で、肉体労働が中心で、それが突然の危険によって中断されたり、長い夜が睡眠で費やされたりしていました。

　現在多くの人々は、安全でない環境で、長時間公私にわたるストレスを受けています。休息やリラックスする時間が少なく、ストレス反応から十分に回復できません。その結果、交感神経系（SNS）は慢性的な過活動状態にあります。SNSが興奮性の神経伝達物質を放出すると、視床下部下垂体副腎系はアドレナリンやコルチゾールを放出します。

　副交感神経系（PNS）の主作用はバランスをとることであり、心拍や呼吸を落ちつかせ、心や感情をなだめ、SNSの活動により消費されたエネルギーを補充します（補足3.1や3.2を参照）。残念なことに、不安障害がある患者はPNSの活動が低下しており、SNSは過活動状態です

(Beauchaine, 2001; Berntson, Sarter & Cacioppo, 2003; Carney & Ellis, 1988; Mezzacappa, tremblay, Kindlon, Saul, Arseneault et al., 1996, 1997; Porges, 2001; Thayer & Brosschot, 2005)。

　総じてみると、PNSがストレス反応系の影響を平衡させるのは不可能です。これは、不安障害の基本的な神経生理学的問題です。

　向精神薬が不安障害の治療に用いられると、SNSの反応を鈍くしますが、PNSの増加作用は認められません。向精神薬の多くは認知を鈍くし、感情がぼやけ、精神が機能するのを邪魔します。

　逆にアダプトゲン（第4章のイワベンケイとアダプトゲンの項を参照）を投与すると、SNSとPNS双方の働きを高め、ストレスに適切に反応する能力を改善し、危険が去ったら反応を終了させます。さらに加えて、アダプトゲンには認知機能を改善する作用が認められます（Panossian & Wagner, 2005）。

補足3.1　自律神経経路－感情、認知、注意、意識

　自律神経系には、交感神経系（SNS）と副交感神経系（PNS）がある。

　SNSの神経路は脊髄の中を走り、神経節において末梢神経と連結し、その神経束は脊椎の両側を走行する。PNSの主要経路は左右の迷走神経（第X脳神経）であり、その他ごくわずかな神経路が脊髄の中を走行する。

　左右の迷走神経の人体への影響はよく知られ、何十年も研究されてきたが、つい最近脳や心と体のコミュニケーションへの広い影響が認められるようになった。

　迷走神経は脳幹から出て、胸部や腹部へ分布する。そして分枝し、咽頭や心臓、肺、消化管、肝臓、膵臓、腎臓、副腎、尿路系、生殖器、血管を神経支配する（文字通り体の中で「迷走」する）。

　迷走神経は双方向性である（図3.2参照）。

迷走神経の20％が遠心性で、脳から身体へ情報を運ぶ一方、80％は求心性で、身体から脳幹へ情報を伝えている。

そして脳幹から、情動処理構造である辺縁系や視床、前頭前皮質を含む大脳皮質野の多くへ上行し、身体や感情、意識状態を経験する方法に影響する。

補足3.2　ストレス反応系

中枢神経系内部にあるストレス反応系の一部は、視床下部、延髄、脳幹に存在する。

視床下部には、副腎皮質刺激ホルモン放出ホルモン（CRH）や、抗利尿ホルモンを放出する特殊な細胞がある。

CRHの神経は延髄にも存在する。

ノルアドレナリンを放出する細胞は、青斑核や脳幹の随所に認められる。

ストレス反応系の末梢枝は視床下部下垂体副腎系（HPA）であり、遠心性の交感神経副腎系（SAS）であり、副交感神経系（PNS）である。

HPAは長期間ストレスへ適応するために働き、SASは急性ストレス反応や全身の適応を引き起こす。

PNSの主な働きはSASとつり合うことであり、急性のストレスがある時にはPNSはその影響が少なくなり、それによってさらにSNSの活動が優勢になる（SNSの活動は通常優勢である）。

ストレス反応系の神経化学伝達物質は、組織や内臓器官、細胞レベルで作用する。

視床下部より放出されたCRHは、下垂体に働きかけ、副腎皮質刺激ホルモン（ACTH）やベータエンドルフィンを放出させる。ACTHは、副腎におけるコルチゾールや糖質コルチコイドの放出を調節する。

> ストレス反応系の興奮（SNS）と鎮静（PNS）の間のバランスをとることが大変重要で、たとえばグルタミン酸のような興奮性の神経伝達物質や過量のコルチゾールによるダメージを防ぐなど、過剰反応から生物を守っている。

副交感神経系（PNS）の活動性の測定方法

つい最近までPNSの役割はかなり過小評価されており、非侵襲的な測定方法もありませんでした。しかし脳波検査の心拍間隔をフーリエ変換し心拍変動性（HRV）を得て、HRVを解析する技術が可能となり、PNSへのさまざまな介入の効果を間接的に測定することができるようになりました。

HRVとは心拍数が変化する割合のことです（補足3.3と図3.1参照）。心拍の変化は呼吸周期と関連しており、息を吸うと心拍は増加し、息を吐くと減少します。呼吸性洞性不整脈（RSA）とは正常な心拍が吸気時に増加し、呼気時に減少することを指します。このRSAとHRVが、SNSとPNSの活動性を測定するのに使用されます。

健常な若者は高いHRVを示すことが多い一方、低いHRVは心血管系疾患や突然死、全原因の死亡率と関連しています。

ゆっくり呼吸をしたり、迷走神経を刺激したりするなど、次のような心身医療を実践するとPNSの活動が増加し、HRVが高まります。

副交感神経系（PNS）の活性化

迷走神経（第Ⅹ脳神経）は、脳幹から出てPNSの経路となり、主要臓器や体組織へと達します。PNSを活性化する一つの方法は、この迷走神経を刺激することです。

電気的迷走神経刺激法（VNS）は侵襲を伴う方法で、左側の迷走神経へのみ電気信号を伝えるためにコードを埋める手術が必要です。

電気的迷走神経刺激法（VNS）は費用が高く、横隔膜のけいれんやし

やっくり、嗄声、胃腸障害などの副作用が現れる場合があります。致命的な不整脈を起こす可能性があるため、VNSは右側迷走神経へは使用できません。その他に左外耳道を電気的に刺激するという方法（Kraus, Hosl, Kiess, Schanze, Kornhuber et al., 2007）や心身医療の技法、特にヨガの呼吸法では、迷走神経を簡単かつ安全に刺激できます。

たとえばゆっくり呼吸をして呼気を長くすると、迷走神経の働きが高まり、呼吸循環反射を通じて心拍数を減少させます。さらに呼気時に気道抵抗を増やしたり、吸気時に短時間息を止めたりすると、迷走神経をさらに刺激できます。

ヨガや瞑想を行うと身体や精神が落ちつくのは、一つにはPNSの機能の向上がとても重要な機構だからです。ヨガを実践すると、ストレス反応を調節したり終了させる作用が高まり、エネルギーや生体恒常性が正され回復します。

肺や気道、横隔膜、胸壁、血管などの呼吸器官には、感覚受容体や圧受容体、化学受容体（酸素分圧や二酸化炭素分圧）が何千と分布しています。

肺胞の膨張や収縮に反応する伸展感覚器のような機械的受容体は、情報を暗号化して電気信号を発し、迷走神経の求心路へと送ります（Yu, 2005）。

この入力は、末梢神経からの重要な情報（体から脳へ）として体内恒常性系へと送られ、感情や認知過程に影響を与えます（Craig（2003）やDamasio（1999）が既述、補足3.3参照）。

呼吸パターンを変えると感覚受容体に伝わり、求心性迷走神経を経て脳へ届き、内臓・身体感覚への入力が変化します。

以上のような理由により、種々のヨガの呼吸法を行うと、感情の状態や認知過程、身体の感覚状態の表現、感情に関連する反応や行動が、すみやかに大きく改善します。ヨガの呼吸法を長期間行うと、SNSの活動を正常化しPNSの働きを高めます（図3.1参照）。

中枢自律神経線維網には前頭前皮質内側部のような高次中枢があり、扁

桃体を含む低次中枢を抑制します（Thayer & Brosschot, 2005）。

前頭前皮質内側部が低活動で扁桃体が高活動という状態は、うつ病や心的外傷後ストレス障害（PTSD）でみられます。抑制機制が恐怖や怒りの感情を修正できず、感情的な反応や行動の抑制が効かなくなるでしょう。

前頭前皮質と扁桃体、視床間の回路の機能不全は、PTSDにおける恐怖に関連した症状を生じます（Das, Kemp, Littell, Olivieri, Peduto et al., 2005; LeDoux, 2000）。

乏しい感性情報処理、ワーキングメモリ不足、実行機能の障害はいずれもPNSの活動低下（低HRV）や前頭前皮質の活動低下と関連しています。

補足3.3　心拍変動性（HRV）

　HRVの振幅は、自律神経系（交感神経系と副交感神経系の相対的活動性）や心肺系の緊張状態や反応性を表している。

　HRVの振幅は、最大心拍数から最小心拍数を引いたものである。ストレスや交感神経の活動が高まると、HRVの振幅は減少する。HRVは心拍数の変化の割合である。干渉性は、総体的な心拍変動性周期の規則性の尺度です（図3.1参照）。

図3.1 心拍変動性

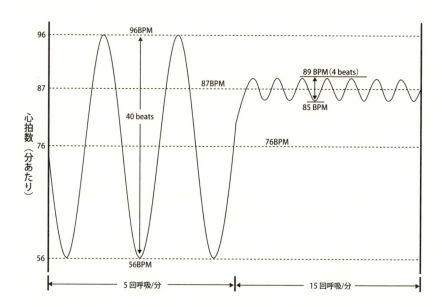

1分間に5回呼吸をする時、HRVの振幅は40拍となる。1分間に15回呼吸をする時、HRV振幅は4拍となる。

Stephen Elliot転載許可（Elliot & Edmonson, 2005）

感情の末梢の形：内受容

　ジェームス・ランゲの感情に関する理論では、末梢からの情報の役割の重要性が強調されています。その中には筋肉や内臓からの求心性の情報や、感覚の発生因に関係する感覚や動機が含まれます。感情の末梢の形は、動機づけ行動や決断、感情や社会的行動や自己意識にまで拡張されています（Damasio, 1994, 1999）。

　内受容とは、痛み、温度、触覚、筋肉や内臓の感覚、血管運動の活動、空気飢餓感（息苦しさ）などの「感覚」の認知です。それらは身体の状態を反映し、前頭前皮質内側の背側後方島皮質に主要な表れがあります。内

受容情報のメタ表現は、主に右前方島皮質にありますが、感情的意識の基質として仮定されています（Craig, 2003）。

　ダマシオは、体内恒常性に関係ある脳の領域は身体の表現像の一因となり、感情状態の意識の基礎を成していると仮定しました（Critchley, 2005, Gerbarg, 2007）。

　気道や肺を含む呼吸器官内部の、時々刻々と変化する内受容の情報は、迷走神経を介して脳へ上行し、化学受容体や圧受容体など他の情報とともに島葉へと運ばれます。この情報は末梢からのフィードバックを構成し、情動処理に影響します。ヨガの呼吸法は、呼吸の自発的変化を基本とします。面白いことに、それを行うと脳への内受容のフィードバックを改善してしまいます。外部からの測定や内観を行うと、ヨガ呼吸法により認知や情動処理が変化するのを観察できるので、もしかすると治療効果を有する特定の呼吸方法を特定できるかもしれません。

　ヨガや瞑想の多くでは、まず自分自身の呼吸に注目することから始め、徐々に呼吸回数を減少させます。これはPNSを活性化して、心を静め（求心性迷走神経を通って中枢自律神経線維網へ達する）、遠心性の神経経路や神経ホルモンの放出（図3.2参照）を促し、身体をリラックスさせます。

　ヨガ呼吸法の神経生理学的理論や、不安障害や攻撃性、PTSD、うつ病の治療への応用については、既に報告があります（Brown & Gerbarg, 2005a, 2005b）。

図3.2 迷走神経の影響

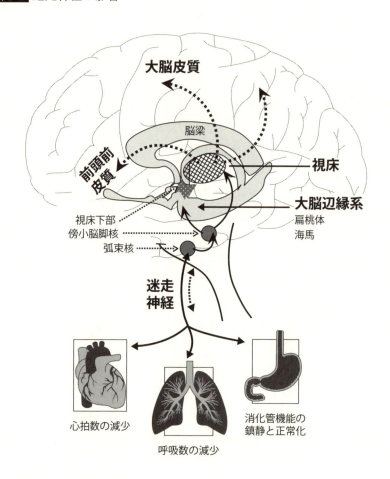

迷走神経は双方向性である。

求心線維は、内受容情報を身体から脳幹の傍小脳脚核や孤束核を中継して運ぶ。脳幹からは、回路が大脳辺縁系、視床、視床下部へと分枝する。大脳辺縁系や前頭部では、情動の処理が影響を受ける。

迷走神経の入力は、視床から前頭前皮質、前頭葉皮質、頭頂葉皮質、後頭葉皮質へと伝えられる。

迷走神経は覚醒、注意、認知過程、感情制御、ストレス反応に影響する。

✳ 心身医療

　心身医療は、はっきりと自律神経系に影響を与えます。特にヨガや瞑想を実践すると、SNSやPNSを興奮させたり静めたりします。

　不安障害の治療のためには、PNSを強める他に、ストレス反応系全体の柔軟性を高める必要があります。不安障害治療で問題なのは、刺激に対して過度な反応をしたり、逆に反応が鈍くなり過ぎること（感情鈍麻）です。

　過覚醒、過度の警戒、過剰反応、無感覚という症状は、自律神経系の機能不全を表しています（疾患治療のための瞑想法についての総説（Arias, Steinberg, Banga & Trestman, 2006）を参照。）。

　不安障害を持つ患者は、なるべく早く冷静になり、不安反応を抑制することがとても大切であり、それは不安体験の連続や過剰反応の悪化、さらなる不安や消耗、うつ症状、逃避の出現を防ぎます。ヨガ等の心身医療は、患者を呼吸法に集中させて、不安を素早く減らします。

　しかし、逆に不安障害を持つ患者は、瞑想法の実践が困難です。反応が現れるのに長い時間がかかり、反応が弱くなります。

　とはいえ、ヨガ呼吸法を通じて冷静になる方法を一度身につけると、瞑想は簡単になり、メリットがあります。さまざまなヨガの呼吸法を理解し、お好みの心身医療を選び、応用していくとよいでしょう。

　たとえばマインドフルネス瞑想法では、とても簡単でゆっくりした呼吸法を行います。呼吸法は、仏教の瞑想法や、アイアンガーやハタ等のヨガのポーズ、太極拳の講座でも取り入れられています。

　一方、気功やスダルシャンクリヤヨガ（SKY）、クンダリーニヨガ、シャンティクリヤヨガでは、より力強い呼吸法をその中心要素としています。これらの講座は多数実施され、不安障害やPTSDに効果があると考えられます。

　不安を持つ患者は、症状からすぐ解放してほしいと望み、それを治療薬に期待します。医療者はまず患者を安心させ、そしてヨガ呼吸法を行うとすぐに不安が改善できるという手本を見せるとよいでしょう。

第3章　不安障害

　以下に示す干渉呼吸法や共鳴呼吸法、ウジャイ呼吸法はとても簡単で、すぐに覚えられます。

　患者がすみやかに身体をリラックスさせ、心を静められる方法を身につければ、薬物に頼るよりも呼吸法を実践するようになるでしょう。自ら呼吸方法を変えると、感情の状態に良い影響を与えられます（Ohilippot, Gaetane & Blairy, 2002）。

　呼吸と感情の神経回路は、複雑に絡み合っています。呼吸性洞性不整脈（迷走神経の働きの低下を示す）の低下は、小児における恐怖やうつ状態、成人男性における攻撃性や反社会性行動、うつ病や不安障害、パニック障害などの心の否定的な状態と関連しています（Beauchaine, 2001; Carney et al., 1995; Mezzacappa et al., 1997）。

不安障害に対する心身医療の調査研究

　心身医療の研究には、研究方法の古さ、患者数の少なさ、無作為割り付けや偽薬対照群がないことなどの問題がありました。

　不安障害に対する瞑想の効果の総説では、50の研究中2つしかその研究の対象となる基準を満たしていませんでした（Krisanaprakornkit, Krisanaprakornkit, Piyavhatkul & Laopaiboon, 2006; Raskin, Bali & Peeke, 1980; Shannahoff-Khalsa, Ray, Levine, Gallen, Schwartz et al., 1999; Shannahoff-Khalsa, 2003）。

　良い結果を得るためには、どの治療法においても患者との関係性、介入のための話し合いや時期、患者のニーズに応えられる力量、複数の治療の統合が重要です。

干渉呼吸法、共鳴呼吸法

　1分間に約5回呼吸を行うという古代の呼吸法が見直されており、現在スティーブン・エリオットにより干渉呼吸法と呼ばれ研究されています（Elliot & Edmonson, 2005）。

　また、1分間に約5～6回呼吸を行い、交感神経と副交感神経のバラン

心身医療

スや心肺の共鳴を図る方法が、ポール・レーアにより共鳴呼吸法と呼ばれています (Song & Lehrer, 2003; Vaschillo, Vaschillo & Lehrer, 2006)。

吸気と呼気はそれぞれ約6秒持続します。気功師が初心者を訓練する時や、仏教の僧侶が禅を行ってより深い瞑想状態を得る時に、この呼吸の割合を使用しています。

干渉呼吸法を行うと、脳波中に健康的な α 波が生まれ、休息もしくは軽い運動時に適切な換気血流比となります (Elliott & Edmonson, 2005; Lehrer, Sasaki & Saito, 1999)。

筆者の経験では、干渉呼吸法は安全で簡単に実践できる方法であり、不安や不眠、うつ症状、疲労、怒り、攻撃性、衝動性、不注意、PTSD症状を減らします。

Respire 1というCDがあり、これは音の信号で1分間に5回の呼吸法を導いてくれます。ウジャイ呼吸法を習得した人がこのCDを使うと、さらに大きな効果が得られます。

ウジャイ呼吸法の有無にかかわらず、干渉呼吸法は小児、高齢患者、身体疾患を持つ患者、妊娠中や授乳中の女性に安全に使用できます。

症例1 爆発的な怒り、PTSD、不眠

マイクは27歳の建築現場で働く男性で、家庭や職場で爆発的な怒りが生じるという問題を抱えており、彼の家系三世代にわたり男性で同じ症状がありました。

彼は2001年9月11日の世界貿易センターテロの際の最初の救助隊員の一人であり、約数ヵ月間グラウンドゼロで過ごしました。9.11テロ後、彼は不快気分や悲嘆、不眠、怒り発作の悪化を伴うPTSDを発症し、家庭内の問題が悪化しました。

精神療法やデブリーフィング(つらい体験を整理し他人に話す技法)、認知行動療法、選択的セロトニン再取り込み阻害薬や気分安定薬の内服を試みましたが、まったく効果を示しませんでした。

マイクはヨガ呼吸法の講義へ嫌々参加しましたが、その後ウジャイ呼吸法や干渉呼吸法をやってみることにしました（SKYの項参照）。

まず1回10分間のウジャイ呼吸法をRespire 1のCDを使った干渉呼吸法とともに1日2回行うことから始め、そして次の1ヵ月間では、1回20分間1日2回まで徐々に増やしていくよう指導されました。すると劇的な効果が現れました。10ヵ月後の外来のときに、彼はCDとウジャイ呼吸法を1回40分、1日2回行っていました。

マイクは人生で初めて短気を起こさなくなり、家庭や職場でのストレスにかかわらず、怒りによる問題がなくなったそうです。

彼の生活では、ますますストレスが多くなっていましたが、かつてないほど幸福を感じるようになりました。マイクはいつストレスを感じても、干渉呼吸法をウジャイ呼吸法とともに行い、冷静さを保ちました。

臨床の金言

1. 干渉呼吸法や共鳴呼吸法は、不安や回避、不眠、PTSD、怒り、衝動性、うつ症状、注意欠陥症状といった症状に効果を示し、安全で簡単、安価なため、手軽に実行できます。
2. 小児や成人、高齢者、身体疾患を持つ患者、妊婦や授乳婦などすべての患者に使用できます。
3. ウジャイ呼吸法は、干渉呼吸法の効果をさらに高めます。
4. 脳梗塞や認知症を持つ高齢患者が干渉呼吸法を行うと、日中の疲労や興奮、不眠が減ります。
5. パーキンソン病患者が干渉呼吸法を行うと、薬効が切れる頻度が減るでしょう。
6. 1日中いつでも干渉呼吸法を学ぶことができます。
7. 患者は干渉呼吸法を行うとより早く効果が得られ、バイオフィードバック法やより難しいヨガ呼吸法から、より良い結果が得られるようになります。

心身医療

 注意欠陥障害、不安、回避、不眠症状を持つ小児

　イーサンは10歳の男児で、母親は不安障害とうつ病を持ち、父親も注意欠陥障害とⅡ型双極障害を患っていました。イーサンは重度の不安や不眠、逃避、注意欠陥症状、学校での問題などの困難を抱えており、両親は良い対応法を探していました。認知行動療法を含む多くの治療を試してみましたがうまく行かず、精神刺激薬を内服すると逆に症状が悪化しました。

　彼らは貧しく、バイオフィードバック法や神経療法を行う余裕がありませんでした。そのため、母とイーサンは、一緒に干渉呼吸法を毎日行うよう指導されました。

　イーサンはこの方法が気に入り、自分で行うようになりました。

　彼は毎日眠る前に1時間実践し、3ヵ月後両親は、彼がよく眠れるようになったと教えてくれました。

　日中にストレスや嫌なことがあったとき、イーサンはCDを使わずにこの呼吸法を行いました。その結果、彼の不安や逃避、学校への適応、全般的な行動が改善されました。そして学業や宿題への集中力が高まりました。

気功

　気功とは、古代の道教の僧侶や中国人による健康や長寿のためのヨガの体系です。内気功では主に呼気や吸気、息を止めることに集中し、血液や生命のエネルギーである「気」の循環を活性化します。基本的な気功の鍛錬では、一般的に呼吸は共鳴呼吸法（前述）のように1分間に約5回行われます。外気功は身体の動きや呼吸動作、内観に焦点をあてます。

　正確に行うため、実力ある指導者から学ぶのが最良です。

　しかし社交不安症や広場恐怖症の患者は、講座への参加が難しいでしょう。その場合は、ビデオやDVDを用いて自宅で行うと良いです。

　気功を始める際は、正確さに拘らず、副作用をおこさない程度に軽く、

あまり熱中しすぎずに楽しむとよいでしょう。

　気功の研究の多くは、方法論的な限界と対象患者が少ないため、限定的な価値しかありません。しかし、気功の心拍変動性（HRV）への影響について研究が行われ、気功経験者20人と、座位で過ごす健康な成人20人（対照群）で評価が行われました。コントロールされた呼吸中、気功の鍛錬によってHRVの高周波が増加し、低周波/高周波の出力比が減少しました。このことは、心臓の副交感神経作用が増え交感神経作用が減ったことを示しています。

　さらに気功経験者群では、年齢を合わせた対照群と比べて、より高いHRVが認められました（Lee, Huh, Kim, Ryu, Lee et al., 2002）。

スダルシャンクリヤヨガ（SKY）

　SKYはシュリ・シュリ・ラビ・シャンカールにより創立されました。SKYは初心者から上級者にかけての総合的な講座であり、ウジャイ呼吸法、バストリカ呼吸法、オーム詠唱、スダルシャンクリヤ（呼吸速度を変えて周期的呼吸を行う）、片鼻交替呼吸法、ヨガのポーズ、瞑想、リラックス法、ストレス減少のための心理教育、ヨガの哲学、集団指導などがあります。

　SKYの神経生理学的基礎や臨床適応については、著者のブラウンとゲルバーグの論文を参照ください（2005a, 2005b）。

　6週間の非無作為化試験がスウェーデンで行われ、肘掛椅子に座り呼吸に意識を集中するリラックス法を行った成人55名と（6日間のSKY講座、SK&P群と呼びます）、ヨガを知らない大学生48名を比較しました。

　SK&P群では不安やうつ症状、ストレスの尺度が著明に改善し、また楽観度も増加しました。この試験は非無作為化試験であり、追跡調査の期間が短いという欠点がありました。SK&P群のヨガの経験は述べられていませんが、対照群は"ヨガの未経験者"と記述されていました。研究方法に問題があり結果の解釈が大変困難ですが、この条件下でSK&P群では、著明な改善が認められました（Kjellgren, Bood, Axelsson, Norlander

心身医療

& Saatcioglu, 2007)。

　ウジャイ呼吸法を行うと、喉頭の筋肉を収縮させ声門の一部を閉じるため、呼吸速度を程よく調節することで声が出ることがあります。そして気道抵抗や胸腔内圧、圧受容器の刺激、HRV、呼吸低調性不整脈（RSA）を増加し（Calabrese, Perrault, Dinh, Eberhard & Benchetrit, 2000）、咽頭や胸壁、横隔膜の体性感覚の求心神経を刺激します。

　ウジャイ呼吸は、吸気よりも呼気を長く、1分間に2〜6回ゆっくりと呼吸を行い、身体や感情が落ちつきます。ウジャイ呼吸法などのヨガ呼吸法は、RSAやHRV、副交感神経系（PNS）（Cappo & Holmes, 1984; Song & Lehrer, 2003）、動脈圧受容器の感覚、酸素供給を高めます。息止めを用いるさらに高度なウジャイ呼吸法を行うと、PNSの活動性がさらに高まります（Telles & Desiraju, 1992）。

　バストリカ呼吸法では、1分間に30回という早く力強い呼吸を短期集中して行い（1分未満）、その結果、SNSが活性化し、CNSの興奮が起こり、その後に精神的覚醒を伴う冷静さが得られます。これはカパラバディ呼吸法に似ています。

　「オーム」や「アウム」を唱えるオムカーは、迷走神経の作用を高め交感神経系（SNS）の活動性を静めます。

　SKYは一連の呼吸周期（吸気と呼気の間に間をおかない）を、3つの速度（遅く、中等度、早く）で行うことで構成されています。SKYを実践すると、神経可塑性の増加の指標である脳由来神経栄養因子（BDNF）の血中濃度が上昇しました（Pin et al., 2006）。神経可塑性とは、たとえばシナプスの構成配置など、短期的長期的な脳内変化の過程を指しています。

　HRVの増加や脳波検査（EEG）における干渉、同調性の増加など、複雑な神経生理学的影響については、現在もSKYの専門家によって研究されています。

脳波の干渉や同調性に対するSKYの影響

　経験値が異なるSKY実践者10名を対象とした予備実験において、ステ

ィーブン・ラーセンらは、SKY実施前5分間、70分間のSKY実践中、そしてSKY終了後20分において、心電図やHRV、脳波（19ヵ所）、呼吸を測定しました。

経験の浅いSKY初心者の脳波では、小規模の同調性がみられたものの、「全般的な同調」はほとんど見られませんでした（Fehmi & McKnight, 2001）。同調性とは、ある部位と他部位の脳波を比較した時に、振幅や周波数、波形がどの程度似通うかを指しています（Robbins, 2000）。脳内の離れた領域のコミュニケーションを評価するために、同調性の程度の干渉解析が行われています。

速い呼吸を行うと、無秩序な脳波が増え同調性は減少しました。それぞれの周期の呼吸後の休息期には、同調性は増加していました。

18ヵ月以上のSKY経験者の場合、呼吸法実施前の脳波の同調性が高く、呼吸法中の脳波の混乱が少なくなっていました。4年以上の経験がある上級者では、呼吸法の最中や休息時にも脳の中央部と辺縁部にα波が安定して出現しており、19チャンネルすべてにわたり全般性に持続した同調性が認められました（図3.3参照）。この所見は、SKY施行中に脳波の干渉性が増加していた予備実験の結果と一致しています（Bhatia, Kumar, Kumar, Pandey & Kochupillai, 2003; Shnayder, Agarkova, Liouliakina, Naumova & Shnayer, 2006）。

毎日SKYを実践すると、干渉性や高振幅の同調性が高まります（Larsen et al., 2006）。

チベット仏教の僧侶が長時間の瞑想を行ったところ、高振幅γ波の同調性の増加が認められました（Lutz, Greischar, Rawlings, Ricard & Davidson, 2004）。そしてこれは認知機能（Mizuhara, Wang, Kobayashi & Yamaguchi, 2005）、記憶や長期間の情報の暗号化（Guderian & Duzel, 2005）、神経可塑性の改善と関連していました。

レーザーらは、瞑想の長期間経験者は年齢をマッチさせた対照群と比較して、注意や内受容、感覚処理（前頭前皮質や右前島葉を含む）と関連する脳の皮質厚が増加していることを立証しています（2005）。

解離、分裂、長期間の同調性

　人間は心的外傷（トラウマ）と同時または前後に起こる他の経験を、内部情報へと符号化して感情の枠組み（スキーマ）として保存しています。これにはトラウマに関連した経験や人間関係の、印象やその断片が付随しています。そして解離（PTSD患者にしばしばみられる）とは、この感情の枠組みの構成成分の統合過程における機能不全を意味しています。

　分裂（境界性パーソナリティ障害患者に頻発）とは、肯定的および否定的な感情の枠組み（内部表象）の統合ができないことを指しています。

　広範囲にわたる脳波の同調性の混乱は、離断症候群の一因にもなっているかもしれません（Hummel & Gerloff, 2005）。

図3.3 SKY：脳波記録における同調性の増加

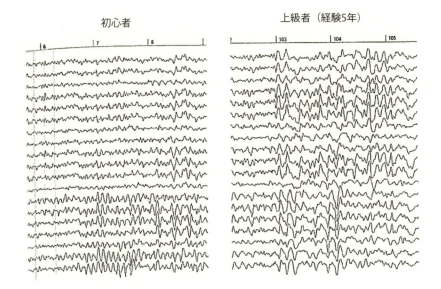

初心者　　　　　　　　　上級者（経験5年）

SKYを行うと、その期間中に高振幅の同調性が出現しています。
上級者になると、19誘導すべてにわたり高振幅の同調波がみられています。
　　　　　　　　　　スティーブン・ラーセンの転載許可あり（Larsen et al., 2006）。

　感情の離断や解離により、脳波検査において広範囲にわたる同調性や統合に混乱が現れているケースでは、ヨガ呼吸法や瞑想による治療介入を行うと干渉性や同調性が高まるので、効果が出るでしょう（症例5参照）。

仮説：SKYと心的外傷（トラウマ）

　私達は、SKYを行うと脳内で生理学的に良い変化が起こり、トラウマに関連する枠組みのある部位で、既存の脳波やシナプスに変化をもたらすという仮説を立てました。この仮説は電気活動の非同調化や自律神経系からの入力の変動、感情制御と関係のある構造内の活動の変化、符号化、大脳辺縁系や視床、前頭部における記憶、酸素分圧や二酸化炭素分圧の変

心身医療

化、オキシトシンやプロラクチンなど神経ホルモンの放出を通して、生じているのでしょう。

　同調化とは、ある電気活動が反復されると固定化され、結果的に変化できなくなる過程です。非同調化とは、神経療法などで行われており、固定化された電気活動の周波数よりやや高いか低い周波数を用いて、脳に対してリズミカルなフィードバックを与え、病的に固定化した脳波の振幅を減らし、正常な状態へ戻します (Larsen, 2006; Ochs, 2006; Schoenberger, Shif, Esty, Ochs & Matheis, 2001)。

　SKYは固着した病的な脳波形を解除し、新しい連係や構成を形作るでしょう。安全でリラックスできる環境で、肯定的でバランスのとれた情動が新たに入力（経験や概念、感情）されると、以前のトラウマの枠組みのある領域に入り込み、構造の変化や回復を永続的に促します (McCormick, 2002)。

シャンティクリヤヨガ

　シャンティクリヤヨガではヨガの動作、さまざまな呼吸の形（プラーナーヤーマ、調息）、緩急の呼吸周期のリズムを繰り返します。

　専門家は、患者を背臥位にして身体全体を調べ、チャクラ（霊的エネルギーの中心で、ヨガの意識の概念の一部）や感覚器官に対する瞑想を行います。

　30日間にわたる8名を対象にした小規模研究が行われ、シャンティクリヤヨガを用いると、大脳皮質の前頭前野や後頭部でa波の同調性が増加しました (Satyanarayana, Rajeswari, Rani, Krishna, & Rao, 1992)。大脳皮質のa波の総量は、リラックスや落ちつき、意識の鋭敏さと関連しています。

　不安障害の患者に対する研究はまだありませんが、シャンティクリヤヨガを用いると、脳波形をより深いリラックス状態に改善するでしょう。

クンダリーニヨガと認知行動療法

　クンダリーニヨガでは、ポーズや眼球の位置、呼吸パターン、真言（マ

第3章　不安障害

ントラ）をさまざまに組み合わせます。精神活動を高いエネルギーレベルへ到達させるために、超越的な状態や無の境地を目指します。

クンダリーニヨガに関する臨床文献の多くは、事例の観察記録であり、観察研究は限定的です。にもかかわらず、クンダリーニヨガは強力で複雑、多層的方法であり、個人の成長や治療のために昔から行われてきました。しかし、この治療が複雑すぎたり、時間が長いと感じる患者では、長続きしないでしょう。

このうちの一つの片鼻呼吸法（UFNB）では、片方の鼻腔を閉じて、逆の鼻腔で呼吸全体をゆっくり行います。片鼻呼吸法は呼吸している方と同側の脳や身体における交感神経の働きを高め、逆側の副交感神経の働きを高めるという仮説があります（Schiff & Rump, 1995; Shannahoff-Khalsa, 2007; Wernts, Bickford & Shannahoff-Khalsa, 1987）。

クンダリーニヨガや臨床の症例に関する詳細は書籍（David Shannahoff-Khalsa：Kundalini Toga Meditation）を参照ください（2006b）。

スウェーデンの会社で従業員に対する4ヵ月にわたる無作為試験が行われ、ストレス管理の講義としてクンダリーニヨガ（ヨガのポーズと呼吸法）と認知行動療法が用いられ、比較検討されました（Granath, Ingvarsson, von Thiele & Lundberg, 2006）。

するとストレスや怒り、消耗、人生の質の自己評価尺度が両群ともに著明に改善し、効果量は中から高程度でした。両群間で著しい相違は認められませんでした。

アイアンガーハタヨガ

B. K. S.アイアンガーは、ロープなどの装具を用いて行う姿勢保持を中心としたヨガ法を開発しました。ハタヨガにはさまざまな水準の身体姿勢や呼吸法、リラックス法があります。

ヨガに関する文献では、精神症状の改善のため多くのポーズが推薦されていますが、エビデンスはかなり限定的です。

3ヵ月にわたる非無作為化対照試験では、感情的な苦しみを持つ女性集

団に対して、アイアンガーハタヨガを2週間に一度、1回90分間行いました（Michalsen, Grossman, Acil, Langhorst, Ludtke et al., 2005）。

ヨガ参加群では、自己評価尺度によるストレス知覚や不安、気分、身体的幸福において、対照群に比べて著明な改善が認められました。さらにヨガ参加群では、唾液中コルチゾール量（視床下部−下垂体−副腎系軸のストレス反応の減少を表す）の著明な減少がみられました。

太極拳

太極拳は中国の瞑想や呼吸法の体系で、滑らかな運動を行います。気功の一部門とも考えられます。

太極拳経験者と初心者各33名が参加した非無作為化対照試験が行われ、太極拳の鍛錬の前中後を比較したところ、太極拳は精神的、身体的ストレスや不安を減少しました（Jin, 1989）。

太極拳開始前と比較して、太極拳の最中そして鍛錬後では、気分状態特性尺度における緊張、うつ症状、怒り、疲労、混乱が著明に低下していました。しかし、不安状態は鍛錬中より鍛錬前の方が著明に低値でした $[f (1.60), 0<0.001]$。

この結果を確かめるためには、大規模な試験が必要です。

サハジャヨガ

サハジャヨガでは、無の境地に至ることや自己肯定、呼吸法を行います。

てんかん患者に対しては既に研究が行われていますが、不安障害の患者にはまだ行われていません（Panjwani, Selvamurthy, Singh, Gupta, Thakur et al., 1996; Ramaratnam & Sridharan, 2000）。

ハワイの「ハァ」呼吸法

「ハァ」呼吸法の知識は、ハワイの島の牧師であるシャーマンに代々伝承されてきました。

身体姿勢と腕の動きを伴う呼吸法は、ウジャイ呼吸法に似ており「オウ

カレオオカプ（*Ou ka Leo O ka pu*）」と呼ばれ、その意味は「貝の鳴る音、耳に当てた貝殻の音」です。「ハァ」呼吸法は幸福や瞑想的黙想、悟り、エネルギーの回復のための健康増進法です（Kahn, 2004）。

マントラ復唱法と瞑想

マントラ（真言、お題目）とは特別な意味を持った単語や成句であり、瞑想中に心の中や声に出して繰り返すと自分の心に集中できます。

軍人30名と病院スタッフ36名に対して非盲検試験が行われ、5週間ストレス管理のために無言でのマントラ復唱法を学び、その後電話によるインタビューが行われました（クリティカルインシデント法による質的データの取得）。その結果、学習後3〜6ヵ月の間において、参加者がマントラを用いて感情やストレス、不眠、不要な思考に対処した件数は147件確認されました（Bormann, Gifford, Shirely, Smith, Redwine et al., 2006）。

この研究から、マントラを唱える効果は認められましたが、効果をもっとはっきりさせるために、客観的評価がなされる無作為対照試験が必要です。

一方、ストレス対処に関心のある健康な成人に対して、瞑想訓練法の簡単な講義を用いた試験が行われました。評価対象はストレス知覚や否定的感情で、その効果が調査されました。

これは単群の非盲検試験で、事前調査と追跡調査が行われました。200例の対象中133例（76％は女性）で最低1回の追跡訪問を完了し、結果の分析が行われました。

参加者は、簡単なマントラを基礎とした瞑想法を、1回1時間、計4回グループで学び、毎日2回15〜20分実践するよう指導されました。気分状態特性尺度、自覚ストレス尺度、状態特性不安検査（STAI）、簡易症状評価尺度（BSI）を用いて、試験前と毎月の追跡訪問時に評価されました。指導後、これら4つの評価法すべてにおいて、著明な低下が見られ、その試験前からの変化値は14％（STAI）から36％（BSI）まで分布していました。

試験前に神経質の項目が高値だった人で、より著明な改善が認められました。しかし、最も効果をみせたのは、試験開始時に否定的な感情を持っていた人たちでした。

以上をまとめると、瞑想に興味ある健康な成人に簡単な瞑想法を短時間で教えると、否定的感情やストレス知覚を改善できました（Lane, Seskevich & pieper, 2007）。

仏教の瞑想法

タイ仏教では、呼吸のマインドフルネスが強調され、仏陀の教えがまとめられたパーリ三蔵（紀元前250年）の一部である出入息念経の中で教えられています。三蔵によると、呼気や吸気によるマインドフルネスを行い発展させていくと、関連する4つの構成（身体、感情、心、精神状態への集中）の頂点へとつながります。この関連する4つの構成は、覚醒の7要素をもたらします（Brown & Gerbarg, 2008）。

チベット仏教にはトゥンコル（Trul-khor）と呼ばれる呼吸法や運動法がありますが、まだ西洋の科学者によって研究されておらず、アメリカでは少数の指導者にのみ伝えられています。トゥンコルの運動法と呼吸法は、心を安定させ瞑想を深めるために行われます。

「ハ」と「ファ」の音とともに息を吐くと、精神的なつかえも出て行きます。

ヤントラはトゥンコルの一手法であり、癒しの運動とそれに対応する呼吸法を使用します。それはエネルギーを循環し元気を回復するために、全身の意識を印相（手のポーズ）に集中します。印相は象徴的な手のポーズであり、これを実践する者に特別な資質（力）を与えます。トゥンコルを行うと、カルマの浄化や否定的思考の減少がもたらされ、平和な感覚が生まれます。

ヨガのポーズ、呼吸法、瞑想法

医学生に対して3ヵ月間にわたる研究が行われ、ヨガのポーズや呼

法、祈り、視覚化、瞑想法の講義に参加した群と、読書をする対照群が比較されました。ヨガ参加群では、対照群と比較して、状態特性不安検査のスコア平均値の著明な減少がみられました（−34％対＋3.4％；p<0.001）(Malathi & Damodaran, 1999)。

一方、過敏性腸症候群を持つ成人患者25名に対する、無作為対照試験が行われ、1時間の深い呼吸とポーズについての指導を受け4週間毎日自宅で行う群と、待機期間の対照群に割り振られました。するとヨガ実行群では、胃腸症状や感情の逃避の尺度が著明に低下しました (Kuttner et al., 2006)。

音楽家に対するヨガと瞑想の講義を自己選択する非無作為化試験が行われ、ヨガを選ばなかった人を対照群としました。ヨガに参加した音楽家（10人）は、対照群（8人）と比べて、演奏への不安が減少していました (Khalsa & Cope, 2006)。

マインドフルネス瞑想法とマインドフルネスストレス低減法

全般性不安障害やパニック障害を持つ患者24名に対して、マインドフルネス瞑想法を行う予備的非盲検研究が行われました。DSM-Ⅲ-Rの構造的臨床面接やベック不安評価尺度（BAI）、ベックうつ病評価尺度、ハミルトン不安評価尺度（HAM-A）、ハミルトンうつ病評価尺度（HAM-D）、パニック発作の評価尺度を用いて評価しました (Kabat-Zinn, Massion, Kristellar, Peterson, Fletcher et al., 1992)。

この研究では8週間にわたる瞑想講座と、その後毎週2時間の講義、毎日最大45分の瞑想を行い、研究終了2週間前に5〜7時間の黙想を静かな場所で行いました。この瞑想では自分の体の内観、座位瞑想、マインドフルハタヨガ（呼吸制御を行うヨガポーズ）を行いました。その結果、研究中と3ヵ月後の追跡調査において、HAM-D、HAM-A、BAI、パニック発作の頻度の数値は著明に改善しました。

参加者中18名に対して追跡試験が3年後に行われ、多くの人はマインドフルネス法を続けており、HAM-AやBAIが改善し続けていました

（Miller, Fletcher & Kabat-Zinn, 1995）。

　この研究により、この介入の短期的および長期的効果が支持されましたが、さらに大規模な無作為対照試験による検証が必要です。

　マインドフルネスストレス低減法の効果に関する15の対照試験の総説では、不安障害やうつ病に対して、効果はさまざまでした。有効な他の治療法を対照とした試験では、マインドフルネスストレス低減法は効果を示していませんでした。

　これらの試験の多くでは、毎日実践していたかどうかの記録はなく、マインドフルネスの実践と症状改善の関連は曖昧でした（Toneatto & Nguyen, 2007）。

超越瞑想

　不安神経症患者（DSM-Ⅱ）31名に対して18週間にわたる無作為対照試験が行われ、超越瞑想と筋肉バイオフィードバック法、リラクゼーション法が比較されました。

　これら3種類の方法による不安軽減効果は同等でしたが、不眠は改善しませんでした。中途中断率は44％でした（Raskin, Bali & Peeke, 1980）。

自由焦点（オープンフォーカス）瞑想法

　私達が日常的によく使用する注意の方法は、狭く焦点を当てる方法です。注意を一方へ集中して向けるには、努力や緊張、任務完遂への意識が必要です。集中はどの方向にも向けられ、内外のできごとからそらす事もできます。

　あなたも、この本を読んでいる時、注意が文章に集中していると、内容を理解し、吸収していることがわかるでしょう。注意の焦点を広げると、ふと浮かんだ考えや気持ち、体の感覚、音、視覚、匂い、他の感覚も得られます。

　自由焦点法はレスター・フェルミ博士によって考案されました。注意を柔軟にする方法を学び、注意を狭めたり、広げられるようになります。

自由焦点瞑想法では、身体の内外にある宇宙の自覚が高まります。宇宙や知覚への意識を増すと、自由に焦点が定められるようになり、健康的な脳波、大振幅α波が出現します。

　内的または外的宇宙の瞑想法は、ヨガや仏教の上級修行のひとつでもあります。

　フロイトは「無条件の傾聴」という表現で、精神分析家の理想的な状態を述べました。これがあると意識や無意識、転移、患者や自分自身の身体要素などのいろいろな情報に同時に意識を向け、観察できるようになります。自由焦点法と無条件の傾聴が似ていることを指摘しておきます (Fehmi & McKnight, 2001)。

　長い時間をかけて自由焦点法を1日2回、1回20～30分行うと、注意の柔軟性が増すでしょう。これには毎日の実践と継続が必要で、疼痛緩和にも効果があるでしょう。

臨床現場での心身医療の技法

　不安障害を持つ患者には、まず不安症状の根底ではストレス反応系のバランスが崩れており、心身医療の技法を用いたバランスを整える方法を話し合うとよいでしょう。

　たとえば、呼吸法と不安の制御の関連を患者自身が理解すれば、呼吸法を毎日行うという勧めに従う可能性はより高くなります。

簡単、安全で効果的な呼吸法

　簡単で効果がある呼吸法の入門編として、干渉呼吸法があります（前述）。

　Respire 1というCDで1分間に5回呼吸を行い、副作用はなく、優しくリラックスできます。

　1日2回、1回10～20分以上行うとよいでしょう。さらに強い結果を望む場合は、ウジャイ呼吸法や片鼻交替呼吸法を学ぶ必要があるでしょう。

ほとんどの場合、これを行うと、5〜10分のうちに身体や心が落ちつき、リラックスした状態が得られます。

著者らは、ウジャイ呼吸法とRespire 1 CDを組み合わせると、呼吸が一定になり効果が高まることを確認しています。

医療専門家は、まず自分自身が干渉呼吸法を習得し、その後患者に推薦してください。リラックス法や呼吸法を患者に教える際には、顔や首、胸に緊張があるかどうかを観察するとよいでしょう。

不安障害に対するウジャイ呼吸法

私達の臨床経験から、不安障害患者の不安症状に対しては、基本的なウジャイ呼吸法が、素早く最高の効果が得られる呼吸法であることが知られています。

治療者は、講義や診察中にウジャイ呼吸法や片鼻交替呼吸法の手本をみせ、教えるとよいです。患者はすぐに、自分が冷静になって、心が澄み渡るのを実感できるため続けたいと思うでしょう。指導には通常約20分かかり、その後修正するのに1、2回の外来診察が必要です。一部の患者、特に高齢者、指導が困難な患者や、鼻詰りがひどい患者ではうまく行かないでしょう。

この技法は、アートオブリビング財団や他の組織主催のヨガ講座で学ぶことができます。しかし患者がもしこれらに合わなかったり、指導法について来られなかったら、この技法を習得しているヨガ指導者や医療専門家に直接、個別に教えてもらう方法もあります。患者は、ウジャイ呼吸法を学ぶと通常施行後5〜10分で、身体や心が深く静まる感覚を体感します。

以下の症例では、不安障害の補助治療として、ウジャイ呼吸法を使用しました。

患者が数週間にわたり毎日実践することが身につき、効果が持続している場合、集団指導が可能であれば、SKYの全講座に参加するよう勧めるとよいでしょう。境界性パーソナリティ障害や双極性障害、精神疾患、てんかんや重度の解離症状を持つ患者、妊婦には、集団指導は適しません。

第3章　不安障害

> 症例3　**大学生のストレス**

　エドは優秀な高校生で、人気のあるアメリカンフットボール選手でした。

　ところが大学進学後は、故郷の友人とも離れ、さらに大学での勉強量に圧倒されてしまいました。そのなかで不安が生まれ、集中力が低下し、学業成績が下がりました。

　飲酒をすると落ちつきましたが、今度はうつ症状がひどくなってしまいました。ある晩彼は泥酔し、友人らは彼を救急外来へ連れて行かなければなりませんでした。一学期を終える前に、彼は故郷へ送り返されました。

　自宅でエドは、不安や恐怖、恥、「失敗した」という感情に苦しみました。そのため毎週精神療法を受け、なぜ重圧を感じていたのかを理解しはじめ、自分を受け入れるよう取り組みました。その結果自尊心は徐々に回復しましたが、まだ不安感がかなりありました。

　心理士は薬物療法について相談するように医師を紹介しました。しかしエドは、薬は最後の手段だと考えていたので、薬物療法を嫌がりました。

　代わりの手段として勧められたウジャイ呼吸法はすぐに覚えられ、数分で不安が減ったと感じました。身体がリラックスし心配が静まったため、この方法が気に入りました。

　ウジャイ呼吸法を行っている最中は、不安を自分で抑えられると感じ、薬に頼らずに肯定的な自己像を持ちました。さらにやる気が生まれ、この呼吸法を1日2回以上、1回10分間行いました。

　エドの不安症状は薬を使わずに改善しました。彼は学校に戻り、次の学期を終えました。

> 症例4　**全般性不安障害と不眠症**

　エイプリルはいつも心配性で、過度に良心的であろうとして、なにごと

臨床現場での心身医療の技法

も完璧に行おうとしました。

3年間にわたって精神療法を受けると、彼女は心配を自制できるようになりました。

しかし彼女の10代の娘が糖尿病になったことから、娘の健康状態を過度に心配するようになりました。電話が鳴ると、娘に何かあったのではと恐れおののきました。常に心配し眠れなくなったため、ついには治療を再開しました。

エイプリルはバスパー10mgを1日3回内服し、これにより不安が減りましたが症状は続きました。彼女は過去に選択的セロトニン再取り込み阻害薬（SSRI）が合わなかったので、ウジャイ呼吸法が指導されました。

2回目の外来診察時、彼女は力をこめてヨガ呼吸法を行っていて、リラックスするよりもむしろ緊張していました。彼女は、もっとゆっくり呼吸し、肩の力を抜くよう指導されました。次の週には、彼女は不安や心配からかなり解放されたそうです。

過度の不安に気を取られなくなり、並行して受けている精神療法もうまくいき始めました。

そしてウジャイ呼吸法も適宜使うと、不眠の原因であった夜間の強迫的な心配も止まりました。より良い睡眠が得られ、彼女はより大きなエネルギーや回復を感じました。

片鼻交替呼吸法

片鼻交替呼吸法は、多くのヨガの流儀で使用されています。この方法は簡単に習得でき、通常10分以内に心が落ちつく効果を体験できます。

まず目を閉じて、支えるために人差指と中指を鼻柱に置きます。残りの指（親、薬、小指）で片方の鼻をやさしく押さえ、交互に鼻孔を閉じます。専門家はまずゆっくり息を吐き、その後開いている鼻孔からゆっくり息を吸います。この周期を片側ずつ交替で行います。

著者は不安障害がある患者に対して、1回10〜20分で1日2回以上、この方法を行うよう勧めています。

瞑想前に5〜10分この方法を行うと、瞑想や祈りの効果を増します。

呼気と吸気それぞれで数を数えると、違った効果が得られます。たとえば初心者はゆっくり呼気で6つ、吸気で4つ数えると、心地良い効果が得られます。

 心的外傷後ストレス障害（PTSD）

心身医療は軍人、戦争や大規模災害の生存者、虐待の被害者に施すと、PTSD症状を減らし、高い効果が得られます。

これらの治療は、ストレスへの回復力をもたらします。

退役軍人や現役軍人、戦争から生還した民間人

戦場へ赴き戦闘にさらされると、うつ病やPTSD、物質乱用、社会参加能力の喪失、帰宅後の現実世界への再適応等の、精神的な問題の危険が増加します。

アフガニスタン戦役、不朽の自由作戦、イラクの自由作戦に参加した軍事関係者の約1/4は、大小の心理的障害を経験しています（Mood, 2007）。

第一次や第二次世界大戦、朝鮮戦争、ベトナム戦争、ボスニア紛争、湾岸戦争など過去の戦争から得た教訓として、この病的な心理状態を放置すると、長期的な障害を生む可能性があります。

薬物療法、個人または集団療法、認知行動療法、その他の標準的治療を受けた多くの退役軍人が、いまだに慢性的PTSDの症状に苦しんでいます。

命を脅かす場面への遭遇、友人が殺されたり負傷すること、敵の兵隊や、女性、子ども等の民間人を殺すこと、手製の爆発物や待ち伏せ攻撃や自爆攻撃など突然の襲撃に遭うこと、米国の軍事関係者や民間人の死体を扱うこと、死に行く男女を看取ること、戦闘で地域社会が破壊されること、これらを戦闘地帯のストレスと呼びます。

このような経験があるとPTSDの重い症状が現れ、二次的な物質乱用や家庭内不和、価値信念の喪失、自己像の変化などが伴います。

心的外傷後ストレス障害（PTSD）

戦闘地帯から帰還した医療スタッフを含む多くの人は、羞恥心や軍隊での経歴に傷がつくことを恐れ、医療機関に相談しようとしません（Hoge, Auchterlonie & Milliken, 2006）。

患者や戦闘に巻き込まれた非軍人に、汚名をつけずに使用するために、「戦闘ストレス障害」という呼び方が提案されています（Figley & Nash, 2007）。

CAMは、退役軍人や現役の軍事関係者の役に立ちます。精神科的診断は必要なく、精神科治療と関係がないので、このやり方は退役軍人らに受け入れられやすいでしょう。

心身医療を実践すると、うつ病や不安障害、PTSDの症状を緩和できます。ヨガのポーズや呼吸法、リラックス法、集団療法、ストレス軽減のための心理教育など、多様な方法を行うと効果的でしょう。

重度の不安障害やPTSDに対して、ゆっくりとした深い腹式呼吸だけでは、以下の試験結果に示すように効果が不十分です。

PTSDを持つベトナム戦争の退役軍人90名に対して無作為対照試験が行われ、リラックス法（リクライニングチェアに座って、リラックスするための簡単な指導を行う）、リラックス法と深呼吸（徐々に肺を息で満たし、ゆっくり完全に息を吐く）、リラックス法と深呼吸と熱バイオフィードバック法の組み合わせを比較しました。すると、いずれの方法でも軽度の治療効果が認められました。

深呼吸や熱バイオフィードバックを追加しても、PTSD尺度でさらなる改善は認められませんでした（Watson, Tuorila, Vickers, Gearhart & Mendez, 1997）。

不安障害やPTSDを改善するためには、高度な技法を用いたより強いヨガ呼吸法が必要です。

戦争でトラウマを負ったコソボの高校生139名に対して、非盲検試験が行われました。瞑想やバイオフィードバック、運動、イメージ療法、呼吸法、自律訓練法、描画法、家系図を用いた心理療法、ストレスに関する心理教育、経験に関する集団討論などの心身医療の技法が、8週間にわたり

実施されました。(Gordon, Staples, Blyta & Bytyqi, 2004)。

アルバニア版PTSD反応尺度（DSM-Ⅲに準拠した16の2択の質問から成る）の数値は、この介入の直後に著明に減少し、9ヵ月後、15ヵ月後の追跡調査でも減少が続いていました（Pynoos, Frederick, Nader, Arroyo, Steinberg, et al., 1987）。

この試験では対照群がなく、研究方法に限界がありました。どの技法に実際の効果があったのか判別が困難なのです。しかし、心身医療の技法を多層的に組み合わせることが、PTSD症状を減らす可能性を示しています。

オーストラリア政府は、偵察隊や厳しい戦闘から生還した退役軍人に対して、広範な援助や心理学的支援を提供しています。オーストラリアからベトナム戦争に参加した多くの退役軍人は、35年後の今でも、物質乱用や身体疾患の合併症を伴う慢性PTSDのために、ずっと社会復帰はできないままでした。

PTSDを伴うオーストラリアのベトナム戦争退役軍人障害者に対して、アイアンガーヨガを用いた6週間にわたる小規模な非盲検試験が4つ行われました。アイアンガーヨガのポーズではうつ症状のみが改善しましたが、ヨガの呼吸法（特にウジャイ呼吸法）とハムス瞑想法を追加すると不安症状や不眠、フラッシュバック、怒りの爆発などのPTSD症状が著明に減少しました（Carter & Byrne, 2004）。

PTSDを伴うオーストラリアのベトナム戦争退役軍人障害者25名に対して、無作為化評価者盲検化対照試験が行われました。5日間のSKYが行われた群では、ヨガの実施待機群と比較して、PTSD臨床診断面接尺度（CAPS）のより大きな改善が認められました（Carter, Byrne, Brown, Gerbarg, & Ware, in process）。

SKY施行群と待機群双方で、SKY実施後のCAPSの数値は、統計学的に有意に改善していました（p=0.007）。

このヨガの講座の実施後、双方の群において、アルコール消費量やうつ病の下位尺度（MINI-plus）が統計学的に有意に改善していました。6ヵ月後の追跡調査では、CAPSの平均値は介入前の数値より約30点低下し

ていました。

　さらに退役軍人らは、夜に目が覚めたり、乱暴な運転に立腹したような場合に、冷静になるためにどのようにヨガの呼吸法を使うかを学びました。

大規模災害の生存者

　大規模災害が生じると、生存者の必需品である食料や水、避難場所、医療を優先しなければなりません。

　しかし災害では、人間関係や仕事の喪失など重度の苦悩が生じるため、それらを緩和したり、慢性PTSDのような長期の後遺症を予防したりするなど、心理学的要求にも対処する必要があります。

　心身医療は他と比べて安価で害が少ないため、災害で医療体制が機能していない状況でも大勢の人々のPTSD症状に対処可能であり、この潜在的威力に関してさらなる調査研究が求められています。

　マコーミック（2002）は、2001年9月11日のニューヨークの貿易センターテロ後の、小児や成人のPTSD症状に対するヨガの効果を論じています。

　このヨガ講座では自己観察、PTSDの経験の集団共有や討議、呼吸法、誘導による瞑想法、身体を観るリラックス法、ヨガのストレッチ、感情の意識（化）が行われました。正式な評価は行われませんでしたが、参加者はヨガ講座終了後に自制が上手になり、ストレスからの回復力が増したそうです。子供達は、自発的な想像や身体の活動性が増加しました。

　Breath Water Sound（呼吸、水、音講座：BWS）はウジャイ呼吸法やバストリカ呼吸法、オーム詠唱、ストレス減少の心理教育、肯定的な集団哲学教育などを行う8時間の講座です。時々10分間のSKY（周期性呼吸法）、もしくは片鼻交替呼吸法が追加されます。そしてこの講座は、洪水や台風、地震、戦争やテロ攻撃等の直後に、大勢の人々の心理的援助のために、国際ヒューマンバリュー協会から通常無料で行われます（Gerbarg & Brown, 2005b）。

　2004年のスマトラ島沖地震の津波の生存者180名に対して、待機期間比較対照試験が行われました。彼らは災害8ヵ月後にインド南岸のナガパッ

第3章 不安障害

ティナム地区の避難所で生活していました。この試験の参加者は、PTSDチェックリスト（PCL-17）を用いてPTSDの有無が調査されました。(Descilo, Vedamurthachar, Gerbarg, Nagaraja, Gangadhar et al., 2006, 2007)。

評価された240名の避難者のうち、183名（70％）が50点以上の数値を示しており、この試験に参加した5つの避難所が3つの群に割り付けられました。

第1群は、10分間のSKYを含むBWS 10時間の講座で、4日間行われました。第2群は、同方法を行った1週間後に、心的外傷（トラウマ）事象減少法（TIR）と呼ばれる患者中心の個人曝露療法が追加されました。第3群は、6週間待機した対照群となりました。

全参加者について、PCL-17、ベック抑うつ評価尺度（BDI-22）と生活の質（QOL、GHQ-12）の介入前、介入直後、6週間後、3ヵ月後、6ヵ月後の数値を測定しました。

BWS介入4日目の直後に、すべての調査方法の平均値が著明に改善しており、さらに6週間後、3ヵ月後、6ヵ月後の追跡調査でも、それをやや上回る改善が持続していました。対照群では6週間後に変化はありませんでした。6週間後の追跡調査では、PCL-17の平均値は第1群、第2群、第3群の順に42.52、39.22、4.61と減少していました。

TIRを追加した第2群では、調査結果のさらなる改善につながりませんでしたが、これは（統計学における）床効果の影響と思われます。BWSは、通常TIRの使用の可否を決めるはずのPCL-17（PTSDの総体症状）の閾値以下まで症状を改善していました。しかしTIR講座の記録によれば、たとえば感情が自由になり軽くなった、自己評価の改善、災害の記憶や映像に悩まされなくなった、より良い受容、遺物や記憶に反応しなくなった等の治療効果の質的証拠が存在しています。

この試験の結果、BWSやBWS＋TIRにはPTSD症状を改善する効果が認められ、PCL-17調査において10.8（24週間の基礎値）であり、効果量は大でした。

心的外傷後ストレス障害（PTSD）

> **臨床の金言**
>
> 　健康な成人に、最近の心的外傷（トラウマ）によりPTSDが二次性に発症した場合は、ウジャイ呼吸法や簡易精神療法が適しているでしょう。
>
> 　しかし重度で長期のトラウマが存在したり、深刻な幼児虐待があった場合、より強いヨガ呼吸法としっかりした精神療法や薬物療法が必要です。

感情的、身体的、性的虐待の犠牲者

　SKY呼吸法と古典的な精神療法や心理療法とを組み合わせることが、性的虐待によるPTSD患者に効果を示します（Sageman, 2002, 2004; Sageman & Brown, 2006a, 2006b）。

　ヨガ呼吸法を行うと過覚醒や不安、過剰反応を減らし、パニックに陥らずに被害状況を想起し話せるようになります。

　SKYでは、人間価値の受容に関する心理教育、社会責任、地域への奉仕なども教えられます。

　配偶者から虐待を受けた女性40名に対して、4日間の無作為対照試験が行われました。①虐待について話す群（1回45分2回、2日間連続、訓練を積んだ聞き手に話す証言法）、②ヨガ呼吸法の講座に参加する群（1回45分2回の講座で、息を止めたり、音楽、ヨガのポーズとともにゆっくりとしたヨガ呼吸を行う）、③それら2つを両方受ける群（45分経験を話した直後に、45分間ヨガ呼吸法を行う）、そして④待機患者（対照群）のいずれかに割り付けられました（Franzblau, Smith, Echevarria & Van Cantford, 2006）。

　③群では、フランツブラウ自己効力感尺度20（FSES）の自己効力感に関する数値、特に自己統制感や自己保全、自信の項目において著明な改善

を示していました。この試験は対象者が少なく、調査期間が短く、また一つの評価尺度（FSES20）しか使用していないことから、結果の評価に限界があります。

しかしこの試験結果は、トラウマに対する統合治療を発展させる可能性を持っています。

症例5　PTSDと幼児期の性的虐待による（側頭骨）顎関節痛：身体的および内受容の構成成分

身体感覚の混乱、特に内受容の混乱はPTSDの特徴です。

副交感神経系は身体の内部の状態（内臓感覚や冷温覚、振動覚、痛覚）に関する感覚的情報を、島葉や（身体や自己の対応部分のある）前頭葉内の解剖学的な構造に伝えます（Craig, 2003; Critchley, 2005）。

島葉は、時々刻々、咽喉頭や顎、肺、呼吸器官からの情報を受け取っています。虐待に関連する身体感覚の処理は島葉の中で行われます。ヨガの技法を用いて呼吸を自発的に操作すると、島葉への入力が変化し、内受容を基にした身体知覚や、感情の枠組みとの関連に深く影響を与えるでしょう。

タミーは、16歳の時に自殺を図り入院しました。退院後一時的な幻覚があったため、気分安定薬や抗うつ薬、少量の非定型抗精神病薬を内服しました。

彼女は過去に多世代からの性的虐待があったと、年上の叔母が証言しています。彼女は6歳から10歳まで叔父にオーラルセックスを強いられていたことを思い出しました。

5年間にわたり毎週精神療法を受け、彼女は徐々に安定しました。そして自信を回復し、正社員として働き、3人の子を持つ男性と結婚しました。

しかし彼女はストレスや緊張、顎関節症（TMJ）による酷い疼痛が続き、TMJについては手術以外の治療を行いましたが、効果はありませんでした。疼痛は酷く、単なる散歩でも痛みを引き起こしました。

幼少期の性的虐待とTMJの痛みの関連について、彼女自身がこの可能性に目を背けており、治療者の解釈は効果がないだろうと判断されたた

心的外傷後ストレス障害（PTSD）

め、精神療法の中で話し合われたことはありませんでした。

未熟な解釈をすることの危険性は、それが単なる知識に終わり、治療が深化しない可能性があることです。最悪の場合、患者が不和や無力感をおぼえ、批判されたと感じ、治療者から「その痛みは真実でなく心の問題」と言われたように感じるかもしれません。

ストレスや緊張を減らす補助治療の一つとして、タミーにSKYの講座が勧められました。SKYを行ううちに、彼女はTMJの痛みが楽になったと感じ、過去のトラウマがぶり返すことはありませんでした。

帰宅直後に子ども達と外遊びをしたとき、ここ数年で初めて、痛みなく走れました。自宅でSKYを行った日はTMJの痛みがなく、さぼった日にはTMJの軽い痛みが現れたそうです。

この症例の場合、顎関節の痛みや緊張には、彼女の性的虐待との心身相関が認められました。ヨガ呼吸法は、過去の経験の意識的な想起を避ける方法を採るので、身体症状とトラウマ体験のつながりを解きます。

TMJの疼痛緩和をもたらした他の要素（SKY）は、筋肉を弛緩する一般的効果や、もしくは侵害受容性（不快、痛みの刺激）伝達の求心性の調節と関連があるでしょう。

不快の刺激を区別する感覚神経は、侵害受容器と呼ばれています。咽喉頭や顔面、口腔、顎関節からの内臓感覚や体性感覚の信号は、脳幹における自律神経の中枢と関連している傍三叉神経核で重複しています（Saxon & Hopkins, 2006）。

自律神経からの入力は、頭蓋顔面の疼痛の処理において疼痛調節効果を持つかもしれません（Bereiter, Bereiter & Ramos, 2002）。

患者はトラウマ体験に最も深く関連する身体の部分を意識してしまう傾向があり、著者らはヨガの呼吸法を用いて永続的にこれらを変化させることで、非常に多くの患者を治療しています（Gerbarg, 2007）。

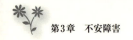
第3章　不安障害

恐怖症と心身医療

恐怖症に対する心身医療の対照試験はありませんが、症例報告や臨床経験により、治療効果の可能性が示されています。

 症例6　細菌恐怖症と広場恐怖症

スチュアートは病弱な子どもだったので、彼の母親は過保護になり、清潔さの重要性や細菌の恐しさを教え込みました。スチュアートの兄は、スチュアートにケーキや野球のボール、テレビのリモコンなどには「おっかないばい菌がいる！」と脅かして楽しんでいました。

やがて成長して兄に騙されていたことに気がつきましたが、心の傷は悪化していて、恐怖心を止められませんでした。外出して他人に関わることも嫌で、帰宅する頃にはパニック状態になっていました。

セロハンで保護された紙コップを使い、煮沸され濾過された水しか飲めなくなり、食事をすれば恐ろしい細菌を口にしたのではと心配して消化不良を起こしました。

そして、月日が経つごとに症状は悪化しました。風邪にかかった後に、スチュアートは自宅から出られなくなってしまいました。スチュアートは、強迫的な恐怖が彼の人生を台なしにしたと知的に理解していました。

外出が怖いので、彼は電話を使って治療を始めました。彼の医師はまず薬物療法を勧めましたが、「薬物に細菌がいる」と恐れて拒否しました。その後ついに診察室へ行きましたが、精神療法では彼の問題を緩和できませんでした。

次に治療者はSKYの講座を勧めましたが、大勢の人や細菌がいる部屋を想像しただけでパニック発作を起こしました。定期的にヨガ講座に通うことは無理だったので、治療者から診察室でウジャイ呼吸法を教わりました。自宅で毎日この呼吸法を行うと、不安が減って行きました。

その後SKY講座に出席できるようになり、その際は他の参加者の細菌

から遠ざかるため、部屋の隅に座りました。毎日SKYを実践すると不安は減り、行動範囲が広がりました。不安を感じたらいつでもウジャイ呼吸法を5〜10分間実践し、冷静さを取り戻そうとしました。

恐怖症を持つ患者が不安を減らす方法を見つけると、自己統制感が増し、回避行動に打ち勝つようになります。

症例7 社交恐怖症

トムは会計士として成功を収めていましたが、幼少期から自尊心が低く不安で、社交不安症（社会の中で他人と会話することへの恐怖）に苦しんでいました。

子どもの頃、彼は人前でどのように振る舞えばよいかわからず、仲間はずれにされ、からかわれていました。大人になってからの女性とのつきあい方は、お互いにまるで感情的虐待のようでした。

ある時ガールフレンドへ暴力をふるったことから、治療が始まりました。

ミルタザピン（レメロン）、オクスカルバゼピン（トリレプタル）、混合アンフェタミン塩（アデロール）等の薬物療法と、強い精神療法を一緒に行いました。すると彼の感情は安定し集中力が高まり、刹那的な交際を終えました。

治療を4年間継続し、トムは新しいガールフレンドを見つけ、お互いを思いやる健康的な関係を築きました。しかし社会人としては、知らない人に会うと言葉が出ず、静かな場所へ引っ込んで家へ帰れるのをただ待っていました。

SKYの講座に出席すると、温かな雰囲気でグループでの話し合いが行われており、トムは居心地よく感じました。彼はSKYの参加者へ心を開き始めました。SKYの呼吸法を行うと、胸が温かくなる感覚や他人との深いつながりを感じました。回を重ねるたびに、より自由に話せるようになりました。

その後も人混みは嫌いでしたが、彼は社交の場で会話をしたり、軽いタ

食会にも積極的に参加できるようになりました。トムはヨガの呼吸法や瞑想法の上級講座にも参加し、治療での進歩がみられました。

強迫性障害

クンダリーニヨガに関する複数の科学的研究により、ヨガは強迫性障害（OCD）に対して効果を示しました。しかし、OCDに対するSKYの正式な研究は行われていません。

著者や同僚のクリニックでの経験から、ヨガの呼吸法は、OCDに対して有望な補助的治療法になると考えられます。

12ヵ月間にわたる試験が行われ、OCD患者22名が2群に割り振られました。

第一群（12人）では、クンダリーニヨガ（1bpm＝1分間に1度のゆっくりした呼吸、息を止める左側鼻腔呼吸、マントラ瞑想、ヨガポーズ8回）を行いました。比較対照群（10人）では、リラックス法とマインドフルネス瞑想が行われました。エールブラウン強迫尺度（Y-BOCS）による評価を行ったところ、対照群（−13.9％）と比較して、クンダリーニヨガ群では平均値の著明な減少（−38.4％）が認められました。副作用は認められませんでした（Shannahoff-Khalsa, Ray, Levine, Gelloen, Schartz et al., 1999）。

その後、両群を一緒にしてクンダリーニヨガが1年間行われました。12ヵ月後、このプログラムを完遂した11名では、Y-BOCSの平均値が試験開始時の数値と比較して70.1％改善しました（Shannahoff-Khalsa, 2003）。

睡眠障害

高齢者の不眠症状に対して薬を使うと、混乱、協調運動障害、知的記憶障害、失神、転倒骨折、日中の眠気、不快気分など、やっかいな副作用が出現します。

心身医療の技法は老人患者に安全なので、とくに役立つでしょう。

　60〜92歳の男女118名に対して24週間にわたる無作為対照試験が行われ、週3回、1回60分間の太極拳実施群とやさしい運動を行う対照群とに割り当てられました（Li, Fisher, Harmer, Irbe, Tearse et al., 2004）。

　自己評価尺度（ピッツバーグ睡眠質問票）を用いて対照群と比べると、太極拳施行群は睡眠の質、睡眠潜時、睡眠時間、睡眠効率、睡眠障害において著明な改善が認められました。参加者は、一晩当たり入眠までにかかる時間が約18分減り、睡眠時間が約48分長くなりました。

　この試験結果では、週3回太極拳を行うと睡眠の改善がみられましたが、睡眠の評価は自己評価によるものであるため、想起バイアスが生じていた可能性があります。

　老人ホームにいる60歳以上の69名に対して、無作為対照試験が行われました。6週間にわたり、ヨガの講座（ポーズ、リラックス法、呼吸法、ヨガ哲学の講義）に参加した群、アーユルヴェーダのハーブ薬（アシュワガンダの根2g、アンマロク1g、アオイ0.25g、ヒハツ0.5g）を内服した群、待機患者群（介入なし）の3群に割り付けられました（Manjunath & tells, 2005）。

　自己評価睡眠質問票を用いて調査すると、変化がなかったアーユルヴェーダ群、待機患者群と比較して、ヨガ群では入眠までの時間短縮（平均10分減少、$p<0.05$）、睡眠時間の増加（平均60分増加、$p<0.05$）、睡眠の質の改善（$p<0.05$）が認められました。

　この主観的自己評価の結果から、ヨガの講座は高齢者の睡眠障害に対して、安全で効果があると考えられます。

❋ 心身療法の注意：危険を最小に、効果を最大に

　ヨガの呼吸法の講座は難しくないので、ほとんどの人が楽しめますが、以下に述べる注意や禁忌に注意してください。

妊娠

妊婦は、気功やクンダリーニヨガ、カパラバディ呼吸法、バストリカ呼吸法、SKYでよく見られる、速く力を込めた呼吸や息を止める呼吸方法は避けるべきです。

妊婦は、穏やかで力むことがないウジャイ呼吸法、片鼻交替呼吸法、干渉呼吸法、共鳴呼吸法、瞑想を行うとよいでしょう。

身体疾患

管理不良の高血圧、片頭痛、重度の慢性閉塞性肺疾患（COPD）、喘息の急性症状、最近の首や肩や胸部の負傷、最近の急性心筋梗塞を持つ患者は、息止めやバストリカ呼吸法、速く力を込めるいかなるヨガ呼吸法も行うべきではありません。やさしい基本的なウジャイ呼吸法（息止めはしない）、片鼻交替呼吸法、干渉呼吸法、瞑想を行うと、心が安らかになり和みます。

軽度のCOPDや喘息患者がヨガの呼吸法を行うと、初め症状がやや悪化しますが、長期的に見ると呼吸容量が増加する効果が認められます。喘息の急性発作中は、ヨガ呼吸法は行うべきではありません。

患者が医療従事者やヨガの教師と協力すると、練習を継続できて、効果が長く得られるでしょう。

ヨガのポーズや瞑想法も、不安を減らす上で有益でしょう。

けいれんを伴う疾患

ヨガの呼吸法は、一般的にけいれんを伴う疾患には禁忌です。

特定のヨガのポーズ、瞑想、呼吸法が、けいれんを持つ患者に行われる場合がありますが、調査研究はまだ不十分です。

双極性障害

バストリカ呼吸法、カパラバディ呼吸法、クンダリーニヨガや速い周期の呼吸を行うと、双極性障害の患者が躁状態になる場合があります。

一般的に、双極Ⅰ型障害の患者はヨガの呼吸法の訓練を受けるべきではありません。双極Ⅰ型障害患者はゆっくりしたウジャイ呼吸法や片鼻交替呼吸法でも躁状態になるため、注意が必要です。

薬物療法により気分変動が抑制されている双極Ⅱ型障害患者は、バストリカ呼吸法や周期的呼吸法以外のヨガの呼吸法を、監督下で行うことは可能です。しかし興奮や不安が高じた場合は中止しましょう。

双極Ⅱ型障害患者が治療者と信頼関係があり、躁状態がしばらくない場合は、自己責任で注意深くヨガ呼吸法を行い、その間は自分の興奮度に注意を払います。動揺してきたと気づいたら、呼吸の速度を遅くする方法を学べます。

双極Ⅱ型障害患者は、ヨガの呼吸法を熟知する臨床家の協力を得ると、最小のリスクで大きな治療効果を引き出せます。

ヨガの呼吸法を行うと、リチウムの排泄が促され血中濃度が低下する場合があります。リチウム単剤の治療を受けている双極性患者は、ヨガ呼吸法の訓練を受けない方がよいでしょう。

リチウムと併せて他の気分安定薬も使っている場合は、ヨガの練習を始める際、リチウムの血中濃度を確認し、必要なら調節すべきです。

境界性パーソナリティ障害などの重度のパーソナリティ障害

自傷行為や自殺企図、操作的行動などの既往を持つ、重度のパーソナリティ障害を持つ患者は、集団療法には適さないかもしれません。ヨガの訓練を受ける前に、しっかりした現行の精神療法の治療が必要です。

優しいヨガのポーズや干渉呼吸法、ウジャイ呼吸法、片鼻交替呼吸法など、穏やかな練習方法の個人指導が役に立つでしょう。

精神病

一般的に、精神病に対してヨガ呼吸法は禁忌です。

精神病を持つ患者は意識の交替状態を得るために、呼吸を速くする可能性があります。

一部の統合失調症の患者は、優しい基本的なウジャイ呼吸法や片鼻交替呼吸法、やさしいヨガポーズを行うと効果があります（第7章参照）。

不安障害

不安障害を持つ患者で、特に過呼吸やパニック発作になりやすい人は、ヨガ呼吸法の講座に参加する前に準備が必要です。

速い呼吸を行うとパニック発作が出ないかが心配になり、その心配がパニック発作の引き金になるでしょう。臨床家はこの講座の目的を説明し、内容や活動を詳しく検討しましょう。

速い呼吸法と遅い呼吸法を両方覚えるとよく、速い呼吸法を行って不安を感じ始めたら、ただ呼吸をゆっくり緩めて行えばよいでしょう。

トレーニングの際、効果を得るために毎回速い呼吸法を練習する必要はありません。朦朧状態、チリチリするなどの感覚異常、手や足のけいれんを感じたら、二酸化炭素の過剰な排出を避けるため、呼気時に力を抜くようにします。よりやさしく呼吸をすると、不快な感覚が楽になります。

十分な準備を行うと、パニック発作の発生を抑えられ、自信がつきます。長い時間をかけて繰り返し行うことで、さらにヨガを楽しめるようになるでしょう。

患者には、これから学ぶ呼吸法は、自制できない過呼吸とは違い、不安を減らすための訓練であることを納得してもらうとよいでしょう。

パニック障害の患者は、自ら過呼吸となり、感覚を鈍くさせてしまいます（Meuret, Ritz, Wilhelm & Roth, 2005）。

心的外傷後ストレス障害（PTSD）

最近もしくは成人期に経験したトラウマ（心的外傷、たとえば事故、病気、戦争、自然災害）によりPTSDを発症した患者は、通常SKYがよく奏功します。

幼少期の虐待による慢性PTSDを持つ場合、明らかな解離症状がなければ、SKYが役に立つでしょう。治療者はヨガ教師と連携して患者ととも

心身療法の注意：危険を最小に、効果を最大に

に準備をし、トラウマにまつわるできごとが出現した場合、その治療を援助するとよいでしょう。

重度のPTSDを持つ患者は、恐怖心や猜疑心、過剰反応をする場合があり、またトラウマ記憶やフラッシュバックの再経験を生じやすいでしょう。気功、SKY、クンダリーニヨガ等、速いもしくは強いヨガ呼吸法を伴う心身医療は効果を示しますが、稀にトラウマの再体験や再外傷、退行を引き起こす場合があります。

最小の副作用で最大のメリットを引き出すために、以下の方法をお勧めします。

1. 患者のフラッシュバックや解離が起きたエピソード、現実検討能力を慎重に調べる。

    患者が重度のフラッシュバックにより20分以上気を失ったり、フラッシュバックから抜け出せなかったり、暴力的になる傾向がある場合、集団療法に安全に参加できないでしょう。

    解離エピソードが長引いたり、解離性同一性障害でみられるような制御できない人格の交替がみられる場合、意識の変容や交替を起こす閾値が低くなる可能性があるので、強いヨガの呼吸法は避けるべきです。

2. 自傷行為や自殺企図の可能性を慎重に調べる。

    患者が自傷する危険性が大きい場合、症状が安定し危険性が低くなるまでは、さらなる精神療法を続けながら、鎮静作用を持つ干渉呼吸法やウジャイ呼吸法、片鼻交替呼吸法などを個別指導で行いましょう。

    穏やかな呼吸法は、精神療法の効果を増強すると同時に、患者の不安や過剰反応を減らします。

3. 精神科医療に関する、確固たる治療関係を確立すべきである。

    主たる治療者は心身医療開始の決定に関わり、そのトレーニング前後の患者の様子を観察し、トラウマにまつわる記憶や体感覚の出現など、新しい変化や経験について患者と話し合いましょう。多くの場合、SKYの実践中に起こる再体験では、新たなトラウマは現れず、よ

り早い解決へとつながります。しかし稀な副作用に対して、いざという時の対策を講じておいた方がよいでしょう。

主たる治療者とヨガ指導者が連絡を取り合っていると役に立ちます。

4. 心身医療を受ける前に、患者が準備をする。

PTSD患者は未知に恐怖を感じ、予想していなかったことに過剰に反応する傾向があるので、心身医療の講座中に予想されること、印象についてあらかじめ説明するとよいでしょう。

5. 戦争後の退役軍人のように、重度の自律神経失調を有したり過剰反応を持つ患者の場合、この反応を減らしPNSの活動を高める必要がある。

そのためSKYの講座に参加する前に、1〜3ヵ月間干渉呼吸法とウジャイ呼吸法を1日2回、1回10〜20分間、さらに可能なら1日20分間の片鼻交替呼吸法を行うとよいでしょう。

精神療法や精神分析を円滑にするヨガ

ジークムンド・フロイトは、意識状態や身体意識へのヨガの効用に興味がありました。『文明と不満（*Civilization and Its Discontents*）』(1930)という著書で以下のように記しています。

「私にとって、このような不可解な本質に取り組むことはとても難しい。別の友人が･･･ヨガを実践し、現実世界から離れ、特定の呼吸法によって体の機能に集中すると、人は実際に新しい感覚を呼び起こすことができると断言した。彼はその中に、言うなれば、神秘主義の多くの英知をなしている生理の基礎を見出しているのである」(pp.72-73)。

心身医療はいくつかの機序を経て、精神療法や精神分析を円滑にします。

患者が自分で不安を減らす方法を習得すると、日常生活や治療中にわき上がってくるつらい記憶や感情に耐えられるようになります。

精神療法や精神分析を円滑にするヨガ

　ヨガの哲学や技術は、多くの精神療法の手法、たとえば批判しない意識、思考や感情、感覚の冷静な観察などと両立できます。患者は自身を冷静に見つめ、注意をどこに向けるか、安全な距離を保ちながら過去のつらい感情を観察するやり方を習得します。

　強力な精神療法や精神分析を行っても部分的な改善しか望めず、トラウマにまつわるできごとや感情鈍麻、情動の孤立化により治療が前に進まない場合では、ヨガを行うと治療が進む場合があります。

　多くの精神療法家は、主に言語によるコミュニケーションに頼っています。しかしトラウマにまつわる事象が言語に関連する情報でなかったり、記号的な意味がなかったりすると、言葉による取組みではこれらに近づけず、うまく行かないことがあります。

　多元符号化理論によれば、非言語的、象徴下の要素、行動、感覚的な内臓の反応は、感情の枠組みにおいて情動の中核を形作っています（Bucci, Possidente & Talbot, 2003; Bucci, 2001）。

　トラウマや育児放棄を受けた患者は、防衛的な解離を伴う病的な枠組みが、言語での符号化とつながりを断たれています。そのような枠組みがあると、変化に大きく抵抗します。感情の枠組みの再構築には、象徴下の身体的・感覚的要素への接近や処理、そして曲解された要素や情動のつながりの修正を必要とします（Bucci et al., 2003）。

　精神療法や精神分析は、自由連想法や解釈、転移、夢分析などの方法を用いて、これらの枠組みを活性化しようとします。古典的精神療法の技術では、トラウマにまつわる感情の枠組みの周囲にある防衛を超えるのは難しいです。しかし、心身医療により生まれる自律神経性内受容由来の情報は、これが可能でしょう。

　ヨガは8000年を超えて発展してきており、末梢神経と中枢神経網の交流である、身体の自然な内受容系を使用しています。

　トラウマにまつわる病的な枠組みに存在する感情や身体的要素は、無意識の情報につながっており、この情報を扱うのに内臓の（神経）連絡網（呼吸や消化の感覚）は慎重に使用できます。SKY等の心身医療は、精神

第3章　不安障害

療法の補助療法として、PTSD症状を緩和します（Gerbarg, 2007）。

　さらに患者に心身医療の技法を紹介すると、治療関係を強化できるでしょう。心身医療を行うよう励ますことで、患者は自分自身をなだめ不安を抑える方法を勧められたと感じます。そして患者は、治療者や薬物に過度に依存しなくなります。自己統制や自立への援助があると、患者にはまるで思いやりのように思えるでしょう。

　患者がヨガに親しむと、より大きな意識や記憶の再生、新しい洞察が現れてきます。治療者がこの心身医療を治療と並行して行い、これを評価することで、低く受け身だった患者の役割は協力的で行動的になります。

臨床の金言

ヨガは、以下の理由で精神療法や精神分析を円滑にします：
1. 強烈な情動に耐える能力を増強します。
2. 制止、抑圧、否認、感情鈍麻、解離などの感情の回避欲求を減らします。
3. トラウマにまつわるスキーマからくる無意識のものを、意識化するようになります。
4. 認知と情動を統合する能力を改善します。
5. 内臓覚や知覚、痛覚等のトラウマにまつわる身体の経験を減らします。
6. 無力感や受け身ではなく、患者が自分自身を支配し、その能力があるという感覚を得られます。
7. 治療上の行き詰まりを乗り越えるのを援助できます。
8. 患者を励まし協力して治療関係が強められます。

補完治療としてヨガを導入する時機と方法

　ヨガを治療に導入する際には、次のことを検討します。

1. 既述の危険性と有益性
2. 心身医療に定期的に携わる患者の準備
3. 利用可能なヨガの講座に関する治療者の知識
4. 地元にいるヨガの指導者の質
5. ヨガで改善したい症状：気分、エネルギー、不安、不眠、過剰反応、集中力、疼痛や他の症状
6. 精神療法の中で患者の成長を促すような心身医療の講座
7. 治療者は、突然の治療展開や新しい洞察に備えた方が良い。

　心身医療を教える指導者の質は、玉石混交です。医療従事者は、患者を紹介する前に、紹介先のヨガ教師についてよく知る必要があります。

　有名なヨガ講座の受講歴は技術面での参考にはなりますが、その教師の人間性まではわかりません。教師が熱心すぎたり、過度に権威的、厳格であったり、感情的で下品、批判的、無神経、自他の境界を踏み越えてしまう、患者のニーズや限界に無頓着である場合、紹介しても残念な結果になるでしょう。

　支持的で適切な距離を保ち、医師からの専門的な助言を受け入れてくれる教師は、患者の健康や幸福に貢献できます。

　心身医療を学び自ら実践している臨床家は、患者を適切に紹介し、準備を勧め、患者が長期間定期的に通えるように支援したりしています。多くの患者はいろいろなヨガの講座に参加すると状態が改善しますが、我々の経験では、数ヵ月実践したのちに再度受講し、さらに3〜6ヵ月後にも受講すると、さらに進歩が認められるでしょう。

　すぐに効果は得られますが、長期的な効果は6〜12ヵ月後に明らかになってきます。

　患者のヨガの経験について話し合うと、治療現場における大切な手がかりになります。治療者が患者にいろいろ経験するよう促し、心身医療も勧めると最もよい手ごたえが得られるでしょう。

第3章 不安障害

臨床の金言

　医療従事者が心身医療を行うと、自身のストレスからの回復力や気分、エネルギー、冷静さ、集中力が高まり、睡眠やストレスからくる身体疾患が改善するでしょう。

　既に多くの人から、ヨガは、仕事上のストレスや燃え尽き症候群に対する解毒剤になったと聞いています。

　我々医療従事者は、仕事をする上で、高いエネルギーややる気、冷静さが必要不可欠であると知っています。

介護者のストレス：心身医療が医療従事者自身の役に立つ

　医療従事者や研修生は、厳しい仕事によるストレスや代理のトラウマ、燃え尽き症候群の危険にさらされています。

　心がつぶれるような仕事から逃避したり回復するために、物質を乱用したり、不安、不眠、うつ病に悩む人がいます。

　心身医療は健全な手法で、身体的で感情的な緊張を緩和してくれます。

　精神に関わる医療従事者がヨガや瞑想を行うと、診察中の冷静さや注意力、集中力が増し、エネルギーが高まります。

　腫瘍学は、とてもストレスがかかる専門分野の一つです。特に研究所で働くスタッフは、論文の作成や補助金の申請などで忙しく、重病患者の死に遭遇することもありますし、悪い知らせを患者やその家族に伝えなければならないこともあります（その回数は腫瘍専門家の場合、約20,000回に達します）。

　テキサス大学のM.D.アンダーソンがんセンターでは、全職員向けに、健康総合計画が策定されています。その一環でSKYの講座が催され、職員のストレスに対する質的調査が行われました。5日間にわたり22時間の

SKYの講座が、合計48名（56％女性、44％男性）の職員を3つのグループに分けて行われました（Apted, 2006）。

　この講座は2005年の3月、7月、10月に行われました。そして2006年1月に、参加者に対してインターネット上で調査が行われ、24名（参加者の50％）が回答しました。この調査に回答をした人のうち、16名は習得した呼吸法を自分自身で定期的に続けており、8名は毎週行われる講座に参加し続けていました。回答者の70％以上が、不安や緊張、冷静さを保つことやストレスについて、より気分が良くなった、あるいはずっと良くなったと回答し、また、回答者の50％以上が、気分や睡眠、怒り、欲求不満、楽観性の評価項目でより良くなった、あるいはずっと良くなったと回答しました。そして参加者の多くが、慢性的なストレスに関連する身体疾患が改善したと述べました。

不安障害や不眠症に用いるホルモン

メラトニン

　メラトニン（N-アセチル-5-メトキシトリプタミン）は脳の松果体から分泌されるホルモンで、メラトニン受容体に反応して睡眠の日内変動に影響します。一般的に安全で、使用しやすく、軽度から中等度の睡眠障害に効果があります。多くの睡眠薬と違い、睡眠構造を乱さず、習慣性を引き起こしません。

　不眠症患者に対する二重盲検無作為偽薬対照試験（DBRPC）では、メラトニンは睡眠を改善し、睡眠潜時を減らし（Kayumov, Brown, Jindal, Buttoo & Shapiro, 2001）、睡眠効率を回復しました（Zhdanova, Wurtman, Regan, Taylor, Shi et al., 2001）。

　メラトニンは、特に睡眠相後退症候群（DSPS）や認知症による不眠、レム睡眠行動障害、自閉症に伴う不眠、時差ぼけの治療に役立ちました（Pandi-Perumal, Zisapel, Srinivasan, Cardinali, 2005）。

　アルツハイマー病患者の不眠に対する短期的および長期的研究が行わ

れ、メラトニンは睡眠や感情、記憶を改善し、日没症候群（夜に興奮すること）を減らし、認知の悪化を遅らせました（Srinivasan, Pandi-Periman, Cardinali, Poeggeler & Hardeland, 2006; Srinivasan et al., 2005）。

高齢者のメラトニン欠乏性不眠症患者に対してDBRPCが行われ、2mgのメラトニン徐放剤の1週間投与で、睡眠の質が維持されました。2mgメラトニンの速放剤を1週間投与されると、入眠が改善されました。

1日1mgのメラトニン徐放剤を2ヵ月内服すると、入眠と睡眠の維持が改善され、副作用は認められませんでした（Haimov, Lavi, Laudon, Herer, Vigder et al., 1995）。

認知症の老人ホーム居住者11名に対する、4週間の非盲検予備試験が行われました。メラトニンを就寝前に3mg投与すると、日没症候群や日中の眠気が改善しました（Cohen-Mansfield, Garfinkel & Lipson, 2000）。

パーキンソン病の患者40名に対して交差DBRPC試験が行われ、メラトニン50mg投与群と5mg投与群では、偽薬投与群と比較して睡眠が著明に改善しました（Dowling, Mastick, Colling, Carter, Singer et al., 2005）。

さらに加えて、メラトニンはドパミン系に対して強い抗酸化保護作用を示します。

大うつ病と不眠症を持ち、フルオキセチン20mgを内服している患者24名に対して、DBRPC試験が行われました。最高10mgのメラトニンが就寝前に投与され、偽薬群と比較して、睡眠の質や持続性が改善されました。メラトニン群と偽薬群の副作用は同等でした（Dolberg, Hirshmann & Grunhaus, 1998）。

統合失調症患者に対して行われた交差DBRPCでも、メラトニンは睡眠を著明に改善し（Shamir, Laudon, Barak, Anis, Rotenberg et al., 2000）、11名の双極性障害（躁病型）患者に対して行われた予備試験でも、同様の結果でした（Bersani & Garavini, 2000）。

メラトニンを用いた14の無作為対照試験の総説では、メラトニンは、不眠症の患者よりも対照となったDSPSの患者で、睡眠潜時を減少しました（Buscemi, Vandermeer, Hooton, Pandya, Tjosvold et al., 2005）。この

総説で検討された試験では、DSPSと不眠症の区別が曖昧で、ばらつきがありました。

14中10の試験で、メラトニンの安全性が調査されています。それによると、副作用発生頻度（頭痛、眠気、めまい、吐き気）は低く、いずれの試験でもメラトニンと偽薬の間で違いは認められませんでした。どの試験でも3ヵ月以上の調査は行われておらず、長期の安全性については結論が出ていません。

レム睡眠行動障害

レム睡眠行動障害（RBD）は慢性の進行性の睡眠時随伴症です。通常レム睡眠中に現れる弛緩や脱力がないため、夢を見ている最中に動き、暴れたり、自分自身やパートナーを傷つけてしまいます。

RBDは、神経変性疾患やパーキンソン病でドパミン作動薬やレボドパを内服している患者に、しばしば出現します。

神経変性疾患を持つ患者の場合、精神刺激薬や三環系抗うつ薬、SSRIの使用がRBDの出現のきっかけになる可能性があります（Schenck, Bundlie, Ettinger & Mahowald, 1986）。

クロナゼパム（0.5～2mg、就寝前）やカルバマゼピン（100mg、1日3回）の内服が、RBDに対する標準的治療ですが、認知障害を悪化させたり運動失調（転倒リスクが増加する）を招いたりします。カルバマゼピンは、肝炎や血球異常、低ナトリウム血症などの副作用があります。

メラトニンでは副作用はめったにありませんが、RBDの治療のためには就寝前に9～12mgの内服が必要です（Kunz & Bes, 1997; Paparrigopoulos, 2005）。

 レム睡眠行動障害

ジョージは、元営業所長の経歴を持つ79歳の男性です。彼は78歳の妻マーサへ暴力を振るったため、娘とともに受診に来ました。マーサは娘

に、ジョージが夜にベッドで殴ったり蹴ったりしてきたと伝えていました。

家族が最初に彼を連れていった先の精神療法士は、ジョージの夜の暴力はマーサへの無意識の怒りが原因であると説明しました。ジョージは自身の怒りを言語化できないために、睡眠中に暴れているというのです。

マーサは怯え、ジョージは混乱し、家族は大騒ぎとなりました。過去に暴力や薬物乱用はなく、忘れっぽくはなりましたが、他の機能は年齢相応でした。そしてマーサとジョージの絆は強く、健康的な関係でした。

ジョージはレム睡眠行動障害の治療のために、3mgの速効性メラトニンと6mgの徐放性メラトニンを就寝前に内服しました。

すると夜間の暴力は減り、その後は2人ともに安眠できました。

広汎性発達障害や自閉症

重度の不眠症をもつ広汎性発達障害や自閉症の小児患者15名に対して、メラトニンを用いたDBRPC試験が行われ、不眠やイライラ、注意力、社会機能が著明に改善しました（Jan, Espezel & Appleton, 1994）。

重度の睡眠覚醒リズム病理を持つ6ヵ月から10歳までのてんかん患者10名に対して、就寝前にメラトニンを5〜10mg投与すると、8名において睡眠や日中の覚醒が改善されました。良い反応を示した患者のうち6名は、てんかん発作も減少しました（Fauteck, Schmidt, Lerchl, Kurlemann & Wittkowski, 1999）。

知的障害の小児20名に対する試験では、メラトニン投与で睡眠が改善しました（Dodge & Wilson, 2001）。

慢性睡眠障害を持つ小児に対する2つのDPRPC（それぞれ40名と62名）では、5mgのメラトニン投与で、偽薬よりも優れた効果が認められました（Smits, Nagtegaal, van der Heijden, Coenen & Kerkhof, 2001）。

時差ぼけと高地生活

メラトニンは、時差ぼけの症状を減らすための、便利で、リスクが少な

不安障害や不眠症に用いるホルモン

い方法であり、特に旅行者が5つ以上の時間帯を超える場合に有効です。（Arendt, 1997-1998）。

一度に1時間以上睡眠覚醒周期を動かす場合、進めるよりも遅らせる方が簡単です。

夕方のメラトニン内服は、恒常性睡眠機構の働きを強め、体内時計をサポートします。たとえばニューヨークからヨーロッパへのフライトでは、6時間以上睡眠相を進める必要があります。夕方の飛行機に乗る際、8～9mgの速放性のメラトニンを内服すると、ヨーロッパの時間帯へ調節しやすく、時差ぼけが減ります。

人により、8～9mgの用量では過剰な眠気が起こる可能性があります。そのような場合はより少ない量でよいでしょう。

ベンゾジアゼピンのような睡眠薬や鎮静薬を使用すると、次の日に作用が残る場合があり、危険に対応する能力が低下してしまいます。そのため、メラトニンは睡眠薬や鎮静薬よりも好まれるでしょう。

鎮静系薬物は長い飛行時間中の動作を減らすため、深部静脈血栓症のリスクが増加します（Herxheimer & Petrie, 2001）。

飛行時間が長い旅行者320名に対して5mgの速放性メラトニンを用いたDBRPCが4日間にわたって行われました。5mgの徐放性メラトニンや、0.5mgの速放性メラトニン、偽薬を投与された群と比べて、その後の4日間入眠が早く、目覚めがよくなり、元気でした（Suhner, Schlangenhauf, Johnson, Tschopp & Steffen, 1998）。

客室乗務員に対する小規模の二重盲検試験では、10mgの速放性メラトニンの投与で、偽薬と比較して次の勤務までの睡眠が改善しました。

このメラトニンの効果はゾピクロン（非ベンゾジアゼピン系睡眠薬でルネスタに化学構造が似ている）と同等であり、翌日の認知障害がありません（Paul, Brown, Bougvet, Gray, Pigeau et al., 2001）。

時差ぼけに対してメラトニンとイワベンケイの組み合わせは、睡眠周期を調節し日中のエネルギーや集中力を改善する、お勧めの治療法です。

西から東へ旅行をして3つ以上の時間帯を移動する場合、以下の処方は

ほとんどの人に役立ちます。
1. 西から東へ旅行する出発日5日前から、イワベンケイ180〜200mgを午前中に内服する。
2. 出発日に、300mgのイワベンケイを午前中に内服する。
3. 3〜9mgのメラトニンを、目的地で就寝する時刻に内服する。そして飛行機の中でアイマスクや耳栓をして眠るようにする。映画は見ず、客室乗務員に起こさないように依頼する（可能なら食事も摂らない）。
4. 到着したら、時刻が現地時間の朝にイワベンケイを300mg内服する。
5. 滞在中、55歳以下であれば、到着後5日間イワベンケイを午前中に内服し、メラトニンを午後に内服する。55歳以上の方は、到着後2週間イワベンケイを午前中に、メラトニンを午後に内服します。

東から西へ旅行する場合は、旅行する出発日5日前からイワベンケイ180〜200mgを午前中に内服します。
1. 3時間以上時差がある場合、上記と同じ方法をとる。
   現地時間の就寝時刻まで待ち、3〜9mgメラトニンを内服する。眠るための他の方法も行う。
2. 上記と同じ方法に従う。

標高の高い地域へ旅行する場合、出発7日前から旅行中も継続してイワベンケイ1日200〜400mgを内服すると、高山病を防ぎます。
イチョウ120mgを1日2回、アセタゾラミド（ダイアモックス）250mg等を追加すると、イワベンケイの高地での効果をさらに高めます。
高地における呼吸反応は、pHレベルの変化をもたらします。炭酸脱水酵素阻害薬であるアセタゾラミドは、脳脊髄液や血清中のpHレベルの再調節を行います。

ベンゾジアゼピン離脱症候群
ストレスによる睡眠改善のためにベンゾジアゼピン系睡眠薬を使用する

と、多くの人は不眠の再発の恐れからこれを止められなくなります。

メラトニンを内服すると、睡眠の質を保ったまま、ベンゾジアゼピン系睡眠薬を止めるのに役立ちます。

ベンゾジアゼピン系睡眠薬を完全に止められない患者に、メラトニンを追加すると、ベンゾジアゼピン量を著明に減らすことができました（Pandi-Perumal et al., 2005）。

臨床での治療指針、安全性と副作用

消費者は質の悪い製品を避けるために、主要企業による医薬品と同等レベルの品質のメラトニン製品を選ぶべきです（"Melatonin", 1995）。

メラトニンには稀に、筋肉のけいれんや疲労感、めまい、頭痛、イライラなどの副作用がありますが、通常軽く済みます。不眠症に対する睡眠薬としては、安全で短期的（長期連用に陥りにくい）な選択肢です。

治療量は就寝前に1～3mg（必要があれば就寝前最大9mgまで）であり、副作用はとても少ないです。ベンゾジアゼピン系睡眠薬で認知・記憶障害や日中の眠気が起こりやすい高齢患者は、メラトニンの内服では、あまり副作用もなく、治療効果が得られるでしょう。

患者には、メラトニンを就寝30分前に内服し、床に入り、灯りを消し、効果が出るのを待つよう指導します。目の感覚が増すので、日中にメラトニンを内服すると明るい光で目が傷つく恐れがあります。

高用量のメラトニンの安全性は評価されていません。超高用量（1日50mg超）を用いると、テストステロンやプロラクチンの血中濃度に対する長期的影響があるかもしれません。

メラトニンやラメルテオン（メラトニン類似薬）を長期間連用する患者は、副作用に注意すべきです（Bellon, 2006）。

心的外傷後ストレス障害と7-keto DHEA

PTSDと双極性障害を併存している患者の治療に関する文献は稀です。双極性障害を持つ成人に対する後ろ向き研究では、約半数が重い心的外

傷（トラウマ）を持ち、35％がPTSDを併存していました。そのような患者は気分変動が激しく、その回数が多く、物質乱用の頻度が高く、入院回数も多く、標準的治療には反応が乏しかったと報告されています（Garno, Goldberg, Ramirez & Ritzler, 2005; Leverich & Post, 2006）。

幼少期の酷い虐待による重度慢性PTSDの女性患者5名を対象にした、症例集積研究が行われました。デヒドロエピアンドロステロン（DHEA）の代謝物質である3-アセチル-7-ケトデヒドロエピアンドロステロン（7-keto DHEA）で治療をすると、解離症状や感情鈍麻、逃避、イライラ、エネルギー、気分、記憶、集中力、認知機能、性欲、不安、不眠が素早く著明に改善しました（Sageman & Brown, 2006b）。

これらの患者は症状が強く、年来の精神療法や薬物療法が無効でした。治療前の硫酸DHEAの血中濃度は正常以下、もしくは正常域の下から1/4の領域でした。7-keto DHEAの投与量は1日50〜75mgであり、すべての患者に副作用は認められませんでした。

慢性PTSDの女性患者13名に対して先行研究が行われ、副腎皮質刺激ホルモンに反応してDHEA血中濃度がより上昇した患者では、重度のPTSDの総対的症状がわずかでした（Rasmusson, Vasek, Lipschitz, Vojvoda, Mustone et al., 2004）。

コルチゾールを低下させるような治療を行うと、PTSDに関する症状のいくらかを減らすことがわかりました。

DHEAは、循環している糖質コルチコイドに対して拮抗作用を持ち、記憶、気分、認知を改善する作用を示します。DHEAとは違い、7-keto DHEAはテストステロンやエストロゲンへ芳香環化されないので、にきびや薄毛、男性型多毛、前立腺の変化、エストロゲンの増加（子宮、乳がんの危険の増加）等の副作用リスクはありません。

PTSDに対する7-keto DHEAの治療効果を調べるために、さらなる調査が必要です。

標準的治療を行っても効果がないか、もしくは限定的であった慢性PTSD患者には、7-keto DHEAの治療を考えるとよいでしょう。

難治性のPTSDやうつ病を持つ患者には、DHEAや硫酸DHEA値を調べるべきです。正常以下もしくは正常値の50％以下の患者は、7-keto DHEAを試してみると効果を示す場合があります。しかし、DHEAや硫酸DHEAの検査室での正常範囲は、健常者で年齢や性を一致させた対照群にみられる数値を反映していないでしょう。

治療指針のための数値については、www.lef.orgのTreatment and Disease Prevention Protocolsを参照ください。

双極Ⅱ型障害の場合、7-keto DHEA（もしくはDHEA）を低用量（1日25mg）から始め、怒りやイライラなどの躁症状の出現に注意しながら、徐々に増量するとよいでしょう。ほとんどの患者が50〜100mgの範囲で反応がみられます。

双極Ⅰ型障害や急速交代型、最近躁状態であった患者は、特に注意が必要です。躁状態のリスクについて、患者と十分に話し合いましょう。

双極性障害を伴うPTSDに対する7-keto DHEAの使用

リンダは52歳の機械修理工の女性で、双極性障害やPTSD、解離性同一性障害、寛解中のアルコール依存症と診断されていました。

彼女のうつ病は重く、朝起きられない、仕事ができない、疲労感、記憶や明晰さの喪失という症状が長引いていたために、精神療法士が彼女を紹介してきました。

軽躁病エピソードがあり、早口になったり、睡眠障害が出現しました。リチウムが投与されたことがありましたが、肥満や重度の冠動脈疾患、糖尿病、高脂血症のために中止しました。

彼女は1日60mgのフルオキセチン（プロザック）を内服し、1日10杯のコーヒーを飲み、12本のカフェイン含有炭酸飲料を飲んでいました。

双極性障害治療の第一段階は気分安定剤を使用し、そして気分が不安定になりやすい抗うつ薬（SSRI）や刺激物（カフェイン）など、悪化要因を除くことでした。フルオキセチンの中止が検討されましたが、彼女はフ

ルオキセチンはうつ病には効かないが、それがないと自殺を考えてしまうと言いました。

体重増加をもたらすような気分安定薬（リチウムやバルプロ酸）は避けて、ラモトリジン（ラミクタール）を内服したところ、初期改善が得られました。しかし薬疹が現れたため、オクスカルバゼピン（トリレプタル）に変更しましたが、今度はアレルギー反応が出てしまいました。

ガバペンチン（ニューロンチン）300mgを1日2回内服すると（彼女は高用量に耐えられませんでした）、うつ病が一部改善しましたが気分変動や疲労感、過眠が続きました。オメガ－3脂肪酸やビタミンB群、イワベンケイ400mgが追加されましたが、うつ病が悪化し自殺念慮、観念奔逸が現れました。

血液検査を行うと、DHEA値は正常範囲内でしたが、硫酸DHEA値はたった60でした。通常硫酸DHEAの正常範囲は20〜200mcg/dlですが、PTSDや双極性障害、中高年でうつ病がある場合は、200以下では治療を行った方がよいでしょう。

1日25mgの7-keto DHEAを1週間内服すると、うつ病は快方に向かい始め、エネルギーや覚醒状態、やる気、社会的能力が改善しました。1回25mgを1日2回内服すると、さらに症状が改善しました。

2ヵ月後に7-keto DHEAを切らしてしまい、1週間服用しなかったことがありました。すると重度のうつ病が再発したため、急遽7-keto DHEAを再開することで回復が得られました。

2年後彼女は日常生活を十分に遂行できており、7-keto DHEAとガバペンチン、フルオキセチン、イワベンケイ、ビタミン、オメガ－3脂肪酸の組合せでうつ病も寛解していました。加えて彼女は解離症状もなく、精神療法にも大きな進歩がみられました。

7-keto DHEA治療の医学的証拠はまだ予備的段階ですが、これらの症状の重さや副作用の少なさを考慮すると、双極性障害やPTSD、中高年のうつ病患者では、DHEA値や硫酸DHEA値を調べると役に立つでしょ

不安障害や不眠症に用いるハーブや栄養

う。臨床検査結果票に、正常範囲は20〜200mcg/dlだと示されていても、もし硫酸DHEAが200以下であれば、1日あたり25〜50mgの7-keto DHEAを試みる価値はあります。症状が続く場合は、用量を徐々に1日200mgまで増量できます。

なお双極性障害患者では、7-keto DHEAは躁状態を引き起こす可能性があります。

 不安障害や不眠症に用いるハーブや栄養

カヴァ

カヴァ（*Piper methysticum*）は、太平洋の島々においてお祝いの時に出される伝統的な飲み物に含まれています。アルファピロン（カヴァラクトン）を含んでおり、これはナトリウムやカルシウムチャンネル阻害作用と、セロトニン阻害作用を持っています。カヴァの麻酔作用、鎮静作用、抗不安作用、抗けいれん作用、鎮痛作用はカヴァラクトンの特質です。

カヴァの安全性や有効性について、かなり議論がなされています。

不安障害に対してカヴァを用いた7つのDBRPC研究の総括が行われ、偽薬と比較して相対的に安全で、有効であると結論づけられました（Pitter & Ernst, 2000）。しかしそのうち3つの研究では、対象患者が軽度の不安障害で、治療期間は短期間でした。

全般性不安障害に対するカヴァを用いた3つのDBRPCのメタ解析を行ったところ、効果は認められませんでした（Conner, Payne & Davidson, 2006）。

カヴァは、1800年代にキャプテンクックによる「船員や原住民が使用した麻酔薬」という記録が残されています（Singh & Blumenthal, 1996）。

北オーストラリアのアボリジニの間で、毎日長期的にカヴァを使用する人に以下の症状がみられました：顔面腫脹、うろこ状皮疹、膝蓋腱反射の増強、呼吸困難、アルブミン低下、γ-GTPaseの上昇、白血球低下や血小板低下などの血球異常、血尿、肺高血圧症による心電図上のP波増高

第3章　不安障害

(Mathews, Riley, Fejo, Munoz, Milns et al., 1988)。

　カヴァを摂取している先住民62名に対する研究では、肝酵素の上昇が存在していましたが、カヴァの摂取を数週間止めると正常化しました(Clough, Bailie & Currie, 2003)。

　カヴァを使用した3000名以上を対象とした市販後調査では、胃腸症状やアレルギー反応、頭痛、光過敏性といった副作用が1.5〜2.3％の人に認められました。不穏状態や眠気、エネルギー低下、振戦などの稀な副作用もみられました。4症例で、筋緊張異常、口腔や舌の運動異常、レボドパを内服している女性のパーキンソン様症状の悪化、つまりドパミン阻害作用を引き起こしました。1症例で、45歳女性がカヴァ内服後に重度のパーキンソン様症状を示しました (Meseguer, Taboa, Sanchez, Mena, Campos et al., 2002)。

　6ヵ月を超える長期使用による安全性や催奇形性、変異原性は研究されていません。

　カヴァをアルコールや他の鎮静薬、筋肉弛緩薬とともに内服すると、昏睡を起こす可能性があります (Almeida & Grimsley, 1996)。

　1998年以降、カヴァのアセトンまたはアルコール抽出物で、肝移植が必要な肝不全を含む肝毒性が報告されています。

　米国食品医薬品局は公式文書を発表し、ヘルスケアの専門家や消費者相談に対して潜在的な肝障害を警告しました (Kraft et al., 2001; U.S. Food and Drug Administraion, 2002)。

　カヴァ抽出物やカヴァラクトンは、薬物の代謝に関わるP450酵素(CYP1A2, 2C9, 2C19, 2D6, 3A4, 4A9/11; Mathews, Etherridg, & Black, 2002) やCYP2E1 (Gurley, Gardner, Hubbard, Williams, Gentry et al., 2005) を阻害しました。

　軽度の不安障害に対するカヴァを用いた短期的試験が行われ、穏やかな効果が認められています。

　中毒症や乱用、依存性、稀だが重大な副作用リスクを考えると、安全性や有効性に関する十分な結論が出るまで、カヴァを推奨しません。

イワベンケイ

　イワベンケイ（*Rhodiola rosea*）は単独や他のアダプトゲンと組み合わせて使用すると、ストレス下にある精神的・身体的な能力が、著明に改善することが示されています（第4章参照）。

　イワベンケイやエゾウコギの根の抽出物、チョウセンゴミシの果肉の抽出物中にある向精神成分には、フェノール類が含まれています。それはストレス反応中に交感神経系の活性化作用を持つカテコラミンに、構造的に類似しています。

　ブリオニア（Bryonia alba）やアシュワガンダの根の抽出物には四環系トリテルペノイドが含まれており、これはストレス反応系の活性化を行ったり、ストレスへの過剰反応を抑える作用のある、副腎皮質ホルモンに構造的に類似しています。

　イワベンケイから抽出されたサリドロシドは、グルタミン酸毒性（興奮性の神経伝達物質で、PTSDにおいて障害効果が研究されている）からPC12細胞を保護するとされています（Cao, Du & Wang, 2006）。

軍隊でのストレスとアダプトゲン：イワベンケイ属やウコギ属、ゴミシ属

　軍事訓練や従軍中、戦後の市民生活への適応期間には、心身にとてもストレスがかかります。軍隊生活での長期間で強大なストレスは人間の回復能力をはるかに超え、部隊員は戦闘中のみならず戦闘後も同様にかなり脆弱になっています。

　アダプトゲン（抗ストレス作用のあるハーブ）の研究によると、これらはストレスへの抵抗力を高め、ストレス下での遂行能力を改善し、回復能力を高める予防的な役割があるとわかっています。

　夜勤を含む軍務に就く健康な士官学校生徒181名に対して、無作為偽薬対照試験が行われました。イワベンケイ370mgまたは555mgが1回投与されましたが、精神的遂行能力を測定すると著明に疲労が減り（$p<0.001$）、脈拍や血圧が改善し、偽薬群と比較して総体的な幸福感が改善しました（Shevtsov, Zholus, Shervarly, Vol'skij, Korovin et al, 2003）。

この結果から、イワベンケイは筋肉や神経細胞において、細胞活動や修復活動に必須のアデノシン3リン酸やクレアチンリン酸等の高エネルギー分子の生産を維持する能力を高めました（Kurkin & Zapesochnaya, 1986）。

冷戦時代にソビエト連邦の防衛省では、オリンピック選手や軍事関係者、宇宙飛行士の体力や耐久性、身体的・精神的な遂行能力を高めるために、ハーブの調合法について拡大研究を行いました（Vastag, 2007）。

研究の焦点は3つのハーブ、イワベンケイ、エゾウコギ、チョウセンゴミシの理想的な調合比率を見つけることでした。ロシアの宇宙飛行士を対象とするこの研究では、スウェーデンハーブ研究所（The Swedish Herbal Institute）がアダプトゲンの処方作成に参加しました。

この研究結果の多くは今でも防衛省で機密扱いとされています。しかし一部は、植物化学の教授でロシアの宇宙計画のために太陽光発電パネルの設計を担当した、ザキール・ラマザノフ（Zakir Ramazanov）医師により翻訳されています。

これらのうち2つは、バラノフ報告書と呼ばれています。多くの研究を基に、人間の体力や耐久性、覚醒、SNSとPNSのバランス、協調運動を改善し、特にストレス下の長期任務遂行後に、回復までの時間を著明に短縮したことなどが記録されています（Baranov, 1994）。

これらの報告の中で、最も広く研究されたのはADAPTと呼ばれたものでした。これには以下のアダプトゲンが含まれていました。

・50mgのイワベンケイの根の抽出物から得た、3mgのサリドロシド（6〜9mgのロザビン）
・エゾウコギの100mgの抽出物から得た、合計3mgの配糖体
・チョウセンゴミシの150mgの果肉の抽出物から得た、合計4mgのシザンドリン

スウェーデンハーブ研究所はADAPT-232という製品を販売しており、これには上記と同じハーブが含まれていますが、その割合は公表されていません。

セイヨウオトギリソウ

げっ歯類で行われた研究で、セイヨウオトギリソウ (*St John's Wort, Hypericum perforatum*) にストレスの影響を減じる効果がみられました。

全般性不安障害を持つ患者に対するセイヨウオトギリソウの治療効果を指摘する症例報告や非盲検研究が得られていますが、対照試験ではその結果は得られていません。

社交不安症を持つ患者40名を対象とする12週間のDBRPCが行われ、リーボビッツ社会不安障害評価尺度にて評価すると、セイヨウオトギリソウを内服した群（1日600〜1800mg）と偽薬群では、効果に差は認められませんでした（Kobak, Taylor, Warner & Futterer, 2005）。

セイヨウオトギリソウが強迫性障害に効果があるいう非盲検試験が1つあります。しかしその後の、60名の強迫性障害患者に対する12週間のDBRPCでは、セイヨウオトギリソウLI 160（1日600〜1800mg）投与群と偽薬群では、エールブラウン強迫尺度の変化の平均値では差はありませんでした（Kobak, Taylor, Bystritsky, Kohlenberg, Greist et al., 2005）。

不安障害の患者に対する使用経験から、リットワーファーマ（Lichtwer Pharma）社のKiraという商品は刺激が少ないため、ネイチャーズウェイ社のペリカという商品より好んで使用しています。

ペリカは不安や興奮状態を悪化させてしまう場合があります。しかし、不活発なうつ病（無気力や精神運動遅滞など）患者にはより効果的でしょう。

吉草

吉草（セイヨウカノコソウ、*Valeriana officinalis*）は、γ-アミノ酪酸-A受容体に結合すると考えられています。

睡眠に対する吉草の効果を調べたDBRPCの総説では、効果は認められましたが、推奨するほどではありません（Stevinson & Ernst, 2000）。

DBRPCに対する別の総括では、7つ中6つの試験において睡眠の主観的改善がみられました。副作用は600〜900mgの量で翌日に薬の作用が残ったものの、それ以外はありませんでした。

軽度の不眠症患者16名に対する交差DBRPC研究では、睡眠ポリグラフを用いた評価で、睡眠潜時の徐波が著明に減少し、睡眠中の徐波の割合が増加しました（Donath, Quispe, Diefenbach, Maurer, Fietze et al., 2000）。

吉草の効果は服用を継続すると徐々に大きくなり、最大効果を得るのに2週間かかるでしょう。

全般性不安障害を持つ患者36名に対する小規模試験では、吉草投与群（1日平均バレポトリアート81.3mg）、ジアゼパム群（1日平均6.5mg）、偽薬群が比較されました（Andreatini, Sartori, Seabra & Leite, 2002）。

この4週間の無作為対照試験で、HAM-Aを用いて基礎値とその後の変化を比較しましたが、3群で違いは認められませんでした。3群ともに著明な改善がみられました。しかし精神要素項目においてジアゼパム群と吉草群では、著明な減少がみられました。

軽度不眠症患者184名に対する多施設無作為偽薬対照並行群間試験では（Morin, Koetter, Bastien, Ware & Wooten, 2005）、吉草とホップ（セイヨウカラハナソウ）投与群とジフェンヒドラミン投与群では、主観的睡眠要因である程度の改善がみられましたが、統計的有意差に達しませんでした。吉草とホップ群は、ジフェンヒドラミン群や偽薬群と比べ、統計的有意差ではないものの、睡眠潜時を著明に減少させました。生活の質（QOL）は著明に改善していました。

以上の結果より、吉草とホップの組合せは、軽度の不眠症に対して補助治療として使用可能でしょう。

副作用や後遺症状はありませんでした。吉草を含む配合薬を内服し、筋緊張異常や肝炎が出現した症例がありましたが、これは解釈が困難です。

吉草のお茶や錠剤は、不快な匂いや味がします。

吉草は常習性や乱用性がないため、他の睡眠鎮静薬よりも優っていますが、禁断症状の可能性が一例だけ報告されています。

妊婦は吉草の使用は避けたほうがよいでしょう。

吉草を用いた16の研究のメタ解析と総説によれば、副作用を起こすこ

となく睡眠を改善する可能性がありますが、さらなる試験が必要であるという結論です（Bent, Padula, Moore, Patterson & Mehling, 2006）。

レモンバーム

健常者20名に対する交差DBRPC研究では、20分間実験室内で心理的ストレスを与えられ、レモンバーム（コウスイハッカ、*Melissa officinalis*）600mg、1000mg、1600mgもしくは偽薬が1回投与され、一定強度ストレス要因模擬試験（DISS）を用いた評価が行われました（Kennedy, Wake, Tildesley, Perry et al., 2003）。

600mg投与された群で、ボンド－ラダー評価尺度において"冷静さ"の自己評価が著明に改善しました。

吉草とレモンバーム

健常者24名に対して交差DBRPC試験が行われ、20分間、実験室内で心理的ストレスを与えられ、そして吉草とレモンバームの組合せで600mg, 1200mg, 1800mgが投与され、DISSを用いた評価が行われました（Kennedy, Little & Scholey, 2004）。

試験前（基礎値）と、1、3、6時間後に、気分と不安について測定しました。600mg投与群で、著明に不安尺度が減少しましたが、1800mg群では多少不安尺度が上昇していました。治療用量幅の中では、吉草とレモンバームの組合せは、ストレス下での不安を軽減する可能性があります。

大規模多施設非対照研究が行われ、吉草とレモンバームを組み合わせた製品（Euvegal forte）が、12歳以下の落ちつきがない、もしくは睡眠障害の小児918名に投与されました。（Muller & Klement, 2006）。

睡眠障害の小児80.9％に、そして落ちつきのない小児の70.4％にかなりの改善が認められました。

ハーブが、小児に対して安全かつ効果があると評価するには、比較対照試験が必要でしょう。

ユーベガルフォルテ（Euvegal forte）の忍容性は、96.7％の患者から

第3章　不安障害

「良い」「とても良い」と評価されました。

このハーブによる副作用は、この研究の中ではありませんでした（訳注：Euvegal forteは現在Euvegalの名で販売されています）。

吉草とカヴァ

カヴァと吉草（セイヨウカノコソウ）に関するインターネットを使ったDBRPC研究では、カヴァ内服群と偽薬群では不安に対する効果に差はありませんでした。さらに吉草内服群と偽薬群では睡眠障害に対する効果にも差は見られませんでした（Jacobs, Bent, Tice, Blackwell, Cummings, 2005）。

調査対象の選択は標準的診断基準ではなく、状態特性不安検査の下位検査や「過去2週間における入眠、もしくは睡眠継続の問題」の自己報告に基づいて行われました。

対象の不均一性、併存症の条件、ハーブ量の不適切、インターネット調査の限界により、否定的な結果が生まれたと考えられます。

トケイソウ

トケイソウ（パッションフラワー、*Passiflora incarnata*）は、コミッションE（Komission E、ドイツのハーブ製品を規制・管理する政府機関）より、神経性の落ちつきのなさに対する治療の承認を得ています。

トケイソウにはジヒドロフラボンやクリシンが含まれ、これらはベンゾジアゼピン受容体に結合します。

DSM-Ⅳで全般性不安障害（HAM-Aで14点以上）と診断された患者36名に対してDBRPC試験が行われ、トケイソウ抽出液1日45滴と偽薬の錠剤、もしくはオキサゼパム（ベンゾジアゼピン）1日30mgと偽薬の液体が4週間投与されました。

オキサゼパム群は効果がより速く出現しましたが、トケイソウ群でも不安減少は同じ効果を示し、任務遂行能力への影響は少ないものでした（Akhondzadeh, Naghavi, Vazarian, Shayeganpour, Rashidi et al., 2001）。

これらの効果を確認するためには、大規模研究が必要です。

テアニン

　テアニン（5-N-エチルグルタミンもしくはγグルタミンエチルアミド）は緑茶（*Camellia sinensis*）中にみられるアミノ酸で、ストレス下の不安を減少させるでしょう。

　緑茶は、何百年も前から鎮静や医療効果のために使われています。3〜4杯の緑茶には、60〜160mgのテアニンが含まれています。

　動物実験では、テアニンが脳へ浸透するとドパミン放出が増加し、興奮性の神経伝達が抑制される可能性が示されました（Yamada, Terashima, Okudo, Juneja & Yokogoshi, 2005）。

　ヒトでの研究では、結果はさまざまでした。

　健常者16名に対するテアニンを用いたDBRPC研究では、休息時の基礎値に軽度のリラックス効果を認めたものの、実験的に不安を与えた場合には効果はみられませんでした（Lu, Gray, Oliver, Liley, Harrison et al., 2004）。

　他の健常者12名に対するDBRPCでは、ストレスとして計算問題を与えました。L-テアニンを投与された群では心拍数や唾液中の免疫グロブリンAが減り、交感神経系の活動が減衰しました（Kimura, Ozeki, Juneja & Ohira, 2007）。

　これらの抗ストレス作用は、大脳皮質の興奮抑制によるものと考えられます。しかし健常者に対する研究結果は、不安障害患者には当てはまらないでしょう。

　L-テアニンは、リラックスや心の覚醒状態につながる$α$波を増加させると報告されています。

　高密度電気的マッピング研究では、L-テアニンを内服すると注意が必要な任務中に、右側頭頂後頭部領域において注意に関連する$α$波が増加しました（Gomez-Ramirez, Higgins, Rycroft, Owen, Mahoney et al., 2007）。

　筆者らの臨床では、テアニンは軽度から中等度の不安に悩む患者、特に

副作用を強く恐れる場合にとても役立ちました。

開始量を1回200mg1日1〜3回とし、最大1日6回投与しても通常副作用はなく、あってもとても少ないです。脳障害のある患者では、大量使用すると逆に賦活化が起こるでしょう。

緑茶やテアニンには、抗酸化作用や抗増殖作用など、多くの健康に良い効果があります。患者は単に緑茶を飲むか、より正確な量のためにカプセルを飲んでも良いです。不安や興奮が強い患者には、カフェインを除いた緑茶やカプセルがあります。

γ-アミノ酪酸（GABA）

γ-アミノ酪酸（GABA）は主要な抑制系の神経伝達物質で、心血管系の制御や下垂体機能、免疫、受精、腎機能に関与しています。GABA作用を増強するような薬物を使用すると、不安が減少し、気分が安定します。GABAは多くの食物の中に少量存在し、一部の発酵食品には高濃度に存在しています。自然のGABAは発酵により生まれ、日本では広く機能性栄養食品として用いられています。

自然発酵によって製造されたGABA（ファーマギャバ）100mgを内服した時の心電図に対する影響を調べるために、13名の健康な成人に対して、交差二重盲検偽薬対照試験が行われ、GABA摂取群とL-テアニンを200mg投与された群、偽薬群を比較しました。

α波は、リラックス状態や力の入っていない覚醒状態と関連しています。一方β波は、強いストレスのある状況や精神集中が困難な時に出現します。

GABA摂取群はL-テアニン群や偽薬群と比べて、α波の著明な増加とβ波の減少を認めました（Abdou, Higashiguchi, Horie, Kim, Hatta et al., 2006）。高いα-β比はリラックスした状態での覚醒や集中力を示しています。

不安が強い人は唾液中のIgA（免疫グロブリンA）が低下し、ストレス状況が続くとさらに低下します。リラックスするとIgAは著明に増加し

ます。

　高所恐怖症の成人8名に対するGABA（ファーマギャバ）100mgを投与する二重盲検無作為偽薬対照試験では、唾液中のIgAがストレスや免疫反応の指標として使用されました。

　薬物動態研究では、GABA製品を経口投与すると、血中濃度は30分でピークに達し60分後から減少し始めます。

　対象者はストレス付与のために高さ54m、長さ300m、幅2mの狭い吊り橋を渡りました。偽薬群のIgA測定値は、橋の中間地点もしくは橋を渡り終わった時は既に減少していました。一方GABA投与群では、橋の中間地点では若干減少したものの、橋を渡り終わった時には試験開始前の値を超えて上昇していました。

　これは小規模予備研究でしたが、GABA投与群では、唾液中のIgAの減少（対照群と比較する際のストレスや不安の指標）が著明に減っていました（p<0.05; Adbou, et al., 2006）。

　プレガバリンはGABAに構造が類似した合成化合物で、神経性疼痛や部分発作を伴うてんかんの治療薬として、米国FDAに承認されています。さらに全般性不安障害に対する補助治療薬としても承認が待たれています。中等度から重度の全般性不安障害患者に対する数種の無作為対照試験では、プレガバリンにはロラゼパム（アチバン）、アルプラゾラム（ザナックス）、ベンラファキシン（エフェクサー）らと同等の効果があると確認されています。

　プレガバリンは一般的に安全で、忍容性も良好です。副作用はめまいや眠気、頭痛があります。ベンゾジアゼピン系薬物より認知障害は少なく、乱用や依存性のリスクも少ないです。しかし抗不安作用を発揮するためには、1週間毎日内服する必要があります（Bandelow, Wedekind, & Leon, 2007）。

イチョウ

　イチョウ (*Ginkgo biloba*) の特別な抽出物 (EGb 761, ドイツのカールスルーエにあるウィルマー・シュワブ製薬会社が製造し、米国ではネイチャーズウェイ社によってギンコゴールドという名で販売されています) は、2つの研究により抗不安作用が確認されました。

　不安気分を伴う全般性不安障害あるいは適応障害を持つ18～70歳の成人患者170名に対して、DBRPC研究が行われ、4週間にわたり1日480mgのEGb 761を投与された高用量群、240mg投与された低用量群、そして偽薬群の3つに割り振られました。HAM-Aを用いた評価を見ると、高用量群では－14.2 (±8.2, P=0.0003)、低用量群では－12.1 (6±9.0, p=0.003) であり、偽薬群は－7.8 (±9.2) と著明に減少していました。

　EGb 761投与群はいずれも、臨床全般改善度、エアランゲン不安緊張攻撃性尺度、主訴の項目、患者評価による全般的な変化の二次的評価項目について、偽薬群と比較してすべてにおいて優れていました (Woelk, Arnoldt, kieser, & Hoerr, 2007)。

　認知症や神経・精神病学的特徴を持つ患者400名に対して22週間にわたる無作為対照試験が行われ、1日240mgのEGb 761もしくは偽薬が投与されました。イチョウ投与群には67.5％に認知機能の著明な改善があったのに対して、偽薬群では6.1％でした。イチョウを内服した患者の介護者の中で、患者の症状に関わる悩みが36％減少したのに対して、偽薬群では4％増加しました。神経・精神症状評価では、イチョウ投与群は数値が著明に減少しましたが、偽薬群では増加しました。特に無気力/無関心、不安、イライラ/易変性、うつ気分/不快気分、睡眠/夜間の行動の項目で最も大きな数値の改善がみられました (Scripnikov, khomenko, & Napryeyenko, 2007)。

　特別な抽出液であるEGb 761は、適切に準備された対照試験では、不安障害に対して良い効果が認められました。イチョウの他の製品が同じ効果を持つかどうかは、まだわかっていません。

カモミール

　カモミール（カミツレ、*Matricaria recutita*）による不安や睡眠に対する効果を示す科学的証拠はほとんどありません。

　カモミールの成分であるアピゲニンは、ベンゾジアゼピン受容体に高い親和性がありますが、鎮静効果や筋肉弛緩作用はごくわずかでした（Brown, 1996）。

　ブタクサアレルギーを持つ患者はカモミールを使用すべきではありません。

オメガ-3脂肪酸

　オメガ-3脂肪酸は、未治療の社交不安障害患者の赤血球膜中において、正常より約30％低下していました。そしてオメガ-3脂肪酸の低下とリーボビッツ社会不安障害評価尺度の数値は反比例していました（Green, Hermest, Monselise, Marom, Presburger et al., 2006）。

　低い濃度のオメガ-3脂肪酸が不安障害に関与している可能性がありますが、臨床研究はあまり行われていません。

　テスト不安（test anxiety）の研究では、オメガ-3脂肪酸とオメガ-6脂肪酸を混ぜて摂取すると、食欲や気分、精神集中力、疲労、規則正しさ、睡眠、不安などを改善し、コルチゾール濃度が減少しました（Yehuda, Rabinovitz, & Mostofsky, 2005）。

　低栄養状態が推測される物質乱用患者に対する3ヵ月間のDBRPC研究では、13名にn-3PUFAS（オメガ-3高度不飽和脂肪酸；エイコサペンタエン酸（EPA）とドコサヘキサエン酸（DHA））が投与され、11名に偽薬が投与されました。偽薬群と比べてn-3PUFAS群では、3ヵ月経過時（p=0.01）、6ヵ月経過時（p=0.042）に、不安の数値が減少しつつありました（Buydens-Branchey & Branchey, 2006）。

　予備研究でも、オメガ-3脂肪酸の投与で、若年や高齢者、女性の境界性パーソナリティ障害患者のストレスからくる攻撃性を減少させることができました（Bourre, 2005a）。

第3章 不安障害

　SSRIを内服している強迫性障害患者に対してEPA単独を投与した交差DBRPC試験が行われ、HAM-D、HAM-Aでは差は認められませんでした（Fux, Benjamin, & Nemets, 2004）。

　この研究ではEPA単独投与では強迫性障害に対して効果はみられませんでしたが、EPAとDHAの組合せが使用されていれば良い結果が得られた可能性があります。

臨床現場での不安や不眠症に対するハーブ使用時の注意点

　ハーブは以下のような患者にとても役に立ちます
1. 軽度や中等度の不安や不眠症を持つ。
2. 依存や乱用の危険がある。
3. ベンゾジアゼピン系薬物のような抗不安薬の習慣性がある。
4. 過度の鎮静や認知障害などの、処方薬による副作用をとても気にする（たとえば小児や高齢患者など）。
5. 次の日に大切な仕事がある。
6. 睡眠鎮静薬の内服で酷い副作用が出現する。（アンビエン（ゾルピデム）内服による夜間の過食症状や、ベンゾジアゼピン系薬物による健忘症など）
7. 心身医療を行っても効果が出ない、実行できない、習熟に時間がかかる。

　通常、中等度から重度の不安や不眠症を持ち、再発する大うつ病がある患者はより鎮静作用をもつ薬物を求めます（たとえばベンゾジアゼピン系薬物、三環系抗うつ薬、ミルタザピン、非定型抗精神病薬など）。

　このような薬物を徐々に止めるためには精神療法や認知行動療法、生活態度の変化、心身医療、数ヵ月から数年にわたる毎日の運動が必要とされます。

ホメオパシー

　ホメオパシーは、200年以上前にサミュエル・ハーネマンによって創始され、広く使用されているCAMの一つです。

　これは、「類似」の法則（類似するものは類似を治す）、生命の力（動物エネルギー）、最小量（高希釈薬、レメディ：ホメオパシーにおける治療薬の呼称）、治癒の法則（症状の解決のための前進）に基づいており、病気ではなく人間全体を捉えます（Bell & Pappas, 2007）。

　不安障害に対するホメオパシー使用の系統的総括を行うと、8つの無作為対照試験が存在し、それらにはテスト不安症や全般性不安障害、身体疾患への不安が含まれていました。文献の多くは症例報告や非対照研究、観察研究、アンケート調査から成っています（Pilkington, Kirkwood, Rampes, Fisher, & Richardson, 2006）。無作為対照試験では一貫性のない結果であり、手法には問題があります。

　副作用や症状の一時的悪化、再出現は「好転反応」と考えられました。10週間のDBRPCでは、DSM-Ⅳで全般性不安障害と診断された患者44名に古典的ホメオパシーが行われました。HAM-Aを用いて評価を行うと、ホメオパシー群と偽薬群の両群で、かなり著明な改善が認められました。2群間で改善度に差はありませんでした（Bonne, Shemer, Gorali, Katz, & Shalev, 2003）。

　この研究からわかったことは、不安を持つ患者を一般から広告で募る研究や、ホメオパシー治療の調査は難しいということです。

　ホメオパシー治療から完全な効果を得るためには数ヵ月から1年は必要なので、10週間の試験期間では不十分です。

　ホメオパシー治療を受けている患者960名に対する6ヵ月の非対照実行可能性試験が行われました。過敏性腸症候群（73.9％, n=23）や不安症（61.0％, n=41）患者において、治療に良い結果が生じていました。包括分析は行われませんでした（Mathie & Robinson, 2006）。

　不安障害の患者には、高い割合で自発的な寛解、偽薬反応、治療につい

第3章 不安障害

ての反復確認行動が出現することと、治療が個別化されることから、不安障害に対するホメオパシー研究の結果の解釈は難しいものがあります。

表3.1 不安障害、PTSD、睡眠障害の治療指針

補完代替医療	臨床用途	1日量	副作用、薬物相互作用 注1)、禁忌
ビタミンB群 B_{12} 葉酸	ストレス	1000mcg 800mcg	稀：賦活化 注意：心臓のステント 注1)
カミツレ（カモミール）	軽度の鎮静		ブタクサ科 アレルギー反応 中止：妊娠
γ-アミノ酪酸（GABA）	不安、ストレス、恐怖症	100mg	ごくわずか
イチョウ	不安	240〜360mg	ごくわずか：頭痛 禁忌：抗凝固剤 中止：手術2週間前
イノシトール	強迫性障害	12〜20g	ガス、下痢、躁病
カヴァ	不安、不眠	100mgの標準的抽出液（カヴァラクトン70mg）を3回	胃腸障害、皮膚アレルギー、光線過敏症、頭痛 時々：眠気、振戦、不穏、筋緊張異常、肝炎、疲労、肝不全、レボドパの作用低下 中止：妊娠 中毒量：1日カヴァラクトン240mg以上摂取
7-ケトデヒドロエピアンドロステロン（7-keto DHEA）	PTSD、解離性症状	25〜200mg	双極性障害患者は興奮、イライラ、心配が強くなるかもしれません 禁忌：エストロゲン感受性がん、前立腺がん
レモンバーム（コウスイハッカ）	不安、ヘルペス（単純疱疹）	600mg	重い副作用なし
メラトニン	不眠、時差ぼけ、レム睡眠行動障害	1〜12mg就寝前	時々：興奮、うつ症状、腹部のけいれん、疲労、めまい、頭痛、明晰夢 中止：妊娠

表3.1 続き

補完代替医療	臨床用途	1日量	副作用、薬物相互作用 注1)、禁忌
オメガ-3脂肪酸	不安、攻撃性	3～6g	げっぷ、下痢
トケイソウ（パッションフラワー）	不安	90mg	ごくわずか
イワベンケイ	PTSD、戦争のストレス、時差ぼけ	50～900mg	興奮、不眠、不安、頭痛 稀：頻脈、胸痛 注意：双極性障害
テアニン（緑茶）	軽度の不安	200mg　1～4回	ごくわずか 禁忌：抗凝固剤
セイヨウオトギリソウ	軽度～中等度の不安	300～600mgを3回内服	吐き気、胸焼け、下痢、不安、不眠、疲労、歯ぎしり、光線過敏症、双極性障害の躁病。 CYP 3A4, 1A2、P糖蛋白質を阻害：ジゴキシンやワーファリン、インジナビル、シクロスポリン、テオフィリン、経口避妊薬の血中濃度の減少 中止：妊娠中と手術14日前
吉草（セイヨウカノコソウ）	不眠、不安	450～900mg眠前 50～100mg	時々：胃腸症状、頭痛、600mg以上使用すると翌日に薬の作用が残る 中止：妊娠、肝疾患
ビオストラス（Bio-Strath） ビタミンB群＋抗酸化物質	ストレス	スプーン一杯を2回、3錠を2回	冷所保存 注意：心臓のステント 注2)
アダプト-232（ADAPT-232）イワベンケイ、エゾウコギ、チョウセンゴミシ	軽度から極度のストレス、戦争によるストレス	2～3錠	稀：過剰賦活化、不安、不眠 注意：双極性障害

補完代替医療	臨床用途	1日量	副作用、薬物相互作用 注1)、禁忌
イーズ・エナジー（Ez-Energy）イワベンケイ70mg、エゾウコギ、チョウセンゴミシ、マンシュウハンノキ、ルージアカルダモイデス	中等度〜重度のストレス、身体筋力の増強、ハーブの使用により興奮しやすい患者	2〜4錠	ごくわずか。副作用は含有するハーブによる。注意：双極性障害

注1)　一般的な副作用を表に列挙しましたが、まれな副作用もあります。高血圧、糖尿病、妊婦授乳婦、慢性もしくは重度の疾患を持つ人は、栄養補助食品を内服する前に主治医に照会すべきです。さらに抗凝固剤を内服している患者は、栄養補助食品を使用する前に主治医に相談しましょう。

注2)　ホモシステイン血中濃度が15μmol/L未満の男性の場合、心臓のステントの再閉塞の危険性が増加する可能性があります。

第4章 認知記憶障害

概要

- 脳機能に対するCAM治療の効果を理解する、10の重要な概念
- 神経発達と神経保護：オメガ-3脂肪酸とビタミン／オメガ-3脂肪酸、ビタミン、S-アデノシル-L-メチオニン（SAMe）、ピカミロン
- ミトコンドリアにおけるエネルギー産生の増強と抗酸化保護／コエンザイム（補酵素）Q10、イデベノン、ユビキノール、アセチル-L-カルニチン
- コリン作用増強薬／ガランタミン、シチコリン、フペルジン-A
- ハーブの代替治療
- 認知機能増強のための他のハーブ／レモンバーム（コウスイハッカ）、セージ（ヤクヨウサルビア）、ビンポセチン（ニチニチソウ）、イチョウ、オトメアゼナ
- 向知性薬／セントロフェノキシン、BCE-001、ラセタム、セレギリン、αリポ酸、ホスファチジルセリン
- 麦角誘導体／ヒデルギンとニセルゴリン
- 認知増強ホルモン／DHEA、メラトニン
- 神経療法

記憶認知障害とは、神経の損傷や障害が蓄積して、神経の保護修理能力を超えてしまい、それらの組合せが原因であると考えられます。
　補完代替医療（CAM）には、栄養、栄養補助食品による神経保護、神経修復や神経可塑性を高める方法があります。
　認知機能を高めるために理想的なのは以下の方法です：母親の栄養、胎児の脳発達のための栄養補助食品、乳幼児の栄養、過度なストレス（神経構造の発達を阻害する、高濃度の興奮性神経伝達物質やコルチゾール）からの影響を減じる身体的・心理的支援がある養育環境、神経毒性物質（タバコ、多量のアルコール、物質乱用、環境毒物）の回避、そして生涯を通じて成長・加齢してゆく脳の神経変性作用を防ぐ栄養補助食品や心身医療の利用など。

脳機能に対するCAM治療の効果を理解する、10の重要な概念

1. 老化細胞膜仮説

　フリーラジカルが脂質を過酸化することで細胞膜や核膜、細胞小器官を傷害し、これが脳の老化やアルツハイマー病、パーキンソン病などの神経変性疾患の原因となります（Zs-Nagy, 2002）。フリーラジカルによる内皮細胞の損傷や動脈硬化症も、脳血管系疾患や多発梗塞性認知症や脳卒中を引き起こします。

2. 細胞膜の流動性

　これは神経伝達物質の受容体の機能に必須ですが、加齢とともに失われていきます。つまり細胞膜に柔軟性があれば、受容体を開いたり折り畳んで収容することができ、膜にあるイオンチャンネルを適切に開閉できます。これらのチャンネルを通してイオンが流出入すると、電気伝達に必要な膜電位を生み出します。酸化損傷や加齢、また細胞膜からオメガ-3脂肪酸が失われると、膜流動性が低下し、膜の硬直性が高まります。

3. ミトコンドリア由来のエネルギーを高める

ミトコンドリアはエネルギーを生み出す小器官で、この能力を高めてアデノシン3リン酸のような高エネルギー分子の産生を維持し、細胞内のエネルギー輸送を行います。エネルギーの供給が増えれば、細胞機能に必要なすべての分子が産生されます。加えて、このエネルギーは細胞修復機構に必要であり、フリーラジカルによって生じた、細胞膜やDNA損傷の修理を行います。ストレスや加齢、病気などによりエネルギーが枯渇した場合、修復機構は細胞損傷のすべてを修復することはできなくなり、結果として損傷が蓄積してしまいます。すると細胞機能は徐々に低下し、ある時点からアポトーシス（細胞死）が始まります。

4. 酸化による障害

これは神経変性の重要な要素です。脳細胞は代謝がとても速く、その副産物としてフリーラジカルが他の組織より多く発生します。さらに加えて高度不飽和脂肪酸が神経細胞膜に高濃度に存在しています。そのため、脂質過酸化反応（フリーラジカルによる損傷）に大変脆弱です。酸素フリーラジカルによる損傷で細胞膜の浸透性が失われ、細胞内濃度が上昇し、架橋蛋白質やリポフスチン（老廃物）の蓄積、RNA合成の鈍化、蛋白質の代謝回転や修復の減少が生じます。ミトコンドリアに対する酸化障害が修復率を上回る場合、細胞のエネルギー産生の維持能力が減少します。体内のフリーラジカル発生に加えて、人体は環境中の無数のフリーラジカル、タバコや大麻などの喫煙や汚染物質、殺虫剤、放射線などに曝されています。抗酸化栄養補助食品や、細胞の抗酸化物質産生能力を促すような物質を摂ると、フリーラジカルが人体を攻撃する前に損傷を予防します。

5. 炎症

脳の老化に大変重要な役割を担います。脳の持続性の炎症は、アルツハイマー病やパーキンソン病のような他の神経変性疾患の重要な補助因子だろうという医学的証拠が示されています。

6. コリン作用性仮説

   アルツハイマー病に関連した病理学的変化とは、老人斑でみられるアミロイドベータペプチドの細胞外への蓄積、細胞内部の神経原線維のもつれ、大脳皮質や海馬など、認知に関わる脳部位での広範なシナプス変化を伴うコリン作用性神経細胞の喪失です（Loizzo, Tundis, Menichini, & Menichini, 2008）。

   アルツハイマー病の神経変性の基礎には、コリン作用性機能の低下がみられます。いくつかの研究で、コリンエステラーゼ拮抗剤のようなコリン作用性機能を増強する物質は認知機能を改善するとわかっています。外傷性脳損傷の場合、海馬へ及ぶコリン作用性の求心性回路の損傷が、認知機能の障害の原因となります（Arciniegas, 2001; Arciniegas, Topkoff, Rojas, Sheeder, Teale et al., 2001）。

7. 神経可塑性

   シナプスの連絡性が変化する過程には、速い形や遅い形、安定した形があります（Peled, 2005）。

   速い可塑性には、皮質性に広がった神経細胞の集合体における同期同調性と、位相固定された膜電位の変化が関与します。遅い可塑性とはシナプスや神経原性の過程を指し、これは脳由来神経栄養因子（BDNF）に依存した過程も含まれます。安定した可塑性とは、長期に存続する回路として統合されたシナプスや神経回路を指します。

8. 脳由来神経栄養因子（BDNF）

   BDNFやその受容体、トロポミオシン受容体キナーゼBは、細胞死の可能性を減らすような無数の神経性機能を調節しています。神経保護作用の他に、BDNFは神経細胞の成長、つまり神経形成を促しています。

9. 長期増強（LTP）

   これは神経間の連結性の増加に基づく、神経可塑性の一つの形です。長期間のうつ病（LTD）は連結性の減少に関連しています。N－メチル－D－アスパラギン酸（NMDA）型興奮性アミノ酸受容体は、BDNFにより調節され、少なくとも3週間は持続する速い連結性（LTPや

LTD）の変化に関与します。
10. 向知性薬

向これは認知機能の増強や神経保護薬として製造されました。向知性薬はヨーロッパで広く研究され使用されていますが、米国（や日本）の専門家の多くはこれらをあまり知りません。向知性薬は、抗酸化状態の改善、膜流動性、ミトコンドリア機能、神経伝達物質濃度、mRNAによる蛋白質合成、脳血流、神経可塑性、長期増強など、いろいろな機構を通して作用します。

神経発達と神経保護：オメガ-3脂肪酸とビタミン

神経系の機能や構造に必須である多くの主要栄養素や微量栄養素の中で、オメガ-3脂肪酸やビタミンは臨床現場でとても重要です。

オメガ-3脂肪酸

高度不飽和脂肪酸にはオメガ-3脂肪酸（FAs）や α（アルファ）リポ酸（ALA）、ドコサヘキサエン酸（DHA）、エイコサペンタエン酸（EPA）、アラキドン酸（ARA）が含まれ、膜流動性や膜酵素活動、炎症調節に関与する分子（たとえばプロスタグランジン）の産生を維持するためには必須です。DHAは細胞膜の構成物の一つです。オメガ-3脂肪酸は、遺伝子発現や、フリーラジカルによる神経細胞の損傷に対する抗酸化防衛に関与しています。

高度不飽和脂肪酸を適切に供給することは、胎児発達、幼児期、妊娠期、成年後期と、脳が年齢を重ねていく過程で最も重要です。オメガ-3脂肪酸の重要性が研究により解明されており、特に神経発達におけるDHAの重要性は立証されています（Bourre, 2006, 2007; Crawford, 1993）。

二重盲検偽薬対照研究（DBPC）が行われ、オメガ-3脂肪酸を多く含む人工ミルクを投与された乳児では、脳や目の発達が改善したり（Jensen, Voigt, Prager, Zou, Fraley et al., 2005）、10ヵ月時における問題

解決能力が改善したり（Willatts, Forsyth, Dimodgno, Varma, & Colvin, 1998）、精神発達指標において高い数値を示したりしました（Birch, Garfield, Hoffman, Uauy, & Birch, 2000; Helland, Smith, Saarem, Saugstad, & Drevon, 2003）。

さらに長期で大規模な、発達への影響を評価する研究が必要ですが、オメガ-3脂肪酸は胎児や新生児の神経発達に重要な要素であり、栄養指導などで注意を払ったほうがよいでしょう。

妊娠初期、急増する胎児の脳細胞に供給するために、母親のDHAの血中濃度はその栄養状態に関わらず増加します。しかし、妊娠中全般ではDHA量は減少し、特に妊娠第三期には母親の蓄えは枯渇してしまいます。これにより、母親の産後うつ（周産期うつ病）や双極性障害の危険が増加します（Hibbeln, 2002）。

従って、妊娠期間中や授乳中の母親、および乳児の人工ミルク、特に未熟児に対しては、食事で適切なDHA量を確保することが重要です。DHAを多く含み、EPAが少ない魚油の栄養補助食品は、オメガ-3脂肪酸のバランスに悪い影響を与えるかもしれません。1日にDHAとEPAを計1000mg内服するとよいでしょう。

母乳中の脂肪酸には、母親がとった食事と母親がもつ脂肪細胞という二つの源があります。魚油の栄養補助食品を内服すると、母親の脂肪細胞や母乳中のDHAとEPAの濃度を直接的または間接的に増加させます。

認知症やアルツハイマー病患者では、オメガ-3脂肪酸値の低下が認められます（Conquer, Tierney, Zecevic, Bettger, & Fisher, 2000）。

高齢患者1200名を対象とした8年間の前向き研究では、DHAが低値の患者は高値の患者と比較して、アルツハイマー病を発症するリスクが67％大きいことがわかりました（Kyle & Arterburn, 1998）。

DHAを含む栄養補助食品は、アルツハイマー病の神経学的症状を改善しました（Nidecker, 1997; Soderberg, Edlund, Kristensson, & Dallner, 1991）。

軽度のアルツハイマー病患者174名に対して二重盲検無作為偽薬対照研

究（DBRPC）が行われ、EPA 600mgの投与を行うと、6ヵ月間における認知機能の低下が緩やかになりました（Freund-Levi et al., 2006）。

神経変性疾患を持つ患者に対する抗酸化物質やオメガ-3脂肪酸の神経保護作用を確認するためには、さらなる研究を行う必要があります（Youdim, Martin, & Joseph, 2000）。

食事に関する研究では、米国、カナダ、ヨーロッパ、オーストラリアなど多くの国において、オメガ-3脂肪酸の著明な欠乏（推奨量から30～90％の低下）が認められています。DHAやEPAの供給源として一番よいのは、野生の多脂魚（鮭や鱒）です。

現在では、オメガ-3脂肪酸を多く含む卵が新しい供給源になっています。オメガ-3脂肪酸を餌として鶏に与えると、その鶏肉での濃度が2倍程度上昇し、鶏が産む卵内の濃度は20倍です（Bourre & Galea, 2006）。

オメガ-3脂肪酸は、その他にナッツ類（特にクルミ）、亜麻仁、濃緑色野菜にも多く含まれています。

魚を定期的に食べることに抵抗がある患者の場合、魚油や亜麻仁油のカプセルが勧められます。亜麻仁に含まれるリノール酸からDHAへ変換する酵素活性が低い人がおり、その場合は魚油が好まれます。

高度不飽和脂肪酸が認知の発達を高め、神経変性作用を防ぐという、有力な証拠も存在しています。不飽和非水添脂肪酸を多く摂るとアルツハイマー病の危険性が減少する可能性があり、飽和脂肪酸やトランス脂肪酸を多く摂るとアルツハイマー病の危険性が増加します（Morris, Evans, Bienias, Tangney, Bennet et al., 2003）。

最近の疫学的研究では、地中海式食事法でアルツハイマー病の危険性が減少することがわかっています（Scarmeas, Stern, Tang, Mayeux, & Luchsinger, 2006）。この食事法の特徴は、高度不飽和脂肪酸や魚、新鮮な野菜、赤ブドウの皮、赤ワインの摂取です。

ポリフェノール（レスベラトロール）には、神経保護作用や心血管系保護作用があります。ブドウの葉や赤ブドウの皮、赤ワイン、ザクロ、ブルーベリー（多くのほかのベリーも）、緑茶、イチョウ、イワベンケイ、ピ

クノジェノール（フランス海岸松樹皮の抽出液）や他の植物中に、ポリフェノールが多く含まれています。

ビタミン

ビタミンや必須元素は、エネルギーの産生や高齢者の認知機能の調節（ビタミンB_1、B_{12}、コバラミン）、加齢中の脳発達や記憶（ビタミンB_9や葉酸）、細胞膜保護（ビタミンEやαトコフェロール）、前頭葉や言語機能（ビタミンB_{12}）のために、必要とされます。

特定の脳機能は特定のビタミンに関連しています：ビタミンB_1、B_2（リボフラビン）、B_3（ナイアシン）、B_9（葉酸）は抽象的思考に、ビタミンCは視空間認知に、ビタミンB_6、B_{12}、A、Eは視空間記憶に（Bourre, 2006）。

老人4740名を対象にした3年間の横断的前方研究が行われ、1日にビタミンC 500mgとビタミンE 400 IUを両方摂ると（どちらか片方だけではなく、ビタミンB群でもない）、アルツハイマー病の罹患率と発生率が減少しました（Zandi et al., 2004）。その他の研究でもこの結果が支持されています（Sano, 2003）。

ビタミンB群、葉酸、ホモシステイン

細胞蛋白質の合成や細胞膜の維持、抗酸化物質の産生は、メチル化（メチル基の供給）経路を通して行われており、このメチル化には補助因子のビタミンB群が必要です。

気分や記憶、認知機能の異常はビタミンBの欠乏と関連しています。（Bottiglieri, 1996; Hassing, Wahlin, Winblad, & Backman, 1999）。

認知症や脳卒中歴のない平均年齢61歳の成人812名に対して、ホモシステインやその補助因子の葉酸、ビタミンB_6（ピリドキシン）、ビタミンB_{12}の値が分析されました。ホモシステインの濃度は、年齢や性、心血管系疾患で調整すると、認知遂行能力と逆相関していました。葉酸やビタミンB_6、B_{12}は認知遂行能力と相関していましたが、心血管系疾患やその危

険因子で調節すると、ビタミンB_6のみ関連がありました（Elias, Robbins, Budge, Elias, Brehmen et al., 2006）。

葉酸（B_9）やビタミンB_6（ピリドキシン）、B_{12}が高値であるほど、高い認知遂行能力が認められました。健常者に対するビタミンB群を含む栄養補助食品の投与では、気分や認知機能が改善しました（Benton, Griffiths, & Haller, 1997）。

軽度の認知症をもつ55〜85歳の患者75名に対する3ヵ月間のDBRPC試験では、ビオストラスというビタミンB群と抗酸化物質を含む栄養補助食品が、通常の倍量投与されました。偽薬群では症状が悪化しましたが、ビオストラス投与群では短期記憶や身体的・感情的幸福が改善していました（Pelka & Leuchtgens, 1995）。

老人や脳に障害を負った患者に、ビタミンB群をビタミンC、Eと組み合わせて投与する治療は、おそらく意味のあることでしょう。

S-アデノシル-L-メチオニン（SAMe）

S-アデノシル-L-メチオニン（SAMe）はメチル化回路において、メチル基の提供物質として最も活動的です（図2.1参照）。

これは神経細胞膜の保全や流動性の保持、神経伝達物質の合成、エネルギー代謝に重要な役割を持ちます。SAMeは、アミノ酸のメチオニンとアデノシン3リン酸の結合により生まれます（第2章SAMeの生化学を参照）。

SAMeの精神医学や神経内科学、内科学における多くの応用例について、総説があります。（Brown et al., 2000）。

SAMeは、霊長類において、運動皮質や前頭前皮質背側外側部におけるレセルピン誘導病変の障害を減らし、回復をもたらしました。またSAMeは、組織修復のための貪食細胞（マクロファージ）の移動を高める作用を持つことがわかりました（Takahashi, Nishino, & Ono, 1986; 1987）。

老齢ラットに対してSAMeを投与すると、コリン作用性機能を高め、学習の欠損を減らしました（Pavia, Martos, Gonzales- Correa, Garcia,

Rius et al., 1997)。

　10mg/kg/日のSAMeを皮下投与したラットの脳組織では、フリーラジカルの産生が50％減少し、グルタチオンが50％増え、グルタチオンペルオキシダーゼとグルタチオントランスフェラーゼが100％近く増加しました（De La Cruz, Pavia, Gonzales- Correa, Ortiz, Sanchez dela Cuesta et al., 2000）。

　グルタチオンは重要な抗酸化物質の一つであり、特に神経細胞膜の保護に必須です。虚血もしくは出血性脳卒中を起こしてから24時間以内の患者41名を対象とした予備DBRPC研究が行われました。1日あたりSAMe 2400mg静脈注射、3200mg静脈注射、もしくは偽薬が14日間患者に投与されました。するとSAMe投与群では生存者が著明に増え、良好な忍容性を示しました（Monaco, Pastore, Rizzo, et al., 1996）。

　軽度から中等度の器質性精神病を持つ高齢患者40名に対して、やや縛りの緩い単盲検試験が行われました。SAMeを2ヵ月間投与されると、サンドズ老人臨床評価尺度において、19中13項目が改善しました。エネルギーや運動、混乱、自己管理の尺度が25〜40％改善していました（Fontanari, DiPalma, Giorgetti et al., 1994）。

　脳震盪後症候群を持つ患者30名に対して、1ヵ月間にわたるDBRPC研究が行われ、1日SAMe 150mgの静脈注射もしくは偽薬が投与されました。脳震盪後症候群の平均臨床尺度は、偽薬投与群では49％減少したのに対して、SAMe投与群では77％減少していました。SAMe投与群では平均入院期間が短縮されました。（Bacci, Ballerini, Lopez, Anguera, Alcaraz, & Hernandez Reyes, 1983）。

　健康的な脳機能、脳の老化の予防と治療、アルツハイマー病において、SAMeが重要であるという医学的証拠が増加しています（Chan & Shea, 2007）。

　補足4.1では、神経変性の過程に関与すると考えられている回路について解説しています。

　神経変性疾患の改善のためには、しばしば多層的治療が必要です。

高齢患者に対して一連のCAM治療を提案する場合は、時間をかけて行うとよいかもしれません。

> ### 補足 4.1　SAMeの神経保護作用
>
> 　アルツハイマー病や加齢の過程で、葉酸欠乏はSAMeを減少させ、DNAのメチル化が減少しDNA切断が増加します（35ページ 図2.1参照）。
>
> 　葉酸やSAMeが減少すると、ホモシステイン増加による神経毒性の増加、プレセニリン-1の過剰発現、酸化ストレスを抑えるグルタチオン利用の減少、βアミロイド沈着の増加などのアルツハイマー病リスクを高めます。
>
> 　5,10-メチレンテトラヒドロ葉酸還元酵素（MTHFR）のC677T多型では、葉酸を使用してホモシステインからメチオニンを再生します。SAMeは、アデノシン3リン酸とメチオニンの結合により産生されます。MTHFRは、アルツハイマー病のアポリポ蛋白E（ApoE）4依存性の危険因子となります。
>
> 　アルツハイマー病の場合、SAMeが減少するにつれてS-アデノシルホモシステインが増加し、さらにメチル化が妨げられます。
>
> 　ChenとShea（2007）による、げっ歯類での研究では、認知障害や攻撃性に対するSAMe補助の差動効果が示されました。ApoEと人間のApoEの遺伝的変異体を持ち、正常もしくはヘテロ接合性によりMTHFRを持たない成体及び老齢マウスに対する研究が行われ、SAMe投与によりすべての遺伝子型において認知遂行能力が改善し、間接的にアセチルコリン合成に関与していました。

以下に示す複雑な症例では、パーキンソン病の第一選択薬としてのSAMeの役割（第2章参照）、そしてイワベンケイの補完効果（ハーブの

神経発達と神経保護：オメガ-3脂肪酸とビタミン

代替治療の項参照)、デヒドロエピアンドロステロン（DHEA；第6章参照)、フペルジンA（コリン作用増強薬参照）の効果を示しています。

 症例1　パーキンソン病：SAMe、イワベンケイ、DHEA、フペルジンA、神経療法

P博士は81歳の女性で、成功を収めた作家でした。政治科学について多くの本を出版しており、個人的に教師もしていましたが、彼女は1日2～3時間しか執筆できないことを不満に思っていました。

70歳台初めにパーキンソン病を発症し、物忘れやうつ病を伴って徐々に悪化しました。日中には、突然深い眠りに入る"睡眠発作"に襲われるようになりました。この症状は、ロピニロール（レキップ）やレボドパのようなドパミン作動薬で治療中の患者によくみられます。

さらに骨関節炎の痛みが徐々に悪化し、杖が必要になり、ついには外出にも支障を来すようになりました。

記憶力やエネルギー状態の改善のために、ロザビン（アメリデン社のイワベンケイ製品）の午前中300mg投与が開始され、徐々に400mgを1日2回まで増量され、これが2年間にわたり継続されました。さらにエネルギーを高め、うつ病や骨関節炎を緩和するために、1日2回のSAMe 400mg投与を開始し、1日2回800mgまで増量されました。治療の結果、彼女のエネルギー、身体強度、動作緩慢、振戦、関節痛が著明に改善し、睡眠発作も止みました。

記憶改善を目的としてフペルジンAを試みましたが、これは胃腸障害のために中止しました。

P博士は血中DHEA濃度が44mcg/dlで遊離テストステロンの値が低下しており、DHEA 25mg/日の内服治療を行いました。これにより、エネルギーはさらに高まりました。彼女は杖が不要になり、コンサートや講義へ行ったり、地下鉄に乗ったり、性生活を楽しむなど、以前の活動の多くを再開しました。

しかしまだ、集中力の低下や講義中の注意散漫が起こりやすいことが不

満だったので10回の神経療法のために他の施設を紹介されました。すると、注意力や集中力の改善を実感し、講義が効果的に行え、毎日生産的な時間を増やせたそうです。

ピカミロン

ピカミロンには、抑制性神経伝達物質であるγアミノ酪酸（GABA）とビタミンB_3（ナイアシン）が含まれています。ピカミロンは、脳血管の緊張を減らし、大脳血流を増やします。

二重盲検対照研究では、脳血流改善においてピカミロンはビンポセチンよりも大きな効果を示しました（Mirzoian, Gan'shina, Kosoi, Aleksandrin, & Aleksandrin, 1989）。

ピカミロンには軽い鎮静作用（攻撃性の減少）と軽い刺激作用の両方があり、覚醒状態や認知が改善します。ピカミロンは血液脳関門をすばやく通過し（Dorofeev & Kholodov, 1991）、動物実験での毒性は低値でした（経口致死量の中央値は体重1kgあたり10g）。

ロシアの研究者らは、ピカミロン20～50mg、1日2～3回を2週間～3ヵ月間投与した結果、外傷性や大脳の動脈硬化、毒物による脳病変による器質性精神病を持つ患者において最も高い効果が認められました。（Kruglikova, 1997）。

これは大脳血管障害による覚醒状態の低下、不安、うつ症状に対して効果を示す可能性があり、さらなる研究が待たれています。

多発梗塞性認知症の患者で、ピカミロンが他のCAM治療と組み合わされて、エネルギーや認知機能、気分、社会性が改善した症例を以下に提示します。

 多発梗塞性認知症

ジョージは芸能界で有名な人物でしたが、60歳になると性格が変わり、認知機能や記憶、判断力、社交性が障害されました。

神経発達と神経保護：オメガ-3脂肪酸とビタミン

　その評価観察期間中に出現した痙攣により、重大な自動車事故を起こしてしまいました。脳の精密検査を行いましたが、2年間にわたり異常は認められませんでした。しかし最終的に、進行性の多発梗塞性認知症と診断されました。

　ジョージは働けなくなったため感情が乏しくなり、うつ症状が現れ、興奮や不適切行動のため、社会的な活動をしなくなってしまいました。彼は妻以外の介護を受け付けなかったため、妻は介護に追われました。

　まず初めに痙攣の治療のため、ジョージに対してラモトリギン（ラミクタール）が1日400mg投与されました。その次に、無気力や脳機能の回復のために、SAMe 400mgが1日2回投与されました。

　さらにロザビンプラス（アメリデン社のイワベンケイ製品）1日300mgと、ピカミロン1日300mgが追加されると、彼のエネルギーや認知機能、気分が著明に改善しました。

　社交性が回復し、親族や公の集まりにも参加できるようになり、出演した映画での授賞式にも出席できました。

　こうして8年間は安定していましたが、その後認知機能が再び悪化しました。そして緊張病様うつ病となり、誰とも話さなくなってしまいました。うつ病に対して積極的に治療がなされ、エフェクサーXRを1日300mg投与されました。

　彼はヘビースモーカーでしたので、禁煙するべくウェルブトリンが1日200mg投与されました。

　記憶障害に対してはガランタミンがまず投与され、徐々に1日48mgまで増量すると、短期記憶がやや改善されました。

　メマンチン（ナメンダ）1日30mgが投与されると、興奮や不安が減り、行動がまとまり始め、妻や他の人に再び話しかけるようになりました。その後、妻以外の介護者も受け入れるようになり、妻は休息の時間が得られるようになりました。

　進行性の神経変性の過程における、これらの治療による相対的な改善は、彼や家族に大きな安心をもたらしました。

ミトコンドリアにおけるエネルギー産生増強と抗酸化保護

エネルギー供給が維持されると、脳機能や修復機構が正常に保たれます。

> **臨床の金言**
>
> ドネペジルやアリセプトなどのコリンエステラーゼ阻害剤は、患者を過剰刺激する場合があり、イデベノンは刺激の少ない選択肢になります。

コエンザイム（補酵素）Q10、イデベノン、ユビキノール

コエンザイムQ10（CoQ10）やその変異体は、アデノシン３リン酸の産生を高めるミトコンドリアの電子伝達系の働きを高め、これは細胞機能のためのエネルギー供給に重責を担っています（Gillis, Benefield, & McTavish, 1994; Matsumoto et al., 1998, Mordente, Martorana, Minotti & Giardina, 1998; Rego, Santos, & Oliveira, 1999）。

ユビキノールはCoQ10の還元体であり、細胞膜の脂肪が過酸化されるのを防ぐ重要な抗酸化物質です。

CoQ10の変異体は、細胞におけるエネルギー産生と抗酸化保護作用の両方を持っているため、神経変性疾患や心血管系疾患の予防効果があります。

CoQ10の変異体であるイデベノンは、動物実験で、基底前脳のコリン作用系や脳虚血での病変による認知障害を改善し、再灌流障害から培養された星状細胞を守り、ビンポセチンの作用を増強し（脳血管系疾患に対するこの半合成の血管拡張薬についての情報は、以下を参照ください）、長期増強作用を高め（学習や記憶に必要）、脳梁通過反応（半球間の交流）

ミトコンドリアにおけるエネルギー産生増強と抗酸化保護

を改善するという作用がわかっています：

軽度から中等度のアルツハイマー病患者に対して、イデベノンを投与した2つの研究が行われ、コリンエステラーゼ阻害剤に似た効果が測定され、改善が認められました（Gutzmann & Hadler, 1998; Okuyama & Aihara, 1988）。

しかし軽度から中等度のアルツハイマー病患者536名を対象とした1年間の多施設DBRPC試験では、イデベノンの投与によりアルツハイマー病評価尺度（日常生活の活動性の評価）において改善が見られましたが、臨床全般印象尺度の改善の項目では差は認められず、臨床的に有意差はありませんでした（Thal, Grundman, Berg, Ernstrom, Margolin et al., 2003）。

著者らの臨床では、イデベノンは特に脳血管系疾患（たとえば多発梗塞性認知症）や、ミトコンドリア機能疾患（たとえばフリードライヒ失調症）の患者に有効でした。

イデベノンは覚醒状態を改善する傾向があります。

ユビキノールのようなCoQ10の新たな改良薬は、動物実験においてより大きな効果を示しています。標的とする血液脳関門や細胞膜を問題なく通過し、ミトコンドリア内部に多く分布する抗酸化物質が現在開発中です（Murphy, & Smith, 2007）。

CoQ10変異体の次世代薬は、臨床試験において、より高い神経保護作用が証明される可能性があります。

アセチル-L-カルニチン

アセチル-L-カルニチン（アルカー）は、脂肪酸が酸化される過程におけるミトコンドリア内部へのアセチル補酵素Aの取り込みを促し、酸化的リン酸化系を介するエネルギーの産生を高めます（di Donate, Frerman, Rimoldi, Rinaldo, Taroni et al., 1986; Pettegrew, Levine, & McClure, 2000）。

脳卒中ラットにおいて、神経保護作用や強い回復作用が認められています（Lolic, Fiskum, & Rosenthal, 1997）。

アルツハイマー病の発病において、酸化ストレスは重要です。4-ヒドロキシ-2-ノネナールによる酸化毒性モデルでは、アルカーはαリポ酸と一緒に投与されると、蛋白質酸化や脂質過酸化、抗酸化物質の減少が認められ、アポトーシスから大脳皮質の神経細胞を保護しました（Abdul & Butterfield, 2007）。

動物実験では、アルカーはαリポ酸、CoQ10、必須脂肪酸とともに投与すると、加齢に関連するミトコンドリアの機能を低下させることで効果を示す可能性があることがわかりました（Di Donato et al., 1986; Lolic et al., 1997）。

一方、60歳以下の軽度のアルツハイマー病患者に対する臨床研究では、アルカーはわずかな効果しか示しませんでした（Brooks, Yesavage, Carta, & Bravi, 1998）。

脳血管障害を持つ高齢患者12名に対する二重盲検偽薬対照研究では、アルカーは反応時間、記憶、認知遂行機能を改善しました（Arrigo, Casale, Buonpcore, & Ciano, 1990）。

アルカー1500mgの静脈注射を行うと、脳虚血患者10名中8名に局所的な脳血流の改善がみられました（Rosadini, Marenco, Nobili, Novellone, & Rodriguez, 1990）。

アルカーのアルツハイマー病への研究は、規模が小さく説得力は弱いですが、予防目的や軽度のアルツハイマー病に対するコリンエステラーゼ阻害薬の補助薬として役立つでしょう（Bianchetti, Rozzini & Trabucchi, 2003; Hudson & Tabet, 2003; Montogomery, Thal, & Amriein, 2003）。

著者らは、外傷性脳損傷や脳血管障害患者に対してアルカー1500mgを1日2回投与すると、2週間以内に患者のエネルギーが高まり、認知機能が改善することを発見しています。

アルカーは副作用がほとんどなく、危険性が低い補助薬です。

稀に、双極性障害患者において躁状態を引き起こす場合があります。

コリン作用増強薬

　アセチルコリン量の減少がアルツハイマー病の主症状の根底にあり、病態生理学的にも最も矛盾のない知見となっています。
　アルツハイマー病の研究において、コリン作動薬は認知機能を高め、悪化を遅延させることがわかっています。

ガランタミン：スノードロップ

　スノードロップ（マツユキソウ、*Galanthus nivalis*）のアルカロイド抽出液は、加齢に伴う記憶減退に対して、数百年にわたりロシアや東欧で民間療法として使用されてきました。
　ガランタミン（ラザダイン）はニコチン受容体のアロステリック調節体であり、アセチルコリンエステラーゼの弱い阻害薬です。
　ガランタミンは、米国食品医薬品局（FDA）によりアルツハイマー病の治療薬として承認されました（Giacobini, 1998; Raskind, Peskind, Wessel & Yuan, 2000; Tariot, Solomon, Morris, Kershaw, Lilienfeld, 2000）。
　ガランタミンは胃腸障害を引き起こすため、患者が治療を継続できない場合が多くあります。
　スノードロップのハーブ抽出液とイワベンケイを組み合せると、より効果的に治療を継続できる場合があります。
　ガランタミンやドネペジル（アリセプト）、フペルジン、ネファラセタム、アニラセタムの認知増強作用は、コリン作用性やN−メチル−D−アスパラギン酸（NMDA）の活性の増強作用によります（ラセタムや向知性薬は、膜流動性を高め半球間交流を改善します。これらについては第5章の学習障害の項を参照してください。Narahashi, Moriguchi, Zhao, Marszalec, & Yeh, 2004）。

第4章　認知記憶障害

シチコリン、CDP-コリン

　リン脂質コリン作動薬の前駆体であるシチジン 5'-二リン酸コリン（CDP-コリン）は、脳卒中や認知症、脳損傷の治療のためにヨーロッパや日本で使用されています（Alverez, Mouzo, Pichel, Perez, Laredo et al., 1999）。

　CDP-コリンはよく吸収され血液脳関門を通過し、コリン（アセチルコリンの前駆体）とシチジン（リボヌクレオチド）に分解されます。コリンは細胞膜のリン脂質構造に組み込まれ、ミトコンドリアでの代謝やリン脂質合成を改善し、ノルアドレナリンやドパミン、セロトニンの濃度を高めます。

　動物モデルでは、CDP-コリンは大脳の低酸素状態を緩和し、大脳皮質や前頭葉、海馬での虚血や浮腫、神経細胞死から保護しました。この作用の一部は、特にグルタミン酸の放出を減らしアデノシン3リン酸を増加することによります（Baskaya, Dogan, Rao, & Dempsey, 2000; Hurtado, Moro, Cardenas, Sanchez, Fernandez- Tome et al., 2005; Rao, Hatcher, & Dempsey, 1999）。

　ラットの脳障害や老化モデルにおいて、CDP-コリンは記憶や認知遂行機能、神経可塑性機構を改善しました（Dixon, Ma & Marion, 1997）。

　中大脳動脈領域の急性虚血性発作を起こした患者214名に対して、CDP-コリンが発症24時間以内に投与されました。すると発症12週後の頭部MRI検査にて、病変領域が著明に縮小していました（Mitka, 2002）。

　コクラン脳卒中レビューグループによるCDP-コリンの比較対照試験のメタ解析では、大脳疾患を持つ高齢患者に対して、短期から中期的に記憶や行動を改善するという医学的証拠が多少あると結論づけられました。全般印象の改善を示す医学的証拠は、より強固でした。

　特に血管性認知障害や血管性認知症、加齢による記憶減退に対する効果の検討が望まれています（Fioravanti & Yanagi, 2005）。

　より良い治療結果を得るためには、CDP-コリンは脳卒中発症24時間以内に投与を開始する必要があると思われます（Parnetti, Mignini,

Tomassoni, Traini & Amenta, 2007)。

　脳損傷の患者に対して行われた3つのDBRPCと2つの比較試験を含む検討において、CDP-コリンによる治療は、早期の意識回復、臨床的もしくは脳波上の改善、運動リハビリテーションの促進、入院期間の短縮と関連していました（Calatayud, Maldonado, Calatayud Perez, & Aso Escario, 1991; Levin, 1991; Lozano, 1991）。

　毒性についての研究では、CDP-コリンは極めて安全で、副作用はほとんど確認されていません。

フペルジン-A

　フペルジン-Aはトウゲシバ（*Huperzia serrata*）に由来するアルカロイドの一種で、強力で特異的、可逆的なアセチルコリンエステラーゼ（AChE）阻害剤です。過酸化水素フリーラジカル、ベータアミロイド蛋白形成、グルタミン酸、虚血からの細胞保護作用などの神経保護作用を有しています。さらにミトコンドリアを保護し、酸化ストレスを減らし、神経成長因子を上方制御します。フペルジン-Aは早く吸収され脳血管関門を通過し、比較的長いAChE抑制作用を示します。

　動物や霊長類での実験では、学習や記憶の改善が認められました（Tang, 1996; Xu, Zhao, Xu, Shao, & Qin, 1996）。

　中国で行われた450名以上が参加した3つの二重盲検対照試験と1つの非盲検試験では、アルツハイマー病に著明な効果を示しました。

　血管性認知症やアルツハイマー病に対する、フペルジン-Aとニセルゴリン（炎症伝達物質の抑制とグリア細胞由来の神経栄養因子の増加により神経細胞を保護する）、エストロゲン合成薬、精神訓練を組み合わせた4つの試験では、有益な結果がみられました。他の試験では、血管性認知症や頭部外傷、加齢に伴う認知減退、統合失調症に効果が示されました（Akhondzadeh & Abbasi, 2006; Wang et al., 2006）。

　フペルジン-Aは忍容性が高く、副作用が少なく、末梢におけるコリン作動性効果もほとんど認められません。

症例3　頭部外傷

　リンダは企業財務顧問として成功を収めていましたが、35歳の時にジョギング中に交通事故に遭いました。発見されたときは意識不明の状態でしたが、救急救命室で12時間の観察後、異常が見つからなかったため帰宅しました。

　しかしその後記憶障害が出現し、明晰な思考ができなくなってしまいました。財務分析の仕事は続けられず失職しましたが、彼女は気にしていないように見えました。時々うつ症状やめまい症状が現われましたが、彼女にうつ病や気分変動の既往歴はありませんでした。

　6年間の苦悩の末、躁状態がみられるようになったために、治療法を相談するため、友人が彼女を、以前ゾロフトを処方した精神科医に連れて行きました。そこでの神経心理学的検査により、重大な認知記憶障害がわかり、ついに二次的な混合性不快躁病を伴う頭部外傷と診断されました。

　治療の第1弾は、ミトコンドリア、抗酸化、コリン作動系を含む神経修復や機能改善を目的とし、イワベンケイ（Arctic Root SHR-5）1日450mgの投与が開始されました。すると、3ヵ月で彼女の心は働き始め、自分自身の問題を認識するようになりました。

　治療の第2弾として、1日2回CDP-コリン1000mgの内服を約8ヵ月間継続しました。すると彼女の思考能力はさらに改善し、記憶、整然とした記録、仕事の再開、適切な社交、教育活動が再開できました。

　治療第3弾で、気分変動（うつ症状）を抑えるためにSAMe1日1200mgを使用しました。当初からSAMeを投与しなかったことは注目すべき点です。彼女は以前、他の抗うつ薬で躁状態を起こしたため、SAMeでも躁状態を引き起こす危険性があると考えられたからです。しかしイワベンケイやCDP-コリンの投与で神経修復に全体的な改善がみられたため、SAMeの追加は安全であると判断されました。これにより彼女の認知能力は約6割改善されましたが、集中力とその持続にはまだ不満が残りました。

治療第4弾は、集中力や記憶といった遺残症状へ向けられました。アリセプト2.5mgを追加するとやや改善しましたが、嘔吐や下痢が出現したため中止しました。そのためフペルジン-A 50mcgを1日2回、3ヵ月間内服し、その後1回100mcgまで増量しました。これにより彼女の記憶と集中力は著明に改善しました。彼女は自信を取り戻し、仕事に完全復帰を果たしました。

この症例では、神経機能不全の複数の側面に焦点を当てて、処方を組み合わせることで効果を得た様子が描かれています。

多くの調査研究は、1種類の介入による効果に注目するため、多層的な治療の全体像をつかむには限界があります。

しかし機能を完全かつ適切に回復するためには、多層的な治療が必要となるでしょう。

✳ ハーブの代替治療

医療ハーブは、何千年にもわたり記憶認知機能を高めるために使用されてきました。

アダプトゲン

イワベンケイ、チョウセンゴミシ、エゾウコギ、チョウセンニンジン、アシュワガンダ（*Withania somnifera*）、マカ（*Lepidium meyenii*）

アダプトゲンとは、代謝調節作用を持つ生理活性複合体を含む植物のことです。

パノシアンとワグナーは、中枢神経に対するアダプトゲンの効果に関して広く総括を行いました。するとイワベンケイやチョウセンゴミシ、エゾウコギ等の数種のアダプトゲン抽出液には、ストレス反応に対して相乗的効果が認められたと述べています（2005）。

アダプトゲンは、複数のストレス因子（生物学的、化学的、身体的）へ

の抵抗性を高め、恒常性を保ち（身体指標がどうであれ正常に戻す作用を持つ）、必要以上に身体機能を妨害しません（Brekhman & Dardymov, 1969）。

1994年にソビエトの宇宙飛行士や軍事関係者を対象とした幅広い研究報告が発表されました。それによると、イワベンケイとエゾウコギ、チョウセンゴミシを組み合わせたADAPTの内服を行うと、知的および身体的遂行能力とストレス条件下での耐性が向上しました（Baranov, 1994）。

> ### 臨床の金言
>
> ストレスのある健常者や疲労、認知障害、記憶障害のある人に対して、気分やエネルギー、身体的精神的遂行能力を改善するために、アダプトゲンを使用できます。

イワベンケイ

古代の医療ハーブであるイワベンケイ（*Golden Root, Arctic Root, Roseroot*）は、コーカサス、シベリア、スカンジナビア、カナダ北部、アラスカの標高の高い場所（2400〜3000m）に生息しています。何千年にもわたって民間療法として、老年期の強靭な身体、記憶力保持のために使用されてきました。

これは貿易路を経て、「黄金の根」として中国の皇帝に伝えられました。

ギリシャの医師ディオスコリデスによる紀元76年の著書「医薬の材料について」の中に記述があり（Gunther, 1968）、バイキング（北欧の海賊）も使用していました。

高圧液体クロマトグラフィーによる根の分析で、ロザビン、ロジン、ロザリンと呼ばれる、種を特定する化合物であるシンナミルアルコールグリコシドが同定されました。

イワベンケイの抽出物は、生物活性を有するアルカロイドやポリフェノ

ール、チロソールやサリドロシドというフェニルプロパノイドを含んでいます（Bikov, Zapesochnaya, & Kurkin, 1999; Dubichev, Kurkin, Zapesochnaya, & Vornotzov, 1991; Kurkin & Zpesochnaya, 1986）。

　根全体からの抽出液は、個々の化合物よりも大きな生理活性を持っています。イワベンケイ抽出物は、サリドロサイド1%以上、ロザビン3%以上を含む事によって標準化されており、乾燥剤（たとえばマルトデキストリン）や他の担体を含まない方がよいでしょう。

　イワベンケイの歴史や研究、臨床使用については、著者ブラウンとゲルバーグによる『ロディオラ革命：*The Rodiola Revolution*』（2004）という書籍に詳しく述べられています。

　イワベンケイのアルコール抽出液より単離された2つのフラボノイド配糖体（ゴシペチン-7-O-1-ラムノピラシドとロジオフラボノシド）、各5g/Lを検査してみると、それぞれ58±15%、38±4%のAChE阻害効果が認められました。このAChE阻害作用が、イワベンケイの持つ精神・記憶増強作用の一部を説明するものと考えられます。もっと細かく分析すると、AChE阻害作用を担う多くの構成要素が判明しました（Hill-House, Ming, French & Towers, 2004）。

　イワベンケイは脳（脳幹網様体や大脳半球）や筋肉、肝臓、血液中においてエネルギー代謝を高め、アデノシン3リン酸、リン酸クレアチン等の高エネルギー化合物を生み出すミトコンドリアの能力を増します（Furmanowa, Skopinska-Rozewaka, Rogala, & Malgorzata, 1998; Kurkin & Zapesochnaya, 1986）。

　イワベンケイは大脳皮質や脳幹において、ノルアドレナリン（NA）やドパミン（DA）、セロトニン（5-HT）を増加し、視床においてはNAとDAを増加します（Petkov, Yonkov, Mosharoff, Kambourova, Alova et al., 1986; Stancheva & Mosharoff, 1987）。

　さらに心臓において、抗不整脈作用や陽性変力作用を示します。イワベンケイは、心筋におけるカテコラミン放出やアデノシン3',5'-環状リン酸の上昇や、ストレスによる副腎由来のカテコラミンの枯渇を予防します

第4章 認知記憶障害

(Maslova, Kondrat'ev, Maslov & Lishmanov, 1994)。

1960年代に、ソビエト連邦防衛省は、ストレスが強いオリンピック選手や科学者、軍事関係者、宇宙飛行士の精神的・身体的遂行能力増強のために、イワベンケイや他のアダプトゲンを用いた、動物や人間を対象とする広範な研究を開始しました (Saratikov & Krasnov, 1987a)。

この戦略的調査は1992年のソビエト崩壊後まで機密とされ、ザキール・ラマザノフ博士によって英語に翻訳されました (2001.7月、個人的交流)。

現在は、最近の研究の総括も利用可能です (Brown & Gerbarg, 2004; Brown, Gerbarg, & Ramazanov, 2002, Furmanowa, Oledzka, Michalska, Sokolnicka, & Radomska, 1995; Germano, Ramazanov, & Bernal Suarez, 1999; Kelly, 2001)。

疫学的調査によると、ジョージア共和国（旧グルジア）の山岳民族に高い割合で見られる、百歳以上の高齢者や心身ともに健康な高齢者の存在は、（遺伝的要因よりも）環境および栄養要因に基づくことが判明しました (Agakishiev, 1962; Ferell et al., 1985)。これらの研究には、残念ながら調査対象者らの出生記録が存在しませんでした。

ジョージアでは、イワベンケイの根を煎じたお茶を毎日飲む習慣があり、これが長寿につながっていると考えられています。

ソビエトの科学者は、イワベンケイ抽出物がヒトの脳の機能に対して、認知機能を冷静なまま刺激し、学習記憶能力を向上させ、長時間の正確な精神的遂行機能を高める作用を発見しました。

蛇からヒトまであらゆる動物で実験され、身体的精神的ストレスや疲労、温度、寒冷、毒、放射能からの保護作用があったため、この植物はアダプトゲンに分類されました。健常者に対する研究では、イワベンケイは知的労働能力や抽象的思考、反応時間を改善しました (Saratikov & Krasnov, 1987c; Sparov, Mandrikov & Mionova, 2000; Spasov, Wikman, Mandrikev, Minorova & Neumoin, 2000)。

器質脳症候群の患者の中では、特に脳の外傷性病変や血管性病変、それ

も外傷後早期の患者に対して最も劇的な効果を示しました。しかしこの研究の大部分は昔ながらの非盲検研究で、古い分類法を用いていました。

ピラセタムは、イワベンケイの認知機能改善のための補助薬として使用可能です。

イワベンケイは、「感情の不安定や多幸感」を示す患者では症状が悪化したという報告があります（Saratikov & Krasnov, 1987c; Ramazanov, 2001年7月　著者との交流）。双極性障害患者は、躁状態になる危険性があります。しかし著者らの経験では、せいぜい稀に軽躁状態になる程度で、気分安定薬を内服中で主にうつ状態にある双極性障害患者には大変有効です。

ラットの実験では短期および長期記憶を改善しました。内服10日後には、脳幹におけるNA, DA, 5-HTの濃度が著明に上昇しました。しかし大脳皮質では5-HTの著明な増加に対して、NAとDAは減少していました。視床下部では、NAとDAの濃度は未治療の対照と比較して3倍まで上昇しました。また、DAと5-HT前駆体の血液脳関門の通過性を高めました。

これらの研究結果は、大脳皮質や辺縁系の活性化作用と一致しています。さらにイワベンケイ抽出物は、記憶貯蔵に関わる（辺縁系から大脳皮質への）回路におけるアセチルコリン阻害を逆転させました（Brown et al., 2002）。

ドイツのワイゼンにあるドクターローゲス（Dr.loges）社製のヴィゴダナ（Vigodana）という商品には、イワベンケイ100mg（100 mg Rosenwurzwurzel-Extract, Wirstaff）とマグネシウム60mg、少量のビタミンB_6, B_{12}、葉酸が含まれています。

身体的愁訴（疲労、意欲減退、日中の眠気、性欲低下、睡眠障害）と認知障害（集中力の低下、物忘れ、記憶減退、ストレスへの脆弱性、イライラ）を持つ50〜89歳の成人120名に対して、12週間の非盲検研究が行われ、ヴィゴダナは安全であり、副作用は認められませんでした。

忍容性（薬の内服に患者がどれだけ耐えられるか）は、患者や主治医の

99％が「良い」または「大変良い」と回答しました（Finekmann & Gruenwald, 2007）。

　これは対照試験ではありませんが、2つの服薬スケジュールを用いて、効果の違いを明らかにしていました。第一群ではヴィゴダナ2カプセルを朝に内服し、第二群では朝に1カプセル、昼食後に1カプセルを内服しました。第一群では、90％が認知機能の改善を示したのに対し、第二群では64.4％でした。ディジットコネクションテストの数値は第一群では平均30％改善したのに対して、第二群では16％でした。

　この研究の弱点は、身体的愁訴や認知障害の測定の多くが4ポイントスケールの患者主観的尺度に基づいており、障害の特徴がはっきりしないことです。客観的な測定法は、ディジットコネクションテストだけでした。しかし、満足度や全般的改善、安全性、忍容性は高値を示しました。ヴィゴダナはイワベンケイ抽出物100mgを含みますが、その標準化の方法は明らかではありません。

　イワベンケイは、頭部外傷患者において軽度の認知刺激作用を発揮する一方、感情を鎮める効果もあります。しかし、不安が強い患者は、イワベンケイの刺激効果により不安を悪化させることがあるので、高用量投与に耐えられないかもしれません。

　イワベンケイは、エゾウコギやチョウセンゴミシ、チョウセンニンジン、イチョウ、アシュワガンダ（*Withania somnifera*）と組み合わせると、記憶や認知機能を改善する効果がさらに増強されます。

　処方薬との相互作用は報告されていません。しかしカフェインや他の刺激物と一緒に摂ると、刺激作用の相加効果が現れる場合があります。

　著者らの臨床では、イワベンケイを記憶や認知の問題、疲労といった症状を示す多くの疾患に使用し、概ね良好な結果を得ています。

　このハーブをさらに調査研究すると、良い結果が得られるでしょう。

ハーブの代替治療

症例4　ライム病による認知の低下と記憶障害

　ライム病は、米国や他の国の多くの地域で認められる伝染病です。
　シカダニが動物や人間を噛むと、ボレリアがダニの胃からその動物の血流の中に入ります。このスピロヘータは身体のどの部位でも生存可能であり、大脳血管壁に宿ると重要部位への血流を減らし一連の身体的・精神的症状、たとえば認知の低下、進行性の記憶障害、単語取得の困難、運動失調、集中力低下、疼痛、頭痛、慢性疲労、ベル麻痺、2次的な不安やうつ症状を引き起こします。こうした神経症状は、正しい診断や治療を受けられずに長年が経過する場合があります。
　一連の積極的な抗菌剤治療によってスピロヘータが除菌できますが、しばしば神経損傷による重大な障害が残ります。
　CAM治療は、細胞のエネルギーや神経可塑性、抗酸化物質による防御力を高めて神経の修復を行い、回復のためにとても大切です。

　リーは30歳の作家で、週末はニューヨーク州ダッチェス郡の小さな農場で過ごしますが、そこはライム病の発生率が高い地域でした。彼女に関節痛が現れた時、ライム病の検査結果は陰性でした。数年のうちに彼女の物忘れはひどくなり、疲れやすく集中力が低下していきました。
　彼女は執筆できないばかりか、読むことさえ困難になりました。文章の最後まで読み進めた頃には、最初の部分を忘れてしまいます。
　脳の画像診断や神経学的精密検査では、結論は出ませんでした。ある神経内科医が「彼女の症状はヒステリーによるもので身体疾患ではない」と伝えましたが、リーは診断を疑い始めました。
　顔面右半分が麻痺するベル麻痺が出現して、ライム病の診断が下りました。そして抗生剤の静脈注射による治療が始まりました。幸いにもベル麻痺は治癒しましたが、認知機能や記憶は元に戻りませんでした。
　1年後彼女は『ロディオラ革命』を読み、ゲルバーグ医師の下を訪ねま

した。初診時には徹底的な問診、血液検査が行われました。そしてCAM治療に関するメリットと潜在的なリスクについて情報が与えられました。

まず、ビタミン類や栄養素、抗酸化物質による治療が開始され、オメガ-3魚油1000mgを1日2回、さらにマルチビタミンやビオストラス（ビタミンB群と抗酸化物質）を摂取することになりました。

次の外来時には、朝食20分前のイワベンケイ（ロザビンプラス）150mgの内服（4日間）が追加されました。そして副作用がなければ、1日2回に増やすよう指導されました。

リーは、イワベンケイの内服で、すぐにスタミナが増し、エネルギーが高まるのに気がつきました。2週間のうちに彼女の内服量は、朝2錠と昼食20分前の1錠に増えました。1日450mgの内服を開始して4週間後、彼女の記憶や集中力は回復し始め、その後徐々に5ヵ月間かけて正常へと戻っていきました。

疲れた時には、物事を思い出すのにやや遅れがみられましたが、それ以外は彼女の記憶はほぼ正常となりました。書く能力が回復しライム病にかかる前の人生を取り戻せたので、リーは大変喜びました。

チョウセンゴミシ

チョウセンゴミシ（朝鮮五味子、*Schizandra chinensis*）は中国の医療ハーブとして知られ、集中力を高め身体の耐久力を高める作用が認められていました。中国の皇帝は、エネルギーを高めるためにチョウセンゴミシを使用していました。

このアダプトゲンには抗うつ作用や感情を静める作用、抗炎症作用があります。

チョウセンゴミシの果実の抽出液には、AChE活性の著明な阻害作用が発見されました。(Hung, Na, Min, Ngoc, Lee et al., 2007)。

チョウセンゴミシには感情を静める作用があるため、不安が強く神経が過敏な患者の場合、イワベンケイの刺激作用を打ち消すのに役立ちます。

エゾウコギ

エゾウコギ（*Eleutherococcus senticosus* チョウセンニンジン、シベリアニンジンと同科）はとげの多い低木で、シベリアや中国北部に生息しています。アダプトゲンとして長い歴史があり、ロシアや中国、韓国、日本においてストレスや疲労への耐性を高めるために使用されてきました。

その抽出法にもよりますが、エレウロシドやイソフラキシジンといったエゾウコギの生理活性物質は、マウスを用いた実験において、泳がせてストレスを与えた後の疲労を減らし、ナチュラルキラー細胞活性やコルチコステロンの濃度の回復を改善しました。

アスリートは体力や身体の耐久性を高めるためにこの抽出液を使用していますが、今のところヒトを対象とした研究結果は不明確です。東欧やロシアでは、エゾウコギは免疫調節物質として、リウマチ疾患に対する抗炎症作用を期待して使用されています。

エゾウコギ抽出物には、炎症誘発性の一酸化窒素合成酵素を下方制御する作用が発見されました。(Jung, Jung, Shin, Park, Jun et al., 2007)。

ヒトでのエゾウコギ単独を用いた研究は限られていますが、他のアダプトゲンと組み合わせた製品において、疲労減少や精神刺激効果を示しています（Panossian & Wagner, 2005）。

ニンジン（オタネ、チョウセン）

チョウセンニンジンの根は、何千年にもわたり中国や韓国、日本で伝統医療として使用され、今では世界中で使用されています。

ニンジンの活性成分は、ジンセノシドもしくはニンジンサポニンです。ニンジンの心血管系疾患やがん、免疫不全、肝毒性への効果が研究されています。ある研究によると、ニンジンの活性成分の一部は中枢神経系疾患や神経変性疾患にも有益な効果を発揮することが示唆されています。

主に細胞培養やげっ歯類での研究では、ニンジンの保護作用には抗酸化作用や抗炎症作用、抗アポトーシス作用、免疫刺激活動があることがわかりました（Radad, Gille, Liu, & Rausch, 2006）。

これらの作用機序には、内皮細胞による一酸化窒素産生増加（血流や酸素運搬に必須、Kang, Kim, Schini & Kim, 1995）、フリーラジカルの除去、興奮毒性への反作用、糖調節作用が関与しています。

糖尿病患者36名を対象とした8週間のDBPC研究が行われ、ニンジンは精神運動遂行機能を改善したものの、記憶の改善はみられませんでした（Sotaniemi, Haapakoski, & Rautio, 1995）。

高齢患者49名を対象とした8週間のDBPC研究では、偽薬群と比較して、ニンジン1日80mgの投与では認知機能は改善しませんでした。しかし、ニンジン80mgというのは、効果が期待できない低用量です（Thommessen, Laake, 1996）。

40歳以上の健常者に対する8週間のDBRPC研究では、ニンジン1日400mg投与で、偽薬群と比較して、抽象的思考や反応時間が著明に改善しましたが、記憶や集中力は変わりませんでした（Sorensen & Sonne, 1996）。

イチョウとニンジンを組み合わせると、認知の増強が期待できます（Wesnes, Faleni, Hefting, Hoogsteen, Houben et al., 1997）。

健常者における長時間の精神負荷作業中のオタネニンジン投与では、認知遂行機能を改善しましたが、これはさらなる研究が必要です（Reay, Kennedy & Scholey, 2006）。

アルツハイマー病に対するハーブ使用の総説において、ハーブの組み合わせにより良い効果が認められた2つの試験が指摘されています。

一つ目の研究は、アルツハイマー病患者52名に対する4週間の単盲検無作為化偽薬対照研究です。抑肝散を投与すると、認知機能の改善と軽度の鎮静効果が得られました（Iwasaki, Sato, Nakagawa, Maruyama, Monma et al., 2005）。

二つ目は、8種類の漢方の抽出物を組み合わせた八味地黄丸（Rehmannia 8）を使用した研究です。アルツハイマー病患者50名に対する2ヵ月間のDBRPC研究では、八味地黄丸は認知機能を改善し、興奮症状を減らしました。コリン作動性の増強や、NMDA受容体拮抗作用、そ

の他の作用がこの効果に寄与していると考えられます（Dos Santos-Neto, de Vilhena Toledo, Medeiros-Souza, 2006）。

アシュワガンダ

アシュワガンダ（Withania somnifera）には抗ストレス作用（冷静になる、軽度の鎮静作用）があり、アルツハイマー病に対する保護効果が期待できます（Withania somnifera, 2004）。

このアダプトゲンは数千年前から伝統医学で使用され、動物で広く実験されてきました。その結果、コリンエステラーゼ阻害作用が判明しました（Hawkins, 2000）。

インテリジェンスプラス

インテリジェンスプラス（Intelligence Plus、旧名Student Rasayana）はアーユルヴェーダの調合薬で、伝統的調合薬を受け入れているインド文化圏でしばしば使用されています。

小学校3年生34名に対する5ヵ月のDBRPC研究では、インテリジェンスプラスを投与された群はIQが10ポイント上昇したのに対して、偽薬群では5ポイントの上昇でした。さらにインテリジェンスプラス群の78%にIQ改善がみられたのに対して、偽薬群では50%の改善でした（これは何度もテストを受けることで予測される学習効果を上回っています）（Nidich, Morehead, Nidich, Sands, & Sharma, 1993）。

生体外での実験では、インテリジェンスプラスは脂質過酸化を減らし、海馬を長期に活性化しました（Sharma, Hanna, Kauffman, & Newman, 1995）。

これに関しては、臨床での追加研究が必要です。

マカ

ペルーのアダプトゲンであるマカ（*Lepidium peruvianum meyenii*, Chaconと同義）は、数千年にわたりアンデス山脈の人々によって、エネ

ルギーや性交渉、高地での妊孕性(にんようせい)(妊娠のしやすさ)、ストレス耐性、栄養状態、閉経症状の改善のために使用されてきました(Quiros & Cardenas, 1997)。

ステロールやグルコシノレート、アルカロイド成分は、雌ラットにおいて卵胞刺激ホルモンやエストロゲン、テストステロンを上昇させ、雄ラットではテストステロンを上昇させました(Chacon, 1997; Quiros & Cardenas, 1997)。しかし人体では、ホルモン濃度の上昇は確認されていません。

小規模の二重盲検偽薬対照研究では、マカはヒトのストレス減少や気分、認知、運動能力に良い影響を及ぼす可能性が示唆されました。ヒトおよび動物を用いた研究では、毒性や副作用は認められませんでした(Aguilar, 1999, 個人交流より)。

マカは、子宮筋腫やエストロゲン受容体関連の腫瘍リスク、子宮内膜症、前立腺がんを持つ患者には禁忌と考えておくとよいでしょう(第6章参照)。

困難な症例に対するアダプトゲンの組み合わせ：認知障害と易疲労感

アダプトゲンの組み合わせの研究は数が限られていますが、神経学的、身体的に重度で複雑な症例に対して多層化した統合治療を行うことで著明な改善をもたらすと、著者らは考えています。

以下の10の治療原則は、著者らの臨床経験に基づいています。

1. 認知障害や易疲労感のある患者には、まずCAMとしてイワベンケイを使用します。1回150mgを午前中の内服から開始し、必要であれば最大1日当たり750mgまで増量可能で、午前中と日中に分割投与します。
2. 症状は改善したが、認知障害や易疲労感が残っている場合、エゾウコギ1回500mgを1日2回の内服から開始し、必要に応じて1回1000mgまで増量します。
3. さらに症状が続く場合、チョウセンゴミシ100mgを午前中に追加服

用します。1回200mgを1日2回まで増量可能です。チョウセンゴミシとエゾウコギがそれぞれ100mgずつ含まれるケアアンドリバー（Kare-n-Liver、付録の表A3参照）という配合製品があり、これを使うと便利でしょう。別の方法では、ADAPT-232（スウェーデンハーブ研究所）という商品があります。イワベンケイやチョウセンゴミシ、エゾウコギが含まれていますが、含有比率は公開されていません。

4. 精神的なエネルギーをさらに改善する必要のある患者には、チョウセンニンジン250mgもしくは500mgを午前中に内服すると役立ちます。稀に1日1000mgまで必要な患者もいます。
5. 身体的エネルギーが低い患者には、エゾウコギ500～1000mgを追加するとしばしば効果が得られます。
6. 身体的な強さとともに、冷静さを得たい患者の場合、アシュワガンダ（*Withania somnifera*）を200～400mg夜間に内服するとよく効き、不眠も改善します。必要であれば200～400mgを午前中に追加します。
7. エネルギーと認知機能が一部改善し、さらに身体的、認知機能、性的活力を改善したい場合（不安が強い場合を除く）、マカ（*Lepidium myenii*）750mgを1日2～8カプセル内服すると効果があります。特に身体的・神経学的疾患で衰弱している患者で効果が期待できます。一方マカは、ホルモン感受性腫瘍（たとえば前立腺、乳、卵巣、子宮がん）の既往を持つ患者には投与しない方が良いです。
8. イワベンケイ投与により刺激されて、身体的（興奮、神経過敏）、精神的（不安、不眠）症状が出現する患者がいます。身体疾患や神経学的疾患により活動性が低下したり、衰弱している患者には、イワベンケイの効果が強すぎた場合、低用量のイワベンケイを含むアダプトゲンの組み合わせ処方がよいでしょう。たとえばイーズエナジー（Ez-Energy, Ameriden社）にはイワベンケイ70mg、チョウセンゴミシ、エゾウコギ、マンシュウハンノキ（身体能力を改善し、抗酸化作用を有する）、ルージアカルダモイデス（蛋白合成や身体能力を改善す

る）が含まれています。

9. 複数の薬による治療を実行するのが難しく、イワベンケイで部分的な改善がみられ、さらに身体エネルギーや精神的明晰を向上させたい患者には、ADAPT-232（スウェーデンハーブ研究所）へ変更が可能です。ADAPTにはイワベンケイ、エゾウコギ、チョウセンゴミシが含まれていますが、その配合比率は特許で保護されています。特許で保護された製品に含まれるハーブの比率は公開されないでしょう。
ソビエト連邦防衛省による研究で使用されたADAPTの元々の配合比率は、2錠あたり、イワベンケイ360mg（サリドロサイド1％とロザビン3％）とチョウセンゴミシ100mg、エゾウコギ100mgでした。ADAPT-232の包装には各ハーブの含有量が記載されていませんが、この製品は調査研究や筆者らの臨床経験で、有効性が認められています。

10. 一般的に、多くの材料を少量ずつ含む製品は推奨されませんが、相乗効果を示す組み合わせの便利な栄養補助食品がいくつかあります。
一例として、ライフエクステンション社製のコグニテックス（現在はCognitex with BrainShieldとして販売中）という商品があります。3カプセル中に脳血流増進剤（ビンポセチン20mg）やアセチルコリン促進剤（アルファグリセリルホスホリルコリン600mg）、AChE阻害剤（アシュワガンダ125mg）、神経細胞膜機能増強剤（ウリジン-5'-一リン酸 50mgRNA-DNAのリン脂質構造）、抗酸化物質（野生ブルーベリー）、抗炎症剤（ホップ、ローズマリー）が含まれています。

以下の症例は、複雑な疾患に対するアダプトゲンを用いた多層的な治療における、臨床現場での意志決定の過程を描いています。

症例5 脳卒中後のてんかん、認知障害、運動障害性構音障害、感情鈍麻、不眠、偽性球麻痺

　アービングは優れた音楽批評家でしたが、60歳の時に大脳動脈瘤破裂による右側頭葉の脳卒中を発症し、水頭症（脳室の拡大）が現れました。シャント留置の手術後にてんかんの大発作が出現し、抗けいれん薬レビラセタム（ケプラ）が投与されました。

　3年後に妻が彼を医者に連れていくと、アービングは重度の認知低下や会話困難、感情鈍麻、日中の眠気、不眠、うつ症状、性機能の完全喪失、理由のない感情失禁（偽性球麻痺）等の症状が認められました。

　仕事や社交は不可能で、思考をまとめられなくなり、不安が高まるとどもり始め、スキーや自転車はあきらめざるを得ませんでした。

　主治医である神経内科医から、抗けいれん薬の漸減が助言されました。レビラセタムを止めてみると彼の認知機能は約50％回復しました。

　治療の第1弾として、認知や感情鈍麻を改善するためにイワベンケイ（Energy-Kare、カレンハーブス社製）を投与しましたが、不眠が現れたため、アービングは1日朝1錠しか摂取できませんでした。

　第2弾では、感情失禁に対してセルトラリン1日50mgを投与しましたが、高用量は投与できませんでした。座り込んだり、ぼーっと一点を見つめたりといった症状が頻繁に起こりました。

　これに対する第3弾として、メチルフェニデート（リタリン）を1日7.5mgとセレギリン5mgを週3回投与し、症状は幾分か改善しました。しかし、高用量使用すると夜に眠れなくなってしまいました。ドネペジル（アリセプト）1日5mgの投与で記憶が多少改善されました。

　第4弾では、約2年間にわたり計40回の神経療法（神経療法の項を参照）が行われ、認知処理時間や複雑な運動課題の遂行能力が改善されました。その結果、徐々にスキーや自転車に乗ることができるようになりました。

　アービングは、神経療法を完了してから1年後、運転中に高速道路で追

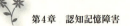

突されてしまいました。脳震盪を起こし、認知や疲労、吃音、不眠、不安、PTSD症状が再発しました。そのため10回の神経療法を追加することで、事故以前の機能が回復しました。

治療第5弾は、アービングの身体的エネルギーや性機能の低下、日中の眠気、認知障害などの改善を目標としました。刺激を加えるために、アービングはマカ750mg4錠を朝に投与され、身体エネルギーや活動性が高まりました。そして日中の眠気や一点凝視は完全に消失しました。

性欲や性機能は、イワベンケイとマカの内服により回復し始めましたが、不眠や神経過敏症状がひどくなるため、マカの高用量の内服はできませんでした。また彼の硫酸DHEA値が低下していたため、DHEAを1日50mg追加することで、彼の勃起機能はさらに改善しました。

治療第6弾は、向知性薬のアニラセタムを追加しました。ラセタムはリン脂質と相互作用し、膜流動性を回復して半球間伝達を改善し、左半球の言語過程野を選択的に活性化します（ラセタムの項、または第5章を参照）。一般的にアニラセタムは副作用がなく、忍容性は高いです。アニラセタム750mgの1日2回投与で、アービングの言語表現は改善し、1日2、3時間執筆したり、地域の会合に参加できるようになりました。

認知機能は80％程度まで回復したものの、以前仕事で必要とされていたレベルの高度な執筆はできません。しかし、ちょっとした出版物への寄稿や、地方大学での音楽の歴史や批評の講義は行っています。

 進行性のパーキンソン病

大学教授のサイモンは、60歳の時にパーキンソン病と診断され、70歳になるとレボドパ（シネメット）が効かなくなってしまいました。

極度の記憶喪失や日常生活動作の低下（食事摂取や着脱衣不能）のため、24時間の介護が必要になりました。さらに重いうつ状態になり、彼の妻は絶望していました。

抗うつ薬を試しましたが効果が少なく、逆に興奮を引き起こしました。

治療第1弾としてSAMeが開始され、1回400mgを1日5回まで増量すると自発性やエネルギー、精神集中が改善されました。

治療第2弾は、イワベンケイは刺激が強すぎたため、低用量のイワベンケイ70mgとマツユキソウが含まれるニューロゲン・APフォーミュラ (Neurogen A/P Formula アメリデン社製、現在未発売) に変更されました。さらに認知機能を高めるため、コグニテックス (Cognitex ライフエクステンション社製で、ホスファチジルセリンやアルファグリセリルホスホリルコリン、ブドウの種抽出ポリフェノール、ブルーベリー抽出ポリフェノール、アントシアニン、ウリジン-5'-一リン酸、ホップ、ローズマリーを含有) と、シチジン5'-二リン酸コリン600mgとフペルジン100mgをそれぞれ1日2回投与しました。

さらにマカ750mg1日2回の投与を追加すると、エネルギーや覚醒状態、精神集中、記憶、身体活動性が回復し始めました。そして家族のもとを訪問したり、旅行への興味が湧き、自力で食事や着替えができるようになりました。

再び悪化するまでの8年間、彼と妻は大変良い時間を過ごしました。最後の年には精神が混乱した時期がありましたが、彼と妻の生活の質 (QOL) はかなり良好に保たれました。

認知機能増強のための他のハーブ

ハーブは、イオンチャンネルや膜流動性、抗酸化作用による防御など多様な機構を通して、認知や記憶を高めるという医学的証拠があります。

レモンバーム、セージ、スパニッシュセージ

認知症患者に対して予備的無作為対照試験が行われたところ、レモンバーム (コウスイハッカ、*Melissa officinalis*) とセージ (ヤクヨウサルビア、*Salvia officinalis*) が認知に効果がみられ、興奮を減らしました (Akhondzadeh & Abbasi, 2006; Akhondzadeh, Noroozian, Mohammadi,

Ohadinia, Jamshidi et al., 2003)。

　4週間のDBRPC試験が行われ、重度の認知症患者71名に対してレモンバームのアロマセラピーを行った結果、引きこもりや興奮の症状が減り、日常生活での活動性が改善しました。

　健常者18名に対するレモンバーム300mgもしくは600mgを使用したDBRPC試験では、高用量投与群ではストレスの影響が減り、冷静さの尺度が改善しました。1日300mg投与群では、数学課題の正確な達成速度が改善されました（Kennedy et al.,2004）。

　18～37歳の健常な大学生24名に対する交差DBRPC研究では、偽薬もしくは25μl、50μlのセージが投与されました。セージ高用量投与群では、認知薬物研究バッテリーや気分の評価を行うと、偽薬群と比べて記憶や二次記憶要素の速度や覚醒状態、冷静さ、満足度が著明に改善していました。

　スパニッシュセージ（*Salvia lavandulaefolia*）がセージの代わりに使用されることがあります。セージと同じ生理活性成分を含んでいますが、高用量で毒性を示すツジョン（テルペノイドケトン）が少ないからです（Tildesley, Kennedy, Perry, Ballard, Wesnes et al., 2005）。

　これらのハーブの認知機能に対する薬効は、さらなる研究が必要です。

ビンポセチン

　ビンポセチンはニチニチソウ（*Vinca minor*）から採れる半合成のアルカロイドで、東欧では脳血管疾患の治療に血管拡張薬として使用されてきました。

　細胞が損傷すると、ホスホジエステラーゼが活性化したり、計画的な細胞死（アポトーシス）を引き起こす細胞周期蛋白質が異常発現します。ホスホジエステラーゼ阻害剤の生体外での研究では、ビンポセチンは4つの神経毒性機構、低酸素や低血糖、ベラトリジン、スタウロスポリン、グルタミン酸による破壊作用からラットの神経細胞を保護しました（55～77％）。さらにホスホジエステラーゼ阻害剤はサイクリンD1の上方制御を

抑制し、アポトーシス促進性のカスパーゼ-3活性を抑制します（Chen, Williams, Liao, Yao, Tortella et al., 2007）。

抗けいれん薬によるけいれんを抑えるしくみの一つとして、大脳のシナプス前電位感受性ナトリウムチャンネルの浸透性を減らし、その結果としてグルタミン酸（興奮性神経伝達物質）の放出を減らします。

（放射性同位元素で）標識されたグルタミン酸を前投与する、海馬の神経終末に関する研究が行われました。それによるとカルバマゼピン（テグレトール）やフェニトイン（ディランティン）、ラモトリギン（ラミクタール）、トピラマート（トポマックス）よりも、ビンポセチンはより低濃度で、グルタミン酸上昇につながるベラトリジン（ナトリウムチャンネルを開放する）の放出を抑制しました（Sitges, Chiu, Guarneros, & Nekrassov, 2007）。

ビンポセチンは、細胞内カルシウムの上昇によって促進される分子カスケード（反応の連続）を抑制します。

ビンポセチンによる神経保護作用には、カルシウム／カルモジュリン依存性環状グアノシン一リン酸（cGMP）ホスホジエステラーゼ1の抑制、血管平滑筋のcGMPの細胞内濃度の上昇、脳血管抵抗の減少、脳血流の増加が含まれています。

PET検査で中大脳動脈領域の梗塞が判明している12名を含む、慢性脳血管障害を持つ患者731名に対するDBRPCの総説では、ビンポセチンは大脳における糖代謝速度や、脳卒中病変周囲の血流を改善すると結論しました（Bonoczk, Gulyas, Adam-Vizi, Nemes, Karpati et al., 2000）。

著者らの臨床では、頭部外傷による二次性脳虚血や、SPECT検査で脳血流の減少がみられた患者に効果を示すことを発見しています。

多発梗塞性認知症の初期症状を持つ患者や危険因子を持つ患者に、ビンポセチンは効果を発揮する可能性があります。生体外実験では、ビンポセチンは確かな神経保護作用を示しているので、さらなる臨床試験が必要でしょう。

生体利用率を高めるための固形脂質ナノ粒子が開発されれば、ビンポセ

チンの経口投与が可能となり、より効果の高い製剤の開発につながるでしょう（Luo, Chen, Ren, Zhou, & Quin 2006）。

イチョウ

　イチョウ（*Ginkgo biloba*）は、膜流動性や酸化損傷への抵抗性を高めます（Drieu, Vranckx, Benassayad, Haourigi, Hassid et al., 2000）。

　葉より得たイチョウ抽出物は、中国の漢方薬として認知や記憶障害、その他の疾患に使用されており、アルツハイマー病や脳血管疾患治療に関する研究が行われています。

　抽出液中の複数の要素の影響で、血管拡張作用や血液粘着度低下による血液供給量の増加、神経伝達系の調節、酸素フリーラジカルの減少といった薬効が発揮されます。

　ウォンによる、DBRPCを含む素晴らしい研究総括があります（Wong, Smith, & Boon, 1998）。

　それによると、イチョウによる記憶の改善効果はごくわずかで、用量依存性でした。1日60mgから内服を開始し、1回120mgを1日2回まで漸増可能です。副作用は稀で、時に吐き気や頭痛、皮疹が出現します。

　イチョウは、やや血小板凝集能を減少させますが、血液凝集や出血時間（Cott, 2002）、フィブリノゲン、プロトロンビン時間、部分トロンボプラスチン時間（Hail, Cankurtaran, Yavuz, Ozkayar, Ulger et al. 2005）に対する影響は認められていません。とはいえ、抗凝固薬を内服中の患者にイチョウを投与する場合は注意が必要で、手術をする場合は2週間前には中止すべきです。

　イチョウ抽出液には神経保護作用があり、記憶や加齢に伴う記憶障害、血管性認知症、アルツハイマー病に効果があります。

　アルツハイマー病患者236名に対して52週間にわたる多施設DBRPCが行われ、イチョウ抽出液（EGb761）が1日120mg投与されました。すると軽度から中等度の認知障害を持つ患者の認知遂行能力を改善し、さらに重度の患者に対して症状の悪化を遅らせました（Le Bars, Velasco,

Ferguson, Dessain, Kieser et al., 2002)。

　統合失調症患者109名に対するDBRPC比較試験では、ハルドール（ハロペリドール）とEGb1日360mg投与群では、ハロペリドール単独投与群と比較して、陰性、陽性症状評価尺度において著明な減少がみられました。加えて、EGb治療群では錐体外路症状の副作用がわずかでした。この効果は、EGbのフリーラジカル除去作用によると仮定できます（Zang, Zhou, Zhang, Wu, Su et al., 1998）。

　イチョウは、セントロフェノキシンやピラセタムなど、他の向知性薬の作用も増強します（ピロリジノンの項参照；Diamond, Shiflett, Feiwel, Matheis, Noskin et al., 2000; Wong, Smith, & Boon, 1998）。

　著者らの臨床経験によれば、外傷性脳損傷に対しては、他の薬の作用増強薬として使用することが一番よい使い方であるとの印象を得ています。

　イチョウを用いた二重盲検偽薬対照研究の別の総括が行われました。認知症や認知障害の患者に対してイチョウが予測可能で臨床上著明な効果を有するという医学的証拠は、不安定で確証が得られなかったと結論しています（Birks & Grimley Evans, 2007）。

　イチョウは、GuidAgeという5年間のDBRPC研究の対象となりました。アルツハイマー病への効果について、2000年3月から2004年9月まで、記憶能力に症状のある高齢者2854名を対象者とし、1日450mgのイチョウが投与されました。(Vellas, Andrieu, Ousset, Ouzid & Mathiex-Fortunet, 2006)。

　さらに米国では国立衛生研究所（NIH）において、イチョウによる記憶への効果の評価（GEM）という目的と方法が似ている研究が行われました。

　緑茶や紅茶、ブルーベリー、レスベラトール、クルクミンには、イチョウに類似したポリフェノールが含まれており、これはアルツハイマー病予防の潜在的効果があります（Ramassamy, 2006）。

オトメアゼナ

　オトメアゼナ（バコパ，*Bacopa monniera*）は、アーユルヴェーダ医学

において、ストレス耐性を高め、不安を減らし、認知機能を高める目的で、何千年も前から使われています（おそらくサポニンやバコシドを介した作用と考えられます）。

動物実験や生体外研究では、海馬、前頭皮質、線条体において抗酸化作用を認めました（Bacopa monniera, 2004; Jyoti & Sharma, 2006）。

健常者38名に対するDBRPC研究では、オトメアゼナ300mgの急速投与が行われ、服用2時間後に行われた神経心理学的試験では変化はみられませんでした（Nathan, Clarke, Lloyd, Hutchison, Oowney et al., 2001）。

しかし健常者46名に対するDBRPC研究では、55％のバコシド（商品名 ブランド名はKeenmind）が1日300mg継続して（12週間）投与されました。すると偽薬と比較して投与群では、言語学習や記憶、視覚情報処理、学習率、記憶固定（p<0.05）、状態不安（p<0.001）の検査に著明な改善を見せました（迅速な効果発現はみられず、最大効果は12週目の検査で表れた）（Stough, Lloyd, Clarke, Downey, Hutchson et al., 2001）。

40～65歳の健常者76名が参加した別のDBRPCでは、バコパ投与群は、偽薬投与群と比較して、投与開始3ヵ月後の新規情報の保持に改善がみられました。投与終了6週間後、バコパ投与群では、偽薬群と比較して物忘れの比率が減少していました（Roodenrys, Booth, Bulzomi, Phipps, Micallef et al., 2002）。

ニンジンやイワベンケイと似て、バコパには認知増強効果だけではなく、抗ストレス効果、アダプトゲン作用があります（Chowd-huri, Parmar, Kakkar, Shukla, Seth et al., 2002; Dorababu, Prabha, Priyambada, Agrawal, Aryya et al., 2004; Rai, Bhatia, Palit, Pal, Singh et al., 2003）。

バコパの医療使用は、他に喘息や胃潰瘍、甲状腺機能低下症、肉腫、心血管系疾患、麻薬中毒、麻薬の離脱症候群があります（第5章の学習障害やADHDへの使用の項参照）。

副作用は、無視してよいほどわずかです。

向知性薬

セントロフェノキシン、BCE-001、ラセタム、セレギリン、αリポ酸、ホスファチジルセリン

　向知性薬には認知増強や神経保護作用があり、その作用機序は現在盛んに研究されています。

　これらの物質は、フリーラジカルの除去、抗酸化物質の増加、膜流動性、ミトコンドリア機能、神経伝達物質濃度、mRNA蛋白合成、脳血流の改善を通して、効果を発揮していると考えられています。

　神経可塑性に対する良い効果が以下に述べられています。

1. 学習や記憶には、神経栄養因子発現の増加と、長期間持続する変化をもたらすシナプスの可塑性が関与しています。脳由来神経栄養因子（BDNF）に代表される神経栄養因子は、神経の成長や新生を促します。短期や長期の記憶保持には、シナプスの強化や減弱が関与しています。特定の回路が強められると長期増強が出現し、特定のシナプスが抑制されると長期のうつ症状が出現します。

2. グルタミン酸受容体であるα-アミノ-3-ヒドロキシ-5-メチル-4-イソキサゾールプロピオン酸受容体（AMPARs）は、中枢神経系の興奮性神経伝達のほとんどを媒介し、記憶や学習に関与すると考えられているシナプスの可塑性に関与しています。向知性薬は、AMPARsの積極的な調節（増強効果）を通して興奮性のシナプス伝達を増強し、GABA作動性の阻害を高め、AMPARsの非活性化を遅らせ、短期記憶を改善します（Mizuno, Kuno, Nitta, Nabeshima, Zhang et al., 2005）。

　ピロリジノン（ピラセタムやアニラセタム）は、AMPARs活性化物質として同定されています。AMPARsやNMDA感受性イオンチャンネル型グルタミン酸受容体は、記憶や学習において重要です。AMPARsの非活性化を遅らせる調節物質は、人間の短期記憶を改善します

(Ingvar, Ambros-Ingerson, Davis, Granger, Kesseler et al., 1997)。

アニラセタムやCX-614（ピロリジン-1,3-オキサジノ-ベンゾ-1,4-ジオキサ-10-ワン）のような積極的な構造変容調節物質は、AMPARsの非活性化を遅らせ、認知機能の増強が生じているのでしょう（Ling & Benardo, 2005）。

3. 向知性薬は神経保護作用を示します。AMPARsは、BDNFの放出、BDNF受容体であるTrkB-チロシンのリン酸化反応の活性化、そしてBDNF発現を増加する分裂促進因子活性化蛋白質キナーゼシグナル回路を介して、神経細胞を保護します（Wu, Zhu, Jiang, Okagaki, Mearow et al., 2004）。

セントロフェノキシン、BCE-001

セントロフェノキシン（メクロフェノキサート、ルシドリル　CPH）は、コリン合成の一要素であるジメチルアミノエタノール（DMAE）と、植物成長ホルモンの合成体であるp-クロロフェノキシ酢酸（PCPA）のエステルです（Nandy, 1978）。

脳内のアセチルコリン（ACh）の上昇は、大脳萎縮や認知症、外傷性脳損傷へのCPHの治療的効果の基礎となると考えられていました。DMAEは遊離コリンを増加させますが、このほんの一部しかACh合成のために使用されていません。

老化の細胞膜仮説では、酸素フリーラジカル、特に迅速に作用するOH-ラジカルが、細胞膜を損傷することが多いと主張しています。CPHはDMAEを脳へ素早く供給し、ホスファチジルDMAEとして細胞膜に組み込まれます。そして主に細胞膜において水酸基を貪欲に除去する作用により、その神経保護作用を示すと考えられています（Zs-Nagy, 1994）。

CPHは、脳虚血のラットモデルで認知障害を減らしたことから、脳血管疾患における予防的役割が示唆されます（Liao, Wang, & Tang, 2004）。

CPHの投与（1日に100mg/kg、腹腔内投与）を老齢ラットに6週間行

うと、脳組織におけるカタラーゼ、スーパーオキシドジスムターゼ、グルタチオン還元酵素、グルタチオンの活性が増加しました。そして脂質の過酸化は、著明に減少しました（Bhalla & Nehru, 2005）。

8週間にわたる中等度の認知症患者に対するDBRPC試験では、精神運動や行動の遂行能力は偽薬群では27％でしたが、CPH投与群では50％と増加していました（Pek, Fulop, & Zs-Nagy, 1989）。

3ヵ月間にわたる軽度から中等度のアルツハイマー型認知症を持つ高齢患者62名に対するDBRPC研究では、ストレス拮抗薬（Antagonic Stress。CPH、ビタミン、栄養の調合薬）かニセルゴリンどちらかが投与され、このCPH調合薬群では記憶、認知機能、行動がニセルゴリン群と比べて著明に改善しました。この研究では向知性薬はビタミンや必須元素を組み合わせると、より良い効果を示しました（Schneider, Popa, Mihalas, Stefaniga, Mihalas et al., 1994）。

ピラセタムや他の向知性薬は、CPHの効果を補強する可能性があります（Fischer, Schmidt, & Wustmann, 1984）。

BCE-001は現在第Ⅳ相の治験中の向知性薬です（2009年米国にて）。CPAに似ていますが、PCPAの構造が一部修飾され、水酸基を中和するために使用する電子をゆるやかに結合した状態で、CPAの2倍持っています。

生体内外研究において神経細胞の膜流動性の増加、ラット大脳皮質の膜蛋白の交差結合の逆転、神経細胞への再水和を伴う神経細胞膜の受動的カリウム透過性の逆転など、CPHと似ていますがより速い効果を示しました。

ラットの脳において、mRNA生成力の加齢に伴う減少を逆転し、その結果蛋白合成が増加したため、BCE-001はCPHより良い効果を示しました（Zs-Nagy, 2002）。

臨床の金言

臨床現場において、成人や小児の双極性障害が抗けいれん薬を内服

> すると認知機能が低下することがあります。アニラセタムを一回750mg、1日2回内服すると認知機能の改善がみられます。他にも抗うつ薬内服中のうつ病患者、慢性疲労症候群、失読症患者にも改善効果を持ちます。

ラセタム

　ラセタム（ピロリジノン）は向知性的化合物（神経代謝増強薬）です。

　ピラセタムは最も多く研究されてきましたが、アニラセタムやオキシラセタム、プラミラセタムはもっと強力です。

　動物での研究では興味深い結果が得られましたが、ヒトの軽度の認知症や加齢に伴う記憶障害に対する研究の多くでは、効果はごくわずかでした（Flicker & Grimley Evans, 2001; Itil, Menon, Songer, & Itil, 1986）。

　レベチラセタム（ケプラ）は、てんかんの治療薬として米国食品医薬品局（FDA）の承認を受けています。他のラセタムとは違い、他の抗けいれん薬と同様に、認知機能における副作用をしばしば引き起こします（これが薬物中止の最も多い原因の一つになっています）。

　ピラセタムは神経細胞の膜流動性を増加し、脳波検査を賦活化し、赤血球の変形能を改善し、血小板凝集能を正常化します。

　動物による学習モデルや加齢げっ歯類では、CDP-コリンやイデベノン、ビンポセチン、デプレニルを投与すると、記憶欠損の改善が増強されます（Gouliaev & Senning, 1994; Vernon & Sorkin, 1991）。

　ラセタムとCDP-コリン、コリンエステラーゼ阻害薬を組み合わせる臨床研究は有益でしょう。

　脳震盪後症候群に対するピラセタムを用いた研究が行われましたが、方法論的限界がありました（Cicerchia, Santucci & Palmieri, 1985; Russello, Randazzo, Favetta, Cristaldi, Petino et al., 1990）。

　2～12ヵ月にわたる脳震盪後症候群の患者60名に対するDBRPC研究では、ピラセタム1日4800mgを8週間投与すると、症状の重症度、特に

向知性薬

めまいや頭痛の重症度が減りました（Hakkarainen & Hakamies, 1978）。

より大規模な二重盲検偽薬対照研究が行われ、脳卒中後7時間以内のピラセタム投与を言語訓練と組み合わせて行うと、言語の回復が増強されました（De Deyn, Reuck, Deberdt, Vlietinck & Orgogozo, 1997）。

さらにPET検査を行うと、左半球の言語野で、任務遂行に関連して脳血流が増加していました（Kessler, Thiel, Karbe & Heiss, 2000）。

ピラセタムとイチョウを組み合わせると、失読症や失語症の患者の認知保持を著明に改善し、イチョウは集中力や知覚を高め、ピラセタムは学習能力を高めました（Deberdt, 1994; Enderby, Broeckx, Hospers, Schildermans & Deberdt, 1994）。

冠動脈バイパス手術後の虚血性脳卒中や認知障害を持つ患者98名に対するDBRPC研究が行われました。患者らは無作為に、ピラセタムの静脈投与（手術日は1日体重1kgあたり300mg、それ以外は1日体重1kgあたり150mg）か偽薬へと割り付けられました。静脈投与は手術前日から開始して術後6日目で終了し、その後は1日12mgを6週目まで経口内服しました。ピラセタム投与群は、偽薬群と比較して認知機能が著明に改善し、統計学的に著明な治療効果（p=0.041）を示しました（Szalma, Kiss, Kardos, Horvath, Nyitrai et al., 2006）。

セレギリン

セレギリン（L-デプレニル、エウザム）は、米国では主にモノアミン酸化酵素阻害薬（MAOI）の抗うつ処方薬として使用されています。しかし、臨床上MAO阻害効果を示さない程のごく少量では神経保護薬としても使用できます。

増強調節薬として、L-デプレニルは2つの効果を持ちます（Denes, Szilagyi, Gal, Bori & Nagy, 2006）。

L-デプレニルは、非常に低い濃度域で、MAOI作用とは別の神経保護作用を示します。動物による研究では、L-デプレニルは抗酸化物質の増加により、カテコラミンやコリン作動性の神経細胞を保護します

(Kitami, Minami, Maruyama, Kanai, Ivy et al., 2000; Maruyama & Naoi, 1999)。

そしてフリーラジカルの産生を減じて、脳のミトコンドリア機能を改善するという医学的根拠があります。ラットの外傷性脳損傷モデルでは、L−デプレニルは認知機能や神経可塑性を改善し、その効果は特に海馬において顕著でした(Zhu, Hamm, Reeves, Povlishock, & Phillips, 2000)。

L−デプレニルは、ジョセフ・ノール(Joseph Knoll)によって発見され、彼はその作用機序について、その受容体部位において内因性増強剤として作用し、神経伝達を介したカテコラミンとセロトニンの放出を選択的に改善すると説明しました。カテコラミン系とセロトニン系に対する増強作用は、海馬において最も強力です。

この受容体への刺激に応答して、神経膠細胞や星状細胞は多くの神経栄養因子を分泌します。増強剤に感受性のある神経細胞が活発に活動すると、加齢に伴う神経変性作用が遅くなり、6種類の動物実験では寿命が著明に延びました。

L−デプレニルは、パーキンソン病やアルツハイマー病の進行を遅らせる可能性があります(Knoll, 2000, 2003)。

人体での研究のいくつかでは、アルツハイマー病初期において認知機能をやや改善しましたが(Mangoni, Grassi, Frattola‐Piolti, Bassi et al., 1991)、より長期間の研究が必要です(Ebadi, Brown‐ Borg, Ren, Sharma, Shavali et al., 2006)。

セレギリン(L−デプレニル)5mgの半錠という極少量(2.5mg)を、1週間に5日間のみ投与すると、加齢や神経疾患、外傷性脳損傷による神経変性変化を遅らせる可能性があります。高用量で出現しやすい高血圧反応を防ぐための低チラミン食は、この低用量では行う必要はありません。著者らは、神経の修復や他の治療を補完する目的で、この薬を使用しています。

液体のL−デプレニルクエン酸塩はさらに効果があるかもしれませんが、比較研究がまだ行われていません。

L−デプレニルの神経保護作用に関するさらなる研究が望まれています。

L−デプレニル（セレギリン）は、うつ病の治療で用いられる高用量でも、低用量使用時と同様の神経保護作用を示します。

αリポ酸

　αリポ酸（ALA）は単純な構造を持つ代謝性抗酸化物質で、ヨーロッパでは糖尿病の合併症や神経障害に関連する心臓の自律神経症状に対する処方薬として使用されています。

　ALAは大脳虚血、動物の再灌流障害モデル、興奮性アミノ酸による脳障害、ミトコンドリア機能不全、糖尿病性神経障害、先天代謝異常、鉄や銅、その他の金属の過多による神経組織への急性および慢性的な傷害などの疾患に対して、神経保護作用を示しています。

　さらに臨床調査を行うと、今までの研究結果の重要性が判明するでしょう（Packer & Coleman, 1999）。

　ALAとCoQ10は、脳卒中や虚血性心疾患後の回復に有効でしょう。動物脳モデルにおいて、ALAは多量のグルタチオンを産生します（SAMeに類似する）。SAMeを購入する余裕のない患者にとって、虚血性もしくは同様の脳障害が原因の際には、ALAとビンポセチンの組み合わせは役に立つ可能性があります。外傷性脳障害に対して、ALAを1回300mg、1日3回内服するとよいでしょう。

ホスファチジルセリン

　ウシ由来のホスファチジルセリン（Ptd Ser）は、加齢に伴う記憶障害（AAMI Caffarra & Santamaria, 1987; Cenacchi, Bertoldin & Palin, 1987）、アルツハイマー病（Amaducci, 1988）やそれに関連する疾患に対して研究されてきました。

　DBPCで、これらの疾患において軽度の改善が認められました（Crook, Tinklenberg, Yesavage, Petrie, Nunzi et al., 1991）。

　AAMIには、40歳超の健常者で、記憶に関する何らかの問題を自覚している人を含みます。クルックらは、AAMIを持つ患者に対してPtd Ser

を1ヵ月にわたり1日300mg投与し、その後1日100mg投与しました。すると、記憶能力が、平均で10歳若い水準まで回復しました（総説については、Pepeu、Pepeu & Amaducci, 1996を参照）。

Ptd Serはリン脂質層の内側の小さな構成要素で、神経細胞膜の流動性を保つ働きがあるでしょう（SAMeの項で既述）。

ウシの脳由来のPtd Ser（BC-PS）には、ドコサヘキサエン酸（DHA）が豊富に含まれ、動物実験では脳のドパミンやノルアドレナリン、アドレナリンの濃度を上昇させました（Salem, 1989; Salem, Kim & Yergey, 1986）。

逆にDHA含有量が低い大豆由来のPtd Serでは、カテコラミン濃度に変化はみられませんでした（Toffano, Leon, Benvegnu, Boarato & Azzone, 1976）。大豆由来のPtd Serが記憶を改善するという研究はほとんどありません。

ウシ由来のPtd Serの明らかな効果は、オメガ-3脂肪酸の効果により増強される可能性があります（Hibbeln & Salem, 1995）。

BC-PSの使用による狂牛病（牛海綿状脳症、クロイツフェルト・ヤコブ病）発症の報告はまだありませんが、神経組織からプリオンを摂取するリスクは無視できません。プリオンはウシをはじめ、ヒツジや、シカ、ヘラジカなど他の有蹄動物の副腎、膵臓、神経組織、舌に高濃度に存在しています。プリオンへの曝露から症状の出現まで5年以上かかる場合があることが、この治療困難で致命的な病気の原因追跡を困難にしています。政府による消費者を守るための努力にも関わらず、狂牛病を持つ動物は定期的に北米で発見されています。現時点でPtd Serを使用する場合、大豆由来製品にするか、プリオン関連病の監視が厳しいニュージーランドかオーストラリアで育ったウシ由来の製品を使用するよう勧めています。

大豆由来のPtd Ser（S-PS）は、BC-PSに対する有望で安全な代替選択肢です。S-PSはまだBC-PSほど広く研究が行われていませんが、その効果を示唆するデータが得られています。

中年のラットにおいてBC-PSとS-PSを比較した試験では、二方向能

動的回避試験を用いると、認知遂行機能において同等の改善が認められました。逆に卵由来のPtd Serでは、効果はみられませんでした（Blokland, Honig, Brouns & Jolles, 1999）。

大豆由来のレシチントランスホスファチジル化Ptd Ser（SB-tPS）を投与すると、げっ歯類でスコポラミン誘導による記憶障害を改善し（Suzuki, Kataoka & Furushiro, 2000）、老齢ラットで空間記憶を改善し（Suzuki, Yamatoya, Sakai, Kataoka, Furushiro et al., 2001）、アレチネズミで虚血性脳障害を防ぎ（Suzuki, Furushiro, Takahashi, Sakai & Kudo, 1999）、正常成年げっ歯類で学習能力を改善しました（Kataoka-Kato, Ukai, Sakai, Kudo & Kameyama, 2005）。

加齢に伴う記憶障害（認知低下とも言う）を持つ57歳超の高齢患者120名に対するS-PSを用いたDBRPC研究では、1日300mgもしくは600mgの投与は、偽薬と比較して学習や記憶、注意力の試験で効果は認められませんでした。そして血液検査、血圧、心拍数に影響はありませんでした。S-PSを1回200mg1日3回投与しても副作用はなかったため、57歳以上の人にその量まで安全に使用できると考えられます（Jorissen, Brouns, Van Boxtel, Ponds & Verhey, 2001）。

健常者28名に対して交差二重盲検偽薬対照研究が行われました。参加者はイチョウ抽出液（GBE）120mg投与群、GBE 120mgとS-PSの組み合わせ（商品名ヴィルティバ、Virtiva）投与群、GBE 120mgとホスファチジルコリン投与群に割り付けられました。その結果、GBEとS-PSの組み合わせ群のみ、二次性記憶遂行能力と記憶任務での速度が改善しました（Kennedy, Haskell, Mauri & Scholey, 2007）。

この一見矛盾した研究結果をどのように説明したらよいのでしょうか？

まずPtd Ser製品の成分構成は、合成方法や原料によりばらつきがあります。S-PSの分子種は、ステアリン酸やオレイン酸を含むBC-PSと比較してリノール酸やパルミチン酸が多く含まれています（Sasaki, Yamatoy & Kudo, 1996）。

たとえば、げっ歯類を用いた片岡、加藤らによる研究（2005）では、

ホスホリパーゼDのトランスホスファチジル化反応により、大豆レシチンとL-セリンから作られたPtd Serが使用されました。

さらに、Ptd Serの測定効果は、被験者の年齢や神経学的状況、投与量や投与期間、使用された特定の記憶試験の種類に依存していました。

臨床の金言

臨床現場において大豆由来のPtd Serは、加齢に伴う認知障害に対して有用な補完治療です。

より重度の記憶障害には、より強力な治療法が推奨されます。

麦角誘導体
（ばっかく）

麦角誘導体は副作用があるために、著者らは使用を勧めていません。

しかしこれらの製品について知識や興味のある消費者は、医療従事者に情報を求めて質問してくるかもしれません。

ヒデルギンとニセルゴリン

麦角誘導体に興味がある方は、アルツハイマー病や他の器質性脳症候群に対する、ヒデルギンとニセルゴリンの効果に関する総説をご覧ください（Fioravanti & Flicker, 2001; Olin, Scheider, Novit & Luczak, 2001; Pantoni, 2004）。

アルツハイマー病に対するヒデルギンを用いた47以上の試験において、その効果はせいぜいわずかでしたが、高用量では多少効果が得られるとの指摘もあります。

ニセルゴリンはくも膜下出血の治療に使用されますが、穏やかではありますが著明な効果を示します。

ニセルゴリンには以下の作用があります：グルタミン酸再取り込作用の

増強、ラットにおける虚血障害からの保護、脳血流改善、脳内コリン作動系の補助、加齢ラットの脳における神経成長因子の増加、加齢ラットでカルシウムチャンネルやα-1アドレナリン受容体を阻害（Nishio, Sunohara, Furukawa, Akiguchi, & Kudo, 1998）、炎症阻害、BDNFの上方制御（Mizuno, Kuno, Nitta, Nabeshima, Zhang et al., 2005）、アミロイド毒性からの保護（Caraci, Chisari, Frasca, Canonico, Battaglia, Berte et al., 2004）、ハロペリドールにより減少した抗酸化防衛酵素の増加作用（Vairetti, Ferrigno, Canonico, Battaglia, Berte et al., 2004）。

ニセルゴリンを人体へ投与すると、低酸素状態において偽薬と比べて15％認知機能が改善されました（Saletu, Grunberger, Linzmayer & Anderer, 1990）。

多発梗塞性認知症患者56名とアルツハイマー病患者56名に対して、6週間にわたる二重盲検並行群間研究が行われ、偽薬もしくはニセルゴリン1日60mgが投与されました。ニセルゴリン投与群では、認知の測定値と脳波上の覚醒状態が著明に改善しました。

ニセルゴリンの副作用には顔面紅潮や不安感、興奮、胃酸過多、吐き気、下痢、めまい、嗜眠状態、プロプラノロールの心臓抑制作用の増強があります。

 認知増強ホルモン

デヒドロエピアンドロステロン（DHEA）やメラトニンなど特定のホルモンの減少は、記憶や気分、認知、脳の活性化の変化と関連しています。これらを補充すると、神経保護作用を示したり、脳機能を改善するでしょう。

DHEA

DHEAは主に副腎で産生され、二次的に卵巣や精巣でも産生されます。
DHEAの神経学的効果は、記憶や気分を改善したり、脳波検査上で脳

を活性化します (Wolkowitz, Reus, Keebler, Nelson, Friedland et al., 1999)。

3ヵ月間にわたる健常の高齢者を対象とした研究が行われ、DHEAを投与しても認知や幸福度は変化しませんでした (van Niekerk, Huppert & Herbert, 2001)。

年齢のわりにDHEAが低い患者、特に卵巣や副腎を切除した閉経期の女性 (Gurnell & Chatterjee, 2001; Yen, 2001) や、身体もしくは神経学的疾患を持つ衰弱した高齢者患者 (著者らの経験による) にDHEAを投与すると、より記憶や気分が改善する傾向があります。

副作用には、不眠、イライラ、男性型多毛、にきび、エストロゲンのわずかな上昇、ステロイドとの相互作用の可能性があります。前立腺に対する懸念は、前立腺特異抗原の一連の検査を行うことで確認できます。

DHEAは、エストロゲン感受性腫瘍や前立腺がんを持つ患者には禁忌です。一般的に、生理的な量（1日25〜50mg）を回復するのに十分な投与量の医薬品レベルの品質のDHEAのみを投与するべきです。1日25〜50mg投与すると、ほとんどの患者においてエネルギーが改善されます。うつ病の治療のためには、1日75〜100mg、時々それ以上の量が必要となるでしょう。

臨床の金言

アルツハイマー病やパーキンソン病などを持つ高齢患者には、メラトニン3〜9mgを眠前に内服すると、睡眠や気分、記憶、日没症候群を改善するのに役立つ可能性があります。アルツハイマー病初期の患者では、認知低下の進行を遅くするでしょう。

メラトニンは、特に40〜45歳から内服を開始すると、神経変性の長期的な予防効果が期待できます。

メラトニン

メラトニンはメトキシインドール神経ホルモンで、主に松果体から分泌されており、容易に細胞膜を通過し細胞小器官へ入ります。無数の神経保護作用を持ち、概日リズムを調整します（Srinivasan, Pandi-Perumal, Cardinali, Poeggeler & Hardeland, 2006）。

メラトニンは、特に活性水酸基や炭酸基、活性窒素種などのフリーラジカル除去作用を持っています。さらに抗興奮毒性作用を発揮し（興奮依存性のフリーラジカル産生からの保護）、脂質過酸化を抑え、抗酸化物質酵素を上方制御し、アスコルビン酸（ビタミンC）やトロロクス（ビタミンE誘導体）、グルタチオンその他の抗酸化物質の効果を増強します。

メラトニンは、長く使うと認知機能をやや改善するかもしれませんが、最も強い作用は予防効果です。加齢とともに分泌は減り、パーキンソン病やアルツハイマー病の患者でも異常が認められます。これらの病気では、メラトニンの主たる保護的役割は、ミトコンドリア膜やミトコンドリアDNAを酸化傷害から保護したり、グルタチオン産生や再生の増強、電子伝達能力を改善することです。また、抗アミロイドβ蛋白作用や抗線維生成作用も認められます。

アルツハイマー病初期で軽度の認知障害を持つ高齢患者に対して、メラトニンを用いた小規模の研究が複数行われました。すると睡眠や気分、記憶を改善し、日没症候群を減少させ、認知の低下の進行を遅らせました。

アルツハイマー病を持つ患者20名に対して、DBPC研究が行われました。メラトニン3mgが睡眠前に投与されると、アルツハイマー病尺度において認知行動尺度（$p=0.017$）や非認知行動尺度（$p=0.002$）が、偽薬群と比較して著明に改善しました。

しかしミニメンタルステート検査では、両群間に差は認められませんでした（Asayama, Yamadera, Ito, Suzuki, Kudo et al., 2003）。

アルツハイマー病の進行へのメラトニンの長期的効果を見定めるために、疫学研究が必要です。

神経療法

伝統的神経療法（ニューロフィードバックや脳波バイオフィードバック）では、脳波フィードバックに基づき、患者は自身の覚醒状態を自覚し、影響を与える方法を習得します。このために患者は数ヵ月にわたり指導に従い、多くの治療に対して積極的に協力しなければなりません。この治療には細かな調節が必要なため、数ヵ月間にわたり、患者と術者は協力が必要になります。

近年の革新的神経療法技術では、脳マッピングの国際10-20法を用い、脳の特定の場所で脳波の周波数や振幅を変化させる方法を使用します（Robbins, 2000）。

以前low-βと呼ばれていた感覚運動リズム（SMR, 12～15Hz）を用いた手順が開発され、けいれん疾患（Lubar & Bahler, 1976; Sterman & Macdonald, 1978）、外傷性脳損傷（Ayers, 1987）、再想起中に再び心的外傷（トラウマ）を負うリスクを減らすα波訓練（$\alpha-\theta$プロトコル）を用いたPTSD（Ochs, 1994）、うつ病を伴うアルコール依存症患者（Peniston & Kulkosky, 1989）の治療に対して使用されてきました。

定量的脳波検査（QEEGs）は全脳の周波数や振幅を測定できますが、これにより診断や治療手順の質が向上しました。

θ波の抑制と、SMR（不動の注意力、静かに覚醒している状態）の補強で、バイオフィードバックの治療的効果を説明できるでしょう。

脳波操作刺激では、脳波と発光ダイオードを用いて、脳へフィードバックを行います。装置で光や音を発生させ、脳波をある周波数へ導きます。しかし脳固有の周波数による閃光は、中枢神経系損傷を持つ患者を不安定にし、有害発作（けいれん）を引き起こす可能性があります。

レン・オークス（Len Ochs）博士が開発した低周波数神経療法システム（LENS）では、振幅の増加よりも"相殺"で減少させ、同調化よりも非同調化を生み出します（Glieck, 1988; Ochs, 2006）。

患者自身の脳波から得た弱い信号は相殺、調節され、そして携帯電話よ

りもはるかに弱い微量電波として患者に戻されます。短時間で痛みもなく、協調作業も最低限で済むため、小児にも広く行えます。

　LENSは注意欠陥障害（ADD）やPTSD、感情障害、疼痛症候群、慢性疲労症候群、線維筋痛症の症状を顕著に減らすことに成功しました（Larsen, 2006）。

　最も効果が得られたのは、けいれんを持つ患者を含む外傷性脳損傷（TBI）です（Ochs, 1994）。

　顕著な認知障害を持つ軽度からやや重度の外傷性脳損傷患者12名に対する予備的無作為研究が行われました。25回のLENS治療（以前はFlexyxと呼ばれた）が行われ、ベックうつ病特性尺度や、精神疲労、逆行性数字復唱、聴覚性言語学習テストでの遅延想起、仕事や学校での遂行能力やその他の項目で、待機群と比較して著明な改善が認められました（Schoenberger, Shif, Esty, Ochs & Mathis, 2001）。

　LENS神経療法は有望な治療法で、熟練した臨床家が行えば、副作用はとても少ないです。副作用には、トラウマに関連した症状の一時的な再体験があります。治療をしすぎると、疲れたり不穏になることがあります。

　一部のバイオフィードバックの療法士は、ADDや学習障害を持つ小児患者に対して他の方法を組み込んで施行しており、θ波を減らし、α波やβ波を増強しました（Beau-Regard & Levesque, 2006; Becerra et al., 2006; Monastra, Monastra & George, 2002）。

　著者らの臨床では、治療抵抗性の複雑な病態を持つ患者の多くにまずLENS神経療法（最低10回）を行い、続いてスダルシャンクリヤヨガ（SKY）を行うことで治療の相乗効果が生まれました。不安障害やパニック障害、うつ病、PTSD、ADD、統合失調感情障害、強迫性障害、物質乱用、神経変性疾患、外傷性脳障害の患者において、治療の反応が現れました。

　そして減薬しても症状が全体的に改善したり、仕事や家庭での日常活動、気分、不安、精神集中、精神的明晰、自尊心、自己実現力、QOLにも改善がみられました。

表4.1　認知記憶障害の治療指針

補完代替医療	臨床用途	1日量	副作用、薬物相互作用 注1)、禁忌
ビタミン、栄養、向知性薬、ホルモン			
アセチル-L-カルニチン、アルカー	アルツハイマー病 (AD)、外傷性脳損傷 (TBI)、脳卒中、疲労	500〜1500mg	軽度の胃蠕動亢進、食事時摂取
αリポ酸	虚血、脳卒中、TBI	300mg 3回	ごくわずか
ビタミンB群 B複合体 B_{12} 葉酸	TBI、脳卒中、認知症	B複合体　1錠 B_{12}　1000mcg 葉酸　800mcg	注意：心臓のステント 注2)
セントロフェノキシン	AD、TBI	500〜2000mg	他のコリン作動薬と組み合わせてもごくわずか：頭痛、筋緊張、不眠、イライラ、興奮、顔面チック
CDP-コリン	TBI、脳卒中、虚血	1000〜3000mg	特定されていない
DHEA	記憶、気分	25〜200mg	イライラ、不眠、にきび、男性型多毛、前立腺特異抗原の増加の可能性、ステロイドとの相互作用 注意：双極性障害 禁忌：エストロゲン感受性腫瘍、前立腺がん
ガランタミン	AD、TBI、脳血管系疾患 (CVD)	8〜32mg	軽度の吐き気、消化管の不調
フペルジン	AD、TBI、CVD	100〜400mg	稀：軽度の吐き気、下痢、めまい
イデベノン (コエンザイムQ10)	CVD、AD、TBI	270〜900mg	なし

補完代替医療	臨床用途	1日量	副作用、薬物相互作用 注1)、禁忌
L-デプレニル	AD、パーキンソン病（PD）、CVD、TBI	1週間10〜15mg 0.7〜1.5mg	週に5日間、1日2.5mg内服する。1日10mg以上内服すると、MAOI作用（高血圧）が出現する可能性があります
メラトニン	認知症の不眠、記憶、気分	3〜9mg 就寝前	時に興奮、腹部けいれん、疲労、めまい、頭痛、明晰夢
N-アセチルシステイン	CVD、脳卒中	1200mg 2回	適量であれば重大な副作用なし
オメガ-3脂肪酸 EPA/DHA〜2：1	神経保護作用	2000〜3000mg	胃腸障害、げっぷ、下痢、糖尿病患者の糖代謝への影響
ピカミロン	TBI、PD、CVD、脳卒中、毒による脳病変	50mg、2回 最大量100mg、3回	高用量で低血圧
ラセタム、ピロリジノン	脳卒中後、失語症、失読症、治療に関連した認知障害	アニラセタムとして750mgを2回	ごくわずか 稀：不安、不眠、興奮、イライラ、頭痛
S-アデノシルメチオニン（SAMe）	AD、TBI、PD、認知症、うつ病、脳卒中	400〜4000mg 適宜分割	時に胃腸症状、興奮、不安、不眠 稀：動悸 双極性障害患者の躁状態

表4.1　続き

補完代替医療	臨床用途	1日量	副作用、薬物相互作用　注1)、禁忌
ハーブ			
アシュワガンダ（*Withania somnifera*）	不安、不眠	ウイタノリドとして100〜400mg、2回	軽度の眠気。他の鎮静剤との併用効果
イチョウ（*Ginkgo biloba*）	加齢に伴う認知障害、軽度の認知障害のあるAD、CVD	120〜240mg	ごくわずか：頭痛、血小板凝集性の低下 稀：興奮　手術2週間前には中止 禁忌：抗凝固剤内服中
ニンジン（*Panax ginseng*）	認知症、神経衰弱	300〜800mg	刺激過多、胃腸症状、不安、不眠、頭痛、頻脈、血小板凝集性の減少 禁忌：抗凝固剤内服中
カヴァ（*Piper methysticum*）	不安	カヴァラクトンとして70〜140mg	鎮静、依存性、肝炎、肝不全、筋緊張異常、錐体外路症状　1日240mgを超えると中毒になる可能性がある
レモンバーム（*Melissa officianalis*）	認知症患者の興奮	800mg	重大な副作用なし
イワベンケイ	認知増強、記憶、TBI、PD、AD、CVD	100〜600mg	賦活化、興奮、不眠、びくつき 稀：血圧上昇、狭心症、紫斑 禁忌：双極Ⅰ型障害、抗凝固剤内服中
セージ（*Salvia officinalis, Salvia lavendulaefolia*）	興奮、記憶、認知症患者の覚醒状態	1.5%チンキ剤50滴	ごくわずか
ビンポセチン（*Vinca minor*）	CVD、TBI	10mg　3回	稀：吐き気、血圧低下

神経療法

補完代替医療	臨床用途	1日量	副作用、薬物相互作用 注1)、禁忌
合成製品			
ADAPT-232 イワベンケイ、エゾウコギ、チョウセンゴミシ	認知、記憶、精神集中、精神的正確さや耐久性、神経疲労	2～3錠	稀：賦活化、不安、不眠 注意：双極性障害
ビオストラス ビタミンB群、抗酸化物質	TBI、脳卒中、認知症	テーブルスプーン1杯、2回 1回3錠、2回	注意：心臓のステント 注2)
セレフォリン600mg、NAC 2mg、メチルコバラミン5.6mg、メチル葉酸	CVD、AD、血管性認知症、脳卒中、軽度の認知障害	1～2錠	注意：心臓のステント 注2)
イージーエナジー（Ez-Energy）イワベンケイ70mg、エゾウコギ、チョウセンゴミシ、マンシュウハンノキ、ルージアカルダモイデス	認知、記憶、身体筋力の増強、ハーブの使用により興奮しやすい患者	1～2錠	ごくわずか。副作用は含有するハーブによる。 注意：双極性障害

表4.1 続き

補完代替医療	臨床用途	1日量	副作用、薬物相互作用 注1)、禁忌
メンタト（Mentat、BR16-A）多くのハーブを含有、オトメアゼナ、ツボクサ、アシュワガンダ、トリファラ、アサガオ、アルジュナ	加齢に伴う記憶障害、AD、CVD、TBI、治療に伴う認知障害	食事とともに、1〜2錠を1回もしくは2回	ごくわずか：構成成分のハーブの副作用　カルバマゼピンやフェニトインの血中濃度上昇の可能性 注意：双極性障害
ニューロゲン（Neurogen A/P）イワベンケイ、ガランサス	AD、PD、CVD、加齢に伴う認知障害	1〜2錠もしくは指示通りに	ごくわずか：構成成分のハーブの副作用 注意：双極性障害

AD=アルツハイマー病；PD=パーキンソン病；TBI=外傷性脳障害；CVD=脳血管疾患；MAOI=モノアミン酸化酵素阻害薬

注1) 一般的な副作用を表に列挙したが、まれな副作用もあります。高血圧、糖尿病、妊婦授乳婦、慢性もしくは重度の疾患を持つ人は、栄養補助食品を内服する前に主治医に照会すべきです。さらに抗凝固剤を内服している患者は、栄養補助食品を使用する前に主治医に相談しましょう。

注2) ホモシステイン血中濃度が$15\,\mu\mathrm{mol/L}$未満の男性の場合、心臓のステントの再閉塞の危険が増加する可能性があります。

第5章　注意欠陥障害と学習障害

概要

- 食事療法：ビタミン類、亜鉛、鉄、S-アデノシルメチオニン（SAMe）、アミノ酸、アセチル-L-カルニチン、オメガ-3脂肪酸、ジメチルアミノエタノール
- 認知活性薬（脳機能改善薬）/イチョウ、チョウセンニンジン、アメリカニンジン、ピクノジェノール、オトメアゼナ
- バイオフィードバックと神経療法
- 失読症や学習障害/ラセタム
- ADHDや学習障害に用いる心身医療/瞑想、マッサージ、前庭刺激法、チャンネル固有の知覚訓練法
- ADHDや学習障害の治療のための統合的治療方法

第5章　注意欠陥障害と学習障害

　注意欠陥障害（ADD）や注意欠陥多動性障害（ADHD）はさまざまな症状から成り、7歳までに出現し、しばしば成人になってからも続きます。
　これらの症状は、衝動を抑えられないことや集中力低下から発生します。
　病因はあまり解明されていませんが、ドパミン（DA）やノルアドレナリン（NA）、アセチルコリン（Ach）の神経伝達系と脳の低覚醒状態が組み合わさって関与していると考えられています。遺伝子や画像を用いた研究が進んでおり、この疾患に生物学的基礎があるという考えを支持しています。
　しばしばADDは治療を複雑にする共存症を有し、学習障害や反抗行動、うつ病、不安障害、双極性障害、チック、強迫性障害、後になって現れる物質乱用や反社会行動に関して高い危険性を伴っています。
　ADDの治療が、後年の物質乱用リスクを減らすという研究があります。
　ADDには薬物治療が効果を見せますが、患者の多くは効果が不十分だったり治療に無反応だったり、成長障害や過剰刺激、不眠、うつ病や疲労といった離脱症候群のような副作用を経験します。さらに処方された精神刺激薬の効果が切れると、患者はエネルギーの低下による喧嘩、無気力、うつ気分のような虚脱症状を経験するでしょう。
　現在の治療法は、メチルフェニデート（リタリン、コンサータ）、デキストロアンフェタミン（デキセドリン）、アトモキセチン（ストラテラ）、混合アンフェタミン塩（アデロール）のような精神刺激薬に頼っています。
　しかし多くの親は、副作用や乱用への懸念から、子どものために熱心に代替療法を探し求めています。
　ADHDの子を持つ親の54％は、補完代替療法を使用したという研究があります（Chan, Rappaport & Kemper, 2003）。しかし、これを主治医と話し合ったのは、11％のみでした。
　動物実験では、精神刺激薬（例：メタンフェタミン）を投与すると、ドパミンやその代謝産物、線条体中のチロシン水酸化酵素の活性を激減させて、神経毒性を引き起こしました（Volkow, Chang, Wang, Fowler,

Leonido-Yee et al., 2001）。

　さらに、メタンフェタミンは動物実験においてSAMeの血中濃度や肝臓内の濃度を減らしました（Cooney, Wise, Poirier & Ali, 1998）。

　デキストロアンフェタミンはラットの線条体においてエネルギーを枯渇させ、高エネルギーであるATP/ADP（アデノシン3リン酸/アデノシン2リン酸）の比率を減らしました（Wan, Lin, Kang, Tseng & Tung, 1999）。

　ハツカネズミにメチルフェニデートを投与すると、肝臓がんリスクが上昇しました（Dunnick & Hailey, 1995; Ernst, 2001）。

　これらの研究は人体で行われていませんが、保護者や医療専門家らは、長期間使用による副作用の可能性を懸念しています。

　ここでは著者らが臨床で効果をよく知っているCAMに限定しています。以下に示しますが、これらは効果について信頼できる証拠があり、保護者から頻繁に質問を受けています：除去食、ビタミン、必須元素、オメガ-3脂肪酸、SAMe、アセチル-L-カルニチン、ジメチルアミノエタノール、セントロフェノキシン、ピロリジノン、ピカミロン、イワベンケイ、イチョウ、（チョウセン）ニンジン、ピクノジェノール、ヨガ、神経療法等（ADHDに対するCAMについては以下の素晴らしい総説を参照：Arnold, 2001やKidd, 2000）。

　記憶や注意力、言語処理、認知機能を向上させるハーブや栄養剤、向知性薬は、成人に対して効果を示し、小児に対しても効果を示す可能性があります。研究や臨床での効果について詳しくは、第4章を参照ください。

　この章のCAMは小児についての研究がありませんが、それらはすべて特に精神刺激薬と比べて危険性が少なく、すでに臨床現場で使用されています。

　処方された精神刺激薬の誤用は、（米国の）学生の間で流行し、ますます増加しています。精神刺激薬治療中の中高生を対象とした調査では、23.3％が販売、譲渡、取引を持ちかけられた経験があると回答しました（McCabe, Teter & Boyd, 2004）。

第5章 注意欠陥障害と学習障害

短期大学生9000名を対象とした無作為インターネット調査では、8.1%が不正に使用したことがあると回答しました（Teter, McCabe, Cranford, Boyd & Guthrie, 2005）。

不正入手は現在大きな問題となっており、以下にその例を紹介します。

 症例1　たった1回のアデロールの使用とパニック障害

サマンサは14歳の高校1年生で、ある日頻脈と胸痛のため救急外来へ搬送されました。検査すると心拍数は170に上昇しており、その他に異常は認められませんでした。サマンサには身体疾患、不安障害やパニック障害、物質乱用の既往歴はありませんでした。パニック発作と診断され、帰宅した後、精神療法士へ紹介されました。

しかし6週間にわたりパニック状態が続き、彼女は心臓に何か異変があるという身体感覚や信念にとらわれていました。夜眠れず、学校へ行けず、友人づきあいや部活にも参加できなくなっていました。

サマンサの精神療法士は、精神科的評価のために彼女を精神科医に紹介しました。

パニック状態寸前であったことと、身体への不安感を除き、既往歴や精神状態に目立ったものはありません。彼女の足はずっと震え、視線も合いませんでした。

まずすみやかに不眠や不安を改善するために、就寝前のミルタザピン（レメロン）15mgが処方されました。すると眠れるようになり、やや不安が減ったと感じました。

2回目の診察時に、彼女はこれ以上薬を増やしたくないと言い、代替方法としてウジャイ（勝利の呼吸と海の呼吸）と呼ばれるヨガ呼吸法を学ぶことになりました。彼女は初回受講時から深いリラックスを得られました（ストレス反応系に対するヨガ呼吸法の効果については第3章を参照）。

彼女はウジャイ呼吸法を1回10分1日2回、干渉呼吸法（Respire 1 CDを使用）とともに行い、必要があれば増やすよう指導されました。

干渉呼吸法は、1分間に5回のペースという呼吸法で、酸素供給を適正にし、心拍と脳のリズムが同調させます（Elliott & Edmonson, 2006）。

　サマンサはヨガ呼吸法を楽しみ、自己や不安をコントロールする感覚を得ました。そして身体への心配から思考をそらす方法も学び、週に一度の精神療法を継続しました。

　しかし3回目の診察時、サマンサはとても困惑していました。そして誰にも話していなかった重要な事実を思い出したというのです。

　パニック発作に襲われた直前、彼女はテストに集中しようと友人からアデロール1錠をもらって飲んでいました。その2時間後、カフェインやニンジン入りのLサイズのドリンクを買い、それを飲んだ直後から心拍が速くなり、パニック発作や胸痛が出現しました。明らかにアデロールとカフェインやニンジン入りドリンクの組み合わせが発症のきっかけでした。

　ニンジンやカフェインはADD症状のいくつかを改善する可能性がありますが、過剰刺激をもたらす場合があり、特に処方精神刺激薬と併用すると出現しやすくなります。

　サマンサの場合、精神刺激薬が体外に排出された後にも、症状が長い間残りました。初めての頻脈や胸痛で、パニックの感覚や死への恐怖が同時に起こりました。これが病院での検査中も続き、心的外傷（トラウマ）体験となってしまったのです。サマンサはPTSDを発症しており、正常範囲の心拍変化や胸部の軽い感覚でも不安が引き起こされました。速く歩いたり階段を上るたびに、心拍数が上昇してパニック発作を引き起こし、パニックがさらに心拍を加速し悪循環に陥っていました。これを避けるため、彼女は身体をできるだけ動かさないようにしていました。二次的にパニック発作への恐怖が現れ、精神的に身体感覚へとらわれるようになってしまいました。

　2ヵ月間安定して改善がみられた後、サマンサは精神療法の回数を減らし、ウジャイ呼吸法の実践を止めてみました。すると彼女の症状が悪化しました。ヨガ呼吸法や精神療法を続ける重要性を理解したことで、再び症状は安定しミルタザピンの服用を止めることができました。

サマンサは、以前の友人づきあいや学校生活、部活をすべて再開することができました。

食事療法

ビタミン類、必須元素、栄養素

　特定の食事や添加物が、子どもたちにADHD等の行動異常をもたらすのでは？という議論があります。患者の側に特定の食品に対するアレルギーがある場合、その患者集団には除去食戦略が有効であるという確かな科学的証拠があります。

　小学校就学前のADDを持つ子の一部には、不眠やイライラ、アトピー（アレルギー傾向）、身体疾患、行動異常、時に銅の血中濃度の上昇がみられ、この除去食治療によく反応する典型例です。しかし食事制限をずっと続けられる家庭は多くはないでしょう。

　約50％の子どもでは、人工着色料、安息香酸エステルの保存料、砂糖、人工甘味料などより疑わしい対象の除去が役立つでしょう。

　小児277名を対象とした二重盲検無作為偽薬対照研究（DBRPC）では、多動症状を持つ3歳児において、人工着色料や安息香酸エステル保存料による全般的な有害作用が見られました。しかしこの効果は、1回の外来観察による評価ではなく、保護者の観察・経験により評価しました（Bateman, Warner, Hutchinson, Dean, Rowlandson et al., 2004）。

　砂糖除去に関する研究では、方法論的問題や調査者による偏りがあり、まだはっきりとはしていません（Kidd, 2000）。

　鉛やアルミニウム等の重金属や殺虫剤、ダイオキシン、ポリ塩化ビフェニール、炭化水素などの有機化学汚染物質の毒性に関しては、さらなる調査が必要です。

　ビタミンや必須元素を適量（大量療法ではない）摂取すると、正常な小児、精神遅滞児、十代の非行者において有益であるという研究があります。

　ビタミンB群やCの血中濃度が低い小児に対する3ヵ月にわたる

DBRPC試験では、ビタミンを含む栄養補助剤投与で、攻撃性や反社会的行動が減少し、認知遂行能力が増加し、知能指数（IQ）が2.5点上昇しました。対象者の20%では、平均IQが16点増加しました（Schoenthaler & Bier, 1999）。

著者らはビオストラス（Bio-Strath）を使用しており、この製品は抗酸化物質や必須元素、特にビタミンBを豊富に含むハーブによる醸造用酵母から抽出されています。これには全酵母は含まれていません。

健康な小児やADDの小児患者には、ビオストラスの液剤をビタミン栄養補助食品として使用できます。ビオストラスの液剤や錠剤は、健常者やADDを持つ成人に有益である可能性があります（ビオストラスは錠剤または液剤です。ティースプーン1杯を1日3回、もしくは3錠を1日2回内服します。液剤が多くの人に好まれています）。

亜鉛

ADHDを持つ小児44名に対する6週間にわたるDBRPC試験では、偽薬と比較して亜鉛（元素量として15mg）はメチルフェニデートの効果を増強しました（Akhondzadeh, Mohammadi & Khademi, 2004）。

ADHDを持つ328名の男児と72名の女児に対して、12週間にわたるDBRPC研究が行われ、硫酸亜鉛の1日40mg投与で、偽薬と比較して著明にADHD症状が減少しました（Bilici, Yildirim, Kandil, Bekaroglu, Yildirmis et al., 2004）。

これらの研究が行われていたトルコやイランでは、亜鉛欠乏症が大流行しており、研究の結果はその影響を受けている可能性があります。

しかし、米国の中流階級の小児を対象に行われた研究では、亜鉛血中濃度の低下が不注意症状と関連しており、多動・衝動性とは関連していませんでした（Arnold & DiSilvestro, 2003）。

マグネシウムや亜鉛、鉄欠乏に対する栄養補助食品の使用に関して、さらに研究が必要です（Arnold, 2001; Kidd, 2000）。

鉄

　ドパミン合成には鉄が必要です。多くのADD治療に効果がある薬の特徴の一つに、ドパミン伝達の強化があります。

　ある研究では、フェリチン濃度（鉄貯蔵の基準）がADHD児53名では84％が低下していたのに対して、対照症例27名では18％が低下していました。フェリチン濃度の低値は、認知欠損の悪化やADHD尺度における重症度と関連していました（Konofal, Lecendreux, Arnulf & Mouren, 2004）。

　フェリチン濃度が低いADHDの小児患者に対して鉄補充を行いましたが、研究結果はさまざまでした（Millichap, Yee & Davidson, 2006）。

　鉄欠乏のある青年に対して鉄補充を行うと、学習や記憶に改善がみられました（Bruner, Joffe, Duggan, Casella & Brandt, 1996）。ADHDにおける鉄の役割は、まだはっきりしていません。

　鉄欠乏と葉酸欠乏は、下肢静止不能（レストレスレッグス）症候群（RLS）と関連しています（Patrick, 2007）。

　小児では、RLSは多動と誤診されることがあります。ADHDやRLSを持つ小児は、鉄や葉酸の欠乏症について検査をすべきです。

臨床の金言

　ADHDやRLSを持つ小児は、鉄や葉酸について血液検査をした方がよいでしょう。

S-アデノシルメチオニン（SAMe）

　S-アデノシルメチオニン（SAMe）はアンフェタミンの反応を増強し、ドパミン伝達を刺激しますが、これはADDに効果のある薬の特徴です。

　さらに、ADDは α 波と θ 波遅延の異常増加と関連していました。SAMe 1日400mgもしくは1600mg投与で、偽薬と比較して脳波検査上効

食事療法

果がみられました。

　57〜73歳の高齢患者に対するSAMe治療では、α-2波やβ波が増加しました。SAMeを1日1600mg投与すると、15日目に臨界ちらつき融合値にやや改善がみられました（Arnold, Saletu, Anderer, Assandri, di Padove et al., 2005）。

　これらの結果は、SAMeの持つ向知性効果と一貫しています。

　SAMeは忍容性が高い（飲みやすい）ですが、内服数時間後に一時的な眠気が出現する場合があります。

　著者らは、SAMeがバイオフィードバックの効果を高め、反応までの時間が早まることを発見しています。

　ADHDやその後遺症を持つ成人男性患者8名に対して、4週間にわたる非盲検研究が行われました。SAMe 1日2400mg投与で、8名中6名でADHDの評価尺度と気分が改善していました。重大な副作用は認められませんでした。(Shekim, Antun, Hanna, McCracken & Hess, 1990)。

　ADHDを持つ小児や成人に対するSAMeの効果を検討するために、より長期の試験を実施する必要があります。

　SAMeのドパミン合成におけるメチル基供与体としての役割や、メチオニン回路の維持におけるその中心的役割については、第2章と第3章で述べています。

　現時点では、患者が治療効果に満足していなかったり、習慣性を心配したり、処方された精神刺激薬の副作用に耐えられない、処方薬による副作用を最小限にしたい場合、SAMeを試す価値があるでしょう。

アミノ酸：トリプトファン、フェニルアラニン、レボドパ、L-チロシン

　トリプトファン、フェニルアラニン、レボドパ、L-チロシン等のアミノ酸の補給は、ADHDに対して短期的効果を示しますが、2〜3週間で効果を失ってしまいます。

　現時点では、これらを推奨するに足る、持続的な効果を示す医学的証拠が不十分です。

ADHD児に対する、糖類補給食品（糖蛋白質や糖脂質合成に必要な糖質である単糖類）を用いた、3つの非盲検試験のうちの2試験ではいくつかの症状の減少がみられましたが、もう1つの試験では認められませんでした。

　これらに関して、さらなる研究が必要です（Arnold, 2001）。

アセチル-L-カルニチン

　アセチル-L-カルニチンは小分子で可溶性、細胞外液によく拡散し、特定の輸送体を通して神経細胞内へ移行します。

　ある研究では、細胞膜機能やエネルギー代謝、ATP合成や神経伝達物質、特に必須脂肪酸（EFA）の利用を改善し、おそらくその結果コリン作動系の注意要素を改善しました（Pettegrew et al., 2000）。

　脆弱X症候群は、知的障害をもたらす遺伝的な病気の一つです。脆弱X症候群と診断され、過活動症状を持つ男児20名に対して、DBRPC研究が行われました。アセチル-L-カルニチンが投与されると、コナーズ省略親教師質問表にて、過活動症状が著明に減少していました（Torrioli, Vernacotola, Mariotti, Bianchi, Calvani et al., 1999）。

　アセチル-L-カルニチンとEFAを組み合わせた研究は有益でしょう。

オメガ-3脂肪酸

　オメガ-3脂肪酸欠乏症は、ADHDを持つ男児の一部に認められます（Antalis, Stevens, Campbell, Pzadro, Ericson et al., 2006）。

　発達性協調運動障害（ADHDとの合併が多い）の小児の研究で、オメガ-3脂肪酸を投与すると、行動や認知機能が改善しました（Richardson, 2006）。

　EFA欠損かどうかわからないADHD小児患者に対して、EFA補充を行った研究では効果は認められませんでした。患者に推奨する前に、特定のEFAの値が低下しているADHD患者に対して、補充を行うさらなる研究が必要です。

ジメチルアミノエタノール、メクロフェノキセート

　ジメチルアミノエタノール（DMAE）は、米国の薬局で販売されています。ADHD用の多くの栄養補助食品に含まれています。多くの二重盲検偽薬対照試験が行われましたが、古い研究方法が使用されていました。

　最近の厳格な手法による試験では、1日500mg以上投与すると、0.2から0.5の小さい効果量を示しました（メチルフェニデートの効果量0.8〜1.3以下；Arnold, 2001）。

　セントロフェノキシンはDMAEとPCPA（p−クロロフェノキシ酢酸）が組み合わされており、よく研究され副作用は少なく安価です。これはイチョウやカフェインの作用を増強します。

　ピロリジノン（ピラセタムやアニラセタム等のラセタム）は向知性薬で、学習や認知機能を改善します。

　著者らの経験では、セントロフェノキシンとアニラセラムの併用は、ADDや学習障害を持つ少数の小児や成人で特に有効でした。

　大脳の多くの領域で、ATPや神経伝達物質合成に必要な糖や脂質を代謝するために、この分子が使用されています。

　DMAEは、ADDの軽度な症状を持つ、処方薬を望まない患者に役に立つでしょう（向知性薬の詳細については第4章参照）。

認知活性薬（脳機能改善薬）

　認知活性薬や抗酸化物質、栄養素、向知性薬、細胞膜強化薬は、ADDに効果があるでしょう。

　ピカミロン（GABAとナイアシン）は脳血流を改善し、軽度の刺激作用があり、覚醒作用や注意力を改善します（第4章参照）。同時に攻撃行動を減らす傾向があります。

　成人ADHD患者に対するピカミロンを用いた研究はまだありませんが、著者の一人ブラウン医師によると、1日100〜300mgの投与で、何人かの成人患者においてとても効果があったそうです。

ADD治療中の患者に対し、これらの化合物を用いた対照研究が必要です。

ハーブ
イチョウ、チョウセンニンジン、アメリカニンジン、イワベンケイ、トケイソウ、フペルジン

　ADHDに対するハーブ治療を行うと、認知の活性化や落ちつきがもたらされるでしょう。イチョウやニンジンは、人体や動物において学習機能を改善します。これらは神経伝達物質系に影響を与えることが知られており、認知活性薬となります（Itil, 2001; Petkov et al., 1986）。予備研究では有望な研究結果が得られていますが、さらに対照研究が必要です。

　チョウセンニンジン（*Panax ginseng*）と比較して、アメリカニンジン（*Panax quinquefolius*）は効果が穏やかで、刺激作用が少なく、興奮や頭痛が少ないです。そのため、アメリカニンジンはチョウセンニンジンほど研究されていないものの、小児への投与に適しているといえるでしょう。

　ADHD児36名に対する非盲検研究では、アメリカニンジン1日400mgとイチョウ100mgが4週間投与されました。するとコナーズADHD尺度で74％に著明な改善がみられ、社会問題尺度では44％が改善しました。

　軽度の興奮という副作用が、2名の小児に認められました（Lyon, Cline, Totosy de Zepetnek, Shan, Pang et al., 2001）。

　イワベンケイは認知活性薬とよく似た作用を持ち、ADHDに使用できるかもしれません。正確さや覚醒、注意力、特に長時間の集中を必要とする学校の授業や、退屈なコンピューター作業において改善を示す傾向があります。しかし、小児には刺激が強すぎるかもしれません。

　8歳から12歳の小児でまれに効果がありますが、最も有用なのは、中高生、大学生で、長文を書いたり、長時間の読書が必要な場合です。

　トケイソウ（パッションフラワー）は、ADDに使用する市販薬に多く含まれていますが、ADDに対する研究は存在していません。副作用や毒性については調査されていません。

フペルジン（コリン作動薬参照）は副作用がとても少ないため有望ですが、その作用は、処方薬のコリンエステラーゼ阻害薬とは似ていません（Arnold, 2001）。

ピクノジェノール

ADHDを持つ小児患者61名に対するDBRPC研究では、フランス海岸松樹皮エキスであるピクノジェノールは、偽薬よりも効果を示しました。

投与1ヵ月後の標準的教師親評価尺度では、ピクノジェノールを投与された生徒は多動、注意力、集中力、視覚運動協調において著明な改善が認められました（Trebaticka et al., 2006）。

これらの興味深い発見を深めるために、より大規模な無作為対照試験が必要です。

オトメアゼナ

オトメアゼナ（ブラフミー、*Bacopa monniera*）はアーユルヴェーダの薬で、サポニンやバコシドを含んでいます。

ADHDを持つ小児患者36名に対するDBRPC試験では、オトメアゼナもしくは偽薬の12週間投与を行い、4週間の休薬期間を設けました。オトメアゼナ投与群では文章反復、論理的記憶、対連合学習の検査において偽薬群より良い結果が得られました。

オトメアゼナの服用中止後4週間が経過した時点でも効果は持続していました（Negi, Singh, Kushwaha et al., 2000）。

正常小児40名に対して12週間の無作為偽薬対照研究が行われ、オトメアゼナ投与群では対照群と比較して、迷路学習や知覚体制化、推理に大きな改善がみられました。

この研究は非盲検試験なので、結果の解釈は限定されます（Sharma, Chaturvedi & Tewari, 1987）。

バイオフィードバックと神経療法

ADDやADHDの小児18名に対する無作為対照試験では、40週間にわたり週1回脳波バイオフィードバックが実施されました。すると待機群のIQの増加は1点未満だったのに対し、施行群では9点上昇していました（p<0.05）。さらにバイオフィードバック施行群では、不注意症状が28％減少し、待機群では4％増加していました（p<0.05; Linden, Habib & Radojevic, 1996）。

6～13歳のADHDを持つ小児19名に対して行われた予備的非盲検試験では、心拍変動性（HRV）バイオフィードバックを用いた自律神経系バイオフィードバック法が施行されました。するとすべての症例においてADHD症状の改善につながりました。施術前に高いHRVを持つ生徒（n=10）は、低いHRVを持つ生徒（n=9）よりも試験測定後の改善が著明でした。

全般改善度は、HRV測定における副交感神経系の活動性の増加と関連していました（Eisenberg, Ben-Daniel, Mei-tal & Wertman, 2004）。

これらの興味深い知見をさらに理解するためには、大規模研究が必要です。

ADHDの小児の脳波検査では、θ波の過剰発現と、β波やα波の減少が知られています。α波もしくはβ波リズムを増強する神経療法について有望な報告が得られていますが、さらなる研究が必要です（Larsen, 2006; Lubar & Lubar, 1984; Nash, 2000; Ramirez, Desantis & Opler, 2001）。

8～12歳のADHDを持つ小児に対して、12週間にわたる作為研究が行われました。22名の小児には神経療法が施され、12名にはメチルフェニデートが投与されました。親が薬物よりも代替療法を好む場合には、その小児には神経療法が行われました。

注意力の変動評価（TOVA）やコナーズ親・教師行動評価尺度を用いて評価すると、両群ともにすべての下位尺度において改善がみられていました（Fuchs, Birbaumer, Lutzenberger, Gruzelier & Kaiser, 2003）。

6～19歳のADDやADHDを持つ小児外来患者100名に対して、メチルフェニデート（リタリン）治療や、保護者相談、学校での学習支援からなるプログラムが1年間にわたり行われました。さらにそのうち51名に対して脳波バイオフィードバック療法が施行されました。

　リタリンの服用は継続しながら、治療後に検査を行ったところ、TOVAと注意欠陥障害評価尺度において著明な改善がみられました。

　しかしさらに1年後の追跡調査でリタリンなしで検査すると、自宅で親が継続的な働きかけを行い、脳波バイオフィードバック療法を受けた患者にのみ、改善が持続していました。定量的脳波解析によれば、大脳皮質における徐波の著明な減少は、脳波バイオフィードバック療法を受けた患者にのみ認められていました（Monastra, Monastra & George, 2002）。

　長期にわたる持続的な改善を望む場合、ADHD患者は20～60回の神経療法を受ける必要があるでしょう。

　著者らの臨床経験では、非同調化神経療法（第4章の神経療法参照）と呼ばれる神経療法の新しい手法を行うと、ADHDの多動や不注意を緩和するのに役立ちました。

失読症や学習障害

　ラセタムは向知性薬で、すでに複数の効果が証明されており、それらは失読症患者に役立つかもしれません。

　ラセタムはリン脂質と相互作用して、膜流動性を回復し、半球間交流を改善します。

ラセタム：ピラセタム、アニラセタム

　失読症患者において、ピラセタムは左半球（言語処理野）を選択的に活性化します（Ackerman, Dykman, Holloway, Paal & Gocio, 1991; Helfgott, Rudel & Kairam, 1986; Tallal, Chase, Russell & Schmitt, 1986）。

　失読症小児患者に対するラセタムを用いた初期の研究では、結果はさま

ざまでした。研究対象が不均質、薬物量が少ない、試験期間が不適当といったことが影響していると考えられます。

7～12歳の失読症小児患者225名に対する、多施設DBRPC研究では、ピラセタムが1日3600mg投与されました。すると読字能力や理解事象の改善が12週間にわたり認められ、試験後36週間効果が持続しました（Wilsher, Bennett, Chase, Conners, DiIanni et al., 1987）。

ピラセタムは忍容性に優れ、副作用は認められませんでした。

著者らの臨床経験では、アニラセタム750mgを1日2回投与すると効果的で、忍容性も良好です。

ADHDや学習障害に用いる心身医療

ヨガ教育はすでに学校に導入されており、子どもたちが落ちつく、精神が集中できる、身体感覚やバランス、柔軟性の獲得といった効果がみられています。

臨床の金言

ADDを持つ小児や成人患者の多くは、瞑想のためにじっと座っていたり、長時間集中することが困難でしょう。

そのような場合、瞑想法を導入する前に、彼らの心を落ちつかせるためにヨガの呼吸法をある程度練習する必要があります。

瞑想

瞑想には、θ/βバイオフィードバック訓練に似た脳波リズムを発生させる効果があります。

ADHD児に対する2つの有望な対照研究では、瞑想で注意力が改善し、特に授業中での効果が顕著に認められました（Arnold, 2001）。

自律神経調節障害を持つ12〜17歳の患者に対する研究が行われ、17名のADHD患者と20名の行為障害（CD）患者、22名の青年の対照者が参加しました。ADHDとCD患者で、呼吸性洞性不整脈（RSA）の減少がみられ、これらの患者では試験開始前の時点で心臓の迷走神経の活動の低下が示唆されました（Beauchaine, Katkin, Strassberg & Snarr, 2001）。

　またこれらの患者では、闘争・逃走反応が起こりやすく、攻撃的行動の増加の危険性がありました。

　副交感神経活動を高める方法は、ADHD患者に有益でしょう。

　既述した自律神経系バイオフィードバック法の研究では、ADHD症状の改善は副交感神経系（PNS）の活動の増加と関連していました。ヨガ呼吸法とポーズやリラックス法を組み合わせた心身医療には、心を静め精神集中を高める可能性があります。また、そのような心身医療は、PNSの活動や自律神経のバランスの向上と関連しています（第3章参照）。

　8〜13歳のADHDによる多動・衝動性を持つ男児19名に対する予備研究では、ヨガのポーズや呼吸法、リラックス法を行いました。するとコナーズなどの標準的ADHD検査において、著明な改善が認められました。改善の度合いは、ヨガの実践回数と各生徒が家庭で行った練習量と関連していました（Jensen & Kenny, 2004）。

　ADHD患者19名が、無作為にヨガ教室、もしくは既存の運動療法へ割りつけられました。注意の尺度や、親によるADHD症状評価を含めて、すべての結果でヨガの訓練が優れており、中から高程度の効果量を示しました（0.6〜0.97; Haffner, Roos, Goldstein, Parzer & Resch, 2006）。

　アートオブリビング財団は、ヨガのポーズや呼吸法、瞑想をゲームと組み合わせて、ソーシャルスキル（処世術）や自尊心を育むためのアートエクセルと呼ばれる講座を主催しており、著者らはよくこの講座に子どもたちを紹介しています。この講座を受講すると、子どもたちが落ちつき、注意力や行動が改善する印象を得ています（第3章ヨガ呼吸法の項参照）。

　これに関してさらなる研究が必要ですが、ヨガは危険が少なく、ADHDの補助治療としての予備研究結果も有望です。

15～19歳の高校生53名が、予備的非盲検研究として、6日間計18時間の集中ユースエンパワーメントセミナー（YES!）に参加しました。それに続けて、毎週行われる追跡講座にも6ヵ月間参加しました (Schaenfield, 投稿中)。

生徒らは各講座の中で、ストレス管理法やヨガを学び、対話や教育的ゲーム、集団療法に参加しました。ストレス管理法はヨガ呼吸法（ウジャイ、バストリカ、SKY）やヨガのポーズ、瞑想法から成っています。生徒らは、ニューヨーク市の高校中途退学者のための代替教育学校、公立高校、舞台芸術高校の3つの高校から集められました。個性葛藤解決（Rosenthal, Gurney & Moore, 1981）やローゼンバーグ自尊尺度（Rosenberg, Schooler & Schoenbach, 1989）、イライラや怒りへの対処、計画、集中尺度修正版（Ridenour, Ferrer-Wreder, Gottschall, 査読中）を用いて介入前後の評価を行うと、著明な改善が認められました。

マッサージ、前庭刺激法、チャンネル固有の知覚訓練法

薬物療法以外の有力な方法として、マッサージや前庭刺激法、チャンネル固有の知覚訓練があります。

前庭刺激法を用いた一つの非盲検試験と3つの単盲検研究があり、前庭刺激法とは、循環刺激法（脳への迷走神経系の入力を高める）の一種です。前庭刺激法により有望な結果が得られており（Arnold, 2001）、特に、治療効果がどれ程持続するかを立証するための研究が必要です。

ADHDや学習障害のための統合的治療法

ADDや学習障害の症状や機能的影響は大きく変化するため、併発疾患と区別できなくなることがしばしばあります。

以下の症例では、多層的な統合的治療方法を行い、行動や認知機能、職業遂行能力、QOLを改善しました。

最初の症例は、はっきりと正確に自己表現ができる患者で、各治療ごと

に彼が経験した認知機能の微妙な変化をとても詳しく伝えています。

 易怒性や学習障害をもつ成人ADD患者

　ジョージは現在41歳の弁護士で、17歳の時に自分が養子として幼児期に引き取られ育てられていたことを知りました。幼少期に行為障害と誤診され、後で考えるとそれはおそらくADHDと学習障害でした。

　法学部時代にリタリンを使用して、成績が向上しました。しかし彼のガールフレンドは、彼がかんしゃくを起こしやすいので、医療相談も必要と考えていました。

　彼は薬をアデロールへ変更してみましたが、うまくいきませんでした。リタリンやアデロールの効果に慣れてしまい、夜には薬効が切れ、しばしばかんしゃくを起こしました。

　そのため治療の第1弾として、夜に薬効が切れることを防ぐため、アデロールXR20mgが1日3回投与されました。すると彼の認知機能に改善がみられ、彼は「パソコンをDOSからウインドウズXPに乗り替えたみたいだ」と表現しました。しかし残念ながら、アデロールXRは頻脈を引き起こしました。

　治療の第2弾は、アデロールXRを減量して頻脈を防ぎ、さらに認知機能の向上を目論みました。朝にイワベンケイ（商品名ロダックス）385mgの内服で、心がより明晰になったと感じ、彼はそれを「カラーテレビから高解像度テレビに変わった」と表現しました。その結果、仕事を整理し、素早く行えるようになりました。アデロールは、朝10mg、日中15mgまで減らし、頻脈を抑えられました。しかしジョージには、アデロールの長期連用による影響（ノルアドレナリンの枯渇や心筋症）への根強い心配があり、CAM治療の追加による処方薬減量を望んでいました。

　治療第3弾として10ヵ月にわたる計16回の神経療法が行われると、彼の不安が減り、仕事の精度がさらに向上しました。

　治療第4弾は、シベリアニンジン（Eleutherococcus senticosus）

500mgを午前中に追加し、彼の生産性がさらに高まりました。CAM治療を追加したことで、彼の稼ぎは3倍になりました。

治療第5弾として、SAMe 400mgを1日2回から始め、800mg1日2回まで増量すると、ジョージは「とても深く集中できるようになった」と表現しました。週末はアデロールの内服を止めても、かんしゃくを起こさずに過ごせるようになりました。

また正式に診断されてはいませんでしたが、書字や読字障害の自覚がありました。アニラセタムは言語障害に効果があります。治療の第6弾は、アニラセタム750mgを1日2回、2ヵ月間の投与でした。すると読み書き、言語コミュニケーションが改善し、特に法廷での弁論に改善がみられたそうです。彼の卓越した仕事ぶりが知られ、有名な法律事務所から仕事の誘いが来ました。行動の着実な改善がみられ、認知や対人スキル（コミュニケーション）も向上したため、恋人との絆も深まりました。

現在では彼らは結婚し、幸せに暮らしています。

症例3　治療抵抗性のADDと双極Ⅱ型障害患者

ジムは33歳男性で、治療抵抗性のADDと双極Ⅱ型障害のため、自立できずにいました。あまりにも混乱し注意力に欠け、感情が不安定であるため、仕事に就けなかったのです。

幼少期は極度な多動で、言語と算数の学習障害がありました。

アデロールを1日60mg内服すると、感情の爆発は止まりましたが、集中力の改善はわずかでした。だからといってアデロールを止めてしまうと、麻痺してしまったように感じられました。バルプロ酸（デパコート）の内服で怒りが著明に減りましたが、にきびがひどくなったので止めてしまいました。ブプロプリオン（ウェルブトリン）では、肝炎を起こし、攻撃性が悪化してしまいました。ガバペンチン（ニューロンチン）やプロビジル（モダフィニル）、セイヨウオトギリソウを試みましたが、気分が不安定になり混合性不快躁状態となったため専門医に紹介されました。

気分安定のために1日400mgのラモトリギン（ラミクタール）を試しましたが効果がみられません。アデロールをコンサータへと変更すると、攻撃性は減りましたが、エネルギー、気力が低下し、集中できなくなってしまいました。アリセプト（ドネペジル）は効果がありませんでした。しかしイワベンケイ1日360mg（商品名SHR-5）の内服で、エネルギーや気分、集中力、整理整頓、作業完遂能力が著明に改善しました。

ジムには、就労のためのコーチとコンピューター指導者が関わるようになりました。彼は人生で初めて信頼を得て、働いたり、異性と交際したいと思うようになりました。

本書の執筆時点では、イワベンケイの著しい治療効果が4年間続いています。現在は結婚し2人の子どもを持ち、新しい職場で働いています。

ADDやADHDに対する統合的治療法

1. 既往歴や身体所見による、治療可能な原因の特定
   甲状腺機能不全、アレルギー、栄養不足、鉛や重金属への曝露、他の全身疾患、併存する精神疾患、注意や認知、覚醒に影響する薬物の使用など。心的外傷（トラウマ）や乱用、虐待への注意深い調査が大切で、これらは不注意や多動、行動異常に寄与します。
2. 臨床検査
   血球計測、生化学検査。栄養欠乏、吸収異常、鉛曝露が疑われる場合、ビタミンや鉛、鉄、亜鉛の血中濃度を調べます。
3. 栄養補助食品の内服による栄養欠乏状態の補正
4. 患者やその家族と、処方薬とCAMのメリット、デメリットなど、治療選択について話し合う
   行動改善や家族相談を含めた治療計画を練ります。
5. 精神刺激薬が効果を示している場合、副作用がひどくなければ、その薬物の継続
6. 処方薬では効果が不十分であったり、副作用がひどい場合、CAM開始前に別の処方薬への変更

第5章 注意欠陥障害と学習障害

患者が良い結果を得られなかった、もしくは副作用に耐えられなかった場合、既述のCAMを試し始めます。

7. 処方薬の長期的使用への懸念や、処方薬を止めたいという強い意志がある場合は、CAMを選択
8. CAMで良い結果が現れるまで、現行の処方薬治療を継続

   良い反応が得られたら、患者の状態を診ながら精神刺激薬を徐々に減量します。
9. 可能な限りADDやADHD患者のすべてに、バイオフィードバック法を試用

   処方薬によりADDやADHD症状が改善した患者は、CAM治療を追加するとさらに効果が得られる場合があるので試してみるとよいでしょう。著者らは以下を推薦しますが、患者が利用可能な方法がよいでしょう。

   a. 低エネルギー神経療法（LENS）
   b. シータ-ベータ訓練（神経療法）
   c. ハートマスは、自宅のPCで実施可能なバイオフィードバックプログラムです。
   d. 患者がハートマスに習熟したら、次に「Journey to Wild Divine」と呼ばれる心拍変動性や直流電気皮膚反応を基にしたバイオフィードバック訓練に進みます。
   e. 聴覚処理遅滞はしばしば学業の問題をもたらします。処理遅滞があるには、インタラクティブメトロノーム訓練を使用します。
10. 家族が処方薬を望まないか、処方薬の効果が不十分で副作用がつらい場合は、CAM治療を選択

    どれを選ぶかは患者の年齢や標的症状、他の学習障害の存在、精神科的診断（たとえば不安障害、強迫性障害、うつ病、双極性障害、PTSD、物質乱用、虐待など）、身体疾患（てんかん）を考慮します。

12歳未満の小児

1. 患児がADDもしくはADHDなのか、他の併存疾患を持つのか、注意深い診断的精密検査が必要
2. 可能であれば、児童精神科医もしくは精神薬理学者の診察を受け、心理学的検査を実施
3. 穏やかな治療計画が好まれており、多層的な治療が可能

   もしわずかでも副作用が出現したら、治療の増強や追加を止め、減薬したり現治療を維持します。大きな副作用が出現した場合は、その治療法を中止します。

   こうした治療法は臨床では効果がみられていますが、6歳未満の小児に対する正式な研究がないことを、患児や家族に説明しておくべきです。患児の年齢が小さいほど慎重でなければならず、実施の際は低用量から始め、様子を観察します。

   a. ピクノジェノール50mgを、1日2回投与から開始します。2週間投与しても反応が見られない場合は中止します。反応が良い場合、これを維持し次のCAM治療を加えます。

   b. ピカミロン50mgを1日2回追加します。そして5～7日おきに増量し、100mgを1日3回まで試みます。

   c. イチョウ60mgを追加します。そして5～7日おきに増量し、120mgを1日2回まで試みます。

   d. セントロフェノキシン（メクロフェノキセート）を1日1錠から開始し、1週間ごとに1錠ずつ増量し、最大1日4錠まで試みます。

   e. 上記a～dを試みても反応が見られない場合、次にイワベンケイ25mg（100mgのカプセルの1/4）の内服を開始し、3～7日ごとに25～50mgずつ増量します。興奮や不眠症状が出現しない限り、最大1日300mgまで試みます。

   f. あるいはSAMeを1日200mgから開始し、5～7日ごとに200mgずつ増量します。最大1日1200mgまで使用可能ですが、医師の監視が必要であり、興奮や不安、吐き気、下痢、不眠といった副作用

に注意します。

SAMeの錠剤は分割すると効果を失います。

患児の年齢が小さかったり消化器系が弱い場合、吸収量を減らし吐き気を減らすためにSAMeは食事とともに内服しましょう。

12〜18歳の青年
1. イワベンケイを1日50mgから始め、50mgずつ増やして不安や激越、不眠などの副作用が出ないよう1日500mgまで増量
2. 次にSAMe1日200mgの内服を開始し、良い反応が出るまで3〜7日ごとに200mg増量し、最大量1日2400mgまで投与
   不眠を引き起こすため、SAMeは午後3時以降は内服しないほうがよいでしょう。
3. ピカミロンを1日100mgから始め、5〜7日ごとに増量し、最大1回100mg、1日3回投与

成人のADDもしくはADHD患者

CAMを1日2回（午前と日中）行うと効果がみられますが、ADDを持つ患者は次の治療を覚えていられません。そのため著者らは、複雑な治療を導入する前に1日1回朝の内服量を決め、まず実行するよう勧めています。

ADD患者には、ヨガの呼吸法が非常に役に立ちます。しかし患者の多くには生活の規律がなく、毎日の鍛錬を実行することが不可能です。

著者らは別のCAM治療で改善を見られ、ヨガを導入してもよさそうと判断できるまで待つようにしています。

1. すべての患者はバイオフィードバック訓練法から開始
2. イワベンケイの朝400mg（朝食30分前）の内服から始め、600mgまで増量
   4週間続けても反応が見られなければ中止します。

3. アクションラボ社のパワーマックス4X（Action Labs, PowerMax 4X：チョウセンニンジン、中国ニンジン、シベリアニンジン、アメリカニンジンの混合）を午前中に1錠内服し1週間継続

   必要があれば昼に1錠を追加します。もしくは、シュー（HSU）社のチョウセン（オタネ）ニンジンを1錠午前中に内服し、1週間継続します。その後、日中にもう1錠追加します。
4. 患者に経済的な余裕がある場合、SAMe400mgを朝食30分前に内服
   3～5日毎に400mgずつ増量し、可能なら最大1日量2400mgまで試みます。
5. ピカミロンを100mg午前中に追加し、3～7日ごとに増量し、最大量1日300mgまで試みる
6. 読字や書字、学習障害を持つ場合、アニラセタムを1日750mg投与し、1回750mgを1日2回まで増量
7. セントロフェノキシン1錠を朝に追加し、1回2錠1日2回まで増量
8. 適切な統合的方法を用いて、共存症を治療

第5章 注意欠陥障害と学習障害

表5.1 注意欠陥障害（ADD）や学習障害の治療指針

補完代替医療	臨床用途	1日量	副作用、薬物相互作用 注1)、禁忌
ビタミンB群 B$_{12}$、葉酸、B複合体、ビオストラス	ADD	1000mcg、800mcg	ごくわずか 注意：心臓のステント 注2)
オメガ-3脂肪酸（高度不飽和脂肪酸）	ADD	1200〜2400mg、2回	わずかな胃腸障害、げっぷ
ピカミロン	ADD	50mg、2回 最大量 100mg、3回	高用量：低血圧
ピクノジェノール	ADD	50mg、2回	ごくわずか
ラセタム	学習障害、失読症、治療に関連した認知障害	アニラセタムとして 750mg、2回	ごくわずか 稀：不安、不眠、興奮、イライラ、頭痛
S-アデノシルメチオニン（SAMe）	ADD	400〜4000mg 適宜分割	胃腸症状、興奮、不安、不眠 稀：動悸 双極性障害患者の躁状態
アシュワガンダ（*Withania somnifera*）	不安、興奮、不眠	1回1〜2錠、2回	軽度の眠気。他の鎮静剤との併用効果
イチョウ（*Ginkgo biloba*）	ADD	120〜240mg	ごくわずか：頭痛、血小板凝集性の低下 禁忌：抗凝固剤内服中 稀：興奮 手術2週間前には中止
オタネニンジン アメリカニンジン（*Panax quinquefolios*）	ADDの成人、小児患者	300〜800mg 年齢や体重、診断による	賦活化、胃腸症状、不安、不眠、頭痛、頻脈、血小板凝集性の減少 注意：抗凝固剤内服中

ADHDや学習障害のための統合的治療方法

補完代替医療	臨床用途	1日量	副作用、薬物相互作用 注1)、禁忌
イワベンケイ	精神集中、注意、記憶、覚醒、認知増強	100～600mg	賦活化、興奮、不眠、びくつき、躁状態 稀：血圧上昇、狭心症、紫斑 禁忌：双極Ⅰ型障害 注意：双極Ⅱ型障害
オトメアゼナ（*Bacopa monniera*）	ADD	1～3錠	ごくわずか
メンタト（Mentat BR16-A）多くのハーブを含有、オトメアゼナ、ツボクサ、アシュワガンダ、トリファラ、アサガオ、アルジュナ	ADD、注意、治療に伴う認知障害	食事とともに、1～2錠を1～2回	ごくわずか：構成成分のハーブの副作用 カルバマゼピンやフェニトインの血中濃度上昇の可能性

注1) 一般的な副作用を表に列挙したが、まれな副作用もあります。高血圧、糖尿病、妊婦授乳婦、慢性もしくは重度の疾患を持つ人は、栄養補助食品を内服する前に主治医に照会すべきです。さらに抗凝固剤を内服している患者は、栄養補助食品を使用する前に主治医に相談しましょう。

注2) ホモシステイン血中濃度が15μmol/L未満の男性の場合、心臓のステントの再閉塞の危険が増加する可能性があります。

第6章 精力増強（性機能強化）とライフステージにおける諸問題

概要

- 女性のライフステージにおける諸問題
  a. 月経前症候群（PMS）と月経前不快気分障害（PMDD）/ビタミン、必須元素、栄養素、セイヨウニンジンボク、ピクノジェノール、光療法
  b. 妊娠と産後/オメガ-3脂肪酸、高照度光療法
  c. 女性の閉経
- 女性の性機能強化と妊孕性/アルギンマックス
- 男性の性機能強化
  a. 性機能強化/ヨヒンビン、DHEA、ニンジン、イチョウ、ピクノジェノール、ムイラプアマ
    マカ、アルギニン、アセチル-L-カルニチン
  b. 前立腺肥大症と性機能不全/ノコギリヤシ、ピジウム、セイヨウイラクサ
  c. 男性の妊孕性（妊娠のしやすさ）

女性のライフステージにおける諸問題

　補完療法やCAM法は薬物治療よりも安全で、月経周期や妊娠、授乳、閉経に関連する身体的・神経心理学的症状を大きく緩和する可能性があります。

　妊娠の関連症状に対する45試験、月経前症候群（PMS）に関する33試験、月経困難に関する13試験について総説があります（Fugh-Berman & Kronenberg, 2003）。

　多くの研究は小規模で、不十分な報告しかされておらず、対照群がありませんでした。

　患者には、疫学研究や動物研究では、多くのハーブや栄養補助食品の安全性が確かめられていますが、人体に対する長期的安全性の研究がまだ少ないことを説明しておくべきです。

　リスクが少ないCAM、特にオメガ-3脂肪酸の摂取や心身医療は、薬物による影響を最小にしたい妊婦や授乳中の母親には特に有効です。

　加齢に伴うホルモン変化は認知や記憶、気分、エネルギーに影響を与えます。高齢患者は、薬物による強い副作用に耐えられません。さらに加えて、多くの身体疾患のために他の薬物を内服しており、向精神薬の使用をややこしくしています。

月経前症候群（PMS）と月経前不快気分障害（PMDD）

　ホルモン濃度の変化による身体的・心理学的影響など、月経に関する症状を緩和するために、CAMは女性に広く使用されています。

　月経前症候群（PMS）は、月経約1週間前から女性の多くが経験する感情や身体の一時的な変調を指します。症状は、うつ状態、イライラ、不眠、過眠、疲労、集中力低下、食欲変化、体重増加、むくみ、頭痛、乳房圧痛、腹部や骨盤・背中・関節・足の疼痛などです。11～32％の女性が、月経に関連する感情的・身体的変調を持っており、3～9％が月経前不快気分障害（PMDD）の診断基準を満たしています。

第6章 精力増強（性機能強化）とライフステージにおける諸問題

　月経前の気分・行動の変調に関する診断や認識は進化し続けています。
　たとえばPMSに関連した"奇異的精神異常"という言葉は、1865年の殺人事件の裁判で、正当防衛を論ずる医学的証言の中で使用されました（Spiegel, 1988）。
　1930年には月経前緊張症候群という言葉が使用されました。
　1987年に米国精神医学会（APA）は『精神障害の診断・統計マニュアル（DSM-Ⅲ-R）』において、黄体後期不快症候群を定義しました。これには月経がない女性（たとえば子宮摘出後）が含まれましたが、周期的に気分や行動の変調を起こす女性患者は除外されました。
　しかし1994年、APAはこの名称をPMDDに変更し、身体症状よりも気分の変化を強調し、さらにPMSと区別しました。PMDDは、後期黄体期のほとんどの期間に5つ以上の特定の症状が生じ、それが卵胞期に入って数日中に緩和する状態と定義されています。月経後の1週間には、この診断に当てはまる症状は存在しません。5つの症状が存在しなければならず、以下の症状から最低1つ含まれます：著しいうつ気分、著しい不安、著しい情動不安定性、持続する著しい怒りやイライラもしくは対人関係の摩擦の増加、通常活動の中での興味の減少（米国精神医学会、1994）。
　月経前に悪化する単極性または双極性感情障害と、PMDDの区別が重要ですが、多くの場合鑑別診断が大変困難です。
　月経周期には、2つの段階があります。①卵胞期（卵胞が成長し卵子の放出に備える時期）は排卵に先行し、②黄体期（卵胞破裂後の黄体の発達）は排卵の後に続きます。

　月経周期2週目の間に卵胞が成長するに従い、エストラジオールがより放出され、排卵72時間前に最も多くなります。黄体初期は排卵日から始まります。黄体中期には、プロゲステロンとエストロゲンが増加し、約22日目に定常状態に達します。着床が起こらなかった場合、エストロゲンとプロゲステロンの濃度は黄体後期に減少し、次の月経開始前日で月経周期は終了します。PMSやPMDDは月経周期の最後の週、黄体後期間の

ホルモン濃度の低下に関連しています（補足6.1参照）。

> ### 補足6.1　月経周期：気分に対するホルモンの影響
>
> 　月経周期を操る体内時計は、視床下部から放出される性腺刺激ホルモン放出ホルモン（GnRH）により調節される。GnRHの放出は、心理学的要素（大脳皮質を経由し大脳辺縁系、そして視床下部へ）や日中から夜間への周期的な変化のような外的要因に影響される。
>
> 　GnRHの放出は卵巣によって作られる性ステロイドからのフィードバックにも影響を受ける。
>
> ・GnRH→下垂体→卵胞刺激ホルモン（FSH）→卵胞の発達→エストロゲン
> ・GnRH→下垂体→黄体形成ホルモン（LH）→卵胞破裂と黄体の維持→プロゲステロン
> ・エストロゲンとプロゲステロン→GnRH、FSH、LHの分泌制御、子宮内膜の増殖と着床への準備

ビタミン、必須元素、栄養素

　PMSを持つ女性の一部で、細胞内マグネシウム濃度の減少がみられます。

　32名の女性に対するDBRPCでは、月経15日目にマグネシウムを1日360mgもしくは偽薬が投与されました。マグネシウム投与群では、2ヵ月目に症状や覚醒状態に著明な改善がみられ、4ヵ月後も疼痛やむくみ等の改善は続いていました。

　細胞内マグネシウム濃度は増加しましたが、血中濃度は増加しませんでした（Facchinetti, Borella, Sances, Fioroni, Nappi et al., 1991）。マグネシウムはPMSに有益でしょう。

　PMSに対するカルシウム治療の効果が、DBRPC研究で証明されていま

PMSを持つ女性497名に対する研究で、カルシウムを1日1200mg投与するとPMS症状が48％減り、一方、偽薬群では30％でした。軽度の吐き気や胃の不快感、頭痛という副作用がありました（Thys-Jacobs, Starkey, Bernstein & Tian, 1998）。腎結石形成を避けるために、カルシウムは食事とともに摂った方がよいでしょう。

PMDDを持つ女性と持たない女性の間で、カルシウムとビタミンD代謝の差異を比較した研究が行われました（Thys-Jacobs, McMahon & Bilezikian, 2007）。その結果、PMDDを持つ女性は、黄体後期間にビタミンDに対する代償性反応性が欠けていました。さらに第1期（月経）においてカルシウムイオン、卵胞後期から黄体早期の尿中カルシウム、黄体期の1,25-ヒドロキシビタミンD（1,25（OH）2D）が著明に低下していました。この相対的なビタミンDとカルシウムの欠乏が、PMDD症状の一部に影響していると考えられます。

PMSに対するビタミンBや必須元素の使用を支持する医学的証拠は限られています。

40名の女性に対して6ヵ月におよぶDBPC研究が行われ、栄養補助食品（マグネシウムやビタミンB_6、E、葉酸、鉄、銅）、もしくは偽薬が投与されました。栄養補助食品投与群では、PMS症状が試験開始前と比べて18％まで減少したのに対し、偽薬群では73％に留まっていました。

副作用は認められませんでした（Facchinetti, Nappi, Sances, Neri, Grandinetti et al., 1997）。

ビタミンB_6（ピリドキシン）は、セロトニンやドパミンの前駆体であるトリプトファン代謝の補因子です。PMS治療にビタミンB_6を投与した12の二重盲検偽薬対照研究（DBPC）の総説では、3つで良い結果が、5つはあいまいな結果、4つは否定的な結果でした。

PMSに対する、ビタミンB_6の有用性は疑問視されています（Kleijnen, Ter Riet & Knipschild, 1990）。

ビタミンB_6を高用量（1日200mg超）投与すると、感覚神経系の障害

女性のライフステージにおける諸問題

を引き起こす場合があります。

　PMDDを持つ女性に対してDBPCが行われ、L-トリプトファンは偽薬よりも優れた効果を示しました。排卵期から月経開始後3日目までの17日間、トリプトファン1回2000mg、1日3回投与群では、不快気分や緊張、イライラが35％減少したのに対して、偽薬群では10％の減少でした (Steinberg, Annable, Young & Liyanage, 1999)。

　トリプトファンには、かつて、不純物が混入し深刻な副作用が出たことがあるため、悪い評判がありました。しかし米国では、安全で、医薬品レベルの品質のL-トリプトファンが処方箋により入手可能です。

　炭水化物治療は、他のアミノ酸に対するトリプトファン（間接的にセロトニンを増加する）の比率を増加させるために使用されてきました。

　PMSを持つ女性24名に対して交差DBRPC研究が行われ、炭水化物が豊富なバランス飲料（商品名PMS escape）が投与されました。すると内服3.5時間後の時点で怒りやうつ状態が減り、記憶が改善しました。さらに内服1.5時間後には、炭水化物への欲求も減少しました (Sayegh et al., 1995)。

　二つ目のDBPCは、軽度から中等度のPMSを持つ女性53名に対して行われ、PMS escapeを投与すると33％の対象者に気分の改善がみられ、偽薬群では5％の改善でした (Freeman, Stout, Endicott & Spiers, 2002)。

　複数の小規模研究によると、オメガ-3脂肪酸、高度不飽和脂肪酸、エイコサペンタエン酸（EPA）、ドコサヘキサエン酸（DHA）は月経困難を緩和する可能性があり、おそらくそれらはステロイドやプロラクチンへの感受性を減少させたためであると考えられています。

　マツヨイグサ油（イブニングプリムローズ、*Oneothera biennes*）が脂肪酸の値を正常化することがよく知られています。しかし、マツヨイグサ油には最近のダイエット法に多く登場するオメガ-6脂肪酸が多く存在しているため、この説は疑わしいです。

　メタ解析により7つの偽薬対照研究が確認されましたが、そのうち5つのみ無作為化が行われていました (Budeiri, Li Wan Po, & Dornan,

1996)。

　数値化の方法反応の基準に一貫性のないものは、統計的対象から除外され、厳しいメタ解析が行われませんでした。

　残りの2つの比較的良い対照研究は小規模であり、外部からのわずかな影響を排除することができないため、マツヨイグサ油の効果を証明できませんでした (Khoo, Munro & Battistutta, 1990; Collins, Cerin, Coleman & Landgren, 1993)。

　今までの研究では、PMSに対するマツヨイグサ油の価値を証明できていませんが、これはほぼ副作用を起こしておらず、一部の患者には役に立つと感じています。

ハーブと植物抽出薬

　PMSやPMDDに関連した多くの症状を治療するために、ハーブは他のCAM治療と組み合わせて使用できます。

セイヨウニンジンボク（チェストベリー）

　セイヨウニンジンボク (*Vitex agnus-castus*) は、ドイツでは70年にわたりPMSや閉経時の治療に使用されており、ドパミン受容体に結合したり、プロラクチン放出を抑制し、母乳の分泌を減らすテルピンが含まれていることがわかっています (Klepser & Nisly, 1999)。

　これらの作用が、乳房痛の軽減の原理なのでしょう (Wuttke, Jarry, Christoffel, Spengler & Seidlova-Wuttke, 2003)。

　エストロゲンフラボノイド（ペンズレチンとアピゲニン）は、選択的にエストロゲン受容体に結合します (Jarry, Spengler, Porzel, Schmidt, Wuttke et al., 2003)。

　3回の月経周期にわたるDBPCでは、86名の女性にセイヨウニンジンボクを1日20mg（カスチシンが標準化されたZE440）投与しました。気分や身体症状の自己評価尺度を用いると、6項目中5つの項目で改善した割合は、投与群では52％でしたが、偽薬群84名では24％でした

女性のライフステージにおける諸問題

(Schellenberg, 2001)。

4症例において一過性の軽い副作用がみられ、偽薬群でも同様の報告がありました。

PMS症状を持つ女性に対して小規模の無作為比較研究が行われ、ペンディリーシンプトンレポートやHAM-Dを用いて評価しました。するとセイヨウニンジンボク投与群（n=11）では57.9％に反応がみられ、フルオキセチン投与群では68.4％（n=13）であり統計的な差異は認められませんでした（Atmaca, Kumru & Tezcan, 2003）。

セイヨウニンジンボクは身体症状に対して、フルオキセチンは精神的症状に対して大きな効果が認められました。

セイヨウニンジンボクの総説では、乳房不快感やPMSに対してチェストベリーを使用することは、研究により支持されていると結論されました（Roemheld-Hamm, 2005）。

ピクノジェノール（松樹皮の抽出液）

月経困難を持つ女性47名に対して非盲検試験が行われ、ピクノジェノール（松樹皮の抽出液）を投与すると腹痛が軽減しました。月経周期1回目よりも、2回目に大きな改善が認められました（Kohama, Suzuki, Ohno & Inoue, 2004）。

フェノール酸の鎮痙作用が、月経困難に効果を示すのでしょう。

以下の症例では、3つのハーブ、セイヨウオトギリソウとイワベンケイ、セイヨウニンジンボクの組み合わせで、PMSの精神的身体的症状や、処方薬の副作用に敏感な患者のうつ症状を緩和しています。月経前に悪化し再発する大うつ病の既往歴がありますが、この患者はPMDDという診断は下されていません。

症例1 うつ病やPMSに対するセイヨウオトギリソウ、イワベンケイ、セイヨウニンジンボクの使用

イレーヌ（37歳）は高校の科学の教師で、結婚し3人の子どもがいま

第6章 精力増強（性機能強化）とライフステージにおける諸問題

す。彼女には再発を伴う大うつ病、うつ病の月経前の悪化、パニック障害の長い既往歴がありました。

月経10日前頃から徐々にうつ症状が悪化し、自殺念慮やイライラが高じました。腹部膨満やむくみ、体重増加、炭水化物の欲求、疲労、不眠、乳房の張りという身体症状がありました。

パロキセチン（パキシル）が投与されると彼女のうつ症状は改善しましたが、9kg体重が増え、頭痛がひどくなり、無オルガズム症（性的興奮の絶頂に達しない）になってしまいました。同様に、セルトラリン（ゾロフト）は13.5kgの体重増加と性機能不全を引き起こし、これによりうつ症状が悪化しました。

治療第1弾は、体重増加と性機能不全という副作用を避けるために、イワベンケイ（商品名Rhodax）の投与を開始し、徐々に増量し1回170mgを1日4回内服しました（高用量）。するとイレーヌは思考の柔軟さが増して泣かなくなりましたが、まだうつ症状に悩み、結婚生活にまつわるストレスに圧倒されていました（イワベンケイについては第3章、閉経前後の疾患の項を参照）。

イワベンケイの投与により、彼女のエネルギーやストレスへの柔軟性が高まりましたが、彼女は体格が小さかったので、高用量を用いると不安が出現しました。そのため1回170mgを1日2回に減量すると、不安なくエネルギーを高め、ストレス耐性を維持できました。

彼女の病歴では、うつ病に対してセロトニン再取り込み阻害薬が効果を示し、さらに月経前に気分の悪化がみられていたので、セイヨウオトギリソウの投与が試されました。セイヨウオトギリソウも高用量では不安が増すので、投与上限を1回500mg、1日3回までとしました。イワベンケイ170mgを1日2回と、セイヨウオトギリソウ300mgを1日3回内服することで、彼女のうつ病はさらに安定しました。そして彼女のPMSに関する身体症状を緩和するために、セイヨウニンジンボクが追加されました。

ベンゾジアゼピンやアンビエンが不眠の治療のために投与されましたが、彼女はうつ症状がひどくなり認知が低下したと感じました。トラゾド

女性のライフステージにおける諸問題

ン（デジレル）は強い眠気をもたらしました。イレーヌが体重増加をとても怖れていたため、ミルタザピン（レメロン）は内服できませんでした。

刺激性ハーブ（イワベンケイやセイヨウオトギリソウ）内服に反応して興奮したことや、冬期の症状悪化などから、軽度の双極Ⅱ型障害の可能性がありました。これらの所見や、鎮静催眠系薬物に耐えられなかったことから、睡眠薬としてクエチアピン（セロクエル）12.5mgが投与され、良い効果を示しました。

この患者は、PMSに関する感情的・身体的症状を解決するために、下記の4段階の治療が必要でした。

1. イワベンケイ170mgの1日2回投与が、彼女のエネルギーやストレスへの柔軟性、性機能、気分を改善した。
2. セイヨウオトギリソウ300mgの1日3回投与が、うつ病を緩和した。
3. セイヨウニンジンボクの内服は、PMSの身体症状を減らした。
4. クエチアピン（セロクエル）12.5mgの低用量投与は、睡眠を改善した。

心身医療の介入

心身医療は、症候学では重要な要素である患者のストレスを減らし、他の機構を通じてPMSの一部を緩和するでしょう。

46名の女性に対して5ヵ月に及ぶ研究が行われ、対象者は、無作為に弛緩反応群や読書群、計画作成群に割り当てられました。すると毎日リラックス法を実施した弛緩反応群では、他の群よりPMS症状の著明な改善がみられました。対象者の中で重度の症状を持つ患者は、感情的症状に関して最も改善がみられました（Goodale, Domar & Benson, 1990）。

適度な運動は、閉経前後の症状の減少と関連しています（Stoddard, Dent, Shames & Bernstein, 2007）。

鍼治療

43名の女性に対する1年間の小規模な無作為対照試験では、参加者は、①鍼治療群、②3回の月経周期にわたって毎週無作為に施行された偽の鍼治療群、③鍼治療や薬物のない標準的対照群、④この計画を作った医者が月経周期3回にわたり毎月訪問するだけの訪問対照群、の4群に割り振られました。

その結果、①鍼治療群では11名中10名（90.9％）が月経に関する疼痛が改善し、②偽鍼治療群では11名中4名（36.4％）、③標準対照群では11名中2名（18.2％）、④訪問対照群では10名中1名（10％）が改善しました。さらに①鍼治療群では鎮痛薬の使用が41％減少したのに対して、他の対照群では変化がないか、もしくは薬物の増量がありました（Helms, 1987）。

この研究ではどの群も10〜11名と小規模でしたが、鍼治療は原発性月経困難の緩和に効果を示す可能性が示唆されました。

光療法

PMDDを持つ女性には、段階的な前進を伴う概日リズム（日光の変化を周期となす生物学的変化）の異常が認められます。

3つのよく練られた交差試験や、1つの非盲検試験により、夜間に明るい光を浴びることで、この概日リズムの異常な前進が緩やかになることがわかりました（Krasnik, Montori, guyatt, Heels- Ansdell & Busse, 2005; Parry, Mahan, Monstofi, Klauber, Lew et al., 1993; Parry, Hauger, Lin, Le Veau, Mostofi et al., 1994）。

これら3つの小規模研究のメタ解析を行うと、効果量は0.2と小さく、光療法のPMDDへの効果の評価は不安定なままです。

特筆すべきは、女性96名に対する研究で、冬季季節性感情障害を持つ患者では、健常者対照と比較して、PMDDを併発する割合がとても高かったことです（2％ vs. 46％；Praschak-Rieder, Willeit, Hilger, Stastny et al., 2001）。

PMSやPMDDに対する統合的治療方法

1. 月経期間の前中後の身体的精神的症状を確認する

    月経に関係のない症状についても、慎重に問診を行います。根底にある気分障害が月経前に悪化する女性が多いのですが、これはDSM-ⅣのPMDDの基準を満たさないでしょう。3〜9％の女性にのみPMDDが認められます。

    適切な治療のために、双極性障害や単極性うつ病の鑑別診断が必要です。

2. 食事や睡眠、労働内容、運動の習慣を再評価する

    運動やバランスの良い栄養を取ることを勧めます。

3. ストレスや精神症状が関与している場合、適切な精神療法とともに毎日のヨガのストレッチ、ヨガの呼吸法、リラックス法を提言

    患者は通常、初めにヨガの呼吸法を行うと瞑想の効果を得やすいでしょう。

4. マルチビタミン、マルチ-Bビタミン（商品名：B50、B100）、カルシウム1日1200mg、マグネシウム1日600mg、オメガ-3FA、1回1000mgの1日2回以上の投与を開始

    北部気候地域に暮らし、日光への曝露が1年間で9ヵ月に限られている女性や、戸外で過ごすことがあまりない場合、ビタミンD_3を1日2000mg投与します。温暖気候地域では、1日当たり500〜1000mgで十分です。ビタミンD投与量は血中濃度（ビタミンD群の検査）により調節します。さらにPMS escape（商品名）を試してみます。

5. 精神的症状が長引いていて双極性障害ではない場合、選択的セロトニン再取り込阻害薬（SSRI）を月経開始1週間前から内服し、必要があれば各月経周期中に7〜14日間継続

    患者によっては毎日の内服が必要でしょう。患者がSSRIを嫌がる場合、トリプトファンやセイヨウオトギリソウ、光療法（1万ルクス、午後に30〜45分曝露；Facchinetti et al., 1997）がお勧めできます。

6. 身体症状への不満（疼痛）が強い場合、セイヨウニンジンボクを1日

第6章　精力増強（性機能強化）とライフステージにおける諸問題

20mgで3ヵ月間投与
さらに疼痛が長引く場合、ピクノジェノールや鍼治療、L-トリプトファン（2000mgを1日3回内服）を試みるとよいでしょう。

妊娠と産後

妊娠中や授乳中の女性への薬物投与は、多くの薬でその安全性の証拠がなく、他の薬のなかには危険性が証明されているものがあるため、限定的です。妊婦への副作用は、鎮静催眠薬や抗不安薬、抗うつ薬、気分安定薬、抗精神病薬で判明しています。

妊娠によるストレスや向精神薬の中断は、患者の精神疾患を不安定にさせます。自傷行為や低栄養、胎児発育に有害と考えられるコルチゾールやアドレナリン、興奮性神経伝達物質の上昇などのリスクが増加します。

臨床の金言

妊娠中には母体のオメガ-3脂肪酸の貯蔵が減少するため、産後うつ病や双極性障害の危険性が増加します。

妊娠中や授乳中の女性、さらに未熟児は乳児ミルク等を通して、EPAやDHAを適切に摂取することがとても大切です。適切な投与量について統一された意見はまだありませんが、オメガ-3脂肪酸を含む魚油を合計1500〜2400mg摂取すると、EPAが1000〜1600mg、DHAが500〜800mg含まれており、十分でしょう。

周産期のオメガ-3脂肪酸

代替療法は安全性が高いので、妊娠中や産後の女性からの需要が高まっています。

主治医や母親は、新生児や授乳中の乳児に対する副作用への不安から、周産期の気分安定薬使用について悩んでいます。SSRIによる周産期の問

題、小奇形や心血管系の形成異常（特にパロキセチン）、肺高血圧症、離脱症状が見つかっています。

オメガ-3FAは、子宮内にいる時から乳児期にかけての脳や網膜の発達に必要とされます。オメガ-3FAの補給は、早期産や子癇前症、脳性まひを予防します。妊娠中（特に妊娠第3期）の母体のオメガ-3FAは減少しますが、これは胎児の発育に使われ、食事での補充が追いつかないためです（Hibbeln, 2002）。

母体のオメガ-3脂肪酸の減少は、産後うつ病や双極性障害の危険性を増加させます。

薬物投与を望まない大うつ病を持つ女性15名に対して、用量を固定しない非盲検試験が行われ、2ヵ月間、EPAとDHAの組み合わせを1日930～2800mg投与しました。すると、うつ症状に対する数値が著明に改善し、エジンバラ産後うつ質問表（EPDS）において40.9％の減少が、HAM-Dにおいて34.1％の減少が認められました（Freeman, Hibbeln, Wisner & Watchman, 2006）。

これは偽薬対照のない小規模試験でしたが、妊婦のうつ病に対するオメガ-3脂肪酸の潜在的効果を示しています。

米国食品医薬局は、オメガ-3脂肪酸1日3000mgの内服は、一般的に安全であると認めています。

約10～15％の女性は産後うつ病を経験しており、場合によっては母体や子どもに対して長期間影響します。産後うつ病を持つ女性16名に対して8週間にわたる無作為用量検討予備試験が行われ、EPAとDHAが投与されました。するとEPDSにおいて平均51.5％、HAM-Dにおいて平均48.8％の数値の減少が認められました。副作用は認められませんでした（Freeman, Hibbeln, Wisler, Brumbach et al., 2006）。

第6章 精力増強（性機能強化）とライフステージにおける諸問題

> ## 臨床の金言
>
> 夜間に30〜60分間、7000〜10000ルクスをSADライトボックスから浴びる光療法を行うと、妊娠中のうつ病を緩和するでしょう。反応が出るまで5〜10週間必要です。

妊娠中の高照度光療法：分娩前のうつ病

うつ病を持つ妊婦16名に対して高照度光療法の非盲検試験が行われ、うつ症状の著明な改善がみられ、副作用はありませんでした（Oren, Wisner, Spinelli, Epperson, Peindl et al., 2002）。

この研究は延長され、大うつ病を持つ10名の妊婦に対して10週間にわたるDBRPC研究が行われました。7000ルクスの光による治療群に対し、偽薬群としては500ルクスのライトボックスが与えられました。7000ルクス群で、5週間後には小さな進歩がみられただけでしたが、10週間後には偽薬群と比較して著明な改善が認められ（p=0.001）、効果量は0.43でした。この効果量は、抗うつ薬の治験でみられる結果と同等です（Epperson, Terman, Terman, Hanusa, Oren et al., 2004）。

季節性感情障害（SAD）のためのライトボックスが数社より発売されており、これは主に青緑色の光を発し、紫外線による目の傷害を最小限にしています。

双極性障害患者は、光の浴びすぎにより刺激される可能性があります。

興奮やイライラ、不眠が生じた場合、ライトボックスの使用を10〜20分へ減らし、それでも刺激が強い場合は中止します。携帯用のライトボックスは200〜300ドルで購入できます。通常、副作用は治療の最初の週に出現します。購入後30日以内であれば、ほとんどの製造会社は返却による払い戻しに応じてくれます。

周産期双極性障害

　妊娠中や産後における双極性障害の各病相の治療は、母親や子どもに重大なリスクがあるために大変困難です。これに関する臨床研究はないので、私たちの臨床経験や、妊婦でない双極性障害を持つ女性や周産期うつ病への研究結果をもとにした治療方針をお伝えします。

　抗けいれん作用を持つ気分安定薬を内服中の女性が妊娠した場合、母親が自己保全できないほど双極性障害の症状が重くなければ、胎児への高い危険性を考えて薬物は中止すべきです。神経管欠損症のリスクは、バルプロ酸で1～5％、カルバマゼピンで0.5～1％存在します。リチウムは、妊娠第1期に心血管系の形成異常のリスクを0.05～0.1％持つとされています（MacNeil, 2006）。

　リチウムを突然中止すると、反動による躁状態の再発が高い確率で発生します。躁状態を防ぐために低用量のハロペリドール（ハルドール）が必要になることがありますが、これは他の抗精神病薬よりもハロペリドールが出生時の奇形を起こしにくいからです（Cohen & Rosenbaum, 1998）。

　小規模研究が行われ、妊娠第1期以降に非定型抗精神病薬を使用しても、出生時の奇形の増加はみられませんでした。しかし安全性に言及する前に、これに関する大規模調査が必要です。

　双極性障害で気分安定薬により治療中の女性は、予期しない妊娠の際の神経管欠損症を防ぐために、マルチビタミンに葉酸（1日800mcg）の追加の内服を続けた方がよいでしょう。

　オメガ-3脂肪酸（FA）は妊娠中でも安全で、気分の安定に役に立つでしょう。その場合、オメガ-3FA（EPAおよびDHA）1日3000～6000mgの内服を、すぐに開始した方が良いです。内服可能なら1日8000～10000mgまで増量しましょう。胃腸障害を減らすために、精製された魚油調合製品（この章最後の表6.1を参照）を試すとよいでしょう。

　周産期のうつ病に対する効果や至適投与量を確立するために、さらなる研究が必要です。

　副作用については第2章を参照ください。

オメガ-3FAの安全性が極めて高いこと、母親や子どものためになること、多くの抗精神病薬の安全性は十分ではないことを考慮すると、妊娠中や産後の気分障害の予防手段や治療手段として、臨床家はオメガ-3FAをどんどん薦めた方がよいでしょう。

鍼治療は、妊婦や気分障害、ホルモン異常を持つ患者の施術に慣れている鍼灸師が行うのであれば、役に立つ可能性があります。

純粋なコリン（ホスファチジルコリンではない）は、躁症状を減らすことがわかっています（Stoll et al., 1996）。純粋なコリン1日3000〜7000mgの投与は、妊娠中の双極性障害に対して、安全に使用でき補完治療です。

妊娠中や産後うつ病に対するS-アデノシルメチオニン（SAMe）

30名の産後うつを持つ女性に対して偽薬対照研究が行われ、SAMe1日1600mgが投与されました。するとSAMe投与群30名では、うつや不安の尺度は治療開始後10日で50％へ改善し、30日目で75％へ改善しました。偽薬対照群30名では、治療開始30日目までに50％未満の改善でした（Cerutti, Sichel, Perin et al., 1993）。

SAMeは、ヨーロッパでは妊婦の胆石治療に使用されてきました。無数の試験が行われ、妊娠中の胆汁うっ滞を持つ女性に対して、SAMeが経口、もしくは非経口的に投与されましたが、母体や妊娠経過、胎児の発育に副作用は認められませんでした（Frezza et al., 1990; U.S.Department of Health and Human Services, Agency for Healthcare Research and Quality, 2002b）。

妊娠中のげっ歯類にSAMeを用いた試験では、奇形の可能性は認められませんでした（Cozens, Barton, Clark, Gibson, Hughes et al., 1988）。

人体での催奇形性や神経発達への影響に関する、SAMeの有力な前向き研究はありませんが、標準的な抗うつ薬でもそのような研究は存在しません。

SAMeの生体内外研究においても、催奇形性は認められませんでした（Pezzoli, Galli-Kienle & Stramentinoli, 1987）。

SAMeの母乳を介した乳児への移行量は測定されていません。しかし乳児は通常高濃度のSAMeを体内に含有しており、その濃度は成人と比較して3〜7倍にもなります（Surtees & Hyland, 1989）。

SAMeは、脳の発達の際の髄鞘形成に必要です（髄鞘は神経細胞周囲に形成され、電気的信号の伝達を可能にする）。こうしたことから、大量のSAMeが母乳を通して乳児に移行しても、有害とは考えにくいです。

不安障害やストレス、心的外傷後ストレス障害に対する心身医療

妊娠中の不安やストレスは、妊娠への悪影響や、低出生体重児、未熟児のような問題を生じる可能性があります。妊娠中のうつ病や不安障害の有病率は30％と見積もられます。心身医療は、副作用リスクのある向精神薬より、さらに安全な選択肢を提供します。

初産婦110名に対して無作為対照試験が行われ、7週間にわたり応用リラックス訓練法が標準的な出産前のケアに追加されました。すると状態特性不安検査（STAI）や知覚ストレス尺度において、著明な改善が認められました（Bastani, Hidarnia, Kazemnejad, Vafaei & Kashanian, 2005）。

この訓練法には以下の方法が含まれています：自律訓練法や解放を中心とし筋肉を緊張させないリラックス法、深呼吸法、呼気直前に力を抜くような呼吸に集中する自己練習法、部分的リラックス法（身体各部分の選択的リラクゼーション）、急速リラックス法、不安やストレスへの対処法、妊娠中のリラックス法。

以下の症例では、妊娠第2期にPTSDを治療するために、心身療法をいくつか実践しています。

 **妊娠中のPTSD**

ローラは32歳の小学校教師で第2子を妊娠中でしたが、妊娠5ヵ月目で交通事故に巻き込まれてしまいました。酔った運転者が信号を無視して彼女の車に追突し、彼女の車はスピンしてしまったのです。ローラは軽度の

第6章 精力増強（性機能強化）とライフステージにおける諸問題

脳震盪を起こした程度で、赤ちゃんに影響はありませんでした。

しかしこの恐ろしいできごとの後に、彼女は事故の悪夢に何度もうなされ、叫び出し、震え、汗をかき、夜に何度も目を覚ましました。車に乗ると接近する車が視界へ入るたびにフラッシュバックが起き、パニックが引き起こされました。

初めての診察時、彼女はひどく取り乱し、不安で、涙を流し、疲れきっていました。精神状態を検査すると、記憶や喚語、集中力に問題がありました。彼女は整理整頓や日常業務ができないと訴えました。PTSDや脳震盪後症候群を生じてもいましたが、胎児への影響を考えると薬物療法はためらわれました。

そのため、精神療法やウジャイ呼吸法（第3章参照）を試みることになりました。ウジャイ呼吸法を5分間行った後に、彼女は事故後初めて精神的かつ身体的にリラックスできました。そのため、彼女は進んでヨガ呼吸法を1回10分間、1日2回行い、必要に応じて就寝前にも行いました。すると次の週には、不安がかなり減り、恐怖で飛び起きなくなり、休息が得られ幸せそうでした。しかしまだ少し悪夢があり、車の運転がパニックの引き金になっていました。

3回目の外来診察後、事故場面を思い出してしまう場合には、心の中でそれを別の場面に置き換えることにしました。

また彼女には運転の際、近づいてくる車を意識しすぎて横の窓から外を見続けることが癖になっていました。この癖についての話し合いで、彼女はこのような行為では安全にはならず、むしろ危険なことを認識しました。必要なとき以外は視線を前方に向けることにして、このことをいつでも思い出せるように車の窓に小さなステッカーを貼りました。

4回目の外来診察の時には、ローラの不安は改善していました。ウジャイ呼吸法を続けたので、悪夢や運転時の恐怖が完全になくなりました。しかし、後遺症状である不安のぶり返しや、筋肉の緊張があることが不満でした。不安が強すぎたため、突然のできごとから小さなストレスにまで過敏になっていました。

鍼治療を行うことで不安や緊張が緩和されましたが、まだ過度の心配や苦痛が増悪する時がありました。

ローラには、思春期に腹痛治療のために催眠療法を受けた経験がありました。そのこともあったので彼女は自己催眠法を学び、必要な時に深いリラックスを得られるようになりました。

この症例では、ローラは治療者の指導を受けながら、上手に、想像力豊かに心身療法を日常生活の中に取り入れました。ヨガの呼吸法や精神療法、鍼治療、イメージ療法を駆使して、深い落ちつきを保ちました。そしてストレスがさらに生じた時には、ヨガ呼吸法や自己催眠療法を行いました。

ローラの妊娠は良い経過をたどり、その後健康な子どもを出産して、彼女も夫もとても喜びました。

女性の閉経

閉経を迎えた女性は、がんリスクの増加を心配したり、ホルモン補充療法（HRT）の長期効果の風評に失望して、より安全な選択肢を探しています。栄養補助食品やハーブは、閉経前後の症状の緩和のために広く用いられていますが、誰もが知りたい治療効果については、さらなる科学的証拠が必要です。これらの潜在的、長期的な危険性について、適切な研究はまだ行われていません。

フーベルマンとクローネンバーグによる29の無作為対照試験の総括（2003）では、アメリカショウマ（ブラックコホシュ）や、丸大豆やアカツメクサなどの植物エストロゲンを含む食物は、閉経に対する有望な治療法であると結論づけました。

一方、ハントレーとアーンストは18の無作為対照試験について総説を行いましたが（2003）、納得のいく結論は得られませんでした。しかし、彼らもアメリカショウマやアカツメクサに潜在的な効果があることは確認しています。

女性患者には、これらの効果についていくつかの証拠は得られているが

第6章　精力増強（性機能強化）とライフステージにおける諸問題

まだ確定されてはいないと説明するとよいです。

同様に、人体への副作用について証拠はありませんが、長期使用の安全性の研究もまた行われていません。長期使用の安全性と、HRTの既知の危険性、今の症状の重さを比べなければなりません。

重度の顔面紅潮（ほてり　ホットフラッシュ）や処理速度低下、記憶障害、女性としての社交や仕事に困難がある場合、CAMのリスクに関するエビデンスが限られたものであっても、CAMを試したいと思うかもしれません。

イソフラボンにはエストロゲン様作用がありますが、抗エストロゲン効果も併せ持っています。大豆に関する研究の分析では、丸大豆を使用すると乳がんの危険性がやや減少しましたが、高用量のイソフラボンの栄養補助食品の摂取では認められませんでした（Trock, Hilakivi-Clarke & Clarke, 2006）。

アカツメクサ（*Trifolium pratens*）には軽度のエストロゲン様作用を示すイソフラボンが含まれており、大豆に似て人体のαやβエストロゲン受容体に結合します（Booth et al., 2006）。

ホップ（セイヨウカラハナソウ、*Humulus lipulus*）やアカツメクサの抽出物は、プロゲステロン受容体のmRNAを上方制御し、転写因子と相互作用します（NF-KappaB; Overk, Yao, Chadwick, Nikolic, Sun et al., 2005）。

閉経期にはエストロゲンやプロゲステロンは減少し、卵胞刺激ホルモン（FSH）や黄体形成ホルモン（LH）は増加します。顔面紅潮や膣の乾燥、気分の変動、うつ症状、不眠、易疲労感、忘れっぽい、集中力低下などの症状があります（Mayo. J. L., 1997）。

1990年に発表された看護師の健康に関する研究（10年間にわたり12万1700名の女性を調査）では、偽薬投与群と比較して、HRTを行った群では乳がんリスクが40％増加していました。

さらにエストロゲン補充療法（ERT）は、子宮がんの危険性を増加させます。ERTにプロゲステロンを追加すると、子宮がんの高リスクを減

少させましたが、まったくなくなるわけではありませんでした (Beresford, Weiss, Voigt & McKnight, 1997; Colditz, Stampfer, Willett, Hennekens, Rosner et al., 1990; Colditz, Hankinson, Hunter, Willett, Manson et al., 1995)。

アメリカ国立衛生研究所の女性健康調査局は、HRTによる骨粗しょう症や心血管系疾患、認知症への予防効果と危険性について、今までに得られた証拠では不十分という見解を示しました (U.S.Department of Health and Human Services Agency for Healthcare Research and Quality, 2002a)。

食事中の植物エストロゲンとがんの危険性に関する研究結果はさまざまで混乱しています。

50～69歳の女性1万5555名に対する前向き研究「ヨーロッパ がんと栄養の前向き研究 オランダコホート」では、イソフラボンや哺乳類のリグナンを多く摂取しても、乳がんリスクとの関連は認められませんでした (Keinan- Boker, van der Schouw, Grobbee & Peeters, 2004)。

顔面紅潮に関する調査のほとんどはホルモン治療に注目していますが、ロバート・フリードマン（2005）は、交感神経系やノルアドレナリン活性の上昇の関与について報告しています。

これは心身医療の効果に対して新しい方法論を提供し、以下に新しい視点を記します。

顔面紅潮に悩む女性は、しばしば不眠もあります。睡眠と顔面紅潮の関係についてよく理解するため、閉経し顔面紅潮がある女性18名、閉経し顔面紅潮のない6名、月経がある女性12名に対する4日間にわたる夜間の研究が行われました。

前半2日間の夜間には、閉経した女性は入眠が遅い人が多く、その顔面紅潮は覚醒や中途覚醒よりも先行していました。後半2日間の夜間には、入眠が遅い人が少なくなり、やはり顔面紅潮が先行していました。後半2日間の夜間では、急速眼球運動（REM）睡眠が顔面紅潮を

抑制し、覚醒や中途覚醒を減少させていました（Freedman & Roehrs, 2006）。

睡眠時無呼吸症候群や下肢静止不能（レストレスレッグス）症候群（RLS）は、REM睡眠を妨げます。閉経期もしくは閉経後の女性で睡眠が不規則な102名（顔面紅潮を持つ人も持たない人もいる）に対する研究では、53％の人が睡眠時無呼吸症候群やRLS、もしくは双方に罹患していました（Freedman & Roehrs, 2007）。

ですから夜間の顔面紅潮がある女性は、睡眠時無呼吸症候群やRLSの有無の評価が大切です。根底にある睡眠障害の治療により、REM睡眠が増し夜間の顔面紅潮が減るでしょう。REM睡眠が増加すると、夜間の顔面紅潮を減らせる場合があります。

運動や食生活の改善、心身医療は、別の治療を行いながら閉経期の症状を緩和するのに役立ちます。

顔面紅潮に対するハーブ治療は、さまざまな結果を示しています。気分や認知、記憶、エネルギー低下などを含む閉経関連症状に対して、CAMを行うととても良い反応が見られるでしょう。

合成エストロゲンやプロゲステロンによる治療を好む人もいれば、CAMを選択する人もいます。特に、CAMではいくつかの研究においてがんの危険を減らす可能性が認められています。

患者は手に入る情報を用いて、閉経期の症状を治療する利益と危険を比べながら、CAMやホルモン補充療法、あるいは無治療についての検討が必要です。

臨床の金言

　顔面紅潮のためによく眠れない患者は、睡眠時無呼吸症候群やRLSについて調べた方がよいでしょう。

　根底にある睡眠障害を是正し、REM睡眠を回復すると、夜間の顔面紅潮が減少する場合があります。

ハーブと栄養素

あるハーブや栄養素には、閉経期の身体面、感情面、認知面で効果をもたらす可能性があるという医学的証拠があります。

大豆とイソフラボン

丸大豆や大豆イソフラボンの栄養補助食品を用いた16の無作為試験の総括が行われ、8つの試験で1つ以上の閉経期の症状において、統計的に有意な改善が認められました（Newton, Reed, LaCroix, Grothaus, Ehrlich et al., 2006）。

動物実験では、大豆は乳がんやエストロゲン感受性腫瘍を防ぐ作用を有していました。しかし動物実験の結果を、人体に対してそのまま当てはめることは疑問視されます。

乳がんに対する大豆の効果に関するメタ解析が行われ、大豆は乳がんの危険性をわずかに減少させるかもしれませんが、これはイソフラボンの高用量投与が予防となる証拠にはなっていません（Trock et al., 2006）。

イソフラボンは、エストロゲン様作用と抗エストロゲン作用の両方を持ちます。エストロゲン受容体に結びつく作用について、さらなる研究が必要です。

疫学的調査結果や動物実験では、大豆の健康上の効果（コレステロール値を下げ、がんを予防する）は、大豆抽出物よりも丸大豆から得られています（大豆についての総括はAlberazzi, 2006を参照; Anderson, Anthony, Cline, Washburn & Garner, 1999）。

大豆は、閉経期の女性に対して骨密度や認知機能を増す有望な補助治療になるかもしれないという研究結果がいくつか存在します。

閉経した女性78名に対して6ヵ月にわたる交差DBRPC研究が行われ、1日60mgのイソフラボンと偽薬が比較されました。するとイソフラボン投与群では偽薬群と比較して、認知遂行能力や気分に関する検査値が著明に改善しました（Casini, Marelli, Papaleo, Ferrari, D'Ambrosio et al., 2006）。

第6章 精力増強(性機能強化)とライフステージにおける諸問題

アカツメクサ(*Trifolium Pratense*)には軽度のエストロゲン作用を持つイソフラボンが含まれており、これは大豆に似ています。

ダイゼインやゲニステイン、ホルモノネチン、バイオカニンA、クメストロール、ナリニゲニンは、アルカリホスファターゼアッセイによりエストロゲン様作用が確認されています(子宮内膜腫瘍の細胞株中でアルカリホスファターゼを誘発した)。さらにホルモノネチンを除くこれらすべては、遺伝子組み替えしたヒトのエストロゲン受容体(αとβ)の1つもしくは両方に結びつきました(Booth, Overk, Yao, Burdette, Nikolic et al., 2006)。

週に35回以上の顔面紅潮症状がある閉経期の女性252名に対して、12週間にわたるDBRPC研究が行われ、2つのアカツメクサ抽出物製品と偽薬が比較されました。顔面紅潮の1日平均減少回数は、プロメンシル(商品名、82mgのイソフラボン含有)で5.4回、リモスチル(商品名、57mgのイソフラボン含有)で5.1回、偽薬で5.0回であり似たような結果でした。プロメンシルを投与すると、やや顔面紅潮が減少しました(Tice, Ettinger, Ensrud, Wallace, Blackwell et al., 2003)。

ホップ(セイヨウカラハナソウ、*Humulus lipulus*)は伝統的にビールの醸造に使われていますが、生体外実験ではエストロゲン受容体に結び付きました。しかし卵巣摘出したラットでは、子宮の成長を刺激しませんでした(Beckham, 1995; Fackleman, 1998)。

ホップの球果はエストロゲン作用を持つプレニルフラバノンや8-プレニルナリンジェニン(8-PN)、6-プレニルナリンジェニン(6-PN)、イソキサントフモール(IX)、キサントフモール(XN)を含有しています。

ホップにより阻害された酵素はほとんどの薬物と関係がないため、ホップのP450酵素系への影響は臨床的には重要ではありません(Henderson, Miranda, Stevens, Deinzer & Buhler, 2000)。

ホップとアカツメクサの抽出物、ゲニステイン、8-PNは、ヒト子宮内膜ガン細胞(Ishikawa cell)中ではエストロゲン応答配列(ERE)を活性化しますが、一方、抽出物であるビオカニンA、ゲニステイン、8-PN

は、ヒト乳ガン（MCF-7）細胞においてERE-ルシフェラーゼの発現を引き起こしました。ホップとアカツメクサの抽出物、および8-PNは、ヒト子宮内膜ガン細胞株においてプロゲステロン受容体（PR）のmRNAを上方制御しました。ヒト乳ガン細胞株では、抽出物であるビオカニンAやゲニステイン、8-PN、イソキサントフモールによって、PRmRNAが著明に上方制御されました。ホップやアカツメクサに関して、閉経期の症状に対する治療効果をさらに研究するとよいでしょう（Overk et al., 2005）。

また、アカツメクサとホップの植物エストロゲンは、選択的エストロゲン酵素調節剤としても作用し、抗酸化作用を持ち、NF-カッパBなどの転写因子と相互に作用します。動物実験において、アカツメクサのイソフラボンは卵巣摘出による骨喪失を減少させました。おそらく骨の再吸収を抑制して、骨代謝回転速度を遅くさせているからだと考えられます（Occhiuto, Pasquale, Guglielmo, Palumbo, Zangla et al., 2007）。

大豆食品やアカツメクサに含まれるイソフラボンは、血中脂質濃度や骨密度、認知機能に対して、有益で穏やかな作用がある可能性があります。これらのハーブの乳がん患者や乳がん生存者におけるリスクとメリットについては、まだ議論が残されています。

閉経後の女性は食事での大豆摂取が有益と考えられますが、決定的な研究結果はなく、至適用量幅はまだ不明です。

アメリカショウマ（ブラックコホシュ、*Cimicifuga racemosa*）はヨーロッパで60年以上にわたって広く使用されており、LH濃度や顔面紅潮を減少させます。多くの研究からこれにはエストロゲン作用はなく、生体外実験においてもエストロゲン受容体に結合しません。

ホルモン補充療法と異なり、アメリカショウマには重い副作用がありません。6ヵ月にわたりラットに対してヒト用量の90倍を投与しましたが、毒性は認められませんでした。

乳ガン細胞の培養において、アメリカショウマはガン細胞を増殖せず（Freudenstein & Bodinet, 1999）、一方生体外実験において、DNA合成を阻害し、タモキシフェンの抗増殖作用を増強しました（Fackleman,

第6章 精力増強（性機能強化）とライフステージにおける諸問題

1998; Foster, 1999; Lieberman, 1998)。

　変異原性や発がん性は証明されていません。卵巣摘出ラットにおいて、いくらかの子宮成長刺激が報告されました。

　閉経後の女性400名に対する多国間研究では、52週にわたりアメリカショウマ製剤BNO1055を1日40mg投与しましたが、子宮内膜増殖症の発症は認められませんでした (Raus, Brucker, gorkow & Wuttke, 2006)。

　このハーブは内服しやすく、顔面紅潮の出現回数や症状の強さは明らかに減少しました。

　1つのDBPC研究を含む複数の対照研究では、ホルモン補充療法と同等の効果がみられました (Foster, 1999; Lieberman, 1998)。

　複数のアメリカショウマに関する研究がありますが、一貫性のある結果は得られていません。たとえば、ある12週間にわたるDBRPC試験では、閉経期の女性95名を、①アメリカショウマ1日40mgに相当するサラシナショウマ属（エタノール抽出液BNO 1055）、②抱合型エストロゲン(CE 1日0.6mg)、③偽薬のいずれかに割り付けました (Raus et al., 2006)。

　62名の試験完了者のうち、BNO 1055群とCE群は、すべてのエストロゲン欠乏症状について偽薬群と同程度の改善で、睡眠の質は偽薬群と比べて改善がみられました。しかし1年にわたる45～55歳の女性351名に対するDBRPC研究では、アメリカショウマを1日160mg（*Actaea racemose* もしくは *Cimicifuga racemosa*；2.5%トリテルペングリコシド；70%エタノール抽出液）投与されましたが、偽薬群と比較して、血管運動性症状の頻度や強度に差は認められませんでした (Newton et al., 2006)。

　対象が閉経直前もしくは閉経後の女性に限定されたこの研究では、血管運動性症状の治療では、アメリカショウマの役割は重要ではないと結論されました。DBRPCの結果に相違が出たのは、ハーブの調合内容の違いや患者選択基準、研究期間の長さ、症状の測定法に差があったからでしょう。

　生物活性化合物の濃度は、抽出法にかなり影響を受けます。この研究を評価する上での大きな問題は、アメリカショウマのエタノール抽出液であ

女性のライフステージにおける諸問題

るBN 1055のような有標製品では、その製造過程がわからないことです。

従ってBNO 1055や他の製品を使用した時の研究結果の違いは、製品の質や効果によるのか他の要因によるのか、という疑問を残します。アメリカショウマの高い安全性がわかれば、ホルモン補充療法を望まない閉経期症状を持つ女性に薦められるでしょう。

カンゾウ（*Glycyrrhiza glabra*）はハーブ療法では有名な材料で、構造的に副腎皮質ステロイドに似ています。活性化合物であるグリチルリチン酸を含有しています。これはテストステロンからエストロゲンへの変換を促進し、がんを増殖させるエストロゲンを阻害する作用を持つと報告されています。

動物生体外実験が行われ、卵巣摘出ラットにおいて、カンゾウはエストロゲン受容体に強く結びつくものの、子宮増殖刺激作用は示しませんでした。カンゾウの副作用では、頭痛や無気力、ナトリウムや水分の保持（むくみ）、カリウム低下が有名で、まれに高用量投与すると高血圧が出現します（Fackleman, 1998; Robbers & Tyler, 1999）。

9名の女性に対する予備研究では、カンゾウ3.5g（7.6%グリチルリチン酸）が連日投与されました。すると投与後2ヵ月にわたり血中の副甲状腺ホルモンや尿中カルシウムが増加しました。カルシウム代謝におけるカンゾウの効果は、アルドステロン様やエストロゲン様、抗アンドロゲン作用を持つ、いくつかの構成成分に影響されているのでしょう（Mattarello, Benedini, Fiore, Camozzi, Sartorato et al., 2006）。

これらの副作用を避けるために、内服希望の患者には、脱グリチルリチン化したカンゾウだけを使用するよう助言すべきです。乳がんの危険性が高い女性（たとえば強い家族歴がある患者）や乳がんを持つ女性には、カンゾウは禁忌です。

カラトウキ（ドンクアイ、*Angelica sinensis*）は紀元前500年から存在する中国の強壮剤であり、エストロゲン様作用を持ち、生体外実験においてエストロゲン受容体に強く結びつき、卵巣摘出ラットにおいて子宮増殖を刺激し、プロゲステロン分泌を誘発しました（Belford‒Courtney, 1993;

第6章 精力増強（性機能強化）とライフステージにおける諸問題

Fackleman, 1998)。

　カラトウキの水溶抽出液は子宮収縮を調節しますが、一方その精油は子宮筋を弛緩します。

　閉経した女性に対するカラトウキを用いたDBPCでは、良い結果は得られませんでした（Hirata, Swiersz, Zell, Small & Ettinger, 1997)。

　しかしカラトウキは、伝統的に他のハーブと組み合わされて使用されています。カラトウキ自体が弱いエストロゲン作動性を持つ可能性があり、閉経期症状に対するハーブ調合薬として使用する際、特に乳がんを持つ女性に対しては注意する必要があります。カラトウキに関しては比較対照試験が必要です。

　セイヨウニンジンボク（Vitex agnus-castus）は、アメリカショウマやカンゾウ、カラトウキ、他のハーブと組み合わされて、ドパミン受容体に結びつきプロラクチン分泌を調節します。

　セイヨウニンジンボクには、閉経に関する研究がありません。しかし、情動性症状や顔面紅潮、むくみ、体重増加に効くという症例報告が存在します。セイヨウニンジンボクは、過剰な循環エストロゲンに対して拮抗作用を持つので、乳がんを防ぐ働きがあるかもしれません。

　副作用は存在しませんでした。しかしセイヨウニンジンボクは生体外実験において、わずかにエストロゲン受容体に結びつき、卵巣摘出ラットではわずかに子宮増殖を刺激しました。

　これは高プロラクチン血症の治療に使用されており、著者の一人ブラウン医師は、抗精神病薬によるプロラクチンの上昇に対して使用しています（Mayo, 1997; McCaleb, 1995; Wuttke et al., 2003)。

　アメリカ先住民はルイヨウボタン（Caulophyllum thalictroides）を子宮収縮薬として、また流産を防ぐために使用しています。ルイヨウボタンは穏やかにエストロゲン受容体に結びつき、閉経期の症状に対して使用されてきました。しかしルイヨウボタンには対照試験がなく、さらなる研究が必要です（Fackleman, 1998)。一方、周産期の脳卒中や新生児期の先天性心不全との関連が報告されています。

イワベンケイ (Rhodiola rosea) は、伝統的にジョージア共和国（旧グルジア）やシベリアにおいて、妊孕性を高めるために使用されてきました。

無月経の女性40名に対して非盲検研究が行われ、イワベンケイ抽出液100mgが1日2回投与されました。すると正常な月経周期が25名で回復し、11例が妊娠に至りました。その25名の患者では、子宮は正常の長さにまで回復しました（Gerasimova, 1970）。

さらに最近ピッツバーグ大学のパトリシア・イーゴンは、生体外実験において、イワベンケイの強いエストロゲン受容体結合作用を発見しました。しかし、イワベンケイ（アメリデン社の商品名ロザビン（Rosavin）に使用されている抽出物）は、循環エストラジオール濃度を上昇させず、卵巣摘出ラットにおいて子宮の大きさも増大させませんでした（Eagon, Elm, Gerbarg, Brown & Check, 2003）。

イーゴンの研究によるイワベンケイにエストロゲン性はないとする結果と、ゲラシモヴァによる観察結果の相違は、使用したハーブの由来（野生か栽培か）や抽出過程の違いによるのでしょう。

さらに加えて、エストラジオールを投与されたラットでは、通常エストラジオールが過剰に上昇しますが、イワベンケイはこの過剰な上昇を抑制しました（Eagonからの個人的な報告, 2003）。

ホルモン疾患の治療としてのイワベンケイ使用について研究が必要です。

閉経前後の症状を持つ女性に対するイワベンケイを使用した臨床経験は、有力なものでした。

閉経期の女性111名に対して、非盲検下で12週間にわたりセイヨウオトギリソウ (Hypericum perforatum) が1日900mg投与されると、自尊心や自信、イライラ、不安、うつ症状が著明に改善しました。さらに心身相関症状（不眠、頭痛、動悸）や血管運動性症状（発汗、ほてり、めまい）、性的欲求にも改善が認められました（Grube, Walper & Wheatly, 1999）。

これらの研究結果が得られているので、さらに厳格な研究を行うとよいでしょう。

第6章 精力増強（性機能強化）とライフステージにおける諸問題

亜麻種や小麦胚芽は、顔面紅潮や夜間の発汗を軽減するために使用されてきました。亜麻種と小麦胚芽を比較するDBRPC試験が行われ、脂質濃度や骨密度、閉経期の女性の身体症状が検討されました。すると投与群の両方で、顔面紅潮に対する効果が等しく認められましたが、骨密度は改善しませんでした（Dodin, Lemay, Jacques, Legare & Forest, 2005）。

閉経期の顔面紅潮に対する向精神薬の適応外使用

重度の顔面紅潮（ホットフラッシュ）を持つ女性で、CAM治療で効果が見られなかった場合は、以下に記す向精神薬は症状を軽減するかもしれません；テラゾシン（ハイトリン）、クロニジン（カタプレス）、ガバペンチン（ニューロンチン）、ベンラファキシン（エフェクサー）。

テラゾシンやクロニジンは降圧薬ですが、発汗や顔面紅潮も低減します。実際の著者の経験では、クロニジンよりもテラゾシン（1日1mg投与）の方が忍容性がよい印象を受けています。

閉経前後の認知や記憶、気分に関する疾患

イチョウ、デヒドロエピアンドロステロン（DHEA）、イワベンケイ

多くの女性は閉経前後において、記憶や認知の低下の問題、作業の同時進行の困難、疲労、精神的混濁に悩んでおり、それらはしばしばうつ病に関連しています。

イチョウを投与する試験では、研究結果は様々でした。閉経後の女性に対するイチョウを用いた6週間のDBRPCでは、試験開始前の記憶や認知能力の検査で、ステージ+1の患者（平均年齢55歳）はステージ+2（平均年齢61歳）よりも良い結果を示していました。6週間後、明らかな効果がみられたのはステージ+2の女性のみで、精神的柔軟性が著明に改善しました（Elsabagh, Hartly & File, 2005）。

51～66歳までの閉経後の女性57名に対して、12週間にわたるDBRPC研究が行われ、ギンコサン（イチョウ120mgとチョウセンニンジン

200mg）が投与されましたが、偽薬群と比較して、気分や閉経期の症状、注意、記憶に関して差は認められませんでした（Hartley, Elsabagh & File, 2004）。

特に閉経期の女性など、DHEAや硫酸DHEA値が正常下限もしくは正常以下の患者には、著者らは7-ketoDHEAを1日25～75mg投与すると、気分や認知機能、記憶、性機能を強化するという印象を得ています（第2章と4章のDHEAの項を参照）。

開始量は午前中に25mg投与し、維持量は50mgで通常十分です。

副作用は通常ごくわずかで、男性型多毛やにきび、不安、興奮があります。DHEAと異なり、7-ketoDHEAはエストロゲンやテストステロンへ変換されないため、男性型多毛やにきびは出現しません。

双極性障害患者には躁状態をもたらす場合があります。治療前に、DHEAや硫酸DHEA、遊離テストステロン値、総テストステロン値を検査した方がよいでしょう。

テストステロンが低い場合、硫酸DHEAは認知や性機能不全を緩和する程度まで徐々に増量可能ですが、アンドロゲン不足状態を是正するほどの効果は得られません。なお、テストステロン治療を行いテストステロン値が高まると、長期使用による乳がんの危険性が増加するでしょう。

それゆえDHEAは徐々に投与し、テストステロンを正常下限程度へ安全に増加させ、硫酸DHEAや性機能を増強します。しかし、DHEAと乳がんの長期の危険性に関する明らかな研究結果がないために、この方法は乳がんの既往歴や家族歴のある女性には禁忌となるでしょう。そのような場合、7-ketoDHEAはテストステロンやエストロゲン、プロゲステロンへ変換されないため、こちらが選択されます。

閉経前後の女性に対するイワベンケイの認知機能の増強作用については研究されていませんが、著者らの経験では、記憶の改善や精神の明晰さ、認知速度、エネルギー低下や気分の改善に役立ちました。

これらの臨床的な観察を検証する研究が必要です。

第6章 精力増強（性機能強化）とライフステージにおける諸問題

> ## 臨床の金言
>
> 　著者らの臨床現場では、イワベンケイは、閉経期の女性において、記憶や精神の明晰さ、認知速度、エネルギー、気分を改善するのに特に役立ちました。

症例3 閉経とうつ病

　ソフィーは49歳の新聞記者で、月経の変化後に現れたうつ病が徐々に悪化したため、不満を持っていました。起きた瞬間から疲労を感じ、それが1日中続いていました。仕事で成功を収め、やりがいのある執筆のチャンスを得ましたが、わくわくするより、むしろ圧倒されていました。すべてのことが単に煩わしい雑用となり、まるで泥の中を動いているように感じました。集中したり、複数の仕事をこなしたり、細かいことを管理することもできなくなってしまいました。

　5年間SSRIを内服しましたが、確かな効果は得られませんでした。抗うつ薬の内服によりすでに性欲を失っていたため、これ以上の薬物治療は望んでいませんでした。

　まずイワベンケイ（アメリデン社のロザビン）を1回100mg、朝食と昼食20分前に内服を始めました。すると、内服第1週目の終わりに、彼女はエネルギーが増したと感じました。

　続く3週間で彼女はさらに覚醒したと感じました。心は鋭敏になり、雑事を管理できるようになり、意思決定もより素早くなりました。

　彼女の月経周期は不順でしたが、正常に回復しました。2ヵ月後には、長い間見られなかった性欲が回復したそうです。

閉経症状のための心身医療

心身医療を行うと、リラックスし、不安や緊張も減ります。おそらく閉経期の女性にも多くの効果をもたらし、さらに特定の生理学的機構も機能し始めるでしょう。

エストロゲン濃度は閉経期に減少しますが、このホルモン変化だけですべての閉経期の症状を説明できるわけではありません。

ロバート・フリードマンは、交感神経系のノルアドレナリン作動性の上昇が顔面紅潮に寄与していると提言しており（2005, 2006）、これはおそらく温度中性域（顔面紅潮が出現しない温度域）が狭くなるため、体幹温度のわずかな上昇でも顔面紅潮を引き起こしていると指摘しています。

さらにリラックス法を行うと交感神経の緊張を減じるため、顔面紅潮を減らすことにもつながるのではという考えから、いくつかの研究が行われました。この3つの対照研究を紹介します。まず1つ目ではリラックス法（交感神経の緊張を減じるという仮定に基づく）として一定のゆっくりした呼吸法（1分間に6〜8回のゆっくりした深い腹式呼吸）が用いられました。すると客観的評価において顔面紅潮は著明に減少し（50％）、副作用は認められませんでした。

2つ目の研究として、閉経による顔面紅潮が頻繁に出現する女性33名を対象に一定のゆっくりした呼吸法の訓練を8回行う群、筋肉リラックス法群、α波脳波バイオフィードバック群（対照群）の3群に割り当てられました。携帯型モニターで胸骨皮膚の電気伝導度を24時間測定すると、呼吸法訓練群のみ、顔面紅潮の頻度が著明に減少していました（Freedman & Woodward, 1992）。

3つ目の研究でも同様の結果が得られました。一定のゆっくりした呼吸法は、顔面紅潮を著明に減らす効果を示しましたが、血中のカテコラミン濃度や3-メトキシ-4-ヒドロキシフェニルグリコール、血小板α受容体の測定に基づく、交感神経系の活動減少の証拠は得られませんでした（Freedman, 2005）。

むしろ我々は、一定のゆっくりした呼吸法を行うと、交感神経の緊張の

減少よりも副交感神経系の活動が増加し（測定はされていない）、閉経期の顔面紅潮が減少しているということを提言します（ヨガ呼吸法の副交感神経系への影響については第3章参照）。

ゆっくりしたヨガの呼吸法は副交感神経系の活動を高めるので、閉経期の血管運動性症状の治療のために、さらに研究されるべきです。

Respire 1というCDでは、1分間に5回という間隔で呼吸する方法を自己習得できます。これを行うと多くの人は、副交感神経系の活動が高まりリラックスできます（第3章の干渉呼吸法や共鳴呼吸法を参照）。

酸化ストレスに対するスダルシャンクリヤヨガ（SKY）の効果（第3章参照）が、ビタミンEやエストラジオールの抗酸化効果と比較されました。

閉経期の女性190名に対して30日間にわたる対照研究が行われ、40名には8mgのエストラジオールパッチ（HRT）が、40名には1日500IUのビタミンEが投与され、60名にはSKYのみが行われました。そして酸化ストレスや抗酸化防御の指標が測定されました。マロン酸ジアルデヒドは、細胞膜脂質の過酸化（フリーラジカルによる細胞膜の脂質成分の損傷を表す）の指標として使用されました。そして2つの重要な抗酸化酵素、グルタチオンペルオキシダーゼ（神経細胞保護のための主要な抗酸化物質）と赤血球中のスーパーオキシドジスムターゼも測定されました。SKY施行群ではHRT群やビタミンE群よりも、著明に血中のマロン酸ジアルデヒドの減少が認められました。さらに加えて、抗酸化防御により、グルタチオンペルオキシダーゼや赤血球中のスーパーオキシドジスムターゼに著明な増加が認められました（Geehta, Chitra, Kubera & Pranathi, 2006）。

この研究からわかることは、酸化ストレスや抗酸化作用に対して、閉経期の女性がSKYを実践すると、ビタミンEの内服やエストラジオールに勝る効果が得られたということです。

閉経に関する疾患に対する統合的治療法
1. 目標とする症状を決める。

顔面紅潮や認知障害、記憶低下、エネルギー低下、性機能不全。

2. 既往歴や家族歴を詳細に聴取し、閉経やがん、ホルモンや植物エストロゲン、他のハーブ治療を禁忌とする可能性のあるがんの危険因子の有無を調べる。
3. 睡眠時無呼吸症候群やRLSを評価する。

 日中の疲労やいびき、呼吸の途切れ、夜間の足の動き、歩行によって改善される足の異常感覚の既往がある場合は、睡眠障害を診断するために睡眠ポリグラフを用いた検査が必要です。
4. 臨床検査を行う

 ホルモン濃度、卵胞刺激ホルモン(FSH)、黄体形成ホルモン(LH)、エストロゲン、プロゲステロン、DHEA、硫酸DHEA、遊離テストステロン、総テストステロン、甲状腺機能。プロラクチンを含めてもよいでしょう
5. 顔面紅潮に対してレミフェミン(商品名Remifemin、アメリカショウマ)を試みる。
6. 顔面紅潮の症状に認知や記憶の問題、エネルギー低下が伴う場合、イワベンケイとレミフェミンを併せて試す。
7. 認知や記憶、エネルギー低下の問題に対しては、まずイワベンケイを試みる。
8. 硫酸DHEA値が低く、患者の症状が多岐(顔面紅潮や認知、記憶、エネルギー低下、性機能不全)にわたる場合、DHEAや7-ketoDHEAを試してみると、役立つ場合が多い。
9. テストステロン値が低く、無オルガズム症に悩む女性の場合、テストステロンの補充が有益だろう。
10. Respire 1(CD)を用いて呼吸法を学ぶと、すべての女性に大変役立つ。

 この際ウジャイ呼吸法(第3章参照)はあってもなくてもよいでしょう。

第6章 精力増強(性機能強化)とライフステージにおける諸問題

 女性の性機能強化と妊孕性(妊娠しやすさ)

　性機能を高めるハーブや栄養剤を服用しているのは、性機能に影響のある薬物を内服している40歳以上の女性が多いです。

　ハーブによる性機能強化の科学的証拠は限られていますが、どの文化にもハーブを使用してきた長い歴史があり、性機能強化を謳った製品が広く販売されています。作用機序としては、おそらく血管拡張作用や循環改善、抗炎症作用、抗酸化物質、ホルモン、刺激薬、気分強化薬としての作用などが考えられます(Rowland & Tai, 2003)。

　以下の議論は、性機能強化薬の中でも研究による証拠がある程度得られているもの、汎用されているもの、著者らが良い臨床経験をもつものに限っています。

　多くの調査研究は、男性の性機能不全に焦点が当てられていますが、CAMの治療方法のいくつかは女性の性機能も強化します。

　米国の出産可能年齢のカップルの約10%には、不妊の問題があると考えられています。妊娠できない人やカップルは、メンタルヘルスの専門家をよく訪れ、不安やうつ症状、自己イメージや夫婦関係、QOLへの影響と取り組みの困難さを訴えます。

　ホルモン治療や体外受精法(IVF)、胚移植法を行うとさらにストレスが生じ、感情的に不安定になるかもしれません。

　逆にストレスやうつ症状、週に2回以上のアルコール摂取があると、妊孕性に悪い影響を及ぼす場合があります。

　うつ症状を持つ女性の不妊率は、持たない女性の2倍になります(Lapane, Zierler, Lasater, Stein, Barbour et al., 1995; Ruiz-Luna, Salazar, Aspajo, Rubio, Gasco et al., 2005)。

　精神療法、不安やうつの治療、生活様式に関するカウンセリング、リラックスやストレス軽減のための心身医療の実践などのCAMを試してみると、役に立つ場合があります。

　ムイラプアマあるいはマラプアマ(*Ptychopetalum guyanna*)はブラジ

ルの熱帯雨林に自生するハーブで、性欲亢進や神経強壮、関節炎治療のために使用されます。性欲の低下を訴える女性202名に対して、ムイラプアマをイチョウ（Herbal vX）と組み合わせて投与する非盲検試験が行われました。1ヵ月後、65％の患者がリビドー、性交、性的満足感、オルガズムの強さや他の症状に改善がみられたと報告しました（Waynberg & Brewer, 2000）。

　作用機序に関する研究はありません。

　これらの結果を確認するためには、対照研究が必要です。

　マカ（*Lepidium peruvianum meyenii* / Chacon）はペルーに植生するアダプトゲンで、エネルギーや性機能、高地での妊孕性、ストレス耐性、栄養状態、閉経期症状の改善のために使用されています（Quiros & Cardenas, 1997）。

　雌ラットに、ステロールやグルコシノレート、アルカロイド成分を投与すると、FSHやエストロゲン、テストステロン値が増加しました（Chacon, 1997; Quiros & Cardenas, 1997）。

　イエローマカの水抽出液は雌マウスの産子数を増やし、卵巣摘出されたげっ歯類の子宮重量を増やしました（Ruiz-Luna, Salazar, Aspajo, Rubio, Gasco et al., 2005）。

　子宮の増大は、エストロゲン作用があることを示しています。しかし臨床研究が完了するまでは、これらの結果をそのまま人間にあてはめて解釈することはできません。

　人体や動物実験で、副作用や毒性は報告されていません。しかし著者らは、マカを双極性障害患者に投与すると、躁状態や興奮を引き起こす可能性に気がつきました。そのため双極性障害患者には、用心しながら低用量で使用すべきです。

　マカの水抽出液やメタノール抽出液は、ヒト乳ガン細胞においてエストロゲン作用を示します（Valentova, Buckiova, Kren, Peknicova, Ulrichova et al., 2006）。

　過量摂取すると、過剰活性化や乳房の張りを引き起こすでしょう。

第6章 精力増強（性機能強化）とライフステージにおける諸問題

　マカの使用は、子宮筋腫やエストロゲン受容体関連腫瘍の危険、乳がんの家族歴、子宮内膜症を持つ患者には禁忌になるでしょう。

アルギニン、アルギンマックス

　アルギニンは一酸化窒素の前駆体で、女性の性機能増強のために使用されています。一酸化窒素は、性的刺激中に性器の血管拡張に関与しています。しかしL-アルギニンを摂取するとヘルペスに感染しやすくなるかもしれません。

　長期使用による毒性の研究はまだありません。

　77名の女性に対して、4週間にわたるDBRPC研究が行われました。アルギンマックス（L-アルギニンやチョウセンニンジン、イチョウ、ダミアナの葉、ビタミンB群、葉酸、ビタミンA、C、E、カルシウム、鉄、亜鉛）を摂取した人の73.5％に、性生活（性的欲求の増加や、膣の湿潤、性交やオルガズムの回数増加、陰核の感覚改善）の改善がみられ、偽薬群では37.2％の改善のみでした。アルギンマックスに大きな副作用はありませんでした（Ito, Trant & Polan, 2001）。

　エストロゲン刺激に感受性を示すヒト子宮内膜腺ガン細胞のアルカリホスファターゼ酵素を用いて、エストロゲンの生物学的測定が行われましたが、アルギンマックスやチョウセンニンジン抽出液にエストロゲン作用は認められませんでした（Polan, Hochberg, Trant & Wuh, 2004）。

　健常者12名に対するチョウセンニンジンやイチョウを用いた研究では、CYP作用に対して影響はありませんでした（肝臓に存在するCYP酵素による薬物代謝を妨げませんでした。; Gurley et al., 2002）。

　性的欲求のない22〜73歳の女性108名に対する、4週間のDBRPC試験で、アルギンマックスの効果が検討されました。アルギンマックスを内服した閉経前の女性は、性的欲求や性生活に対する満足感（女性性機能質問紙による評価）、性的欲求の回数、性交の満足が、偽薬群と比較して著明に改善しました。閉経前の女性は主に性交の回数、性的関係の満足、膣の乾燥が、偽薬群と比べて改善したと報告されました。閉経後の女性では、

性的欲求水準の増加（51%）が偽薬群（8%）と比べ、改善がみられていました。

アルギンマックスにエストロゲン作用は認められませんでした（Ito, Polan, Whipple & Trant, 2006）。

この研究は、2つの重要な問題に焦点を当てています。まずハーブ治療でホルモンの状態を変化させること、そしてハーブや栄養を組み合わせて相互作用させることが、より効果的な治療方法となっています。

閉経後の女性に対する性的興奮のためのDHEA

閉経後の性交可能な女性16名に対して、二重盲検無作為交差研究が行われました。性愛に関する画像の一部を見る60分前に、DHEA 300mgが1回経口投与されました。すると偽薬群と比較して、主観的評価による身体的（$p<0.036$）、精神的（$p<0.016$）な性的興奮の著明な増加が認められました（Hackbert & Heiman, 2002）。

性的活動60分前に1回DHEA 300mgを内服すると、性的興奮や喜びを高めるかもしれません。

性機能強化を目的とした高用量DHEAの間欠的使用と、テストステロンや他の汎用商品を比較した相対リスクの評価はまだありません。

女性の性機能不全に対する統合的治療法

1. 既往歴や身体所見を聴取する。
2. 性機能に影響を及ぼす可能性のある疾患を除外診断する。

    さらに性欲や性的興奮、オルガズムを減退するような薬物などの医原性の要素を調べます。たとえば経口避妊薬やホルモン製剤、抗うつ薬（特にSSRIやベンラファキシン、抗精神病薬）、降圧薬、市販薬など。
3. 性機能不全に影響する精神的、感情的要因、患者の人間関係を評価する。
4. 臨床検査を行う。

    DHEA、硫酸DHEA、遊離テストステロン、総テストステロン、プロ

ラクチン。
5. ストレスや睡眠不足が主な原因と考えられる場合、生活習慣を変えることを助言し、ヨガの呼吸法やポーズ、処方薬、瞑想や運動を考慮する。
6. 性欲がない場合、マカやイワベンケイ、Herbal vX（ムイラプアマとイチョウ）、DHEAを試みる。
7. 性的興奮やオルガズムに問題がある場合、アルギンマックスやマカ、イワベンケイ、DHEA、7-ketoDHEAを検討する。

これらの治療は段階的に加えることで複合効果を期待できます。

女性の妊孕性

ストレスや不安、うつ症状は、女性の妊娠率に影響を与えるでしょう。

科学的文献の総説によると、単極性や双極性障害は妊孕性の低下と関連していました（Williams, Marsh & Rasgon, 2007）。

多くの研究で明らかになったのは、不妊治療を求める女性には高率でうつ病が存在し、これらの症状が治療の成功を妨げていました。総説の著者によると、これらの研究の多くは小規模で、交絡を起こしている変数が多く、方法論に誤りが存在したと論評しています。

しかし、より良質の研究でも、うつ病と妊孕性の関連が示されています。動物や人体の研究では、慢性の不安やうつ病は不妊と関連がありました（Berga & Loucks, 2006; Levy, Brizendine & Nachtigall, 2006）。

ハーブ

不妊である女性96名に対してセイヨウニンジンボクを含む6種類のハーブの混合薬（商品名Mastodynon）を用いた3ヵ月にわたる小規模のDBRPC研究が行われました。この試験では良好な結果の定義を、無月経の女性の妊娠または月経の回復、妊娠または黄体ホルモン値の上昇としました。セイヨウニンジンボク投与群では57.6％に良好な結果が得られ、対照群では36％でした。セイヨウニンジンボク投与群では10名が妊娠に至

りましたが、対照群では5名でした（Gerhard, Patek, Monga, Blank & Gorkow, 1998）。

不妊状態が6〜36ヵ月間続く24〜42歳の女性93名に対して、DBRPC研究が行われました。チェストベリーや緑茶、L-アルギニン、ビタミン群（葉酸含む）、必須元素を含むファーティリティブレンド（商品名Fertilityblend FB）もしくは偽薬が投与されました。投与3ヵ月後にFB投与群では53名中14名（26％）が妊娠に至り、偽薬群では40名中4名（10％）でした。

そして黄体期の基礎体温が36.7度以上を示した平均日数は、FB投与群において著明に増加していました（Westphal, Polan & Trant, 2006）。

不妊治療に対する代替療法や補助療法として、ハーブ混合薬の役割をはっきりさせるために、さらに大規模で長期的な研究が必要です。

ジョージア共和国・コーカサス山脈の標高の高い地域で暮らす人々は、健康な子どもを授かるように、結婚式で大きなイワベンケイの根のブーケをプレゼントする習慣があります。

著者らは、不妊治療を数回受けたものの成功せず、イワベンケイを内服したことで月経が回復したり妊娠に至った数人の女性の症例を経験しています。

無月経の女性40名（7名は恒久的になく、33名はかつて月経があったが現在月経周期3回以上月経がない）に対して、非盲検研究が行われました。イワベンケイを投与すると25名に正常月経周期が回復しました。これらのうち、11名が妊娠に至りました（Gerasimova, 1970; Saratikov & Krasnov, 1987b）。

この研究では古い研究手法が用いられていますが、伝統民間医学や著者らの臨床観察でも、イワベンケイが正常月経周期を回復し、妊孕性を高めたという経験と一貫性があります。

臨床の金言

著者らの経験では、不妊治療中の女性に、高地に暮らす人々に使わ

> れている、妊孕性を高めるためのアダプトゲンであるイワベンケイとマカの組み合わせを使うと、妊娠に至る場合があります。
> 　妊娠に成功したら、これらのハーブは中止します。

男性の性機能強化と妊孕性

　男性の性機能は、身体的精神的ストレスや低栄養状態、物質乱用、ホルモン濃度の低下、環境毒、身体疾患（前立腺肥大症や高血圧、血管性疾患）、非サイアザイド系利尿剤やベンゾジアゼピン系薬剤、抗うつ薬（特にSSRIやベンラファキシン）により悪影響を受けます。
　性機能への標準的治療により効果がみられる場合が多いですが、性欲低下に対する既存の治療法はかなり限られています。

勃起障害

　シルデナフィル（バイアグラ）のようなホスホジエステラーゼ-5阻害薬は、男性の約60～70％で勃起機能を改善しますが、患者の多くは頭痛や鼻づまりなどの副作用に耐えられません。
　そしてバルデナフィル（レビトラ）やタダラフィル（シアリス）のような長期作動薬には、硝酸薬との相互作用や肺高血圧症の危険性への懸念があります。

ヨヒンビン

　ヨヒンビン（*Pausinystalia yohimbe*）には（米国において）処方薬と栄養補助食品があり、勃起不全の治療のために使用されています。男性器神経を支配するアドレナリン受容体を阻害し、勃起を誘発していると思われます。
　7つの良質のDBPCに対するメタ解析が行われ、ヨヒンビンを1日15～43mg投与すると偽薬と比較して、40％の性機能不全の男性に良い効果が

認められました（Ernst & Pittler, 1998; Morales, Condra, Owen, Surridge, Fenemore et al., 1987）。

ある症例集積研究では、フルオキセチンによる性機能不全を持つ男女9名中8名において、ヨヒンビンは性機能を回復させました（Jacobsen, 1992）。

処方薬の剤形は5.4mgの錠剤で、通常の用量は1日18〜42mgです。市販薬のヨヒンビンの含有量は通常ごくわずかです（Betz, White & der Marderosian, 1995）。

処方薬のヨヒンビンは最も高い品質を持っています。

高齢者などの患者の中には、不安や吐き気、めまい、寒気、発汗、頭痛、不眠、血圧の上昇（高用量）などの副作用に耐えられない場合があります。さらにヨヒンビンは不安障害を持つ患者に対して、不安発作やパニック発作を引き起こす可能性があります。

DHEA

マサチューセッツ男性加齢研究によると、勃起機能不全とデヒドロエピアンドロステロン（DHEA）血中濃度の間に逆相関であることが判明しました。

硫酸DHEAの値が1.5mol/L未満の男性40名に対して、24週間にわたるDBRPCが行われました。DHEAが1日50mg投与されると、勃起機能やオルガズム機能、性的欲求、性交への満足の数値が高くなりました。これらすべての項目の数値は、調査週間中一貫して上昇しました。

逆に偽薬群ではこれらの数値は、当初8週間は上昇しましたが（おそらく偽薬反応）、その後性的欲求以外の全項目は試験開始時の値以下まで減少していきました（Reiter, Schatzl, Mark, Zeiner, Pycha et al., 2001）。

ニンジン

チョウセンニンジン（*Panax ginseng*）は、ハーブ調合薬の中で有名な性機能刺激薬です。性的な過活動が出現した症例報告もあります。

動物実験において、精子数や精巣の重量、テストステロン値、交尾数の増加が認められました。

動物モデルでは、ニンジン（シルデナフィルに似ている）は一酸化窒素の合成を増加させました（Kang et al., 1995）。

60名の男性に対して3ヵ月にわたる偽薬対照研究が行われ、チョウセンニンジンを1日300mg投与すると、偽薬群と比べてより良い性的遂行機能が認められました（Choi, Seong & Rha, 1995）。

さらに厳格な方法に従った研究が必要です。

イチョウ

イチョウ（*Ginkgo biloba*）は脳や網膜、脚部、性器、陰茎の血流を改善します。

勃起機能不全を持つ男性50名に対して非盲検研究が行われ、6ヵ月間イチョウを投与すると勃起が回復しました（Sohn & Sikora, 1991）。

抗うつ薬による性機能不全を持つ63名の患者に対する非盲検試験が行われ、1日240mgのイチョウ投与で改善がみられましたが（Cohen & Bartlik, 1998）、研究方法の誤りを指摘されています（Balon, 1999）。

イチョウは中年男性の軽度の勃起不全に使用可能ですが、単独では性欲低下やオルガズムの改善効果はありません。

ピクノジェノール

ピクノジェノールはフランス海岸松樹皮（*Pinus maritime*）の標準抽出液で、シクロオキシゲナーゼを阻害し、プロスタグランジン産生や炎症反応を減じます。さらに一酸化窒素（NO）合成酵素により、この酵素の基質となるL-アルギニンとともに、NO産生を増加します。陰茎の勃起のために海綿体の平滑筋の弛緩が必要であり、これはNOにより引き起こされます。

L-アルギニン単独とL-アルギニンとピクノジェノールの併用を比較した、自己申告による非対照研究が行われました。すると投与3ヵ月後、併

用群において92.5％の男性に正常な勃起機能が回復しました（Stanislavov & Nikolova, 2003）。この研究には、偽薬対照群が設定されず、勃起機能の客観的記録がありません。

低妊孕性の男性19名に対して非対照作為研究が行われ、毎日、ピクノジェノール200mgを90日間投与しました。すると平均精子形態尺度（Ham's F-10での授精能獲得）が38％増加し、マンノース受容体結合の分析評価の値が19％改善しました（Roseff, 2002）。

これらの研究結果は小規模ですが、妊娠しやすさに対するピクノジェノールの重要な役割を示しています。ピクノジェノールには変異原性活性は認められず、イヌにおける実験では体重あたり150mgの投与でも副作用は認められず、催奇形性や妊孕性への副作用はありませんでした。

2000名の患者中1.5％において、胃腸障害やめまい、吐き気、頭痛などの軽度の副作用が出現しました（Roseff, 2002）。

さらにピクノジェノールの長期使用による抗酸化、抗炎症、降圧、認知増強などの健康上の有益性を指摘する証拠が得られています。

ムイラプアマ

性的欲求の欠如や勃起不全に悩む男性262名に対して非盲検研究が行われ、ムイラプアマ（*Ptychopetalum guyanna*）を1日1500mg、2週間にわたり投与しました。すると62％に性欲が回復し、51％の勃起能力が改善しました（Waynberg, 1990）。

これらの結果を確かめるために、対照研究が必要です。

臨床現場で著者らは、ムイラプアマを使用すると、およそ30％に性的欲求や満足度に著明な改善がみられましたが、それ以外の患者ではまったく反応がありませんでした。

これらの経験から、ムイラプアマは性欲の低下した男性に試してみる価値があります。以下にその症例を示します。

第6章 精力増強（性機能強化）とライフステージにおける諸問題

 性欲低下に対するムイラプアマ

ジョージ（62歳男性）は成功を収めた実業家で、25歳年下の女性と結婚しました。

うつ病のためSSRIを内服すると、彼の性欲や勃起機能は低下してしまい、彼の妻はそれまで活発だった性生活に不満を抱くようになりました。

初回受診時、彼はムイラプアマを内服すると決意しました。1ヵ月後では彼の性欲は回復しましたが、血尿が現れたそうです。性生活について尋ねると、週に7回行っているとのことでした。これは喜ばしい変化でしたが、頻回の性交は尿道への刺激や尿中への出血をもたらします。そのため、性生活を週に3〜4回へ減らすよう助言されました。

その1ヵ月後の外来では、ジョージの尿はきれいになりましたが、彼の妻は彼の勃起時の陰茎の固さに不満を持っていました。そのためシルデナフィル（バイアグラ）が追加されました。

すると次の外来時にジョージは、妻からの贈り物だと言って、シャンパンを持って来てくれました。

マカ

マカ（Lepidium peruvianum myenii/Charcon）はエネルギーや性機能、高地生活での妊孕性、ストレス耐性を高めるために使用されています（Quiros & Cardenas, 1997）。

ステロールやグルコシノレート、アルカロイド成分は、雄ラットにおいてテストステロン濃度を高めました（Chacon, 1997; Quiros & Cardenas, 1997）。

正常ラットや勃起障害を持つラットにおいて、黒マカは精子形成能を高め、高地における精子形成の低下を防ぎ、性交回数を増加しました（Cicero, Bandieri & Arletti, 2001; Gonzales, Nieto, Rubio & Gasco, 2006; Zheng, He, Kim, Rogers, Shao et al., 2000）。

しかし臨床試験が完了するまでは、これらの結果をヒトにそのまま応用することはできません。

57名の男性に対して、1日1500mgもしくは3000mgのマカを用いた、12週間にわたるDBRPC試験が行われました。すると投与8〜12週目で、偽薬群と比較して、性的欲求の自己感覚が著明に改善しました(Gonzales, Cordova, Vega, Chung, Villena et al., 2002)。

この効果は不安やうつ症状、血中テストステロン値やエストラジオール値と関連はありませんでした。偽薬群の2名が、投与4週目において性的欲求が改善しましたが、8〜12週目では、偽薬群全例において改善は認められませんでした。マカ投与群では、自己申告により8週目で40%、12週目で42.2%に改善が認められていました。性的欲求に関する評価は一つの質問のみで、対象者は0〜5の尺度でそれを自己申告していました。そのため性的欲求に関し十分に検証された評価方法を追加して、これらの研究結果を再現するとよいでしょう。

9名の男性に対してマカを1日1500mgもしくは3000mgを4ヵ月間投与し、精子の分析を行いました。すると精液量や精子数、精子の運動数、運動精子の数、精子の運動性は両群において著明に増加していました($p<0.05$)。

試験開始時の卵胞刺激ホルモン（FSH）が低値だった4名では、精子数は増加しませんでした。血中テストステロン値や黄体形成ホルモン、FSH、プロラクチン、エストラジオール値に増加はみられませんでした(Gonzales, Cordova, Gonzales, Chung, Vega et al., 2001)。

マカによる毒性や副作用は、動物やヒトの研究で報告されていません。過量投与が過活動を引き起こす可能性があります。そして、マカは前立腺がんを持つ患者には禁忌でしょう。

アルギニン、アルギンマックス

アルギニンはアルファ-2-アドレナリン受容体拮抗剤で、一酸化窒素の前駆体です。ヒマワリの種（アルギニンを大量に含む）は勃起不全に使

第6章 精力増強（性機能強化）とライフステージにおける諸問題

用されています。一酸化窒素により伝達される回路は、女性や男性の性機能不全の治療と関連があります。

L-アルギニンを摂取すると、ヘルペスに感染しやすくなるかもしれません。長期使用による毒性の研究はありません。

勃起機能不全をもつ男性50名に対するDBRPC研究が行われました。L-アルギニン投与群では29名中9名で反応がみられたのに対して、偽薬群では17名中2名でした。9名の治療効果を得た男性では、試験開始時の一酸化窒素の排泄や、産生が減少していました（Chen, Wollman, Chernichovsky, Iaina, Sofer et al., 1999）。

勃起機能不全を持つ男性45名に対して、2週間にわたる交差DBRPC研究が行われました。1日当たり、①グルタミン酸L-アルギニン6mgとヨヒンビン6mg投与群、②ヨヒンビン6mg単独投与群、③偽薬群、に割り振られ、性交1〜2時間前に薬物が投与されました。③の偽薬群と比較して、①②群の軽度から中等度の勃起機能不全（国際勃起機能尺度における勃起機能項目において14点以上）を持つ男性では、重症例（14点未満）よりも著明な反応が認められました（Lebert, Herve, Gorny, Worcel & Botto, 2002）。

アセチル-L-カルニチン

神経保存の恥骨後前立腺摘出術を行った男性96名に対してDBRPC研究が行われました。アセチル-L-カルニチンとプロピオニル-L-カルニチンの合剤（ALC）は、シルデナフィル（バイアグラ）による効果を高め、勃起不全を著明に緩和しました。シルデナフィル単独投与群や偽薬群と比べて、シルデナフィルとALC両方投与群では、勃起機能や性交の満足度、オルガズム、性生活幸福度の著明な改善がみられました（Cavallini, Modenini, Vitali & Koverech, 2005）。

60〜74歳の男性120名に対する6ヵ月にわたるDBRPC研究が行われ、加齢に伴う性機能不全やうつ気分、疲労に関して評価が行われました。1日当たりのウンデカン酸テストステロン160mgとカルニチン（プロ

ピオニル-L-カルニチン2gとアセチル-L-カルニチン2g）投与群では、勃起機能尺度や、うつメランコリー尺度数値、疲労において、偽薬群と比べて著明な改善が認められました。カルニチンは勃起機能尺度において、テストステロンよりもより効果が高かったです。テストステロンの補給によって、テストステロン値を上昇させると性機能が強化されるかもしれませんが、同時に前立腺体積も増加するでしょう。カルニチンは前立腺体積を増加しません（Cavallini, Caracciolo, Vitali, Modenini & Biaagiotti, 2004）。

> ### 臨床の金言
>
> カルニチン（アセチル-L-カルニチンとプロピオニル-L-カルニチン）は、シルデナフィル（バイアグラ）の反応を強化できます。その効果はテストステロンよりも強く、前立腺体積の増加という副作用を伴いません。

前立腺肥大症と性機能不全

男性の多くは性機能不全を経験し、その原因の一部は中年や老齢期での前立腺肥大症が考えられます。その時期には遊離テストステロンが減少し、エストラジオールやプロラクチン、ホルモン結合グロブリン、ジヒドロテストステロン（DHT）、エストロゲン・テストステロン比が上昇するため、前立腺は刺激されます。肥大した前立腺が縮小すると、時に性機能が改善します。前立腺肥大症（BPH）の標準的治療にはフィナステリド（プロスカール）やアルファアドレナリン阻害薬（テラゾシン、ドキサゾシン、タムスロシン）、手術があります。

フィナステリドは高価で、性機能不全を悪化させることがあります（4％が完全な勃起不全、"Finasteride for Benign Prostatic Hyperplasia", 1997）。

第6章 精力増強（性機能強化）とライフステージにおける諸問題

アルファアドレナリン阻害薬の副作用は、疲労やめまい、うつ症状、頭痛、射精異常、鼻炎です（"Tamsulosin for Benign Prostatic Hyperplasia", 1997）。

BPHに対するハーブ治療の研究において、最も頻用されるのはノコギリヤシ（*Serenoa repens*）とピジウム（*Pygeum africanum*）、セイヨウイラクサ（*Urtica dioica*）です。

ノコギリヤシ

ノコギリヤシ（*Serenoa repens*）中のシトステロールは、DHT濃度やDHTへの結合、炎症を減少させます。

ノコギリヤシとフィナステリドを比較した、3年間の試験を含む複数の研究で、ノコギリヤシは尿流量を増加させ、残尿量を少なくとも50％減少させました。フィナステリド群の患者の11％は、副作用により服用を中止したのに対して、ノコギリヤシ群では2％でした（頭痛と胃部不快感；Bach, Schmitt & Ebeling, 1997）。

一方中等度から重度のBPHの症状を持つ男性225名に対して、1年間にわたるDBRPC試験が行われました。ノコギリヤシ抽出液160mg1日2回投与群では、全米泌尿器科学会症状指標を用いて偽薬群と比較しましたが、明らかな差は認められませんでした（Bent, Kane, Shinohara, Neuhaus, Hudes, Goldberg et al., 2006）。

他のハーブと同様、薬効成分の含有量は抽出方法により影響されているかもしれません。超臨界流体抽出法を行えば、より効果的な製剤が生産できるかもしれません（Faloon, 1999）。

ノコギリヤシは、軽度から中等度のBPHに対して最も効果を発揮するでしょう。

ノコギリヤシをピジウムやセイヨウイラクサと組み合わせると、もっと良い効果を生むかもしれませんが、まだ研究されていません。

ピジウム

ピジウム樹皮（*Pygeum africanum*）は前立腺細胞の増殖やアロマターゼを阻害し（エストロゲン・テストステロン比を下げる）、前立腺の分泌を増加し、炎症、プロラクチン（前立腺におけるテストステロンの再取り込みを減じる）、コレステロール（DHT結合を減らす：Bassi, Artibani, DeLuca, Zattoni & Lembo, 1987）を減少させます。

263名の男性に対する60日間にわたるDBRPC研究では、ピジウム抽出液は夜間多尿や排尿量を著明に減少させ、副作用は認められませんでした（Barlet, Albrecht, Aubert, Fisher, Grof et al., 1990）。

高齢者の夜間の勃起や性生活に、急速な改善がみられたという医学的証拠も存在します（Carini, Salvioli, Scuteri, Borelli, Baldini et al., 1991）。

ピジウムの用量は、1日当たり75～150mgです。

ピジウムの樹木は脆弱で、樹皮の長期的な収穫は不可能でしょう（Simons, Dawson & Duguma, 1998）。

セイヨウイラクサ

セイヨウイラクサの根の抽出物（*Urtica dioica*）は前立腺細胞増殖の受容体や5-α-還元酵素を阻害し、アロマターゼや性ホルモン結合グロブリンの結合を抑制し、抗炎症作用を示します（Lichius & Muth, 1997）。

偽薬対照試験により、セイヨウイラクサ単独でも効果を示していますが（Krzeski, Kazon, Borkowski, Witeska & Kuczera, 1993）、DBPCではピジウムとの組み合わせでより確かな効果を示しました（Sokeland & Albrechit, 1997）。

BPHを持つ男性620名に対して、6ヵ月にわたる一部交差DBRPC研究が行われました。するとセイヨウイラクサ投与群の81％に下部尿路症状（LUTS）の改善がみられ、偽薬群では16％でした。そしてセイヨウイラクサ投与群では偽薬群と比較して、国際前立腺症状スコア（IPSS）、Qmax、最大尿流量、排尿後の残尿量がすべて著明に改善していました。また、前立腺体積がやや減少していました（3.8cc; $p<0.001$; Safarinejad,

第6章 精力増強（性機能強化）とライフステージにおける諸問題

2005）。

通常投与量は1日当たり300mgです。

PRO160/120（商品名プロスタールもしくはProstagutt Forte）には、WS1473というノコギリヤシ160mgと、WS1031というセイヨウイラクサの根の抽出物120mgが含まれています。これを用いて、BPHによる軽度から中等度のLUTSを持つ男性257名に対して、24週間にわたるDBRPC試験が行われました。PRO160/120投与群では、IPSSや尿量測定、音波検査器において、偽薬群と比較して著明な改善がみられました（Lopatkin, Sivkov, Walther, Schlafke, Medvedev et al., 2005）。

BPHによるLUTSを患う高齢の外来患者140名に対する、60週間にわたるDBRPC研究が行われ、PRO160/120とアドレナリン受容体拮抗剤タムスロシン（CAS106463-17-6）の有効性と安全性を比較しました。IPSSの全数値は両群ともに中央値で9点減少：PRO160/120群の32.4％、タムスロシン群の27.9％に反応がみられました。両群で忍容性があり、副作用は両群とも一例のみでした。この研究により、BPHによるLUTSの治療には、PRO160/120とタムスロシンは同等の効果を示しました（Engelmann, Walther, Bondarenko, funk & Schlafke, 2006）。

臨床の金言

ノコギリヤシやピジウム、セイヨウイラクサの組み合わせの効果について、正式な研究は行われていません。しかし臨床現場では、3つのハーブを一緒に使用すると、単独治療と比べてより良い結果を得られました。

処方薬と比較しても、これらの天然化合物はBPHに対して効果があり、副作用が少なく、比較的安価です。

男性の妊孕性

　精子細胞数や精子の形態異常は、遺伝的そして環境要因による可能性があります。ストレスや低栄養、喫煙、殺虫剤への暴露、工業環境への暴露（重金属、毒物）、フリーラジカルによる損傷、酸化ストレス、過度な高温や低温、そして携帯電話の使用まで、原因因子として関与が指摘されています（Aitken & Sawyer, 2003; Wdowiak, Wdowiak & Witkor, 2007）。

　低受胎性の男性に対するハーブや栄養素を用いた研究はほとんどありませんが、家畜の精子の質の改善や維持に関する重要な文献があります。

　さらに高地では、動物やヒトに対して、マカやイワベンケイなど特定のハーブを、妊孕性を高めるために何世紀にもわたり使用してきたことが知られています。

　マカは、高地に曝されたラットの精子形成能を増加させました（Gonzales, Gasco, Cordova et al., 2004）。

　男性の妊孕性に対する標準的な薬物治療は限られています。

　栄養を改善し、過度の高熱を避け、毒物を避けると効果が出る場合があります。ストレスを減らしたり、抗酸化作用を得るために、心身医療を行うとよいでしょう。

ビタミンと必須元素

　低受胎性の男性103名と、受胎性のある男性108名に対してDBRPC試験が行われ、①1日当たり葉酸5mg、②亜鉛66mg、③葉酸5mgと亜鉛66mgを両方投与、④偽薬の4つの治療法が行われました。

　投与26週間後に③群では、低受胎群（77％増加）と有受胎性群双方で全正常精子数に増加がみられました（Wong, Merkus, Thomas, Menkveld, Zielhuis et al., 2002）。

　セレニウム血中濃度が低い低受胎性の男性64名に対するDBRPC研究では、セレニウム（1日当たりL-セレノメチオニン100mg）が投与されました。すると精子の運動性と妊娠成功率（11％）が増加しました。偽薬群では妊娠例はありませんでした。（Scott, MacPherson, Yates,

Hussain & Dixon, 1998)。

栄養

　全精子の運動性が正常の50％未満である不妊男性102名と、無精子症ではない男性66名に対する研究が行われ、L-カルニチンを1日1gとアセチル-L-カルニチン1gが6ヵ月間投与されました。すると3ヵ月後に両群で、生存精子数や運動性、細胞膜の統合性、直線運動が試験開始時よりも著明に改善し、6ヵ月後には子宮頸管粘膜への浸透能力が増加していました（de Rosa, Boggia, Amalfi, Zarrilli, Vita et al., 2005)。

男性の性機能不全に対する統合的治療法

1. 既往歴や身体所見を調べる
   特に排尿困難や頻尿などの前立腺肥大の症状について詳しく尋ねます。排尿に問題のない男性では、腎機能に影響を与える尿閉をもたらす前立腺肥大の初期症状として高血圧がある場合があります。
2. 性機能不全に影響する精神、感情、対人関係、栄養、環境の各要素を評価
3. 医原性の要因について除外診断
   たとえば前立腺の手術や、性的欲求や勃起機能、オルガズムに影響する薬物：抗うつ薬（特にSSRIやベンラファキシン、抗精神病薬）、降圧剤、市販薬の使用などです。
4. 人間関係や感情の問題、ストレス、低栄養、物質乱用、喫煙などの要因を改善
   ストレスや疲労が要因であるなら、生活様式を変え、運動やヨガの呼吸法やポーズ、瞑想などの心身医療を行うよう助言します。
5. 改善したい目標となる症状を定める：性欲低下、勃起機能不全、エクスタシーの欠如、下部尿路症状
6. ホルモンの測定：DHEA、硫酸DHEA、遊離テストステロン、総テストステロン、性ホルモン結合グロブリン

7. 患者自身や家族のBPHや前立腺がんの既往歴などの危険因子を評価
8. 前立腺特異抗原（PSA）検査、泌尿器科への紹介を検討
9. BPHの症状が認められたら、ノコギリヤシやピジウム、セイヨウイラクサを試みる
10. 性欲低下が主な症状であるなら、チョウセンニンジンやDHEA、ムイラプアマ、マカ、イワベンケイを試してみる
11. 勃起機能不全が主症状である場合、マカやイワベンケイ、アルギンマックス、ムイラプアマ、チョウセンニンジン、イチョウ、DHEA、カルニチンを試みる

    これらの治療を多層的に行うと、効果は増大します。
12. 不妊がある場合、葉酸や亜鉛、セレニウム、カルニチン、マカ、イワベンケイの投与を考慮

第6章 精力増強（性機能強化）とライフステージにおける諸問題

表6.1　ホルモン異常や性機能障害の治療指針

補完代替医療	臨床用途	1日量	副作用、薬物相互作用 注1)、禁忌
アルギニン	勃起機能不全	900mg、1〜4回	ヘルペスへの易感染性
チョウセンニンジン（*Panax ginseng*）	勃起機能不全	100mg、3回	不眠、胃腸症状、躁症状、血糖低下、乱用の可能性 中止：妊娠時 注意：抗凝固剤、モノアミン酸化酵素阻害薬、血糖降下剤内服中
ビタミンB群	月経前症候群（PMS）		女性ではなし
アメリカショウマ（*Cimifuga racemose*）	閉経期症状、顔面紅潮、PMS、月経困難	8mg　標準的抽出薬	安全性は高い。ごくわずかな副作用：胃腸症状、血圧低下、頭痛、めまい 中止：妊娠時 注意：降圧薬内服中 禁忌：エストロゲン感受性腫瘍
カルシウム	PMS	600mg、2回	軽度の胃腸症状。腎結石形成を防ぐために、食事と一緒に内服する
炭水化物　商品名 PMS escape	PMS		大きな副作用なし。研究の再現性が必要
セイヨウニンジンボク（チェストベリー）	PMS、閉経、女性の不妊、高プロラクチン血症	40mg　標準的抽出薬	大きな副作用なし。 稀：アレルギー反応、口腔乾燥、頭痛、吐き気 中止：妊娠時
デヒドロエピアンドロステロン（DHEA）	閉経、認知や記憶、性機能の低下、骨粗しょう症	25〜200mg	にきび、男性型多毛（DHEA） 注意：双極性障害 禁忌：エストロゲン感受性腫瘍、前立腺がん

男性の性機能強化と妊孕性

補完代替医療	臨床用途	1日量	副作用、薬物相互作用 注1)、禁忌
7-ケトデヒドロエピアンドロステロン	閉経、認知、記憶、性機能	25〜300mg	注意：双極性障害 禁忌：エストロゲン感受性腫瘍、前立腺がん
カラトウキ（ドンクアイ、Angelica sinensis）	閉経期症状	経験あるハーブ療法士の監督下で使用	厳格な研究が必要。他のハーブと組み合わせて使用。光線過敏症。 禁忌：抗凝固剤内服中、エストロゲン感受性腫瘍
マツヨイグサ油（Oenothera biennis）	PMS（有効性の証拠なし）		胃腸症状、頭痛、フェノチアジン類との併用でけいれんの危険が増す
イチョウ	勃起機能不全	120mg、2回	胃腸症状 中止：妊娠時 禁忌：抗凝固剤内服中
ホップ（セイヨウカラハナソウ、Humulus lupulus）	エストロゲン作用、不眠		有効性の証拠不十分。アレルギー反応、疲労。 禁忌：エストロゲン感受性腫瘍 中止：妊娠時
カンゾウ（Glycyrrhiza glabra）	副腎皮質ステロイド様作用		頭痛、倦怠感、ナトリウムや水分保持（むくみ）、カリウム減少、高血圧。そのような場合、脱グリチルリチン化したものを使用する。 禁忌：利尿剤使用中
L-トリプトファン	月経前不快気分障害、月経困難	2000mg、3回	処方箋薬が安全
マカ（Lepidium myenii）	勃起改善、性欲低下、妊孕性向上（可能な場合）、閉経	6錠	毒性なし。 禁忌：エストロゲン感受性腫瘍、前立腺がん、子宮内膜症

第6章 精力増強（性機能強化）とライフステージにおける諸問題

表6.1 続き

補完代替医療	臨床用途	1日量	副作用、薬物相互作用 注1）、禁忌
マグネシウム	PMS	360mg	下痢
ムイラプアマ（*Ptychopetalum guyanna*）	男女の性欲低下、勃起低下、興奮の減少、オルガズムの困難、妊孕性	1000〜1500mg	効果が期待できるので、さらなる研究が必要。イチョウや他の性機能改善薬と組み合わせて使用するのがよい。禁忌：エストロゲン感受性腫瘍
オメガ-3脂肪酸 EPA & DHA	うつ症状、双極性障害	6〜10g	胃腸障害、げっぷ、下痢、糖尿病患者の糖代謝に影響する可能性あり。妊娠中も安全
ピジウム（*Pygeum africanum*）	BPH	75〜150mg	報告なし
アカツメクサ（*Trifolium pretense*）	閉経期の症状、エストロゲン様作用	500mg（イソフラボン40mg）	タモキシフェンやホルモン補充療法、他のエストロゲン様薬物への影響。中止：妊娠　禁忌：出血性疾患、抗凝固剤内服中、エストロゲン感受性腫瘍
イワベンケイ	閉経に関連した疲労、気分や記憶障害、無月経、妊孕性、性欲低下	200〜600mg	不安、不眠、びくつき、明晰夢、頭痛 稀：頻脈、胸痛 注意：双極性障害
S-アデノシルメチオニン（SAMe）	うつ症状、胆石	400〜800mg、2回	吐き気、下痢、賦活化、不安、頭痛、不定期な動悸、双極性障害患者の躁状態

男性の性機能強化と妊孕性

補完代替医療	臨床用途	1日量	副作用、薬物相互作用 注1)、禁忌
ノコギリヤシ (*Serenoa repens*)	BPH	320mg	軽度の不定期な胃腸症状、便秘、下痢、前立腺がん患者でのPSA見せかけ低値の可能性
大豆	顔面紅潮	20〜60g	丸大豆で最良の結果を得られます
セイヨウイラクサ (*Urtica dioica*)	BPH	300mg	軽度の胃腸症状、アレルギー反応、利尿剤や降圧薬の作用増強の可能性
ヨヒンビン (*Pausinystalia yohimbe*)	勃起機能不全	18〜42mg	不安、めまい、寒気、頭痛、血圧上昇、心拍数増加、不眠、吐き気、気管支収縮、嘔吐 禁忌：高血圧、喘息、心血管系疾患、肝機能障害、腎機能障害
合成製品			
アルギンマックス (ArginMax) アルギニン、イチョウ、ニンジン	性欲低下、性的興奮障害、勃起機能不全	6カプセル	イチョウやニンジンの副作用は稀 禁忌：抗凝固剤内服中
スーパーミラフォルテ (Super MiraForte) マカ、ムイラプアマ、クリシン、亜鉛、イラクサの根、ショウガ、バイオペリン、ピペリン	性機能強化		前立腺がんの危険を高めるため、PSA値に注意 禁忌：前立腺ガン

PMS＝月経前症候群；BPH＝前立腺肥大症

注1) 一般的な副作用を表に列挙したが、まれな副作用もあります。高血圧、糖尿病、妊婦授乳婦、慢性もしくは重度の疾患を持つ人は、栄養補助食品を内服する前に主治医に照会すべきです。さらに抗凝固剤を内服している患者は、栄養補助食品を使用する前に主治医に相談しましょう。

注2) ホモシステイン血中濃度が15μmol/L未満の男性の場合、心臓のステントの再閉塞の危険が増加する可能性があります。

第7章 統合失調症や他の精神疾患

概要

- ハーブ/イチョウ、セイヨウオトギリソウ
- 向知性薬
- ホルモン治療/メラトニン、DHEA
- 栄養とビタミン/オメガ-3脂肪酸、N-アセチルシステイン、ビタミンB群
- 処方薬の効果補強戦略：適応外使用
- 心身医療：瞑想、ヨガの呼吸法、ヨガのポーズ

精神疾患を持つ患者において、補完代替医療（CAM）治療は、薬物療法の補助治療となり、残存症状を改善し、副作用の出現を予防もしくは遅延させ、抗精神病薬の副作用を緩和します。

　この章では、統合失調症や他の精神疾患を持つ患者の治療結果や薬物療法、服薬遵守、QOLを高めるために、臨床応用が可能な治療法について論じます。

　精神疾患に対するCAMを用いた対照研究は限られています。しかし精神疾患がもたらす負担、短期長期の薬物投与による体重増加や鎮静、疲労、錐体外路症状（EPS）、遅発性ジスキネジア（補足7.1参照）などの重い副作用が存在し、これらは服薬遵守に悪影響を与え、医原性の症状（たとえば肥満や糖尿病、心血管系疾患）を重ねて引き起こします。一方CAM治療では副作用リスクが小さいため、臨床家は患者に対して補完治療法について、躊躇せず提案することが可能であると思われます。

　CAM治療は認知機能強化や神経保護、抗酸化作用、抗炎症作用を有するので、統合失調症を持つ患者に対してこれらの治療を試みるとよいでしょう。

　統合失調症患者では、抗酸化防御酵素の低下がよく認められます。

補足7.1　抗精神病薬で出現しうる副作用

　ドパミン作用系神経が存在する線条体において、抗精神病薬により神経伝達系が変化すると以下の副作用が現れるでしょう。

1. 錐体外路症状（EPS）：ジストニア（筋肉の痙縮）、注視痙攣（眼球運動を司る筋肉の痙縮）、偽性パーキンソン症候群（筋肉の固縮、振戦、動作緩慢）、無動（初動の困難）、アカシジア（せわしない動作）
2. 遅発性ジスキネジア（TD）：舌や顎、体幹、四肢の舞踏病様（素早いピクピク、反復性ではない）あるいはアテトーゼ様（遅く波状で持続性）の不随意運動です。

第7章 統合失調症や他の精神疾患

> 酸化による損傷や毒物、炎症過程が、統合失調症の発症に関与している可能性があります（Sivrioglu, Kirli, Sipahioglu, Gursoy & Sarandol, 2007）。
>
> 抗精神病薬による副作用の発生や重症度を減らすには、神経保護作用も必要です。
>
> 抗精神病薬を必要とする患者に対する神経保護作用薬を投与する研究が、CAM研究の新しい分野となっています（Bishnoi, Kumar, Chopra et al., 2007）。

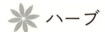ハーブ

イチョウ

イチョウはラットの研究において、高度不飽和脂肪酸（PUFAs、特にEPA）の細胞膜での濃度や循環を高め、酸化ストレスの予防作用を示しました（Drieu et al., 2000）。

PUFAsが増加し、神経細胞に対する酸化損傷が減ると、抗精神病薬による重い副作用を減らす方法の一つになるかもしれません。

ある予備研究によると、イチョウは、抗精神病薬によって引き起こされる錐体外路症状（EPS）をもたらす神経の損傷を防ぐようです。

治療抵抗性の統合失調症患者に対する12週間にわたるDBRPC試験が行われました。56名は1日当たりイチョウを360mgとハロペリドール0.25mg/kgが投与され、53名には偽薬とハロペリドール0.25mg/kgが投与されました。イチョウ投与群では、陽性症状と陰性症状において著明な改善が認められました。さらに、イチョウ投与群の57％の患者に治療への反応がみられたのに対して、偽薬群では38％でした。EPSの出現率はイチョウ投与群で低くなっていました（Zhang, Zhou, Zhang, Wu, su et al., 2001）。

統合失調症の陽性症状には、妄想や幻覚、脈絡のない会話、ひどい混乱、もしくは緊張病様の行動があります。陰性症状では感情の平坦化、アロジア（思考や会話能力の制限）、意欲消失（目標思考行動の制限）があります。

　二重盲検無作為対照試験（DBRCT）が行われ、イチョウ（EGb）によるオランザピンの効果増強について検討されました。統合失調症患者15名にはイチョウとオランザピンが、14名にはオランザピンのみが8週間にわたり投与されました。イチョウとオランザピン投与群では陽性・陰性症状評価尺度（PANSS）において、陽性症状の著明な減少が認められました。さらにイチョウ投与群では、スーパーオキシドジスムターゼとカタラーゼが、より著明に減少していました（酸化ストレスの減少を示唆する）（Atmaca, Tezcan, Kuloglu, Ustundag & Kirtas, 2005）。

セイヨウオトギリソウ

　セイヨウオトギリソウは、統合失調症患者の認知機能を改善するかもしれません。

　健常者16名に対する交差二重盲検偽薬対照研究（DBPC）が行われ、キラ（商品名Kira）が1日1500mg投与されました。すると偽薬群と比較して、ケタミン誘導によるN100-P200最大振幅値の低下が改善しました。ケタミンはNMDA（N-メチル-D-アスパラギン酸）系を障害し、統合失調症様症状を生み出します（Murck, spitznagel, Ploch, Seibel & Schaffler, 2006）。

　セイヨウオトギリソウが正常対象において認知機能の障害を改善できるなら、統合失調症患者の認知機能を改善できる可能性があります。

　しかしセイヨウオトギリソウは抗うつ薬の処方薬に似て、双極性障害患者において躁状態を引き起こす可能性があります。統合失調症患者と誤診されているかもしれない統合失調感情障害患者や双極性障害患者は、セイヨウオトギリソウの投与により、躁状態や精神病が引き起こされる場合があります。

> **臨床の金言**
>
> 　適正量のN-アセチルシステイン（NAC）は、統合失調症の症状を減らす補完治療として役に立つでしょう。
> 　さらにNACは、薬物による線条体組織への損傷や、特にアカシジアなどの副作用を減らしたり予防ができます。米国でNACは、主に1錠600mgで流通しています。統合失調症患者に外来で試みる場合、まず1回600mg錠を2錠、1日2回内服するのがよいでしょう。

向知性薬

　向知性薬は認知を高め、神経保護作用を示します。向知性薬についての議論や効果のしくみは、第4章を参照ください。

　ハロペリドールを1日30mg服用している統合失調症の入院患者に対する8週間にわたるDBRPC試験では、14名の患者にピラセタム3200mgが追加され、別の16名には偽薬が追加されて比較されました（Noorbala, Akhondzadeh, Davari-Ashtiani & Amini-Nooshabadi, 1999）。

　すると、ピラセタム追加群で陽性症状と症状全体の数値がさらに改善し、陰性症状もより早く改善しました。

　ラセタムは認知機能を高め、NMDAやAMPAグルタミン酸受容体に役立ちます。ラセタム、特にアニラセタムを用いたより大規模な対照研究を行う価値があるでしょう。

ホルモン治療：メラトニンやDHEA

メラトニン

　メラトニンは、遅発性ジスキネジア（TD）の症状を緩和します。

4週間の休薬期間を伴う6週間の交差DBPC研究が行われ、平均25年間罹患している22名の統合失調症患者が参加しました。メラトニンの徐放剤10mg投与群では、偽薬群と比較して、22名中17名でTD症状が減少しました。メラトニン投与群の7名が異常不随意運動評価尺度(AIMS)で3点減少したのに対して、偽薬群では1名でした(Shamir, Barak, Shalman, Laudon, Zisapel et al., 2001)。

慢性統合失調症患者では、夜間のメラトニン濃度が上昇せず平坦になっていました。

ハロペリドールを1日当たり10〜15mg内服している統合失調症の外来患者40名に対するDBRPC研究では、メラトニン3mgの就寝前投与で、睡眠やQOLに関する多くの指標が改善しました(Kumar, Andrade, Bhakta & Singh, 2007)。

8週間にわたるラットを用いた無作為研究では、オランザピン投与群、オランザピンとメラトニン投与群、メラトニン投与群、未治療対照群に割り振られました。するとメラトニンはオランザピンの副作用である体重増加を防ぎました(Raskind, Burke、Crites, Tapp & Rasmussen, 2007)。

現在多くの非定型抗精神病薬が使用され、体重増加や糖尿病の危険性が上昇していることを考慮すると、ヒトでの研究・検証が望まれます。

DHEA

統合失調症で薬物治療中の入院患者17名の、デヒドロエピアンドロステロン(DHEA)の低値とDHEA/コルチゾール比の低値は、精神障害の症状の高さや、より重度の記憶障害やEPSと関連していました(Harris, Wolkowitz & Reus, 2001)。

統合失調症の複数の研究において、DHEAの低値、女性患者での硫酸DHEA値の低下、異常なDHEA周期が認められました(Strous, 2005; Strous, Maayan, Kotler & Weizman, 2005)。

DHEAの補給によって統合失調症の症状を改善できるかどうか、現在研究されています。

第7章　統合失調症や他の精神疾患

　陰性症状評価尺度（SANS）が25点以上の統合失調症を持つ入院患者30名に対する6週間にわたるDBRPC試験が行われました。DHEAを1日100mg内服し最低2週間継続すると、特に女性患者において陰性症状が著明に減少し、これはDHEAや硫酸DHEA値の上昇と関連していました（Strous, Maayan, Lapidus, Stryjer, Lustig et al., 2003）。

　慢性統合失調症患者40名に対する12週間にわたるDBRPC研究では、DHEAが1日最大150mg投与されました。すると偽薬群と比較して、陰性症状やEPS、アカシジア、血糖が減少しました。疾患自体に変化は認められませんでした。一部の患者では、記憶の改善傾向が認められました（Strous, Stryjer, Maayan, Gal, Viglin et al., 2007）。

　DHEAの陰性症状や薬物治療の副作用を減らす効果は、複数の機序によるものと考えられます。

　DHEAはNMDA受容体活性を強化し、GABA阻害を抑制し、前頭葉におけるドパミン放出を高め、シグマ受容体活性を高めます。

栄養とビタミン

　酸化ストレスによる神経損傷は、統合失調症や遅発性ジスキネジアの病因や進行に関与している可能性があります。

オメガ-3脂肪酸：エイコサペンタエン酸（EPA）

　膜リン脂質の変化が統合失調症の発生に関わっている可能性があり（Horrobin, 1998）、神経伝達物質系への影響が指摘されています（du Bois, Deng & Huang, 2005）。

　MRスペクトロスコピー（31P）を用いて、オメガ-3とオメガ-6脂肪酸の統合失調症圏障害患者に対する神経化学的効果が検討されています（Sota, Allegri, Cortesi, Barale, Potili et al., 2007）。

　5つの二重盲検無作為研究の内4つにおいて（合計377名の患者が対象）、EPAは偽薬より抗精神病薬の作用をより増強しました。良い結果を

得た4つの研究の内1つにおいて、クロザピン（クロザリル）治療中の患者のEPAによるクロザピンの増強効果が確認されましたが、他の非定型抗精神病薬で治療中の患者には認められませんでした（Emsley, Myburgh, Oost-huizen & van Rensburg, 2002; Fenton, Dickerson, Boronow, Hibbeln & Knable, 2001; Peet, Brind, Ramchand, Shah & Vankar, 2001）。

3つの非盲検試験において（合計50名の患者が対象）、EPAとDHAの組み合わせ投与が抗精神病薬の効果を増強する効果が認められました（Arvin-dakshan, Ghate, Ranjekar, Evans & Mahadik, 2003; Mellor, Laugharne & Peet, 1995; Sivrioglu et al., 2007）。

EPAを単独で用いた（抗精神病薬なし）ある対照試験では、偽薬群よりもやや良い結果が得られました（Peet et al., 2001）。

EPAの増強効果を検討した4つの研究のメタ解析では、オメガ-3脂肪酸は統合失調症の症状を有意に改善しませんでした（Freeman et al., 2006）。

試験間の結果の矛盾はおそらく、参加者の年齢、病気の重症度や罹患期間、統合失調症の病型、抗精神病薬の選択、オメガ-3脂肪酸調合薬の種類や量、増強治療期間の違いが部分的に関係していると考えられます。

別の総説では、精製エチルEPAは、統合失調症患者の急性期治療に必要な抗精神病薬の量を減らす、穏やかな効果を有すると結論しています（Berger, Smesny & Amminger, 2006）。

これに関してさらなる研究が必要です。

N-アセチルシステイン（NAC）

グルタチオンは、脳内における神経保護作用を持つ主たる抗酸化物質です。NACは細胞内グルタチオン濃度を上昇させ（第2章参照）、フリーラジカルを除去する特性を持っています。

統合失調症患者140名に対するDBRPC研究では、6ヵ月にわたりNAC1000mgが1日2回投与されました。NAC投与群では、偽薬群と比較

第7章 統合失調症や他の精神疾患

して臨床全般印象度（CGI）にて著明な改善が認められ、効果量は中等度（0.40）でした。さらに、NACを投与すると、抗精神病薬の副作用であるアカシジア症状（落ちつきのなさ）が減少しました（Berk, 2007）。

線条体組織の障害を引き起こしている酸化ストレスは、振戦や硬直、アカシジアなどの抗精神病薬の副作用の病因に関係しています（補足2.1参照）。

酸化ストレスの研究が、2群のラットで行われました。ハロペリドール（ハルドール）の1日1.5mg/kg 21日間投与群と、非投与群に分けられました。ハロペリドール群では、線条体のスーパーオキシド（フリーラジカル）と脂質過酸化物（フリーラジカルによる細胞膜の損傷）の量を著明に上昇させていました。その後両群に対して21日間にわたり、NACを1日あたり50mg、500mg、1500mgの3種の用量で投与しました。ハロペリドール未投与群では、NACの50mgないし500mgが投与されると、酸化ストレスの指標が減少しました。

しかしこの群のラットの線条体では、NACを1500mg投与されると、スーパーオキシド（フリーラジカル）は上昇し、脂質過酸化物は、減少しています。グルタチオンの消費は増加していました。ハロペリドール投与群でのスーパーオキシドの上昇は、NACにより、その量に関わらず防がれていました。1日当たりNAC 1500mgの量では、ハロペリドールによる過酸化脂質の上昇が防がれ、グルタチオンを減じてグルタチオン比を改善していました（Harvey, Joubert, du Preez & Berk, 2007）。

この研究では、人体に換算するとかなりの高用量が使用されていました。NACの過量投与は、ある程度の酸化促進効果があるかもしれません。人体へ経静脈的にNACを高用量投与する場合には注意が必要です。

これらの研究から、統合失調症の病態生理や抗精神病薬による副作用における酸化経路の役割が示されています。

> ### 臨床の金言
>
> 　適正量のN-アセチルシステイン（NAC）は、統合失調症のいくつかの症状を減らし、薬物による線条体組織への損傷と、それに続く副作用を予防または低減するための補完治療として役立つでしょう。
> 　臨床現場での適正量は1日2回、1回1200mgの内服です。

ビタミンB群

　ビタミンB_6は、抗精神病薬による副作用を緩和するでしょう。

　統合失調症もしくは統合失調感情障害に罹患し、遅発性ジスキネジア（TD）を持つ患者15名に対する4週間にわたるDBRPC試験では、ビタミンB_6の1日400mg投与で、著明にTD症状が減少しました（Lerner, Miodownik, Kaptsan, Cohen, Matar et al., 2001）。

　統合失調症もしくは統合失調感情障害に罹患し、神経抑制薬による副作用であるアカシジアを有する患者20名に対する5日間のDBRPC研究では、ビタミンB_6を1回600mg、1日2回投与すると、落ちつきのなさ、苦痛、全体評価尺度の主観的感覚が、偽薬群よりも大きく改善しました（Lerner, Bergman, Statsenko & Miodownik, 2004）。

　ビタミンB_6とビタミンB_{12}、葉酸の組み合わせは、統合失調症に効果を示すでしょう。

　統合失調症を持ち、ホモシステイン血中濃度が15以上を示す（酸化ストレス増加の指標）入院患者42名に対するDBRPCでは、患者らは、ビタミン群（B_6 25mg、B_{12} 400mcg、葉酸 2mg）の連日投与群と偽薬群へ無作為に割り振られました。ビタミン投与群は偽薬群と比較して、ホモシステイン血中濃度や陽性・陰性症状評価尺度（PANSS）が著明に減少し、認知機能が改善していました（Levine, Stahl, Sela, Ruderman, Shumaico et al., 2006）。

抗精神病薬治療による体重増加

体重増加は抗精神病薬の大きな副作用の一つであり、薬の中断の原因でもあります。この機序はあまりよく理解されていませんが、糖や脂肪の代謝が関与していると考えられています。

解決法の一つは、体重増加をもたらさないCAM治療の導入です。

しかし気分良く日常生活を送るために神経抑制薬を内服し続けなければならない患者にとって体重の問題に取り組むには、医師や患者側の大きな努力が必要です。体重増加が続くことが不満だと精神刺激薬を使ってみたり、減量効果が明らかではない未承認の市販減量薬を使ったり、場合によっては減量手術に及ぶかもしれません。

体重増加を制御するためには、食事や運動の習慣を変える必要があります。医療者に減量に関する専門的知識や助言する時間がなかったり、ダイエット中の患者を定期的にフォローできない場合は、栄養士や健康的な体重減少プログラム（例：Weight Watcher）を紹介し、しっかりした運動スケジュールを作ります。定期的な運動（たとえば20〜30分の散歩を1日2回）を行うよう助言するとよいでしょう。

心身医療は、減量を助ける健康的な方法の一つです。心身（霊）医療の講義に参加すると、感情がコントロールでき、ストレスや緊張が減り、気分や自尊心が回復してきます。乱れた食生活につながる複数の原因が改善されるでしょう。さらに患者の身体状況に合わせて、いろいろな難度の運動を紹介してくれるでしょう。

神経抑制薬による体重増加や糖尿病に対する治療は、十分に研究が行われておらず、臨床現場では大変な苦労があります。

有望だと考えられる既存の治療には、メトホルミンやアマンタジン、トピラマート、ゾニサミドがあります。

ハーブや栄養素、メラトニン

抗精神病薬による体重増加に対するCAM治療の対照研究は、ほとんどありません。

糖尿病治療に対してピコリン酸クロムを1回500mg 1日2回投与する方法が用いられており、これは穏やかな効果を示し安価です。

糖を制御する他のハーブも使用されていますが、研究が行われていないので推薦することは難しいです。

雌ラットを用いた8週間の研究では、オランザピン投与により夜間のメラトニン濃度が55％減少し、18％の体重増加が認められました。オランザピンとメラトニンを投与されたラットでは、夜間のメラトニン濃度の減少が認められず正常値であり、体重増加は10％のみでした。実験で用いられた物質を投与されなかった正常ラットでは、年齢で補正しても体重の増加は7％であり、メラトニンを単独投与されたラットでは5％でした（Raskind, Burke, Crites, Tapp & Rasmussen, 2007）。

ラットの研究でみられたメラトニンの体重増加抑制効果が人体でも再現できるかはまだわかっていません。

フコチン（商品名）200mgのカプセルには5mgのフコキサンチンが含まれ、これは2種類の海藻、ワカメ（*Undaria pinnatifida*）とコンブ（*Laminaria japonica*）から得られるカロチノイドであり、さらに少量のザクロ種油の抽出物（複合リノール酸の供給源）も含まれています（補足7.2参照）。

フコキサンチンには体重減少作用があることが、2つの臨床研究で示されています。

糖尿病ではないが肥満症の女性40名に対する16週間にわたる予備的DBRPC研究では、いろいろな量のフコキサンチンが投与されました。フコキサンチンを少なくとも1日15mg投与された群では、代謝率が偽薬群よりも18.2％高くなっていました。投与開始後6週間時点で、代謝率に有意差が認められました（Abidov & Roshen, 投稿中）。

体重が92〜96kgでBMIが30kg/m^{2}超の糖尿病を持たない女性110名に対して、16週間にわたる大規模DBRPC試験が行われました。フコキサンチンもしくは偽薬が投与され、参加者には1日当たり1800kcalが与えられ、日常生活動作は変えないようにしました。16週間後、偽薬群では平

均1.3kg（試験開始時の体重の1.5％）、フコキサンチン投与群では平均6.5kgの減少（同上7％）が認められました。体重は、腹部脂肪組織で有意に減少していました。フコキサンチンのその他の効果としてはC反応性蛋白（CRP、心血管系の危険性に関連）の減少、中性脂肪濃度の減少、血圧の低下、肝酵素の改善がありました。この体重減少用の製品は忍容性が高く、副作用がありませんでした（Abidov, 印刷中）。

フコチンは、薬物による体重増加のある患者での研究が行われていませんが、刺激性はなく体重減少の援助として有望です。

フコキサンチンは海藻の抽出物なのでヨウ素が含まれており、甲状腺機能疾患や、にきびがある場合は禁忌となるでしょう。

補足7.2 フコキサンチンと脂質代謝

抗酸化物質としてのフコキサンチンは、低酸素状態で活性を示し、電子供与体よりも陽子供与体となります。体重減少に対する主な作用は、脱共役蛋白質-1（UCP-1、サーモゲニン）産生の上方制御にあると考えられています。炭水化物や脂肪、蛋白質の酸化が行われるクレブス回路において水素（H^+）はエネルギー輸送分子であるATP産生の過程で捕獲されます（カップリング反応）。カップリングが行われなかった場合、水素は失われ、安定な形態（ATP）としてエネルギーを得る代わりに、熱を産生します。UCP-1の上方制御が行われると、カップリング反応が減少します。その結果、細胞は同量のATPを産生するため、より多くの炭水化物や脂肪を燃焼しなければなりません。言い換えると、UCP-1はミトコンドリアでのエネルギー産生効率を減らすことにより、組織において脂肪や炭水化物を多く燃焼し、代謝率を高めます（Leonid Ber, 2007、個人交流より）。

処方薬の効果補強戦略：適応外使用

　治療抵抗性の統合失調症患者11名に対して、アロプリノールが1日300mg投与され、神経抑制薬の補助薬として使用されました。すると11名中5名でアロプリノールの補強治療に反応が認められました（Lara, Brunstein, Ghisolfi, Lobato, Belmonte- de- Abreu et al., 2001）。

　アロプリノールはアデノシンを増加し、これがグルタミン酸系を阻害するためこの薬効が発揮されるのでしょう。

　治療に反応が乏しい統合失調症や統合失調感情障害を持つ患者35名に対し、12週間にわたる交差DBRPC試験が行われ22名が完遂しました。アロプリノール1日300mg投与群では、偽薬群と比較して陽性症状や陰性症状が著明に改善しました。この治療によく反応した患者は、難治性の陽性症状をもっており、罹患期間は短期でした（平均15年；Brunstein, Ghisolfi, Ramos & Lara, 2005）。

　統合失調症を持つ入院患者46名に対する、8週間にわたるDBRPC研究では、ハロペリドールとアロプリノール併用投与群と、ハロペリドールと偽薬併用投与群が比較されました。アロプリノール併用投与群では、陽性症状や全体症状、陽性・陰性症状評価尺度（PANSS）、錐体外路症状が著明に改善しました（Akhondzadeh, Safarcherati & Amini, 2005）。

　プリン分解の抑制作用やアデノシン作用性活動の増強により、アロプリノールの精神神経性効果が発現されるのでしょう。アデノシンはドパミン作用とは逆に、抗精神病作用や抗不安、鎮静、攻撃性減少の作用を発揮する傾向があります。

　統合失調症は、炎症性サイトカインの放出の増加を含む免疫応答の異常が関与しているのかもしれません。シクロオキシゲナーゼ-2（COX-2）阻害薬は、そのようなサイトカインを減らします。

　統合失調症でリスペリドン1日6mgを内服している患者60名に対して、8週間にわたるDBRPC試験が行われ、補助治療としてセレコキシブ200mgが1日2回もしくは偽薬が投与されました。セレコキシブ投与群で

第7章 統合失調症や他の精神疾患

は偽薬群と比較して、陽性症状や全体的な精神病理、PANSSの総体尺度がより改善していました（Akhondzadeh, Tabatabaee, Amini, Ahmadi, Abhari, Abbasi et al., 2007）。

心身医療：瞑想、ヨガの呼吸法、ヨガのポーズ

瞑想は、統合失調症の患者には通常推奨されません。なぜなら内観や新たな気づきにより、動揺したり、内部の妄想に注意が向く傾向があるからです。

しかし穏やかにリラックスするヨガのポーズや、ゆっくりした呼吸法に限定して行えば、患者は冷静になり安定した効果を得られました（Raghuraj, Nagarathna, Saraswati, Nunn & Telles, 1995; Scott, 1997）。

統合失調症慢性患者でサポートグループに属する女性らに対し、ヨガのウジャイ呼吸法の講座（ゆっくりした冷静な呼吸法、第3章参照）や精神をテーマにした文書を読むなどの活動が実施されました。女性らはこの講座に良い印象を示し、絶望が和らぎ、グループ内での意味あるコミュニケーションが高まっていました（Brown, Gerbarg & Muskin, 2003; Sageman, 2004）。

統合失調症の補助治療としてヨガサナ（ヨガのポーズ、n=31）と運動（n=30）の効果を比較する無作為臨床試験（RCT）（後に盲検化）が行われました。

臨床全般印象度（CGI）が平均4点以上を示す患者に対し、15日間の講義への参加と3ヵ月半の自宅での実践が行われ、参加者61名中41名が完遂しました。4ヵ月後、ヨガサナ群ではCGI（平均7.1）、陽性症状や陰性症状、うつ症状、QOLが運動群より著明に改善していました。運動群でも試験開始時と比べて改善していました（Duraiswamy, Thirthalli, Nagendra & Gangadhar, 2007）。

統合失調症患者の必要性に合致し精神科医の監督の下で行われれば、ヨガの講座は治療に関する有益な補助となり得ます。

心身医療：瞑想、ヨガの呼吸法、ヨガのポーズ

表7.1 統合失調症の治療指針

補完代替医療	臨床用途	1日量	副作用、薬物相互作用 注1)、禁忌
ビタミンB群 B複合体 B₁₂ 葉酸	アカシジア 遅発性ジスキネジア	（順に） 1錠 1000mcg 800mcg	注意：心臓のステント 注2)
ビタミンB₆	遅発性ジスキネジア、アカシジア、振戦	1日100mg	1日200mg超内服すると時に毒性が出現すると報告されています。1日1000mg超内服すると神経障害。 禁忌：腎障害、蛋白欠乏
ビオストラス	遅発性ジスキネジア、アカシジア、振戦	テーブルスプーン1杯を2回、3錠を2回	注意：心臓のステント 注2)
デヒドロエピアンドロステロン（DHEA）	陰性症状	25〜100mg	にきび、男性型多毛、PSA上昇 禁忌：エストロゲン感受性腫瘍 注意：双極性障害または統合失調感情障害
イチョウ（Ginkgo biloba）	抗精神病薬の補助治療	1回120mgを2回	ごくわずか：頭痛 稀：興奮 禁忌：抗凝固剤内服中 手術前には中止
メラトニン	遅発性ジスキネジア、睡眠障害	遅発性ジスキネジア：10〜20mg 就寝前 睡眠障害：9〜12mg就寝前	時に興奮、腹部けいれん、疲労、めまい、頭痛、明晰夢 中止：妊娠時
メタンクス（Metanx）メチル葉酸、ピリドキシル5'リン酸、メチルコバラミン	ホモシステイン値を下げる、高用量で遅発性ジスキネジア、アカシジア		注意：心臓のステント 注2)

339

表7.1 続き

補完代替医療	臨床用途	1日量	副作用、薬物相互作用 注1)、禁忌
N-アセチルシステイン	アカシジア	1回1000〜1200mg、2回	適正量であればごくわずかな副作用のみ
ラセタム	抗精神病薬の補助治療	アニラセタムとして750mg、2回	ごくわずか 稀：不安、不眠、興奮、イライラ、頭痛
イワベンケイ	錐体外路症状、エネルギー低下、気分、薬物による疲労	100〜300mg	賦活化、興奮、不眠、びくつき 稀：血圧上昇、胸痛、紫斑 注意：双極性障害、統合失調感情障害

注1) 一般的な副作用を表に列挙しましたが、まれな副作用もあります。高血圧、糖尿病、妊婦授乳婦、慢性もしくは重度の疾患を持つ人は、栄養補助食品を内服する前に主治医に照会すべきです。さらに抗凝固剤を内服している患者は、栄養補助食品を使用する前に主治医に相談しましょう。

注2) ホモシステイン血中濃度が15μmol/L未満の男性の場合、心臓のステントの再閉塞の危険が増加する可能性があります。

第8章　がん等の身体疾患

概要

- 担がん患者への統合的治療方法
    a. がん関連疲労、化学療法、免疫抑制
    b. アダプトゲンは肝臓や骨髄を保護しながら化学療法を補強する／イワベンケイ、アシュワガンダ、アムリットカラシ、ビオストラス、心身医療の実践、腫瘍の専門職や介護者のストレス
- 心血管系疾患
- 慢性疲労症候群、線維筋痛症、関節炎／S-アデノシルメチオニン（SAMe）、鍼治療、カルニチン、セイヨウオトギリソウ、イワベンケイ
- ヒト免疫不全ウイルス（HIV）、AIDSや肝炎と生きる患者／S-アデノシルメチオニン（SAMe）、イワベンケイ、アセチル-L-カルニチン、心身（霊）医療の実践
- 過敏性腸症候群（IBS）

担がん患者への統合的治療法

心身（霊）医療は、がん患者やその介護者に大きな身体的・精神的な効果をもたらします。心身医療はハーブの栄養補助食品とは異なり、化学療法薬との相互作用や、がんリスク増加の心配がありません。

第3章に、以下に述べる心身（霊）医療の詳細が論じられています。

統合的治療は、患者の必要に応じて多様な選択肢を提供することから発展している分野です（Chong, 2006）。

がん患者の多数は、標準的治療と併せて補完代替医療（CAM）を使用しています。そしてCAMにより治癒や免疫力、エネルギー、幸福の感覚が増したと信じています。さらに彼らは、自分の治療に大きく関わり、コントロール感が強まったと報告しています（Helyer, Chin, Chui, Fitzgerald, Verma et al., 2006）。

精神腫瘍学

がんや治療に関連する疲労や疼痛、がんによる心身のストレス、介護者のストレス

薬物代謝酵素や薬物輸送体の誘導に影響するハーブ治療には、化学療法や放射線治療の妨げとなる懸念があります。化学療法の薬物動態を変えてしまうと、毒性が増したり、治療域から逸脱する可能性があります。

ボッシュらは、腫瘍学で使用される薬とハーブ（および他の栄養補助剤）の相互作用について総説をまとめました（Bosch, Meijerman, Beijnen & Schellens, 2006）。

するとセイヨウオトギリソウやカヴァ、ムラサキバレンギク（エキナセア）、ブドウ種子の抽出物は、化学療法薬の代謝に対して著明な影響を及ぼす可能性があるという、確かな証拠が示されました。

生体外実験や動物実験において、ビタミンEの一部、クエルセチン、ニンジン、ニンニク、ベータカロチン、ミルラの木、ホップ（セイヨウカラハナソウ）、チョウセンゴミシ（*Schisandra chinensis*）、ウラルカンゾウ、フラボノイド類（たとえばクリシン）らに相互作用の可能性が指摘さ

れました。

　細胞核の受容体の活性化や代謝酵素の誘導に関する調査では、以下のハーブで影響は認められませんでした。：クルクミン、リコピン、レスベラトロール、シリマリン。

　種の違いがあるため、動物での実験結果をそのままヒトにあてはめることはできないでしょう。

　植物エストロゲンやがんについての総説では、ハーブが多くの抗酸化物質を有し、それが抗腫瘍作用を持つかもしれないと結論しました（Piersen, 2003）。

　シモーネらは、抗酸化物質や他の栄養素の化学療法や放射線治療に対する影響について広範に検討した総説において、合計8521人の患者を対象とした50の試験を含む280の査定済研究を検討しました。すると抗酸化物質や栄養素とがん治療との相互作用は一貫して認められませんでした（Simone, Simone & Simone, 2007a; Simone, Simone & Simone, 2007b）。

　事実、抗酸化物質や栄養素は抗腫瘍作用を増強し、治療による副作用を減らし、正常組織を保護し、患者の生存率を高めました。抗酸化物質が化学療法を妨げるという有名な見解は、マウスのがん細胞中にビタミンCが高濃度に存在したというたった一つの研究結果から派生していると、著者らは指摘しています。

　この研究では、化学療法への干渉は認められませんでした。

　葉酸がメソトレキセートを妨害するという考えは、フォリン酸（似た名前だが葉酸とまったく関係ない処方薬）の研究から派生しています。

　この総説では、N-アセチルシステインやビタミンA、B_6、B_{12}、C、D、E、K、ベータカロチン、他のレチノイド類、セレニウム、グルタチオンが正常組織を保護し、ガン細胞の破壊を増加したことを示す多くの試験が引用されています。

　抗酸化物質が化学療法を妨げず、むしろその効果を高めるという科学的証拠は矛盾するように見えます。しかし、アミホスチンやデクスラゾキサンという、2つの処方可能な抗酸化物質はFDAに承認されており、がん

の化学療法や放射線治療中に広く使われています。

ガン細胞は正常細胞と違い、抗酸化物質による影響の受け方が違います。

シモーネらは、「ガン細胞は栄養素を取り込むための恒常性調節機構が欠損しているため、過量の抗酸化物質を蓄積している」と指摘しています（2007b）。

過量の過酸化物質が存在すると、エネルギー産生のために必要な細胞内酸化反応が停止します。さらにガン細胞内では、抗酸化物質は遺伝子発現に影響し、細胞増殖を抑制し、細胞死を促進するとみられています。

がん患者は多くの場合、標準的抗がん剤治療の毒性により、低栄養やビタミン欠乏、免疫抑制、心臓障害、肝機能障害に苦しんでいます。ビタミンや栄養素を投与すると、患者の栄養状態や免疫状態を改善し、内臓器官を守り、がん治療による罹患率と死亡率を減少することができます。

免疫系はがんや感染症から自らを防御します。しかしがんの化学療法は免疫機能を損ねる可能性があります。心身医療を行うと、抗酸化物質を増加し免疫状態を改善します（Tai Chi Gives Immune System a Boost, 2007; Das, Kochupillai, Singh, Aggarwal & Bhardwaj, 2002; Kimura, Nagao, Sakai & Ohnishi, 2005; Kochupillai, Kumar, Singh, Aggarwal, Bhardwaj et al, 2005; Lee, Huh, Jeong, Lee, ryu et al., 2003）。

卵巣がんや子宮がんの治療を受けた女性は、突然強い閉経症状に襲われるかもしれません。性ホルモン減少による苦痛を緩和しつつ、新たながんリスクを回避することはとても困難です。

大豆やアカツメクサなどの、植物エストロゲンによる生殖系や内分泌系への化学的保護作用の可能性は不明ですが、脂質の検査値や骨密度を改善する科学的証拠は増えています。植物エストロゲンが症状を軽減したり、がんの生存率を改善し、がんを予防するなどの確かな証拠がないために、がん治療を妨害したり、ホルモン感受性腫瘍を刺激する可能性（この分野は適切な研究がない）などといった危険性と治療効果の比較が困難になっています。

しかし植物エストロゲンに関連する危険性は、ホルモン補充療法で起こ

る既知の副作用よりはるかに軽いでしょう。たとえばアメリカショウマ（ブラックコホシュ）は非エストロゲン性のハーブですが、閉経症状に有益性を示します。

　ある研究では、アメリカショウマはホルモン補充療法とほぼ同等の効果を持ち、おそらく安全であると指摘しています。

がん関連疲労、化学療法、免疫抑制

　疲労は、がん患者にもっとも多く出現し、つらい症状です。

　がん関連疲労を測定していたCAM治療に関する21の研究に対して総括が行われ、現存する研究結果は有望であるが限定的であると評価されました（Sood, Barton, Bauer & Loprinzi, 2007）。

　37名の患者に対して鍼を用いた予備研究では、化学療法後の疲労を平均31％改善したと報告されました（Vickers, 2004）。

　がん患者14名に対する作為研究では、4回から5回の催眠療法が施行されると、著明に顔面紅潮が減り、疲労や不眠が改善しました（Younus, Simpson, Collins & Wang, 2003）。

　乳がん罹患患者で手術や化学療法、放射線治療、ホルモン治療を受けた女性689名に対して後ろ向き調査が行われました。ヤドリギを標準的治療に加えて服用した219名では、標準的治療のみを受けた470名の対照群と比較して、吐き気や胃腸症状、疲労、うつ症状が減少しました（Schumacher, Schneider, Reich, Stiefel, Stoll et al., 2003）。

　ある非無作為化第三相試験において、化学療法を受けているステージⅣのがん患者にレボカルニチンを経口で1日4gを、7日間投与すると、50名中45名で疲労が改善しました（Graziano, Bisonni, Catalano, Silva, Rovidati et al., 2002）。

　がん患者325名に対する8週間の多施設DBRPC研究では、レボカルニチン（L-カルニチン）を経口で1日2回投与し、がんによる疲労への効果を調査しています（Eastern Cooperative Oncology Group, 2007年）。

　がん患者63名に対して作為研究が行われ、8週間にわたりマインドフル

ネスストレス低減法が施行され、著明に疲労が減少していました (Carlson & Garland, 2005)。

アダプトゲンは肝臓や骨髄を保護しながら化学療法を補強する

アダプトゲンとは、抗酸化物質や代謝制御物質など多くの生物活性成分を含むハーブを指します。アダプトゲンは人体の機能を高める効果があり、毒物や放射線、フリーラジカル、化学療法薬、感染、高温、極限状態、精神的ストレス等の多数のストレス要因に対して強くなります。

アダプトゲンを含む植物の抽出薬は、化学療法のため免疫抑制状態にある卵巣ガン患者において、免疫の値を改善することがわかっています (Breckhman & Dardymov, 1969; Panossian & Wagner, 2005; Saratikov & Krasnov, 1987)。

イワベンケイ

筆者らは、イワベンケイががん関連疲労に対して大きな効果を示すことを発見しています。アダプトゲン作用を持つ医療ハーブであるイワベンケイに関する議論は、第4章を参照ください。

イワベンケイはロシアや東欧のがん治療施設において使用されていますが、がん関連疲労に対する効果の研究は、まだ発表されていません (Abidov, 個人交流による、2006)。

イワベンケイの抗疲労作用は、人体や動物で研究がされていて（第2章参照）、高エネルギー分子であるATPとクレアチンリン酸の細胞内産生を高め維持する能力によるものと考えられています (Abidov, Crendal, Grachev, Seifulla & Ziegenfuss, 2003; Abidov, Grachev, Seifulla & Ziegenfuss, 2004)。

進行非小細胞肺がん患者58名に対する28週間の非盲検無作為偽薬対照研究が行われました。2〜4週間おきに、1回30時間の経静脈的ATP投与を10回受けた患者では、体重や血中アルブミン濃度、筋力、エネルギー、疲労、QOLにおいて統計学的に有意な改善がみられました

担がん患者への統合的治療方法

(p<0.0001)。胸の重圧感という副作用がありました（Agteresch, Dagnelie, van der Gaast, Stijnen & Wislon, 2000)。

この治療は効果的でしたが、経静脈投与が必要なので、実用性には制限があります。しかしATPは動物や人体実験において、正常対象や種々の疾患を持つ患者らの筋力やエネルギー、疲労を改善するため、ATPを高めるもっとも簡単な方法である経口摂取が容易なイワベンケイを用いた研究を行うとよいでしょう。

アンフェタミンなどの精神刺激薬とは違って、イワベンケイには乱用の危険がなく、さらに、エネルギーの枯渇や不快性や異常な精神状態の誘発、離脱症候群を引き起こすこともありません。

化学療法で使用される薬の多くは肝臓や骨髄中の幹細胞を損傷し、感染や他の病気を招きやすくなります。血球が少なくなり過ぎると、化学療法自体を中止しなければならないでしょう。

ヒトのガン細胞（ルイス肺がん、エルリッヒ肉腫、プリスリンパ肉腫、NK/Ly腫瘍、メラノーマB_{16}）を移植したマウスの研究において、イワベンケイ抽出物は抗腫瘍活性と抗転移活性を示しました。さらに加えて、アドリアマイシンやシクロホスファミドの化学毒性から肝臓と骨髄細胞を保護する効果を示し、同時に抗がん剤がガン細胞を破壊し、その転移を抑制する効果を高めました（Dement'eva & Iaremenko, 1987; Razina, Zueva, Amosova & Krylova, 2000; Udintsev, Fomina & Razina, 1992; Udintsev & Schakhov, 1989, 1990, 1991)。

イワベンケイは、がん患者の疲労やうつ症状を緩和するために使用可能なアダプトゲンの一例であり、他にも化学療法薬の薬効を補強し、肝臓や骨髄への副作用を減らす効果も有します。

表在性膀胱がんを持つ患者12名に対してイワベンケイ抽出物は、尿路上皮組織、白血球のインテグリン、T細胞免疫を改善し、再発頻度の低下傾向を示しました（Bocharova, Matveev, Baryshnikov, Figurin & Serebriakova, 1995）。

イワベンケイ茎の95％エタノール抽出液は、前立腺ガン細胞に対して

細胞毒性を示しました（Ming, Hillhouse, Guns, Eberding & Xie, 2005）。

イワベンケイのがんに対する研究論文の多くは非英語雑誌で発表されています。文献の評価の難しさ、がん患者にハーブ製品を投与する障壁、アダプトゲンへの研究資金の少なさから、西洋の腫瘍専門医の多くはイワベンケイや他のアダプトゲン作用のあるハーブの潜在的な効果を知りません。

この光の当たらない分野に注目してもらうには、消費者の関心を集めたり、民間からの資金提供が必要でしょう。

アダプトゲンを組み入れた治療

ステージⅢ〜Ⅳの卵巣がんを持ち、シスプラチンやシクロホスファミドで治療を受けた28名の女性に対して、4週間にわたる研究が行われました。アドマックス（商品名AdMax、ロイゼアやイワベンケイ、エゾウコギの根、チョウセンゴミシの果実の抽出物の合剤）を1日270mg化学療法後に投与すると、投与しなかった群と比較して、T細胞サブクラス（CD3、CD4、CD5、CD8）、IgG、IgMの増加が認められました（Kormosh, Laktionov & Antoshechkina, 2006）。

アーユルヴェーダ医学

アーユルヴェーダ（Ayurveda）医学は古代インドの癒しの体系であり、おそらく世界最古のものです。アーユルヴェーダは、「人生の知識」という意味があります。アーユルヴェーダの専門家は、何百ものハーブ調合薬の使用法を含め、理論や実践法を学ぶために何年にもわたる訓練を受けます。

西洋科学を学んだ臨床家にとっては、そのような異なった原則に基づく理論を理解することが困難であると感じられるでしょう。東洋の知恵を自らの仕事に組み入れたい治療者は、その最も一般的な治療法への科学的な裏付けを見つけられるでしょう。

著者らは、非常に困難な症状を持つ治療抵抗性の患者らを、アーユルヴ

ェーダの専門家に紹介したところ、著明な改善が認められ、機能が回復したという経験を持っています。

スダ・プラティカンティは、アーユルヴェーダの歴史や理論、現代の使用法について素晴らしい総説を著しています（2007）。

アーユルヴェーダの理論は、人の3つの構成成分であるドーシャ（ヴァータ、ピッタ、カパ）のバランスを取ることに基づき、ドーシャは古代哲学による5大要素である火、風、水、土、宇宙から発生しています。

患者の既往歴を確認し、脈診を行ったうえで、生活様式を変えることや食事、マッサージ、ヨガのポーズ、ハーブ調合薬、その他の治療法を具体的に推薦します。

著者らは、西洋社会で暮らす多くの患者は生活様式のバランスがあまりにも崩れており、アーユルヴェーダのハーブだけでは、効果を得るにはあまりにも弱いと感じています。

しかし、アシュワガンダやアムリットカラシ（商品名 Amrit Kalash）、メンタト（商品名 Mentat、第4章参照）は役に立つ場合もあります。

心身（霊）医療や、自然に調和した伝統的な生活様式に深く興味を持つ人々は、非常に穏やかで繊細なアーユルヴェーダの治療法から、より効果を得やすいでしょう。さらにそのような人々は、合成医薬品よりもアーユルヴェーダ治療法の方が、より忍容性が高く有効であると感じることが多いようです。

アシュワガンダ

アシュワガンダ（*Withania somnifera*）はアダプトゲン作用のあるハーブで、抗ストレス作用、抗炎症作用、抗酸化作用、鎮痛作用、抗うつ作用、免疫調節作用を持ち、インドの医学で使用されてきました。

アシュワガンダの葉の抽出液を用いた生体内外実験において、腫瘍の選択的抑制作用が研究され、その構成成分の一つであるウィザノンがp53という遺伝子を活性化し、これは腫瘍の細胞死を促しました。

このハーブ抽出液はさまざまなヒトの腫瘍細胞を選択的に破壊し、正常

な細胞には影響がみられませんでした（Widodo, Kaur, Shrestha, Takagi & Ishii, 2007）。

アムリットカラシ

アムリットカラシはアーユルヴェーダの独特な処方で、アシュワガンダなどの多くのハーブが含まれ、動物実験や細胞培養実験において、免疫機能を高め、フリーラジカルによる損傷や化学療法による毒性からの保護作用を示します。

アムリットネクター錠（商品名、MA-7；38種類のハーブを含む）は、抗酸化作用や、アドリアマイシンやシスプラチンによる毒性からの保護作用を示しました（Dwivedi, Natarajan & Matthees, 2005）。これはエネルギーや幸福感、睡眠、食欲を改善し、嘔吐や下痢を減らしたと報告されています。

さらに、アムリットカラシは化学療法薬の作用を妨げず、がん治療への耐性を増す作用を持つことがわかりました。

がん患者に対する安全性と有効性を確かめるために、さらなる無作為化臨床試験が必要です。

著者らの臨床経験では、化学療法の治療期間中にアムリットカラシを内服した患者から、エネルギーや食欲、幸福感が増し、頭髪の脱毛は少量かまったくなかったと聞いています。

ビオストラス

ビオストラスは伝統的なスイスのハーブ醸造酵母調合薬で、ビタミンB群と抗酸化物質を高濃度に含んでいます。

放射線治療中のがん患者177名に対して、ビオストラスを用いた層別DBRPC試験が行われました。ビオストラス投与群では偽薬群と比較して、エネルギーや食欲、体重増加、赤血球数が改善していました。腫瘍の増殖や放射線治療の腫瘍に対する作用への影響は認められませんでした（Schwarzenbach & Brunner, 1996）。

がん関連疼痛に対するCAM

　がん関連疼痛に対するCAMの総説では、催眠療法やイメージ療法、支援グループ、鍼治療、ヒーリングタッチは、短期的な介入として有望ですが、適切な統計学的検出力を持つ厳格な試験が行われていないために、これらの効果を適切に評価できません（Bardia, Barton, Prokop, Bauer & Moynihan, 2006）。

　しかし、催眠療法と鍼治療に関する文献は数多く、また、これらをさまざまな条件下で疼痛緩和目的に臨床使用してきた長い歴史があります。そのため、がん患者の疼痛に鍼治療や催眠療法は効果がないという意見は、やや奇異に思えます。

　さらに、著者らの経験では、催眠療法は化学療法に伴う嘔吐や他の副作用を減じるために応用できます。

　不安が存在すると、主観的経験である痛みの大きな原因となるので、不安を軽減する催眠療法やリラックス法、ヨガの呼吸法、瞑想のような心身医療は、疼痛緩和に有益であると考えられます。著者らは臨床現場で、これらCAMの効果を目の当たりにしています。

　ヨガの呼吸法によって疼痛知覚が軽減したり、遮断されるもう一つのメカニズムは、痛覚受容に関与する迷走神経の刺激です（疼痛刺激の識別）。

心身医療の実践

　心身（霊）医療は、不安やうつ状態、がん関連疼痛に対する過剰反応、不眠、疲労の低減に役立ちます。

　呼吸法や瞑想、リラックス法、身体的ポーズ、中心の意識、視覚化などのヨガに関連する心身医療を行うと、喘息や高血圧、心疾患、コレステロールの上昇、過敏性腸症候群、がん、不眠、多発性硬化症、線維筋痛症などのストレスに関連する精神的身体的疾患を改善することが、多くの研究で認められています（Becker, 2000; Benson, 1996; Jacobs, 2001）。

　交感神経系の過活動を減らし、副交感神経の働きを増し、自律神経系のバランスと柔軟性を高める作用が、これらの治療効果を得るために必須と

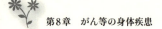

なります。

心臓への迷走神経（副交感神経）の働きと感情制御の関連は、不安障害、ストレス、心的外傷後ストレス障害（PTSD）、うつ状態、怒り、攻撃性、行動障害を持つ小児や成人において明らかになっています（Beauchaine, 2001; Porges, 2001）。

さらに、がん患者が東洋哲学の精神的価値や受容に注意を向けると、穏やかで雄大な感覚とともに、自分達の現状へ適応する助けになります。

たとえば、自分の体をコントロールする感覚を失うと、多くの人は混乱してしまいます。執着を手放し、将来を悲観するのではなく現在に集中する方法を覚えると、深く落ちついた感覚を身につけられるでしょう。

マインドフルネスストレス低減法（MBSR）

種々のがんを持つ患者90名に対するMBSRを用いた無作為化待機群対照試験が行われ、全般的な気分変調が65％、ストレスによる症状が31％減少したことが認められました（Speca, Carlson, Goodey & Angen, 2000）。

早期乳がん患者49名と早期前立腺がん患者10名に対して、8週間にわたる非盲検研究が行われました。カバットジン（Kabat-Zinn, 1990）の方法に基づくMBSRが行われた結果、QOLやストレス症状、睡眠の質が著明に改善しました。

この時の免疫状態は、うつ病の改善と一貫性を持つパターンで変化しました。すなわち、白血球数に変化はみられず、ナチュラルキラー（NK）細胞によるIL（インターロイキン）-10の産生が低下し、T細胞からのIL-4が増加し、T細胞からのIFN-γが減少していました（Carlson, Speca, Patel & Goodey, 2003）。

チベットヨガ

ヒューストンにあるM. D. アンダーソンがんセンターの統合医療プログラム部長であるロレンゾ・コーエンは、リンパ腫の患者に対して7週間

のチベットヨガの講座を行い、ヨガを行わなかった患者と比較しました。その結果、ヨガを実施した患者は、ヨガを実施しなかった患者よりも早く入眠し、より良い睡眠が得られ、睡眠薬の使用も少ないという知見を得ました（Cohen, Warneke, Fouladi, Rodriguez & Chaoul-Reich, 2004）。

最近がんと診断された女性に対する12ヵ月にわたる研究では、12週間の感情制御技術の訓練（リラックス法、イメージ療法、瞑想、感情表現方法、がん経験の順応的再評価）の介入を受けた群（n=54）、介入を断った群（n=56）、標準的ケアが行われた対照群（n=44）が比較されました。4ヵ月後、介入群では知覚の統制や幸福の感情、対処効力感に著明な増加が認められ、一方、再発の危険認知やがんへの心配や不安が、他の群と比べて著明に減少していました（Cameron, Booth, Schlatter, Ziginskas & Harman, 2007）。

アイアンガーヨガ

種々のがんを持つ患者を対象とした7週間にわたる無作為予備研究が行われました。アイアンガーヨガの講義（ヨガのポーズ）に参加した群（n=20）では、QOL、感情機能、下痢症状が著明に改善していましたが、気分、緊張、うつ症状については統計学的有意差に達しませんでした。おそらくこれは研究の対象者が少なかったことによるのでしょう（Culos-Reed, Shields & Braeley, 2005）。

クンダリーニヨガ

デヴィット・シャナホフカルサは、がん患者に対するクンダリーニヨガ（KY）の技術について詳しく述べています（Shannahoff-Khalsa, 2006a, 2006b）。

彼は、まず瞑想状態に入り、エネルギーや疲労回復のために背筋を曲げて肩をすくめる技術から始めることを提案しています。不安やうつ状態、自己破壊的な行動、精神的疲労、怒り、恐怖、否定的思考を減らすための技術は、ポーズやヨガの呼吸法、詠唱、思考の反復など種々の方法を組み

合わせます。さらにこの技術は、免疫系を刺激してがんと闘い、白血球と赤血球のバランスを保つと述べられています。

KYは不安障害や強迫性障害（第3章参照）を改善できるという研究結果が複数存在しますが、免疫を刺激する効果についての医学的証拠は、限定的か症例報告にすぎません。

KYの呼吸法では、呼吸をゆっくりにしたり、息を止めて気道抵抗を増やしたり、詠唱による振動刺激を行い、ストレス反応系や副交感神経系、免疫系の数値に影響を与える可能性があります（第3章参照）。

しかしKYは、どの方法でもとても時間を要します。推奨された方法の組み合わせを実行するために、1日数時間費やすことを決心するのは大変ですが、我々が患者の定期的な実践を応援するならば、患者はやりがいを得られるでしょう。

スダルシャンクリヤヨガ（SKY）

SKYは、優しいヨガのストレッチ、ヨガの呼吸法、瞑想、ヨガの知識、高い精神性、地域社会の人々と絆を結ぶなどの方法を組み合わせます。

ヨガの実践ががんの経過を大きく変えるという科学的証拠は存在しませんが、そのような効果が得られたと多くの人は主張しています。

複数の調査研究によると、がんやその他の慢性疾患を持つ人がヨガを実践すると、身体の状態や免疫機能の測定結果、精神的な苦悩、睡眠、社交、幸福感、QOLが改善したという結果が認められています（Banerjee, Vadiraj, Ram, Rao, Jayapal et al., 2007; Culos‐Reed et al., 2005; Moadel, Shah, Wylie‐Rosett, Harris, Patel., Hall et al., 2007）。

がん患者に対してヨガを用いた研究の総説では、対照試験は実施されていませんが、ヨガは実践が容易であり、その有効性を支持する予備的な結果が得られているという結論を得ました（Bower, Woolery, Sternlieb & Garet, 2005）。

ステージ0〜Ⅲの乳がんと5年以内に診断された平均54.2歳（35〜78歳）の女性26名に対して2週間にわたる待機群対照研究が行われまし

た。この研究は試験前後の主観的量的評価と、介入後の詳細な質的評価から成っており、アートオブリビングによる8日間のSKY講座を行うと、QOLや精神的な幸福感、積極的な心の状態、ストレス認知において著明な改善（$p<0.0001$）が認められました。治療効果は5週間後の追跡調査でも認められました。

患者らは心身と霊性のつながりを経験し、愛や喜び、平和、中心性、精神の明晰さといった積極的な感情がある（100％）と報告しました。乳がんに対する直接的な効果として、「乳がん生存者」というこだわりを捨てた（33％）、死や再発の恐怖が減った（33％）、身体イメージが回復した（33％）がありました。さらに平和な感覚の増加（100％）、自尊心や自信の増加（83％）、人間関係の改善（75％）、新しい発見や執着からの解放、思考の深化（83％）、霊的変化や強化（100％）という変化が存在しました（Warner, 2006）。

 乳がんに対する統合的治療方法

ベスは50歳の女性で、乳がんのために放射線治療を受けていましたが、気持ちは打ちのめされ、不安やうつ症状があり、他の治療法を探していました。がんの進行や治療に伴う疲労により、彼女には常にストレスを抱えていました。

ベスはかつてとても活動的で、年齢の割に若くみられ、魅力的な体をしていました。しかし治療で髪の毛を失い、彼女の身体イメージは傷つき、かつらをつけても容姿への自信を失い不安になっていました。

精神療法を行ったことで、治療者の理解とサポートに信頼が置けるようになりました。そして治療に積極的になり、毎回記録を取って、意識的に実践するようになりました。

そのなかで彼女は幼少時代に、家族の諍い、特に母親と叔母の不仲のために、何事も完璧に行うという役割が自分にあったことに気がつきました。幼い頃に仲裁者として振る舞った経験が、成人になってからくり返す

第8章 がん等の身体疾患

ストレスの原因となり、離婚した両親や、彼女の中のアダルトチルドレンとの葛藤を収めることを難しくしていました。今までの人生では、予想可能な将来の問題に対して予め予防的行動を採っていましたが、がんが現れたため、そうしたことがうまく行かなくなってしまいました。防衛機制がとれず、希望を失い恐怖を感じていました。

治療は確実に進んでいましたが、がんの診断を受けたときのトラウマや、放射線治療の影響が彼女をさらなる不安へと駆り立てました。

治療者は、ストレスへの過剰反応や不安を減らす手助けとして、SKY講座への参加を勧めました。ベスは疑いを持ってこのコースへ参加し、SKYとは何なのか？どのように役立つのか？変な宗教なんじゃないか？と思いましたが、まずは批判的な考えは止め、どんな効果があるか観察をしてみました。

職場の療養休暇を延長し、ベスは毎日20分間の呼吸法と、その後10分間のリラックス法を行いました。SKY講座に参加し始めた頃は、毎回講義の後にまるで狂ったように泣きました。常に良い子でいよう、常に笑い、冷静な患者でいようと振る舞っていたために、彼女には病気への怒りが鬱積していました。一人になれる場所でこの呼吸法を行うと、これらの感情から解放され始めました。さらに彼女のいとこが数ヵ月前にがんで他界したことや、母親が1995年に同じがんに罹患したという辛い気持ちに向き合いました。彼女は自身の病気や家族、人生の否定的な感情に圧倒されず、折り合うようになりました。

手術や化学療法、放射線療法などのがん治療をすべて終了した後、ベスは健康になったのを感じました。その後、血液検査やMRI検査、マンモグラフィにはまったく異常は認められませんでした。しかし多くのがん生存者のように、恐怖が現れました。

その後、乳がんの腫瘍マーカーCA-27-29の検査値が上昇しました。PET検査や骨の検査で正常とわかるまで、彼女はとても混乱しました。しかし彼女はヨガの呼吸法を実践し、不安をなんとかやっていける程度にまで減らしました。そして正規雇用の仕事へ戻り、忙しい日常を再開し、

毎日ではないものの自宅でSKYを練習しました。

2004年にSKYの上級講座を修了し、乳がんから目を背けていたことを、そしてこのことが本当のストレス要因であったことを自覚しました。彼女は自分自身の体や心を以前より大切にしようと思えるようになりました。

ベスは自分自身や他人に対する気持ちが変化し、「毎日ヨガの呼吸法を行うと、今日1日を穏やかな気持ちでほかの人に対する共感を持って始める準備ができます。ヨガの呼吸法は私の心を開き、自由にし、人生をより楽しむようになりました。今では頭で考えるのではなく、心からほかの人との絆があると思っています」と述べました。

症例2 ヨガ呼吸法は前立腺特異抗原（PSA）を減少させる

男性が年齢を重ねると、前立腺は大きくなりがちで、前立腺がん発生の心配が出てきます。ストレスや炎症は、前立腺過形成の要因と考えられます。毎年、男性はこの腫瘍マーカーが安定しているかどうかを不安に思いながら検査結果を待っています。

フランクは57歳の男性で、大きな投資会社の多忙なCEOです。彼は化学療法を数年受けましたが、前立腺からがんを消し去ることができず、彼のPSA値は正常値の3倍に達していました。ストレスを緩和するために、フランクはヨガの呼吸法の講座へ参加をするよう助言されました。

彼は6日間にわたるスダルシャンクリヤヨガの呼吸法の講義を修了し、その後の2週間、毎日20分間ヨガの呼吸法を実践すると、PSAは正常値へ戻りました。その後仕事が忙しく、毎日は行わなくなりました。すると12週間後にPSAが再上昇したので、フランクはヨガの呼吸法を再び毎日行うことにしました。その後もヨガの呼吸法を毎日行うことはできませんでしたが、3ヵ月ごとにPSA検査を行い、PSAが上昇していればヨガの呼吸法を再開し、正常値に戻るまで継続しました。フランクは、ヨガの呼吸法がPSA値を正常に戻す方法であることを発見したのです。

第8章 がん等の身体疾患

腫瘍の専門職や介護者のストレス

がん患者の介護はとてもストレスの高い仕事です。

大学病院や研究所のスタッフらは、重い病気を扱い、死にゆく患者に対応しなければならず、さらに研究を行ったり研究費を得る必要があり、そうしたことが毎日のストレスとなっています。そのため教員の健康計画が策定され、身体的、感情的な犠牲を減らし、専門家の燃え尽き症候群や自殺などの悪影響を防ごうとしています。

スダルシャンクリヤヨガ（SKY）

テキサス州ヒューストンにあるM. D. アンダーソンがんセンターでの教員の健康計画では、5日間にわたるSKYの基礎講座が計3回、48人の教員や職員に対して行われました。

インターネット調査の回答が24人から得られ（50％）、講座に参加して以下の項目に関して改善した／とても改善したと回答しました：不安や緊張：38％／33％、冷静さ：42％／29％、気分：50％／25％、集中力：46％／4％、仕事以外の人間関係：29％／12％、ストレス：38％／38％、睡眠：33％／17％、怒りや欲求不満：42％／17％、一緒に働く人との親密さ：21％／8％、楽観主義：29％／25％（Apted, 2006）。

心血管系疾患

米国や多くの国における死亡や障害の主な原因に、心血管系疾患（CVD）があります。CVDの予防や治療、手術や急性発症後からの回復のため、CAMの潜在的な役割が期待されています。

キム・イネスらによる総説（2005）では、CVDリスクの減少におけるヨガの保護的な効果の可能性について70の研究を評価しました。その中には1つの観察研究、26の非対照研究、21の非無作為対照研究、2つの無作為対照研究が含まれていました。

研究の多くには方法論的な限界がありましたが、調査者は「…まとめる

と、ヨガを行うことでCVDに対するIRS（インスリン抵抗性症候群）関連危険因子の多くを減らし、臨床転帰を改善し、CVDや他のIRS関連病態の管理に役立つ可能性がある」と結論しました。

　研究の中で報告されていたヨガの有益性には、糖耐能やインスリン感受性、脂質状態、血圧、酸化ストレス、凝固系、交感神経活動性、心臓迷走神経系機能の改善がありました（Innes, Bourguignon & Taylor, 2005）。

　心血管系の危険因子に対するヨガの効果は、おそらく交感神経副腎系や視床下部下垂体副腎軸（HPA）の下方制御、そして迷走神経刺激を介した副交感神経系の活動の向上によるものと考えられます（第3章参照）。これらの変化が実際に身体へ及ぶと、心拍数や血圧が減少し、心拍変動性（HRV）や圧反射感受性が高まります（Brown & Gerbarg, 2005a）。

　そして精神的な影響として、ストレスへの反応性や、ストレス認知、不安、睡眠、うつ状態が改善されます。身体と精神双方の改善は、おそらく耐糖能やインスリン感受性、脂質状態、内臓脂肪組織、酸化ストレス、凝固因子、内皮細胞機能に良い影響を与えます。これらの生理学的機構の組み合わせによる総体的な結果として、心血管疾患リスクが減少すると考えられました（Innes, 2005）。

　ゆっくりしたヨガの呼吸法やリラクゼーションなどの心身医療は、CVDの罹患率と死亡率を減少させる効果的で、安価で、リスクが少ない方法です。医療者は、治療効果を患者へ説明し、患者の身体的能力や感情的な必要性に合う講座を紹介し、患者の状態に留意しながら実践、継続するよう励ますと、患者に役立ちます。

　最近急性期心疾患を患った患者、胸部手術を受けた患者、高血圧の管理不良の場合には、速く強いヨガの呼吸法や頭を下にするポーズ、熱心にしすぎることは避けた方がよいでしょう。

　CVDを持つ患者は、向精神薬の副作用がとても出やすいです。不安障害やPTSD、うつ病、認知機能不全に対してCAM治療を行うと、これらの危険を減らせます（第2、3、4章参照）。

　冠動脈バイパス術を受け1年経過した患者309名に対して行われた前向

き研究では、うつ症状を伴った患者の27.0%に心臓の疾患がありましたが、うつ症状を伴わない患者では10.2%でした（Oz, 2004）。

心筋梗塞や心停止、心臓手術を経験した患者は、心的外傷後ストレス障害や、大脳虚血による二次性の認知機能不全症状が現れる場合があります。

適切なCAM治療を行うと、より完全な回復を促します（第3，4章参照）。

ビタミンやハーブ、栄養素を使用する場合、抗凝固剤や他の薬物との相互作用に留意する必要があります。葉酸を含むビタミンB群は、心臓へステントを留置した男性患者がホモシステインの血中濃度が15μmol/L以下の場合、ステントの閉塞をもたらす可能性があり、使用を避けた方がよいでしょう。

慢性疲労症候群、線維筋痛症、関節炎

補完代替医療（CAM）は、線維筋痛症（FMS）や慢性疲労症候群（CFS）に対してある程度効果を示しています。

具体的にはS-アデノシルメチオニン（SAMe）やセイヨウオトギリソウ、イワベンケイ（Brown & Gerbarg, 2004）、デヒドロエピアンドロステロン（DHEA）、認知行動療法（CBT）、鍼、瞑想、気功があります。

S-アデノシルメチオニン（SAMe）

FMSは疼痛を伴う炎症性疾患で、しばしばうつ病へ至ります。

4つのDBPC（Jacobsen, Danneskiold-Samsoe & Anderson, 1991; Tavoni, Vitali, Bombardieri & Pasero, 1991; Tavoni, Jeracitano & Cirigliano, 1998; Tavoni, Vitali, Bombardieri & Pasero, 1987; Volkmann, Norregaard, Jacobsen, Danneskiold-Samsoe, Knoke et al., 1997）と3つの症例集積研究によると、SAMeを1日800mg投与することで、線維筋痛症患者のうつ症状と疼痛の双方が改善したと報告されていました。そして

副作用は認められませんでした。

　骨関節炎に関する12の研究では、SAMeは鎮痛効果や抗炎症作用を示していました（Di Padova, 1987）。

　7つの比較対照研究での痛みや炎症を減らす効果は、SAMeと非ステロイド系抗炎症薬では同等であり、SAMeは薬物と違い胃潰瘍や消化管出血という副作用が認められませんでした。

　16週間にわたる二重盲検交差試験が行われ、膝の骨関節炎の疼痛と炎症について、SAMeはCOX-2阻害薬であるセレコキシブと同等の効果を示しました（Najm, Reinsch, Hoehler, Tobis & Harvey, 2004）。

　2万人を超える人々を対象とした2年間にわたる第Ⅳ相試験が行われ、SAMeは関節痛の症状を緩和し、副作用はごくわずかでした（Berger & Nowak, 1987）。

　軽度の関節炎に対してSAMeを1日600mg投与すると、投与後4週目までに反応が現れると考えられます。中等度の関節炎では、SAMeは1日1200mgの投与で通常3～4週間継続する必要があります。重度の関節炎に対しては、最大4ヵ月間の投与が必要でしょう（Bradley, Flusser, Katz, Schumacher, Brandt et al., 1994）。

　SAMeを1日400～1200mg投与し3ヵ月間継続すると、MRI検査において軟骨再生の促進が示されました（Konig, Stahl, Sieper & Wolf, 1995）。

　2つの効果を有し副作用が少ないことから、SAMeは骨関節炎や関節リウマチ、線維筋痛症に伴ううつ病の治療によく使用されます。

他の方法：鍼治療、マグネシウム、カルニチン、セイヨウオトギリソウ

　CFSとFMSに対するCAM治療の総説では（Ernst, 2004）、9つの鍼治療を用いた研究の内、2つが質の高い研究と考えられました。これらの研究では、鍼治療は有用な補助治療として役に立つ可能性があることを指摘しており、さらに厳格な試験が必要でした。

　2つの小規模な無作為対照試験では、マグネシウムはCFSやFMSの一部の患者に対して有用である可能性があることを示す控えめな証拠が認め

られました (Holdcraft, Assefi & Buchwald, 2003)。

ある非盲検比較試験において、CFSを持つ患者30名が3つの群に無作為に割り振られました。アセチル-L-カルニチン単独投与群、プロピオニル-L-カルニチン単独投与群、そして双方投与群の3群です。

アセチル-L-カルニチン投与群では精神疲労に、プロピオニル-L-カルニチン投与群では全般的疲労に、双方投与群では精神と全般的疲労に改善がみられました。そしてすべての群で注意力が向上していました (Vermeulen & Scholte, 2004)。

CFSを持つ患者19名に対して6週間にわたる非盲検集積研究が行われ、セイヨウオトギリソウ（商品名Kira）を1日900mg投与すると、疲労やうつ症状、不安が減少しました (Stevinson & Ernst, 1999)。

身体表現性障害（身体化障害）を持つがうつ病は有しない患者184名に対して、6週間にわたるDBRPCが行われました。セイヨウオトギリソウを1日600mg投与すると、偽薬群と比較して症状が回復し、特に自律神経機能不全が改善しました (Muller et al., 2004)。

臨床の金言

著者らの臨床経験で、イワベンケイ1日50～600mgの投与が、CFSやFMSを持つ患者の身体的、精神的なエネルギーや耐久性を著明に強化するという知見を得ています。

患者の多くは1日当たり200～600mgの内服が必要です。しかし敏感や不安、重度の疾患、高齢者の場合はまず1日50mgから開始し、刺激過多を避けるために3～7日おきに50～100mgずつ増量して、耐えられる量まで内服するとよいでしょう。

イワベンケイ

スウェーデンとロシアの宇宙研究に携わる飛行士に対して行われた広範

な研究では、イワベンケイが交感神経系（SNS）と副交感神経系（PNS）機能を強化し、精神的・肉体的持久性を改善しました（Baranov, 1994; Brown & Gerbarg, 2004; Brown, Gerbarg & Ramazanov, 2002; Polyakov, 1996）。

最近の研究によると、イワベンケイを健常者に投与すると、特にストレス下において精神的肉体的疲労を減らし、注意力や正確さ、精神集中を高める作用が示されています（Darbinyan, Aslanyan, Embroyan, Gabrielyan, Malmstrom et al., 2007; Shevtsov, et al., 2003; Spasov, Mandrikov & Mironova, 2000; Spasov, Wikman, Mandrikov, Mironova & Neumoin, 2000、イワベンケイに関する詳しい記述は第4章参照）。

この科学的証拠に基づき、著者らはCFSやFMSの患者に対して、イワベンケイを1日50〜600mg投与しています。

著者らは、CFSやFMSの病理としてSNSの異常活性によるストレス反応系の消耗と、PNSの活動低下が存在すると考えています（Brown & Gerbarg, 2004; Stein & Hunter, 2004）。

低呼吸性洞性不整脈（RSA）と心拍変動性（HRV）は、FMSおよびCFSと関連しています（Martinez-Lavin, Hermosillo, Rosas & Soto, 1998）。

起立性と精神的ストレスに関するある研究では、FMS患者28名では、15名の対照群と比較して、SNSの反応性の低下が認められました（Friederich, Schellberg, Mueller, Bieber, Zipfel et al., 2005）。

FMS患者19名の姿勢を変化させて19名の年齢を一致させた健常者と比較すると、自律神経系の異常な反応が（SNSの過剰反応とPNSの活動性の低下）していました（Cohen, Neumann, Alhosshle, Kotler, Abu-Shakra & Buskila, 2001）。

ストレス反応系の消耗に先立ち、しばしばうつ病が出現します。FMS患者の50％は、FMS診断以前もしくは同時に大うつ病の診断を受けています。

リラックス法や催眠療法、バイオフィードバック法を含む心身療法は、FMSやCFSに対しては効果は限定的でした。一方、気功やマインドフル

ネス瞑想は、非対照研究により効果が認められています（Ernst, 2004; Kaplan, Goldenberg & Galvin-Nadeau, 1993; von Weiss, 2002）。

ヨガの呼吸法を行うと、SNSやPNSの活動を正常化し、ストレス反応を減少し、気分や睡眠、不安、認知機能、免疫の数値を改善する可能性があります（第3章参照）。

平均67歳で罹患期間平均6.7年間の原因不明のCFS患者155名に対して、CAMを用いた2年間にわたる前向き研究が行われました。彼らの疲労症状とその他の症状に関して、研究開始時、6ヵ月後、2年後に評価を行いました。被験者が主観的に最も利益を得たと報告したのは、CoQ10（13名中69％）、デヒドロエピアンドロステロン（DHEA）（17名中65％）、ニンジン（18名中56％）でした。6ヵ月時点の治療で、後に疲労症状が回復すると予測されたのはビタミン類（p=0.08）、強い運動（p=0.09）、ヨガ（p=0.002）でした。ヨガは、疲労症状の原因をはっきり理解していた患者に最も効果的でした。マグネシウムの内服やサポートグループの存在は、疲労症状と関連していました（Bentler, Hartz & Kuhn, 2005）。

ポール・レーアらは、呼吸・心臓血管機能に対して最適な速度の共鳴呼吸法を、心拍変動性バイオフィードバック法を用いて教える方法を開発しました（通常1分間あたり5～6回の呼吸、第3章参照）。FMSを持つ女性12名が、毎週の心拍変動性バイオフィードバックの講座に合計10回参加し、自分自身の共鳴周波数（RF）で呼吸する方法を学びました。すると10週目には著明にうつ症状が改善していました。さらに1日2回、1回20分の共鳴呼吸法を継続するよう指導されました。3ヵ月後の追跡調査では、うつ病や疼痛、日常生活の機能の著明な改善が認められました（Hassett, Radvanski, Vaschillo, Vaschillo, Sigal et al., 2007）。

外気功療法

FMSの患者10名に対して、3週間にわたる予備研究が行われました。1回40分で合計5～7回の外気功療法（EQT）が施行され、試験開始時、3

週後、3ヵ月後に評価が行われました。平均圧痛点数（TPC）は、136.6から59.5へ、マクギル疼痛質問票（MPQ）では平均値が27から7.2へ、線維筋痛症質問票（FIQ）の平均値は70.1から37.3へ、ベック抑うつ評価尺度は24.3から8.3へ減少していました（すべて $p<0.01$）。3ヵ月後の追跡調査時点では、症状のいくつかで増悪が認められましたが、開始時よりも著明に改善が続いていました。2症例は完全に寛解へ至ったと報告されていました（Chen, Hassett, Hou, Staller & Lichtbroun, 2006）。

この研究は小規模でしたが、効果量が大きければ重要な意味を持ちます。そのため大規模な無作為対照試験や、追跡調査による効果の確認が求められています。

スダルシャンクリヤヨガ（SKY）

予備研究結果により、SKY呼吸法の実践による長生きする効果（Brown & Gerbarg, 出版中）、脂質状態の改善、グルタチオンやスーパーオキシドジスムターゼ等の抗酸化防御酵素の増加による免疫系機能の強化、血中乳酸値（ストレスの指標）の減少が示されています（Geehta et al., 2006; Shaema, Aggarwal, Sen, Singh, kochupillai et al., 2002）。

呼吸法による脂質状態や抗酸化機能、ストレスの指標への良い効果を確認するためには、さらなる研究が必要です。

CFSやFMSに対する統合的治療方法

1. 鑑別診断を行い、治療可能な身体疾患を除外する。
2. 精神的な評価を行う。
   不安障害やうつ病、強迫性障害、PTSD、物質乱用、パーソナリティ障害、人間関係の問題など、合併症や原因となる要素を同定します。
3. 不安障害やうつ病、疲労が著しい場合、まず選択的セロトニン再取り込み阻害薬（SSRI）やベンラファキシン（エフェクサー）、三環系抗うつ薬（TCA）を単剤もしくはSSRIとの併用、デュロキセチン（サ

インバルタ)、プレガバリン（リリカ）、ミルナシプラン（イクセル）を試みる。

ミルナシプランは強いノルアドレナリン再取り込み阻害薬で、いくらかのセロトニン再取り込み阻害効果も有します。

4. 線維筋痛症の症状に対しては、SAMe1日800〜1600mgの投与がCAM治療の第一選択である。

SAMeをセロトニン再取り込み阻害薬や三環系抗うつ薬、セロトニン・ノルアドレナリン再取り込み阻害薬と組み合わせると、最もよく効きます。

5. 精神的肉体的疲労に対するCAMの第一選択は、イワベンケイの1日50〜600mgの投与である。

患者の年齢や身体的状況、刺激への感受性に応じ1日50〜200mgから開始します。乾燥根の抽出物を含むカプセルは、用量調節のために中身を出してもよいでしょう。不安や興奮、不眠など過剰刺激の症状がなければ、3〜7日おきに50〜200mgずつ増量し、1日最大600mgまで増やします。高齢者や虚弱な患者に対してはさらに低用量から始め、増量も時間をかけて行います。

6. プロピオニル-L-カルニチンを1日1000〜2000mg投与すると身体的疲労に効果を示す可能性があるが、一方アセチル-L-カルニチンを1日1000〜2000mg投与すると精神的疲労に効果を示す。

何が効果を示すか患者の反応はそれぞれですが、カルニチンを単独もしくは組み合わせて試みるとよいでしょう。

7. 鍼治療を追加すると、疼痛や疲労、睡眠に役立つ可能性がある。

8. ヨガの呼吸法や優しいヨガのポーズ、たとえば気功やSKY、優しいクンダリーニヨガ等の講座はとても有益である。

患者の適切な講座選択、毎週の出席、毎日の自宅での実践には、サポートと励ましが必要です。アートオブリビング財団が催すSKYの基礎講座はとりわけ、CFSやFMSの身体的、精神的症状に役に立ち、自宅で行うのに必要な時間は30分以下です。

患者が講義に参加できない場合、Respire 1 というCDを用いれば干渉呼吸法もしくは共鳴呼吸法による心拍変動性の訓練がトレーニングができます（第3章参照）。

ヒト免疫不全ウイルス（HIV）、AIDSや肝炎と生きる患者

HIVを持つ患者の30〜50％はうつ病を患っており、これは免疫反応の低下や病勢、生存への期待の減少、QOLの低下と関連しています。

臨床の金言

HIV陽性患者のSAMe欠乏は、うつ病や脱髄、脊髄障害の原因となるでしょう。

SAMeを1日800〜1600mg投与すると、うつ病を緩和したり肝機能を改善できます。

S-アデノシルメチオニン（SAMe）

HIV患者は、肝臓に大きな負担をかけたり、他の副作用を引き起こす薬物の治療を受けることが多いため、SAMeのように肝機能を維持し、副作用が少ない抗うつ薬を考慮すべきです。

SAMeの欠乏はHIV感染患者において認められ、これが時に出現するうつ病や脱髄、脊髄障害の原因となるでしょう。

HIVと大うつ病を持つ患者20名に対して、8週間にわたる非盲検予備研究が行われました。SAMe1回400mgを1日2回、葉酸を1日800mcg、ビタミンB_{12}を1日1000mcg投与すると、うつ病が投与第4週目に著明に改善し、HAM-Dが平均27から9点へ減少しました。HIV患者の多くは、B型やC型肝炎による肝機能異常を持ち、かつて薬物乱用者でした。この研究ではSAMeを投与すると肝機能は改善し、副作用は認められませんで

した（Shippy, 2004）。

イワベンケイ

AIDS患者に対する研究は行われていませんが、著者らはAIDSとともに生きる人々へのイワベンケイ投与が、疲労やうつ症状、不安の緩和に役立つ可能性があり、副作用が少ないことを発見しています。

> **臨床の金言**
>
> 著者らの臨床経験では、イワベンケイとSAMeを組み合わせた投与が、インターフェロン治療による疲労や認知障害を緩和できます。
> C型肝炎を持つAIDS患者は、インターフェロンで治療を受ける場合があります。インターフェロンによる衰弱性の疲労や認知障害は、イワベンケイとSAMeの組み合わせにしばしば反応します。

アセチル-L-カルニチン

疲労と抗レトロウイルス薬による神経障害は、HIV患者によくみられる大きな問題です。いろいろな種類のカルニチンがCFSにとても役に立ちます（CFSやFMSの項参照）。同時にアセチル-L-カルニチンは、AIDSを持つ患者の疲労症状を緩和できます。

90名が参加した2つの非盲検試験と1つのDBRPC研究では、アセチル-L-カルニチンは、AIDS患者の末梢神経障害による痛みを著明に改善しました（Youle & Osio, 2007）。

心身（霊）医療の実践

AIDSを持つ人には不安があり、これがQOLに大きく影響を及ぼし、抗レトロウイルス薬治療の継続を妨げる場合があります。

不安障害は、主観的な疼痛やHIVの悪化率と関連しています。

ヒト免疫不全ウイルス（HIV）、AIDSや肝炎と生きる患者

　HIV陽性患者21名と健常者18名を比較した研究が行われ、心臓の自律神経の働きの指標である心拍変動性のすべての構成成分は、正常群と比較すると著明に減少していました（Mittal, Wig, Mishra & Deepak, 2004）。
　自律神経のバランスや働きを改善する方法は、HIV患者の役に立つでしょう（第3章参照）。
　ノルウェーや台湾、アメリカでのHIV/AIDS患者1072名における不安に対する自己管理戦略の治療効果の研究では、502名（47%）にHIVに関連する不安が存在していました。不安を改善するために最も頻用された治療戦略は、家族や友人と話すこと、テレビを見ること、散歩、医療関係者との会話でした。1から10までの尺度を用いた、治療効果の総体的な評価が最も高かったのは、祈り（8.1標準偏差（SD）2.3）、瞑想（7.4 SD 2.7）、リラックス法（7.2 SD 2.5）、運動（7.3 SD 2.5）でした。
　男女で比較すると、女性は祈りを行う傾向があり（男性：女性＝25%：76%）、男性はアルコールを使用する傾向がありました（40%：25%、Kemppainen, Eller, Bunch, Hamilton, Dole et al., 2006）。

臨床の金言

　イワベンケイとアセチル－L－カルニチンもしくはプロピオニル－L－カルニチンは、AIDS患者に生じる疲労を減らすことができ、副作用はほぼありません。

マントラ復唱法

　HIVに感染した成人患者93名に対して無作為研究が行われ、マントラ（真言、お題目）を唱えた群（n=46）と、意味のない音節を唱えた対照群（n=47）で比較が行われました。
　マントラを唱える回数を手首の測定器で計測し、その数が増えるとHIVとは関係ない邪魔な思考が減り、QOLや実存的な霊的幸福、生きる

第8章 がん等の身体疾患

意味や平和、霊的信仰が改善しました。これらの発見から、集団または個人でマントラ詠唱を実践すると、感情的苦悩を減らし霊的幸福を改善するかもしれません。しかし3ヵ月後その測定値は基礎値へ戻っていました。時間の経過とともに効果が失われたのは、個人の実践が行われなかったり、知識の向上、対面式の追跡調査がなかったのが原因でしょう（Bormann, Gifford, Shively, Smith, Redwine et al., 2006）。

マインドフルネス瞑想と集中的瞑想（クンダリーニ）

　CDC（米国疾病予防管理センター）は、ステージⅡ～ⅢのHIV感染症を持つ男性78名に対して、交差無作為研究を行いました。この参加者らは以前から瞑想を最低1年間実践しており、向精神薬の内服はありませんでした。36名に対して最初に20分間のマインドフルネス瞑想が施行され、別の36名に対して最初に集中的瞑想が施行されました。双方の群で、社会効力感と健康的な行動の自己効力感の尺度において著明な改善が認められましたが、総体的自己効力感の尺度では改善は認められませんでした（Khalsa, 2007）。

　パウリクリヤと呼ばれる集中的瞑想法がこの研究で使用されていますが、これはクンダリーニヨガの技法で、シャナホフカルサが使用する技法とよく似ています。この集中的瞑想法ではまず、指の動きとともに精神的に音節を復唱している間に制御した吸気を行い、その次に、指の運動と同調させながら音節を声に出し、復唱（気道抵抗を作る）しながら制御した呼気を行います。

アートオブリビング財団のSKY

　HIV/AIDS患者62名（完遂者は47名）に対し、無作為対照試験が行われました。参加者にはアートオブリビング財団が行うヨガの呼吸法やポーズ、瞑想の講座に参加してもらいました。講座終了直後に精神的健康指数（MHI）やMOS-HIV健康調査を用いて調べたところ、幸福への積極的な姿勢が認められました。しかし追跡調査では、これらの改善は時間の経過

とともに失われていました。日常ストレス調査票では、この講座後にも長期間にわたるストレスの影響が増加していたことが判明しました。ヨガの呼吸法への参加者らに質的インタビューを行うと、毎日の日常生活を如何に過ごすかという積極的な変化が認められました（Brazier, Mulkins & Verhoef, 2006）。

　時間の経過とともにこの効果が失われたのは、おそらく毎日ヨガを実践していなかったり、毎週行われる経過観察のための集まりに欠席していたためでしょう。この研究は、HIV患者がヨガを実践し続ける困難を示しています。彼らは身体的な問題や直面する多くのストレスにより混乱していたのでしょう。

　心身（霊）医療を行うと、薬物の追加を望まないHIV患者の、身体的、精神的な幸福の向上を見込めます。生物・心理・社会的方法は、社会における相互交流や健康的な行動、自己効力感に対処できます。

　ヨガの講座の多くはAIDS患者に有益であるという事例報告があります（Stukin, 2001）。

　しかし治療におけるこの心身（霊）医療の補完的役割を発展させるには、比較対照臨床研究が必要です。

　HIV陽性患者が長期的な効果を得るためには、定期的な集会に何度か出席してもらい、経過を観察し、継続的な実践への奨励を組み込むべきです。ヨガの講座が、医療施設における他の医療的サービスと組み合わされると、患者は参加し継続しやすくなります。

過敏性腸症候群（IBS）

　ストレスが存在すると、神経ペプチドや神経伝達物質の放出が行われ、消化管での反応が引き起こされ、胃腸症状が悪化します。腸管の神経系は、中枢神経系と同じ神経ペプチドや神経伝達物質を産生します。

　機能的胃腸障害の生物・心理・社会的側面への探究は、催眠療法やバイオフィードバック法、イメージ療法、瞑想、リラックス法などの自己制御

や心身医療へ向かっています。

これらの方法は疼痛やストレスの知覚を減らし、それによりSNSの衝動や血圧、心拍数、血中乳酸値、筋緊張を減らす作用を示すのでしょう。

自律神経の機能不全はIBSと関係しています。

ヨガのポーズと右鼻孔呼吸法

20〜25年の罹患歴を持つ下痢型のIBS男性患者22名に対する、2ヵ月にわたる無作為対照試験が行われ、ロペラミドを1日2〜6mg投与し対症療法を目的とした治療群（n=11）と、ヨガ治療群（n=9）で比較しました。ヨガ治療群では、12のヨガポーズと右鼻孔呼吸法を1日2回行いました。その結果、両群で腸の症状と不安状態が著明に改善しました。ロペラミド投与群では電気・生理学的に胃の活動の増加が認められ、一方ヨガ群では心拍数の測定によるPNSの反応が強化されていました（Taneja, Deepak, Poojary, Acharya, Pandey et al., 2004）。

リラックス法とイメージ療法

学童の10〜30％は、慢性的でくり返す腹痛（RAP）を患っています。小児の機能的腹痛に対して、効果が認められた既存の治療法はありません。

5〜18歳の小児22名に対する無作為対照研究では、イメージ療法と段階的筋弛緩法を行った群（n=14）では施行1ヵ月後に有痛日数が著明に減り（67％ vs. 21％、p=0.05）、2ヵ月後にも同様の減少が認められました（82％ vs. 45％、p<0.01）。さらに腹式呼吸や「泡呼吸法（泡を作るように呼気を延長する）」、5を数える呼吸法（5を数える間吸気を行い、5を数えて息を止め、同様に呼気を行い、息を止める）が行われた群（n=8）では対照群と比較して、行事欠席日数が著明に減少していました（Weydert, Shapiro, Acra, Monheim, Chambers et al., 2006）。

この研究は小規模でしたが、機能的腹部疾患を持つ小児に対する、イメージ療法や段階的筋弛緩法の効果が認められています。イメージ療法の治療計画を作る際に、著者らは最も効果的な方法を考案するために、無数の

専門家に相談しました。

　子どもたちの年齢により身体能力の差や呼吸法への反応の違いがあるため、この呼吸法は理想的な治療方法ではないかもしれません。しかし呼吸法に集中するとPNS活動が増加し、不安や通常の胃腸活動が減るため、この方法が好まれるでしょう。

　IBSを持つ11～18歳の青年患者25名に対して、4週間にわたる無作為対照試験が行われ、ヨガが行われた群と待機群に割り振られました。ヨガ施行群の参加者らは、機能障害や感情的回避、不安が減ったと報告しました（Kuttner et al., 2006）。

IBSに対する統合的治療方法

1. 他の身体疾患の可能性を除外するため、諸検査を行う。
2. 悪影響のある食生活や、物質乱用の要因を取り除く。
3. 不安障害やうつ病、PTSD、強迫性障害などの精神的要素や共存症の評価を行う。
4. 患者に関与する環境要因を評価する。
5. 消化管症状が不安やストレスにより明らかに悪化している場合、ミルタゼピン（レメロン）を就寝前に内服すると、この薬には他の抗うつ薬よりも消化管の活動を静める作用があり、役立つ可能性がある。

　この薬は鎮静や抗不安効果を持ちますが、ベンゾジアゼピンのような習慣性リスクがなく、特に不安の強い患者に対して有効です。しかしレメロンは、体重増加や日中の眠気という副作用が、特に内服開始後1～2週間頃に出現しやすいです。時間の経過とともにこれらの副作用はなくなるので、患者の多くは初期の眠気にも耐えられるでしょう。しかし耐えられない場合には、アミトリプチリンやイミプラミン、ドキセピンのような三環系抗うつ薬投与で、下痢優勢のIBSにおける腸管の過剰活動を減らせます。しかし三環系抗うつ薬は便秘優勢のIBSを悪化させる可能性があり、口渇や不整脈、低血圧など他の副作用を伴います。

6. 自己催眠療法やイメージ療法、段階的筋弛緩法、PNSを活性化する気道抵抗を持つゆっくりしたヨガの呼吸法（ウジャイ呼吸法や片鼻交替呼吸法）、ゆったりした瞑想などの心身医療を行う。
7. 干渉呼吸法や共鳴呼吸法は、多くの患者に効果がある。
　第3章の不安障害も参照ください。

表8.1　身体疾患の精神的側面への治療指針

補完代替医療	臨床用途	1日量	副作用、薬物相互作用　注1)、禁忌
アシュワガンダ（Withania somnifera）	ストレス、うつ状態、化学療法の補強	100〜400mgを2回	ごくわずか
ビタミンB群 B₁（チアミン） B₂（リボフラビン） B₁₂（コバラミン）	貧血、疲労　片頭痛 貧血、疲労、末梢神経障害、ベル麻痺、うつ症状	50mg 200mgを2回 1000mcg	注意：心臓のステント　注2)
カルニチン類 アルカー アセチル-L-カルニチン プロピオニル-L-カルニチン	慢性疲労症候群 精神的疲労 疲労	1500mgを2回 1000〜2000mcg	軽度の胃の不快感、食事とともに内服する
葉酸	貧血、疲労	800mcg	注意：心臓のステント　注2)
フコキサンチン 褐色海藻	肥満、内臓脂肪症候群	1錠を3回	ごくわずか、さらなる研究が必要　注意：甲状腺疾患
イチョウ（Ginkgo biloba）	脳血管系疾患	120〜240mg	ごくわずか：頭痛、血小板凝集性の低下　手術2週間前には中止 注意：抗凝固剤内服中
ニンジン　オタネニンジン	疲労	400〜800mg	消化管運動の亢進、不安、不眠、頭痛、頻脈、血小板凝集性の低下 注意：抗凝固剤内服中
イワベンケイ	慢性疲労症候群、疲労、不安、うつ症状、認知機能の増強、記憶の改善	150〜600mg	興奮、不眠、イライラ、頭痛 稀：血圧上昇、紫斑、胸痛 注意：双極性障害

表8.1 続き

補完代替医療	臨床用途	1日量	副作用、薬物相互作用 注1)、禁忌
S-アデノシルメチオニン（SAMe）	慢性疲労 線維筋痛症 片頭痛 うつ症状 肝疾患 HIV/AIDS パーキンソン病	800〜1600mg 400〜2000mg 400〜2000mg 400〜2200mg 1200〜1600mg 800〜2400mg 800〜4400mg	稀に消化管症状、興奮、不安、不眠 稀：頻脈 注意：双極Ⅱ型障害 禁忌：双極Ⅰ型障害
配合製品			
アムリットカラシ（多くのアーユルヴェーダのハーブを含む）	疲労、吐き気、化学療法による脱毛	テーブルスプーン1杯を2回	ごくわずか
ビオストラス ビタミンB群、抗酸化物質	エネルギー、食欲、体重、貧血、放射線	テーブルスプーン1〜2杯を2回 3錠、2回	注意：心臓のステント 注2)
メタンクス（Metanx）L-メチル葉酸2.8mg、ピリドキサル5'リン酸（B_6）25mg、メチルコバラミン2mg	心血管系疾患のリスク、ホモシステイン上昇	1-2錠	ごくわずか 注意：心臓のステント 注2)

注1) 一般的な副作用を表に列挙しましたが、まれな副作用もあります。高血圧、糖尿病、妊婦授乳婦、慢性もしくは重度の疾患を持つ人は、栄養補助食品を内服する前に主治医に照会すべきです。さらに抗凝固剤を内服している患者は、栄養補助食品を使用する前に主治医に相談しましょう。

注2) ホモシステイン血中濃度が15μmol/L未満の男性の場合、心臓のステントの再閉塞の危険性が増加する可能性があります。

第9章 物質乱用

概要

- 心身医療
- ハーブや栄養/マグネシウム、N-アセチルシステイン（NAC）、オメガ-3脂肪酸、S-アデノシルメチオニン（SAMe）、トケイソウ（パッションフラワー）、チョウセンニンジン、クズ
- 最新技術を用いた補完的治療法
- 胎児性アルコール症候群

第9章　物質乱用

　感染防止を目的とする針交換プログラムやメサドン維持治療プログラムに参加している、薬物注射を行う乱用者に関する調査が行われました。乱用者の45％は、一つ以上の補完代替医療（CAM）を利用していました。宗教的な癒しやリラックス法、瞑想などの心身医療が、最も多く利用されていました。効果に対する患者の評価は良好でした。多くの参加者にとってCAMの使用は依存の問題と関連していました（Manheimer, Anderson & Stein, 2003）。

　これはCAMが薬物の乱用者に受け入れられやすく、効果があると考えられていることを示しています。さらに物質乱用患者の治療に対して、代替的方法としての心身医療やハーブ、栄養改善の実施を支持するような、医学的な証拠が増加しています（Dean, 2003）。

　患者が、不安や恐怖、怒りなどの情動を制御できないことが物質乱用の一因です。情動耐性や情動制御を改善するように介入する際には、患者が物質を乱用せずに困難な感情とつき合う方法を学ぶよう援助します。

　依存に苦しむ人々の多くは低栄養状態にあり、うつ病や不安障害、心的外傷後ストレス障害、外傷性脳損傷、神経機能の低下、肺疾患、肝疾患、肝炎、HIVなどの身体的・感情的な併存疾患を伴っています。

　これらの状態を緩和するハーブや栄養素、抗酸化物質、向精神薬は、この本の他の章で述べているように、上記のような状態にある患者の役に立つでしょう。

心身医療

　依存症と気分障害の併存に対する治療における、マインドフルネスに基づく認知への介入方法に関する素晴らしい総説があり、それによると、依存物質を慢性的に使用することで、情動制御や注意、自己抑制、観察能力や、自己の強烈な感情に対応する脳の領域に損傷を生じるだろうと示しています（Hoppes, 2006）。

　情動制御を損っていると、回復し始めても再発しやすくなります。心身

医療により情動耐性や情動制御を改善させると、心身医療の方法は離脱症状期や回復初期、維持期の治療成績を向上できます。

この領域における無作為臨床試験は限られていますが、心身医療の側面のいくつかは良い効果をもたらす一因となるでしょう。

ヨガの呼吸法やポーズ、リラックス法、瞑想を行うと、覚醒や緊張、不安、不眠、怒り、うつ状態やPTSDを抑制します（第2章、第3章参照）。

患者らが回復期に心身医療を行うと、薬物を使用したい刺激と、刺激から行動に移す衝動の間に距離を置くことができるようになったという報告があります。心身医療の講座では、思考や感情の本質を心とみなす東洋の心理学や、仏教の教えの諸相を多く取り入れています。これにより、精神的な満足の基準が変化し、思考や感情の状態に対する自己評価を正して、否定的な思考や感情への執着を手放すよう教え、ネガティブな思考から注意をそらし、無条件の自己受容という哲学的変化が可能になります。

マインドフルネスや情動耐性は、弁証法的行動療法に組み入れられており、物質乱用の治療に用いられています（Linehan, Dimeff, Reynold, Comtois, Weich et al., 2002）。

気功

気功では瞑想やリラックス法、イメージ療法、集中、呼吸を組み合わせます。中国語で「qi、気、氣」とは生命の呼吸もしくは生命のエネルギーという意味であり、サンスクリット語の「プラーナ」と似ています。

「gong、功」の意味は、「ともに働く技」です。身体の気の感覚がわかるようになると、施術者は気を動かす方法を学びます。気功の指導者はエネルギーを放出する力があると信じられ（外気功）、その「気」を患者へ治療のために送ります。

中国の常州市薬物治療センターで強制入院治療中のヘロイン中毒の離脱症状（DSM-Ⅲ-R）を持つ男性86名に対して、比較対照研究が行われました。患者らは入院した順番で気功、瞑想、偽薬治療群のいずれかに割り振られ、第1群は盤古という簡単な気功を一緒に1日2〜2.5時間行い、さ

らに気功の指導者から外気功を1日10〜15分受けました。第2群はロフェキシジンを漸減して用いる解毒治療、運動、集団カウンセリングが行われました。第3群は非治療群で、急な腹痛や下痢、不眠に対して対症療法が行われ、不眠に対してはジアゼパムやメタカロンが投与されました。

　離脱症状に関する中国標準評価尺度を用いて評価すると、第1群は治療初日から平均数値が著明に低下しました（p<0.05）。治療開始前のハミルトン不安評価尺度（HAM-A）の平均値は、3群とも同等でした（33.5〜37.4）。しかし治療開始5日目の平均HAM-A値は、第1群では37.4±7.5から8.2±4.9に低下したのに対して、第2群では33.5±8.5から13.6±6.4に、第3群では35.0±4.7から21.3±11.4に変化していました。治療10日目の平均HAM-A値は、順に0.7±1.0、5.3±3.1、7.3±18.2でした（Li, Chen & Mo, 2002）。

　この研究には、集団での気功の実践効果と気功の指導者の外気功治療による効果を区別できないということなどの、方法論的問題が存在しましたが、気功を実践すると、解毒を促し離脱症状を減らすかもしれないことの医学的証拠として認められています。

　これらの効果をもたらす生理学的機構は、呼吸法やポーズ、リラックス法、イメージ、集中、瞑想を用いた心身医療によく似ているかもしれません。

　薬物からの離脱が完了したら、断薬の維持・継続が治療の焦点になります。離脱直後の患者は、しばしば不安やうつを訴え、精神的・経済的なストレスの下にあり、これらは再発を促す要因になります。

　鎮痛薬や抗不安薬、鎮静作用を持つ抗うつ薬などは、患者の新たな依存や乱用を起こしやすいため、用心しながら使用しなければなりません。

　心身医療は、標準的リハビリテーション、カウンセリング、アルコール依存症の会（AA）や薬物依存症の会（NA）などの自助グループを補完する治療として効果的です。

スダルシャンクリヤヨガ（SKY）

　アルコール依存症の入院患者60名が、1週間の解毒期間の後に2週間のSKYの呼吸法を行う群と、カウンセリングや不眠へのベンゾジアゼピン系薬物投与など標準的な治療法を行う群へ、無作為に割り振られました。SKY施行群では45分間の呼吸法を1日おきに行い、他の群で実施された治療は行われませんでした。対照群と比較してSKY群では、コルチゾール血中濃度やベックうつ病特性尺度における平均値が著明に減少していました（Vadamurthachar, Janakiramaish, Hegde, Shetty, Subbakrishna et al., 2006）。

　この研究では、最近解毒を行ったアルコール依存症患者において、コルチゾール血中濃度や不安の減少というSKYの治療効果が認められましたが、明確な統計手法や、結果の再現性が必要でした。

　2週間にわたる研究が地域のクリニックで行われ、作動薬維持療法が行われているオピオイド依存症（DSM-Ⅳ）の患者らが、無作為に標準治療群（n=14）と、標準治療に加えてNav-Chetna Shivirと呼ばれる5日間の講義に参加する群（n=15）に割り振られました。Nav-Chetna Shivirでは、1日2～3時間のヨガ呼吸法（SKY）や瞑想、合唱、健康的な生活についての話し合いが行われました。2週間後嗜癖重症度指数において、明らかな差は認められませんでした。しかしWHOの簡易QOL尺度では、ヨガ施行群で身体面（p<0.001）、心理面（p<0.01）、社会関係（p<0.01）の項目において著明な改善が認められ、標準治療群では変化は認められませんでした。変化段階質問表を用いると、ヨガ施行群では標準治療群と比較して、変化への動機が著明に増加していました（Yadav, Dhawan, Sethi & Chopra, 2006）。

ハタヨガ

　メサドン維持療法が行われているオピオイド依存症の患者61名に対する6ヵ月にわたる研究では、患者らは既存の毎週のグループセラピーが行われる群と、毎週ハタヨガが施行される群へと無作為に割り振られまし

第9章 物質乱用

た。6ヵ月後、心理学的、社会学的、生物学的測定を行いましたが、両群間で明らかな差異は認められませんでした。この研究結果から、ハタヨガによる代替治療は、既存のグループセラピーほど効果は認められなかったと結論されました（Shaffer, LaSalvia & Stein, 1997）。

　この研究を別の観点からみると、調査者がこの東洋の方法に関する研究を立ち上げ、結果を解釈する際に生じる問題が浮かび上がってきます。

　多くの心身医療法の効果は、毎日の実践から得られます。毎週ハタヨガを行うこととグループセラピーを行うことが同等の効果を持つという発見は、大変有望な結果だと思います。

　否定的な側面ばかり強調すると、既に得られている肯定的な効果のさらなる探求に水を差してしまうでしょう。この研究から、メサドン維持治療中の患者に対してハタヨガと標準治療を組み合わせ、その補完効果を評価する研究は、試す価値があると考えられます。

　物質乱用に苦しむ患者らの多くは、治療を妨げる精神疾患が併存しています。以下に示す症例では、困難な患者を治療する際にみられる危険性やメリット、適応方法を示しています。

 アルコール依存症、大麻依存症、双極性障害、重度のPTSD

　レノーアは小さい頃からずっと、家族内の複数の男性から身体的および性的虐待を受けていました。大人になると、心的外傷（トラウマ）の記憶は簡単によみがえるようになりました。たとえば彼女は、他人から無視、批判、拒否をされると、いつもアルコールを乱用したり危険な行為で他人の関心を引きました。そしてこのようなやり方をコントロールできませんでした。

　ある時彼女は酒を飲み過ぎ、3階の窓から落ちて入院しました。あまりに不安定で薬の内服すらできない状態でした。

　彼女は知的で魅力的でしたが、友人関係を築いたり、働くことができませんでした。そのため彼女の精神科主治医は、SKYの呼吸法講座を彼女

に薦めました。初めての参加時、安全で歓迎される雰囲気を感じ、すぐに心を開くことができました。しかし参加者に自分の人生を詳しく話したことで、他人を信用しすぎてしまったという恐怖に怯え、その講座から逃げ出し、再び飲酒を始め、意気消沈しました。そのためレノーアと主治医は、もっとゆっくり治療を行うべきだと考え、ヨガの教師ともよく話し合いました。

まず初めに彼女は、基本的なウジャイ呼吸法を学びました。心が静まる効果があり、気分が良くなりました。1回10分、1日2回ウジャイ呼吸法を実践し数ヵ月たつと、再びSKY講座に参加したくなりました。ヨガ教師や主治医は、あまり早く自己を解放しすぎないような計画を練りました。今度は十分に準備されていたので、良い結果となりました。

呼吸法を行うとゆっくり元気が湧いて、気分が穏やかになりました。彼女は「呼吸法により精神的高揚や良い気分を感じました。それはバランスがとれていて、冷静で、自分を保っていたので、自分を労わることさえできました。呼吸法の実践後は希望が持てて、他人や自分を信じることができます」と言いました。

今ではレノーアは学校へ行き、仕事を得て、非定型抗精神病薬や抗うつ薬などの薬物療法を継続し、認知行動療法を続け、友人ができました。そしてトラウマの記憶やフラッシュバックに悩まされなくなりました。

かつてアルコール依存症の会には参加したものの、1年間の断酒は達成したことがありませんでした。しかし、ヨガ講座完了後は1年以上禁酒が続いています。

重度の感情的トラウマを持つ患者の中には、集団療法やヨガの呼吸法の最中に、圧倒されてしまうと感じるかもしれません。この症例からわかるように、準備や励まし、技術的な工夫など、精神科主治医とヨガ教師との協力が、患者を助ける上で重要でした。患者と主治医は、既存の薬物療法や認知行動療法の治療計画に加えて、SKY講座や毎日の呼吸法の実践を加えたので、感情面や認知、人間関係における素晴らしい改善を導き出し

ています。

　物質乱用の治療に対して、宗教的、霊的な治療計画が広く実施されています。ヨガによる治療計画は、インドで長年実施されています（Nespor, 2000）。

　それら研究の多くは、インドの言語でインドの宗教組織において出版されていますが、近代的な方法論や報告方法に合致していないかもしれません。西洋の読者らは、偏りがあると判断するかもしれません。

　我々はずっと、ヨガによる治療計画の効果が、霊的、感情的、哲学的、身体的実践にどの程度起因しているのか知りたいと思っています。ヨガによる臨床対照研究が行われて、その神経生理学的な研究結果が得られれば、これらの重要な構成要素の相乗的な相互作用に対する深い理解への手助けになるでしょう。

ハーブや栄養

　物質乱用疾患に対する、ハーブや栄養素の効果を述べた研究はとても少ないです。

　物質を乱用する人々は、多くの場合栄養状態が悪く、以下のような精神疾患を伴っています：不安障害、うつ病、双極性障害、心的外傷後ストレス障害（PTSD）、認知障害、注意欠陥障害、外傷性脳損傷。

　ハーブや栄養素は物質乱用者、特にアルコール性肝硬変や肝炎、HIVなど、乱用による肝疾患で肝臓の予備能力が減少した患者に有効です。なぜなら処方薬への依存や乱用傾向を避け、副作用は処方薬よりも少なく、処方薬と比べて肝臓における代謝の負担も少ないからです。

　ビタミンや認知機能改善薬を用いると、長年にわたる物質乱用や栄養不足、外傷性脳損傷によって傷害された脳機能の向上に役立つ可能性があります（第4章の認知機能改善薬の議論を参照）。

ビタミンB_1

ビタミンB_1（チアミン）欠乏症は、慢性的なアルコール摂取との関連がよく知られています。

重度のチアミンの欠乏はウェルニッケ脳症や、コルサコフ症候群、多発性神経障害、筋疾患の原因となります。チアミン補充療法は多くの研究で、慢性アルコール依存症の神経学的後遺症のいくつかを緩和する可能性が示されています。加えて動物実験では、チアミン欠乏症がアルコール消費を増やすという結果が示されています（Zimatkin & Zimatikina, 1996）。

チアミン補充療法は、アルコール依存症患者における効果が証明されている補完療法です。

マグネシウム

急速なアルコール摂取は、突然の強い血管収縮をもたらし、脳血流を減少させます。酒浸りのようなアルコール消費は、頭痛や脳卒中、突然死と関連しており、脳損傷を持つ患者へ悪影響を及ぼします。

細胞内外のマグネシウムが低値になると、脳の血管収縮に関連する一連の流れを変えてしまいます。

ラットを用いた研究では、マグネシウムを静脈注射するとアルコールによって生じた血管収縮を緩和しました。ヒトでは、硫酸マグネシウムを経静脈投与すると、アルコールによる頭痛を緩和しました（Altura & Altura,1999; Barbour, Gebrewold, Altura & Altura, 2002）。

マグネシウムは、動物実験でアルコール関連の脳損傷を改善することが示唆されていますが、アルコールと関係ない脳損傷での臨床研究では、効果は認められませんでした（Schouten, 2007; Temkin, Anderson, Winn, Ellenbogen, Britz, Schuster et al., 2007; Winn, Temkin, Anderson & Dikmen, 2007）。

タウリンとアカンプロサート

タウリンはアミノ酸の一種で抗酸化物質であり、ラットの研究において

アセトアルデヒドの濃度を減少させ、アルコール離脱期の肝毒性を防ぎました（Watanabe, Hobara & Nagashima, 1985）。

60名の患者に対する無作為対照試験で、タウリン1日1〜4gの内服は、偽薬群と比べてアルコール離脱症状が減少しました（Ikeda, 1977）。さらにタウリンは、アルコールへの欲求を減らすためにも用いられています。

アカンプロサートはタウリンから作られた薬物で、臨床現場でアルコールへの欲求を減らす効果は、タウリンよりも強力です。

このため（アメリカの）医療保険会社はアカンプロサートの費用を負担しており、タウリンはあまり用いられていません（日本では保険収載されています）。

アセチル-L-カルニチン（アルカー）

アルコール乱用は、血中のカルニチン濃度の低下と関連しています。

禁酒しているアルコール依存症患者に対して、アセチル-L-カルニチンを1日2000mg、3ヵ月間投与すると、対照群と比較して神経精神学的検査において遂行機能に改善が認められました（Tempesta, Troncon, Janiri, Colusso, Riscica et al., 1990）。

複数のラットの研究では、アルカー投与が、主要な抗酸化物質であるグルタチオンの枯渇などのアルコールによる代謝異常を防ぎました（Calabrese, Scapagnini, Catalano, Dinotta, Bates et al., 2001; Calabrese, Scapagnini, Latteri, Colombrita, Ravagna et al., 2002）。

アセチル-L-カルニチンは、アルコール乱用に関する認知欠損の治療や予防に効果を持つでしょう。

げっ歯類によるある研究では、アルカーはアルコール離脱期における振戦を防ぎ、アルコール消費量を減らしました（Mangano, Clementi, Costantino, Calvani & Matera, 2000）。

N-アセチルシステイン（NAC）

NACは、動物実験においてコカイン探究行動の抑制効果を示しました。

コカイン依存症と診断され、かつ標準治療に同意しない入院患者15名に対して、交差DBRPC試験が行われ、偽薬もしくはNACが1回600mg、1日4回投与されました。コカイン自体やコカイン使用中のスライドをみせた時の患者の反応の評価を行うと、NAC投与群の患者らは、コカインへの興味や使用への欲求が減少していました。この研究では、NACがコカインの誘発反応性を減らす可能性が示されています（LaRowe, Myrick, Hedden, Mardikian, Saladin et al., 2007）。

　治療に同意しているコカイン依存症患者23名に対する、4週間にわたる非盲検予備研究では、NAC 1日1200mgと2400mg、3600mgが投与されました。2400mg以上の投与群では、薬物乱用比率が改善していました。研究を完了した16名のほとんどは、NAC治療中にコカインを完全に止めるか、コカイン使用量が著明に減っていました。そして、3群ともに薬物内服の継続が可能でした。これらの結果から、コカイン依存症で治療中の患者に対し、NACを補助治療として用いる追加試験が支持され、期待されています（Mardikian, LaRowe, Hedden, Kalivas & Malcolm, 2007）。

魚油由来のオメガ-3脂肪酸

　物質乱用患者に対する3ヵ月にわたるDBRPC研究では、1日3000mgの魚油が13名へ、偽薬が11名に対して投与されました。すると魚油投与群では、研究の進行とともに不安の減少が認められました（Buydens-Bradchey & Bradchey, 2006）。

　この効果は、エタノールが神経細胞膜におけるn-3 PUFA（高度不飽和脂肪酸）を減少させること関連しているのでしょう。

　アルコール乱用患者に対するオメガ-3脂肪酸の使用には、さらなる研究が必要です。

S-アデノシルメチオニン（SAMe）

　SAMeは、アルコール依存症患者のすべての段階において、有効な治療法としての可能性を秘めています。アルコール依存症患者の多くはうつ病

に苦しみ、それを和らげるためにさらにアルコールを飲んでいます。

　SAMeは有効な抗うつ薬で副作用がとても少なく（第2章のSAMeの記述を参照）、抗うつ処方薬と違い肝代謝系への負担がなく、選択的セロトニン再取り込み阻害薬（SSRI）の主たる副作用である肝酵素の上昇もありません。事実SAMeは肝機能を改善し（Hotes, Sahoo, Jani, Ghare, Chen et al., 2007)、いくつかの機構を経てアルコールによる肝毒性を減らす効果が認められています。

　まず、SAMeは血中のアルコール濃度を減少させる一方、アセトアルデヒド濃度は上昇させません。次にSAMeは、アルコールによる肝臓のミトコンドリアへの悪影響を防ぎます。そして3つ目に、SAMeは主たる抗酸化物質であるグルタチオンの供給を維持します。

　6年間以上罹患しているアルコール依存症患者（DSM-Ⅲ）64名に対して、30日間にわたるDBRPC研究が行われました。SAMe 1日200mgの筋肉注射投与群では、偽薬群と比較して治療が順守され、禁酒が保たれ、不安やうつ症状、疲労、食欲不振、不眠、吐き気・嘔吐等の症状が著明に改善していました。変化がなかった偽薬群と比較して、肝機能の指標の一つであるγ-GT値が低く、アルコール血中濃度も低下していました。SAMe投与群では28名中14名に禁酒が確認され、偽薬群では27名中5名でした（$p<0.01$）（Cibin, Gentile & Ferri, 1988)。

　この研究では、比較的低用量であるSAMe 200mgの筋肉注射の効果が認められ、それは400mgの経口内服と同等です。SAMeの抗うつ作用や肝臓保護作用へのエビデンスには確かなものがあります。

　アルコール依存症患者の治療にSAMeを経口投与する研究がさらに必要ですが、著者らは、アルコール依存症患者におけるうつ症状や不安、肝機能不全に対してSAMeの使用を正当化する十分なエビデンスは既に得られていると考えています。

　肝臓の星状細胞の研究では、SAMeをジリノレオイルホスファチジルコリン（DLPC）とともに投与すると抗線維形成作用を示し、そしてこれはコラーゲン産生のmRNAの抑制や、レプチン刺激組織抑制作用のある組

織メタロプロテアーゼ阻害物質1（TIMP-1）産生の予防によると考えられます。加えて、SAMeは組織を傷害する過酸化水素の発生を防ぎ、主要な抗酸化物質であるグルタチオンの低下を回復しました（Cao, Mak & Lieber, 2006）。

エタノール（アルコール）は、SAMe合成を減らし、細胞内のSAMe濃度を減少させます。さらに、メチオニンアデノシルトランスフェラーゼ（MAT）Ⅱの酵素活性も減らします（第2章、図2.1参照）。

MATⅡはSAMeの合成の触媒となり、これはTヘルパーCD4陽性リンパ球の活性化や増殖に必須です。

エタノールはMATⅡやSAMeを減らすため、免疫機能を障害します（Akhondzadeh, Kashani, Mobaseri, Hosseini, Nikzad & Khani, 2001）。

さらにSAMeとMATⅡの減少は、気分や認知機能を悪化させる可能性があります。経口でSAMeを補うと、この悪影響を防ぎます。

ラットを用いた研究では、メタンフェタミンによりドパミンやSAMeの濃度が低下すると、脳機能の低下の一因となる可能性が示されています（Cooney, Wise, Poirier & Ali, 1998）。

メタンフェタミン依存の治療に対するSAMeの使用は、まだ臨床研究で裏付けられていません。しかしこの前臨床データと、副作用が少なく健康上の利益が数多くあることから、著者の一人ブラウン博士は、双極性障害のないメタンフェタミン依存患者に対して、統合的治療法の一つとしてSAMeを投与し、患者の回復を早めています。これは、治療に関する医学的証拠がとても少なく標準的治療の選択肢が限られている状況でも、最小限の危険で、効果のしくみを理解して特定の治療をあえて行っている好例といえます。

臨床の金言

アルコール乱用者がSAMeを摂取すると、気分や認知機能、肝機能、免疫機能が改善するでしょう。

トケイソウ

マウスを用いた研究で、トケイソウ（パッションフラワー、*Passiflora incarnate*）の抽出液は、モルヒネやニコチン、エタノール、ジアゼパム、デルタテトラヒドロカンナビノールの依存や耐性を改善しました（Dhawan, Dhawan & Chhabra, 2003）。

オピオイド依存症（DSM-Ⅳ）を持つ患者65名に対して、14日間にわたるDBRPC研究が行われ、クロニジンとトケイソウ抽出液投与群、もしくはクロニジンと偽薬投与群に割り振られました。オピオイド離脱症状簡易尺度（SOWS）を用いて評価すると、身体的な離脱症状において両群間で治療効果に差は認められませんでした。しかし、トケイソウ添加群では、効果発現時期が早まり、離脱の精神的症状が著明に減少していました（Frezza, Surrenti, Manzillo, Fiaccadori, Bortolini et al., 1990）。

この研究は、標準的治療の効果を補完するハーブの適切な使用についての良い例です。

オピオイドの離脱症状に対するトケイソウの補完治療法としての使用に関しては、さらなる研究が必要であり、その際は心理学的な評価をさらに追加して行う必要があります。

可能性のある副作用には、めまい、混乱、運動失調、鎮静、QT延長があります。

動物実験ではアルコール摂取量を減らしたハーブ

アルコールを好む種のラットを用いた研究で、以下に示す多くの植物の抽出物はアルコール摂取量を減らすことがわかっており、食欲への影響は認められませんでした。

セイヨウオトギリソウやイボガ、チョウセン（オタネ）ニンジン、タンジン（丹参）に上記の作用が認められました（Danshen; Overstreet, Rezvani, Cowen, Chen & Lawrence, 2006）。

チョウセンニンジン

チョウセンニンジン（*Panax ginseng*）は動物実験において、コカインやアンフェタミン、モルヒネへの依存性や耐性を減らす可能性があります（Huong, Matsumoto & Tamasaki, 1997; Kim, Kang & Seong, 1995; Oh, Kim, & Wagner, 1997）。

これは中枢神経系におけるドパミン濃度を上昇させる効果により、これらの結果が生じたのでしょう。

クズ

クズ（葛、*Pueria labota*）の根はダイゼインやジアジン、プエラリン等の成分を含み、げっ歯類を用いた研究で、アルコールの摂取量を減らす効果を示しました。

さらにアルコール依存症を持つ退役軍人らに対する小規模DBRPC予備研究では、クズの根の抽出物1.2mgの1日2回投与群（n=12）と偽薬投与群（n=17）へ割り振られました。1ヵ月後、アルコールの欲求や禁酒尺度において、両群間で明らかな差は認められませんでした（Shebek & Rindone, 2000）。

重度のアルコール飲用者らに対しDBRPC研究が行われ、クズ抽出物もしくは偽薬が7日間投与されました。クズ投与群では、ビール（自分の好みの銘柄）摂取本数と、ビール一口量が著明に減少しており、同時に一口摂取の回数とビール一本を飲み切る時間が増加していました（Lukas, Penetar, Berko, Palmer et al., 2005）。

メンタト

メンタト（*Mentat*）はアーユルヴェーダの伝統的なハーブの処方薬で、アシュワガンダ（*Withania somnifera*）、オトメアゼナ（*Bacopa monniera*）、アサガオ（*Evolvulus alsinoides*）、ツボクサ（*Centella asiatica*）、カンショウ（*Nardostachys jatamansi*）、インドカノコソウ（*Valeriana jatamansi*）、トリファラ（商品名）、イボツヅラフジ

(*Tinospora cordifolia*)、トビカズラ (*Mucuna pruriens*) が入っています。

メンタトは小規模の非盲検症例集積研究において、禁酒しているアルコール依存症患者の再発を減らしたという有力な結果を示しました (Trivedi, 1999)。

メンタトの構成成分の一つであるアシュワガンダは、動物実験においてオピオイドの離脱症状を減らしたと報告されています。

これらの治療方法には、臨床でのさらなる試験が必要です (Kulkarni & Ninan, 1997; Ramarao, Rao, Srivastava & Ghosal, 1995)。

ドネペジル

ドネペジル（商品名アリセプト）はラットを用いた実験において、メタンフェタミンの欲求を減らした効果が認められています (Hiranita, Nawata, Sakimura, Anggadiredja et al., 2006)。この研究結果から、フペルジン－Aや他のコリンエステラーゼ阻害薬（ヤクヨウサルビア、トケイソウ、ガランタミン、八味地黄丸）も薬物への欲求を減らすのに役立つかもしれません。

これらの可能性を探求するためにさらなる研究が必要です。

最新技術を用いた補完的治療法

ジェームスレイクは、以下の最新技術を用いた治療法について深く議論をしています (Lake, 2007)。

仮想現実による段階的曝露法は、アルコールやニコチン、大麻、コカインへの欲求に対して、乱用のきっかけへの脱感作をもたらしたり反応を防ぐ認知療法として用いられています。この技術はまだ開発初期段階で、さらなる研究が必要です。

頭蓋電気刺激療法（CES）は、100Hz程度の弱い電流を耳もしくは頭皮に使用します。CESは、物質乱用者の薬物からの離脱期における不安を

減らすと報告されていますが、この治療法はアメリカでは保険が使えないことや、この治療法に習熟した治療者を紹介するのが難しいという現状があります。

バイオフィードバック法も、薬物の離脱期における不安を緩和する可能性があります。

鍼治療の、アルコールやニコチン、オピオイドの解毒治療における研究結果はさまざまです。

経絡ではない場所を単に鍼で刺しても、内因性のオピオイドが脳内に放出され、これが多くのストレスに関する疾患に効果を示してしまう場合があり、鍼治療の効果に関する研究結果は評価が困難です。

統合的治療法

1. チアミンや葉酸、マルチBビタミン、A-Zマルチビタミン（商品名）を用いて、栄養の偏りを正す。

    醸造酵母（Lewis Labs社）をテーブルスプーンに大盛り2杯、1日2回内服すると、ビタミンB群と必須元素を安価に摂取できます。

2. 神経保護作用を追加したい場合、1日当たり3000～6000mgの魚油（オメガ-3脂肪酸）、600～800mgのマグネシウム、1000～3000mgのアセチル-L-カルニチンを摂取する。

3. アルコホーリクスアノニマス（AA）やアダルトチルドレン・オブ・アルコホーリクスのような自助グループに紹介する。

    患者の家族に対してアラノンを紹介する（訳注：以上3団体の支部は日本にも存在します）。

4. 以下の処方薬が役に立つ可能性がある。

    a. アルコール依存症患者に対しナルトレキソンやアカンプロサートを投与。

    b. トピラマート1日200～400mgもしくはイスラジピンを投与すると、アルコールやコカイン、他の薬物への欲求が減るかもしれない。

    c. バルプロ酸はアルコール依存症を伴う双極性障害患者に有用。

第9章 物質乱用

5. 注意欠陥障害や多動性障害の有無について評価する。

   そのような場合、精神刺激薬の使用が薬物依存を減らすでしょう。

6. ヨガや気功、ヴィパッサナー瞑想、マインドフルネスと弁証的行動療法など、気軽に参加できる心身（霊）療法に患者を紹介する。

7. SAMeは気分や肝機能、免疫状態、神経保護作用を改善し、アルコール摂取を減らすのに役立つであろう。

   双極性障害の患者が内服すると躁状態となる危険性があることを常に念頭に置きます。

治療計画を組む際に、以下について考慮する必要があります。

1. 治療計画について患者とよく話し合い、目標となる症状に優先順位をつける。
2. 患者にとってその治療法の実施、費用の負担、継続が可能かどうか判断する。
3. 治療期間や段階により、目標は異なる。
   a. 最初の2週間は、解毒や身体症状の安定、治療に取り組むことに集中する。
   b. 最初の3ヵ月は治療を続けつつ、精神的不安や欲求を減らす必要がある。
   c. 断薬を継続すると、1年以内に明らかな脳の回復がみられる可能性がある。

臨床の金言

　心身（霊）療法は感情の制御を改善し、離脱期における身体症状を減らし、やる気や治療の順守を高めます。

　回復期にある患者の多くが、これらの治療計画に参加すると、罪や恥、怒り、良心の呵責といった彼らのつらい過去と和解する手助けになると言います。さらに、人生に新しい意味や目的も見出すかもしれません。

>　物質乱用に悩む患者が心身（霊）医療に参加するよう、まず情報を伝えましょう。

胎児性アルコール症候群

　胎児性アルコールスペクトラム障害（FASD）は、胎児期のアルコールへの曝露によって脳の損傷が引き起こされて発症します。精神遅滞や多動、行為障害や性的逸脱、頭蓋形成の異常といった症状が出現します。

　酸化ダメージやミトコンドリアの損傷、細胞死をもたらすカスパーゼ酵素の活性化、高度不飽和脂肪酸の枯渇などの神経損傷には、おそらく多くの機構が関わっています（Das, 2006）。

　海馬や小脳の障害が最も顕著です。特に、脳内のコリン作動性神経細胞が損傷したり、細胞死しやすいようです。

　予防のための政策がとられているにもかかわらず、米国では15〜20％の女性が妊娠中に飲酒をしています。

　動物実験において、神経保護作用を持つ物質（コリン、ピラセタム、メンタト、抗酸化物質、シリマリンの生物フラボノイド、クズの花）を妊娠中や産後の授乳中に投与すると、母親のアルコール消費による神経学的影響の一部から新生児を守ることができます（Bhattacharya, 1994; Neese, La Grange, Trujillo & Romero, 2004; Thomas, Garcia, Dominguez & Riley, 2004）。メンタトにはオトメアゼナやアシュワガンダなど、24のインドの医療用ハーブが含まれています。

　ある研究でクズの花は、エタノールによる細胞死やカスパーゼ-3のmRNA発現の増加を防ぎ、ヒト神経芽細胞腫の細胞（SK-NMC）を保護する作用を示しました（Jang, Shin, Kim, Chung, Yim et al., 2001）。

　これらの知見を臨床に応用するためには、ヒトでの研究が必要です。

　FASDは特定の治療法がない一生涯にわたる深刻な病気です。FASDに対するCAMを用いた研究報告はありませんが、注意欠陥多動性障害

（ADHD）や学習障害、脳損傷症状に対して効果がある治療法を、FASDに適用できます。理論的には、この章や第4章で「認知機能を高める」と述べられている薬物は、どれも役に立つ可能性があります。

FASDと他の種類の脳損傷には類似性があるので、ブラウン医師は貧困地域の精神科クリニックで、思春期や成人のFASD患者の認知や行動の症状を改善するための治療を行っています。

海馬（感覚処理や記憶に関係する大脳辺縁系の一部）のコリン作動性機能が外傷性脳障害により損傷を受けると、聴覚ゲーティング、不注意、記憶の障害が現れるかもしれません（Arciniegas, 2001）。

外傷性脳障害を持つ退役軍人らの調査にて（Silver, McAllistat & Yudofsky, 2005）、ドネペジルはコリン作動性機能や海馬ゲーティングを改善しました。FASDの優勢症状は海馬やコリン作動性機能の障害であることから考えると、ブラウン医師は認知機能向上のためにFASD患者に対してドネペジルを投与しています。

少なくとも3ヵ月間の投与で改善がみられ、多動の低下や注意力の向上、衝動の抑制、職業的訓練における能力の向上がみられることを発見しました。思春期前の小児には、ドネペジルの内服は刺激が強くなる場合があり、耐えられないかもしれません。

しかしFASDを持つ小児に対して、セントロフェノキシンやフペルジン-A、CDP-コリン等のコリン作動増強薬を用いた研究を行うとよいでしょう（第4章参照）。

表9.1　物質乱用の治療指針

補完代替医療	臨床用途	1日量	副作用、薬物相互作用 注1)、禁忌
	アルコール離脱、渇望	1500mgを2回	軽度の胃の不快感、食事とともに内服する
ビタミンB群 B₁（チアミン） B₁₂（コバラミン） 葉酸 ビタミンB複合体 B50もしくはB100 ビオストラス	アルコールや低栄養による脳の損傷	50mcg 1000mcg 800mcg 1錠 テーブルスプーン1杯を2回 3錠を2回	注意：心臓のステント 注2)
マグネシウム	下痢、血管収縮	600〜800mg	ごくわずか
N-アセチルシステイン	コカインの欲求	2400〜3600mg	ごくわずか
オメガ-3脂肪酸	神経細胞膜機能	6000mg	胃腸障害
トケイソウ（Passaflora incarnate）	不安、オピオイド離脱症状	60滴	めまい、混乱、運動失調、血管炎、QT延長、鎮静作用
クズ（葛、Pueria labota）	薬物の渇望	500mgを3回	効果がみられることはあまりない
S-アデノシルメチオニン（SAMe）	うつ症状、肝硬変、肝炎	400〜2200mg 1100〜1600mg	時に：吐き気、下痢、興奮、不安、不眠 稀：頻脈 注意：双極Ⅱ型障害 禁忌：双極Ⅰ型障害

注1)　一般的な副作用を表に列挙しましたが、まれな副作用もあります。高血圧、糖尿病、妊婦授乳婦、慢性もしくは重度の疾患を持つ人は、栄養補助食品を内服する前に主治医に照会すべきです。さらに抗凝固剤を内服している患者は、栄養補助食品を使用する前に主治医に相談しましょう。

注2)　ホモシステイン血中濃度が15μmol/L未満の男性の場合、心臓のステントの再閉塞の危険が増加する可能性があります。

第10章 薬物による副作用のための補完代替医療（CAM）

概要

- 身体症状／衰弱、倦怠感、傾眠、多汗症、体重増加
- 胃腸症状／口渇、吐き気、嘔吐、肝機能不全、便秘と痔
- 神経系／下肢静止不能（レストレスレッグス）症候群（RLS）、遅発性ジスキネジア、認知や記憶の障害、換語困難、不眠
- 性機能不全やホルモン変化／無オルガズム症、勃起不全、性欲低下、生理不順、乳汁漏出、乳房痛
- 心血管系／足背の浮腫
- 筋骨格系
- 呼吸器系
- 血液系疾患
- 脱毛

治療中断の主な原因の一つは、薬物治療の副作用に耐えられないことです。その際にはまず薬を減量したり、他剤への変更が行われています。しかし、薬の減量や変更により症状が再燃することが少なくありません。そのような場合、CAM導入で、やっかいな副作用を緩和したり、除去できるかもしれません。

　副作用を緩和するための方法としては、ハーブや栄養素、ホルモン治療、心身医療、既存の処方薬の適応外使用があります。

　これらのほとんどは、副作用に対する解毒法として正式に研究されていないにもかかわらず、臨床現場では、これらの治療法を行うと、確実に症状が軽減することがわかっています。

　医者が患者の副作用を重くとらえ、それを解決するように努力し、煩わしい副作用の負担を減らして現行の治療を継続できれば、患者にとってとても喜ばしいことです。

　この章では、臨床現場においてよく遭遇する、薬物の副作用に対処する方法に焦点を当てます。

　薬によっては、至適用量が示されている場合と示されていない場合があります。製造会社が多岐にわたり最終的な製品も違うため、処方する専門家は適切な開始量を決める際に、各製品のラベルを読んで、活性物質の濃度や1錠あたりの含有量を調べなければなりません。

　これを簡単にするために、濃度がわかっている製品のいくつかの製造会社名を載せています。詳細については付録Aの製品の製造会社一覧をご覧ください。製品ラベルに従って治療を行い、副作用に注意しながら漸増します。

　副作用に対する解毒治療として既存の薬物を適応外使用する場合は、読者は医師用添付文章集（日本では『日本医薬品集』（じほう）など）を読み、処方薬に関する詳細情報や副作用、使用上の注意、相互作用について調べるべきです。

第10章　薬物による副作用のための補完代替医療（CAM）

 身体症状

補完代替治療は薬物による疲労、傾眠、発汗、体重増加を改善できます。

衰弱、倦怠感、傾眠

精神科や一般診療で用いられる薬物の多くは、倦怠感や眠気を引き起こし、それがうつ症状と間違われることがあります。

内服薬のすべてに対して注意深い総括が行われ、向精神薬やテラゾシン（ハイトリン）、カタプレス（クロニジン）、メチルドパ（アルドメット）等の古い降圧剤、抗ヒスタミン薬、オピオイド系鎮痛薬、アテノロールやメトプロロール、プロプラノロール等のベータ遮断薬、テラゾシンやタムスロシン（フロマックス）等の前立腺肥大症の治療薬、化学療法薬が原因となる可能性がありました。処方を行う医師は、倦怠感が出現しにくい治療法を見つけるよう求められます。それができない場合、以下のCAM治療は、日中の精神的・身体的エネルギーを高めることができ、依存性も認められていません。

イワベンケイやエゾウコギ、チョウセンニンジンは併用できます。これで症状の改善がみられない場合、マカを追加してもよいでしょう。ADAPT-232には、イワベンケイとエゾウコギ、チョウセンゴミシが含まれています。

1. イワベンケイ　1日450～750mg
2. エゾウコギ　1回500mgを1日2回
3. チョウセンニンジン　1日300mg以上
4. ADAPT-232　1日2～4錠
5. マカ（750mg含有）　1回3～4錠を1日2回

多汗症（過剰な発汗）

日中の過剰な発汗（多汗）や夜間の多汗は、ベンラファキシン（エフェ

クサー）の副作用で、他の抗うつ薬でも起こる場合があります。

　降圧薬であるテラゾシン（ハイトリン）を投与すると、多汗を抑えられます。通常テラゾシン1日1～5mgの少量投与で、抗発汗作用が認められます。既に他の降圧薬を内服している場合、投与量を調節する必要があり、低血圧症状の有無を経過観察する必要があるでしょう（処方薬の副作用については、日本では『日本医薬品集』などを参照）。

　時にガバペンチン（ニューロンチン）の1日300～900mg投与で、発汗が抑えられます。これはガバペンチンの適応外の使用法です。

　ゆっくり深い呼吸法も役に立ちます（第3章参照）。

体重増加

　抗うつ薬のSSRIや気分安定薬（リチウムやバルプロ酸）、抗精神病薬を含む多くの薬物は、インスリン抵抗性をもたらし、これがひどい体重増加や糖尿病、高脂血症、心血管系疾患に関連しています。注意深い食生活や運動にも関わらず体重が増えると、患者が絶望してしまうことがあります。体重増加作用のない薬物への変更が一番良い方法で、たとえば、バルプロ酸（デパケン）をオキシカルバゼピン（トリレプタル）、ラモトリギン（ラミクタール）、アリピプラゾール（エビリファイ）、ジプラシドン（ジオドン）へと変更します。

　変更できる薬物がない場合は、患者とよく話し合い、以下の方法を用いた体重管理計画を作成します。

1. 体重や血糖、脂質状態の経過を観察する。
2. 短時間の散歩や自転車、水泳、活動的な庭仕事や、それらと同等の有酸素運動を、最低1日20分間行う。
3. 患者の食生活を注意深く確認し、調整の必要があれば栄養士に紹介する。
4. ウェイトウォッチャー（WeightWatcher　プログラム名）のようなしっかりした減量計画に参加する。
5. 体重を統制するのに役立つ処方薬や栄養補助食品を試みる。

第10章 薬物による副作用のための補完代替医療（CAM）

　処方薬による二次的な体重増加を抑えるために使用できる薬を、以下に示します。

1. アマンタジン（シンメトレル）はドパミン作動薬であり、通常1日100mgから用いられる。用量は徐々に増やし、1回100～200mgを1日2回投与する。副作用は吐き気が知られており、患者が耐えられる量まで使用する。
2. メトホルミン（グルコファージ）は、経口血糖降下薬であり概して安全で、糖尿病を持たない患者でも低血糖を起こしにくい。
3. ゾニサミド（ゾネグラン）やトピラマート（トポマックス）は抗けいれん薬であり、体重を減少させる可能性がある。

　体重を減らすと宣伝している栄養補助食品は無数にあります。これらの多くには刺激薬が含まれており、科学的な裏づけが欠けています。
　その代わりに、エネルギー産生のために、炭水化物の代わりに体脂肪を利用する等、代謝方法を変化させるいくつかの製品が開発されています。これらの効果は多くの経路を経て発揮され、脂肪分解（トリグリセリドを脂肪酸に分解し、ミトコンドリアにおけるエネルギー産生に使えるようにする）を増やし、ペリリピン（脂肪細胞の表面を覆う蛋白質で、脂肪分解を妨げる）を減少します（減量に対するフコキサンチンを用いた研究の総説は第7章を参照）。

ロードデンドロンカウカシウムとイワベンケイ

　ロードデンドロン（ツツジ属）とイワベンケイを組み合わせて内服すると、体重減少作用が認められます。
　ロードデンドロンは食直前の内服で、食物中の脂肪の吸収を20％抑えます。加えてこのハーブはポリフェノールやプロアントシアニジン等の抗酸化物質を含み、細胞の修復やエネルギー産生を助けます。
　イワベンケイは、脂肪の燃焼を2つの方法、脂肪分解を刺激することと

ペリリピンを減らすことで促進します（Adamchuk, 1969; Adamchuk & Salnik, 1971）。

　BMIが29〜34である肥満の男女273名に対して、DBPC研究が行われました。対象者の半数にはRhodalean-400（200mgのイワベンケイと200mgのロードデンドロン、現在はない）を1錠、1日3回20週間投与し、もう一方には偽薬を投与しました。両群ともに昼夕食後に20分間の散歩が行われ、1日当たりのカロリー摂取は1800kcalに制限されました。研究を完了したのは246名で、Rhdalean投与群では体重減少が平均9.3±1.4kgであり、偽薬群では平均1.2±1.6kgでした。Rhodalean投与群では、食後のコルチゾール濃度が偽薬群より17％低値でした。加えて、ペリリピン濃度も低下していました。副作用は認められませんでした（Adidoff & Nelubov, 1997）。

　1年以内に出産して授乳を終えた女性45名に対して、DBPC研究が行われ、Rhodalean-200（100mgのイワベンケイと100mgのロードデンドロン、現在はない）を1日3回投与すると、減量が促進されました。研究対象の女性の体重は、理想体重より平均42ポンド（約19kg）多めでした。彼女らは炭水化物や脂肪の消費を減らし、1日当たり1750〜1850kcalの摂取を維持する必要がありました。投与6週間後、Rhodalean投与群では5〜6％の体重減少（3.6〜4.5kg）が認められたのに対して、偽薬群では0.4〜0.7％（0.3〜0.5kg）の減少でした。さらにRhodalean投与群では、減少した体重の11.5％が腹囲部からのものであったのに対して、偽薬群では1.7〜2.2％のみでした。副作用は認められませんでした（Adihoff, 1997）。

　処方薬による体重増加を防ぐために、ロードデンドロンとイワベンケイを組み合わせて用いる研究はまだありませんが、著者らの臨床現場では、幾分の効果を確認しており、特にイワベンケイを1日600mgまで増量すると良い結果がみられました。

　向精神薬を内服している患者が減量する場合、効果を得るのに通常6〜8週間必要で、1回20分以上の散歩を1日1〜2回必要とします。その「6

〜8週間実践しないと代謝の変化が期待できないこと」を、治療開始時に患者に説明しておくことが重要です。

これらのハーブは副作用が少ないですが、イワベンケイは不安（特に刺激薬に敏感な患者）や、双極性障害を持つ患者に躁状態をもたらす場合があります。

 胃腸症状

口渇

抗うつ薬や気分安定薬、抗精神病薬によって引き起こされた軽度の口渇は、セパコル（商品名Cepacol）などの砂糖の入っていないレモン味のトローチで緩和できます。唾液が減っている時は虫歯になりやすいので、砂糖を含む飴は摂らないよう警告し、口腔の衛生に注意したほうがよいでしょう。

口渇は通常、抗コリン作用による副作用です。他の抗コリン作用には、目のかすみ、便秘、記憶の喪失があります。

これらの症状はコリン作動薬で緩和できます（第4章参照）。

1. 重度の口渇に対して、ピロカルピン（サラジェン）を処方できる（量や副作用についてはPDR等を参照）
2. フペルジン-A　1日200〜400mg
3. ドネペジル　1日2.5mgから開始する。
（アメリカにおいて）保険会社によっては、アルツハイマー病の診断のある患者のみ給付されます。ドネペジルの使用が保険会社に認められない場合、フペルジン-Aが安価で良い方法となります。

吐き気、嘔吐

ショウガ茶やショウガのカプセルを薬物の内服40分前に内服すると、時に吐き気、嘔吐を緩和できます。ショウガの飴も役に立ちます。運転中

や移動中、仕事中に吐き気が現れたのときのために、プラスチックバッグに入れておけば持ち運びやすいです。

指圧バンド（商品名シーバンド）は、手首にあるツボを刺激し、吐き気を和らげる可能性があります。

化学療法による重度の吐き気に対しては、アムリットカラシ（アーユルヴェーダのハーブ調合薬）が役に立ちます。

肝機能不全

精神科や医療現場で用いられる薬物の多くは、肝炎を引き起こしたり、肝機能酵素を上昇させます。肝機能に対するS-アデノシルメチオニン（SAMe）の効果に関する詳しい議論は、第2章と第9章を参照ください。

抗けいれん薬や気分安定薬などによる肝機能障害を、防いだり、改善するSAMeの効果は、多くの研究で明らかになっています。さらに著者らは臨床で、SAMeがSSRI等の抗うつ薬による肝機能不全を中和するのに効果的であることを発見しています。

肝機能を改善するSAMeの効果は、ポリエニルホスファチジルコリン（商品名Liverpro）を追加するとさらに高められます。

双極性障害を持つ患者は、SAMeの使用を控えるべきですが、中国のハーブ調合薬イーズプラス（商品名Ease plus）にはミシマサイコが含まれており、実際に肝機能を改善する効果が認められています。これらのハーブの注文は医師や、資格のある漢方医でなければ行えません。至適用量は、商品ラベルに従ってください。

肝機能が軽度に上昇している場合は、オオアザミ（*Silybum marianum*）を試みることができます。

便秘と痔

抗精神病薬や三環系抗うつ薬などの薬物による便秘には、トリファラ（アーユルヴェーダのハーブ）1日2〜4カプセルの内服、もしくはマグネシウム600〜800mgの投与がよく効きます。

排便中にいきむと圧力がかかって、痔が悪化する可能性があります。血管壁を強くして痔の治癒や予防を助けるには、ナギイカダやセイヨウトチノキの抽出液などのハーブがあります。

神経系

錐体外路症状（EPS）に対するCAM治療の研究結果についての詳しい議論は、第7章を参照ください。

アカシジア

運動性の落ちつきのなさが症状のアカシジアは、抗精神病薬や抗うつ薬の副作用です。

動物やヒトにおける予備研究で、アカシジアは以下の方法で減ることがわかっています。

1. メラトニン　9〜10mg就寝前
2. ビタミンB_6　600mgを1日2回
3. N-アセチルシステイン　1000〜1200mgを1日2回

下肢静止不能（レストレスレッグス）症候群（RLS）

RLSは脚部の不快な感覚や異常運動という症状があり、通常夜間や休息時に悪化し、歩き回ったりすると改善します。

抗精神病薬やSSRIなどの抗うつ薬は二次的な睡眠の減少をもたらし、RLSの原因となります。

レモンバーム（コウスイハッカ）やトケイソウ、吉草（セイヨウカノコソウ）を組み合わせて投与すると役に立つでしょう（第3章参照）。

遅発性ジスキネジア（TD）

TDは抗精神病薬によるとても厄介な副作用で、顔や口、舌、腕、手、時に首や体幹、脚に現れる反復性アテトーゼ様の異常運動です。

TDを減らす効果が認められているCAMは、単独使用もしくは併用ができます。

1. メラトニン徐放剤　9〜10mg就寝前
2. ピリドキシン（ビタミンB_6）　1日400mg

認知や記憶の障害、換語困難

　抗精神病薬や抗うつ薬、抗不安薬、気分安定薬を内服している患者の多くは、認知障害や記憶力の減少、換語困難という症状を訴えます。

　有用なCAM治療の詳細については、第4章を参照ください。

1. イワベンケイ　1日450〜750mg
2. ADAPT-232　1日2〜4錠
3. アニラセタム　750mgを1日2回
4. フペルジン-A　200〜400mcgを1日2回
5. ドネペジル（アリセプト）　1日5〜10mg
6. ガランタミン　1日4〜32mg。患者の加入している保険会社がこの薬に対する支払いを拒否した場合、スノードロップ（マツユキソウ、4〜32mg）の方が安価で、効果は同等です。
7. チョウセンアザミ抽出液は、ベンゾジアゼピンの長期連用の二次的な認知障害に対して効果を示すでしょう。

不眠

　抗うつ薬や他の薬物での過剰刺激により生じる不眠は、薬の用法を変更したり、鎮静効果のある抗うつ薬を夕方に内服する等の方法をとるとよいでしょう。

　呼吸法についての詳細は、第3章を参照ください。

　不眠に対するCAM治療には以下のものがあります。

1. メラトニン3〜9mgを就寝前に内服する。
   定期的にメラトニンを内服すると睡眠潜時が短くなり、メラトニン放出の延長により睡眠が保たれるでしょう。患者の睡眠状態により、他の方法と組み合わせる必要があるかもしれません。
2. Respire 1のCDを用いた干渉呼吸法
3. ゆっくりしたヨガの呼吸法。
   とくにウジャイ呼吸法（勝利の呼吸）や片鼻交替呼吸法
4. 日中の運動。理想的には就寝6時間前に行う。

性機能不全やホルモン変化

　性機能不全に対するCAM治療の多くは、治療薬により二次的に発生した場合でも、同様に適応できます。
　詳細については第6章を参照ください。

無オルガズム症

　抗うつ薬による無オルガズム症が現れた場合、マカやイワベンケイ、ムイラプアマが効くでしょう。

勃起不全

　勃起不全は、アルギンマックスやマカに反応するでしょう。

性欲低下

　イワベンケイやマカ、ムイラプアマ、7-ketoDHEAを内服すると、性欲が高まるでしょう。

生理不順、乳汁漏出、乳房痛

　非定型抗精神病薬や古くからある神経抑制薬、稀にSSRIでは、プロラクチン濃度が上昇する可能性があります。これは生理不順やイライラ、乳

汁漏出、乳房痛を引き起こすことがあります。

　原因薬物を中断できない場合、これらの副作用はセイヨウニンジンボクや植物エストロゲンの摂取で改善するかもしれません。

　バルプロ酸は、多嚢胞性卵巣のリスクの増加と関連しています。これが出現した場合、薬物の変更が必要になるでしょう。

　インスリン抵抗性があると多嚢胞性卵巣を発症しやすくなることに注意します。この場合、メトホルミン（経口血糖降下薬）の投与が役に立ちます。

心血管系

足背の浮腫

　抗精神病薬や気分安定薬、SSRIを内服中に、足背の浮腫（静脈から組織への水分漏出による足や足首の腫脹）が現れる場合があります。

　CAM治療を行って静脈血管を強化すると、この症状が軽減します。

1. ナギイカダ（商品名Circu Caps）1日900mg
2. セイヨウトチノキ抽出物（Nature's Way社の標準抽出物）1錠を1日2回

筋骨格系

　筋肉痛や筋力低下は、脂質異常症の治療に用いられるスタチンでよくみられる副作用です。スタチン系薬物の使用を継続していると、CoQ10を枯渇させる傾向があります。

　CoQ10は、心臓を含め筋肉組織が正常に機能するために必須です。

　スタチン系薬物を長期に内服している患者は、CoQ10値に注意した方がよいでしょう。これが低下しているか、筋肉痛や筋力低下がみられる場合、CoQ10の補給を行います。

CoQ10の一形態であるユビキノンやユビキノールは、おそらくより効果的です。

呼吸器系

モダフィニル（プロビジル）は、ナルコレプシーや脳損傷（脳卒中後や外傷性脳損傷）患者の覚醒状態の改善に用いられますが、上気道感染症の増加が知られています。

免疫刺激効果のあるCAMによって、呼吸器系感染症を減少できます。

1. エルダーベリー（ニワトコ）の濃縮抽出物であるサンブコル（商品名 Sambucol、Nature's Way社） テーブルスプーン1杯を1日2回
2. レンゲソウやレイシ（霊芝）
3. ヨガの呼吸法

血液系疾患

血球低下は多くの薬物で稀にみられる副作用ですが、バルプロ酸（デパケン）で出現する場合があります。この副作用が出現したら、一般的にその原因薬物は中止するべきですが、バルプロ酸は例外です。軽度の血球低下はバルプロ酸の治療中によく認められますが、以下のCAM治療を行うと効果があり、患者はこの気分安定薬の治療を継続できます。

1. 赤血球が低下した場合、ヘマトクリット値が32％より低くなければ、イワベンケイやエゾウコギ、サメの肝油を試みます。
   サメの肝油の品質が低い場合、混入物による毒性や胃腸障害が報告されています。そのため著者らは、たとえばライフエクステンション社の高品質サメ肝油のみを薦めています。
2. 白血球が減少した場合、全白血球数が3500/μl以上で好中球が1500/μl以上の場合、サメの肝油や、エゾウコギ500mgを1日2

回、レンゲソウ、リチウム１日600mg以上を試してみます。

血球数が上記推奨値より下回った場合はバルプロ酸を中止し、CAM治療を血球が回復するまで続けます。血球が下がり続けたり、改善が認められない場合は、血液専門医に相談するべきです。

 脱毛

気分安定薬や抗うつ薬、化学療法薬による二次的な脱毛は、以下の方法で改善する可能性があります。

1. アムリットカラシ（Maharishi Ayurveda社）
2. ビタミンB群：商品名B50、B100、ビオストラス
3. 亜鉛　１日50mg
4. セレニウム　１日200mcg。慢性的なセレニウムの欠乏は、糖尿病の危険を増加する科学的証拠があり、現在これは研究中です。
5. デルコスシャンプー（商品名Dercos）
6. 2％ニゾラールシャンプー（処方薬のみ）

付録 A
CAM用製品の一覧

以下の表は、原書の発刊当時、原著者が行った主にアメリカ国内で流通している製品に対する調査で高品質と判断された製品の一覧をもとに作成されています。
紹介されている製品は、現在では生産が中止となっていたり、仕様が変更となっている場合があります。

表A.1　ハーブ製品

ハーブ	製造元	商品名	1日当たりの費用
アシュワガンダ（*Withania somnifera*）	Kare-n-herbs Ayurceutics	Tranquility-Kare Pegasus	216〜432円
オトメアゼナ（*Bacopa monniera*）	多くの商品に含有されています。 Paradise Herbs	 Bacopa	180〜360円
アメリカショウマ（*Cimifuga racemosa*）	Enzymatic Therapy Highernature	Remifemin Black Cohosh	72円
ナギイカダ	Bioforce Sanhelios	Higher Dose Circu Caps	31円
カミツレ（カモミール、*Matricaria recutita*）	多くの商品に含有されています。	Chamomile	30円
ガランタミン（スノードロップ、*Galanthus nivalis*）	Smart Nutrition	Galantamine	240〜480円
イチョウ（*Ginkgo biloba*）	Nature's Way Pharmaton Swanson	Gingold Ginkoba Time-Release Ginkgo	40円

付録A

ハーブ	製造元	商品名	1日当たりの費用
チョウセンニンジン（*Panax ginseng*）、	Hsu's Ginseng	Korean Ginseng	24〜48円
アメリカニンジン（*American ginseng*）	Action Labs Hsu's Ginseng	PowerMax-4X American Ginseng	
エゾウコギ（*Eleutherococcus senticosus*）	Hsu's Ginseng	Eleuthero	24〜48円
ホップ（セイヨウカラハナソウ、*Humulus lipulus*）	多くの商品に含有されています	Hops	12円
セイヨウトチノキ	多くの商品に含有されています		30円
カヴァ（*Piper methysticum*）	Natrol	Kavakava extract	48〜152円
クズ（*Pueria labota*）	葛湯として日本で入手可能		
レモンバーム（*Melissa officianalis*）	多くの商品に含有されています	Lemon Balm	30円
マカ（*Lepidium meyenii*）	Medicine-Plants	Maca750	216円
オオアザミ（*Silybum marianum*）	多くの商品に含有されています Nature's Best	Milk Thistle	7円
ムイラプアマ（*Ptychopetalium guyanna*）			24〜36円
トケイソウ（*Passaflora incarnata*）	多くの商品に含有されています	Passionflower	60〜180円
ピクノジェノール（Maritime Pine）	Nature's Best	Pycnogenol	36円
ピジウム			12円
アカツメクサ（*Trifolium pretense*）	配合製品がある	Red clover	80円

表A.1 続き

ハーブ	製造元	商品名	1日当たりの費用
イワベンケイ	Ameriden International SwedishHerbal Institute-Proactive Bioproducts Kare-n-Herbs Medicine-Plants	Rosavin 100mg Rosavin150mg Arctic Root SHR-5 Energy Kare Rosavin100	72〜480円 80〜360円
セージ（*Salvia officinalis*）	多くの商品に含有されています Nature's Answer	Sage	34円/ml
スパニッシュセージ（*Salvia lavendulaefolia*）	多くの商品に含有されています	Salvia	25円
ノコギリヤシ（*Serona repens*）	Nature's Way Life Extension	Saw Palmetto	48円
チョウセンゴミシ	Gaia Herbs Nature's Way	Schizandra	1gあたり216円
セイヨウオトギリソウ（*Hypericum perforatum*）	Alokit, Lichtwar Healthcare Nature's Way	Kira（LI-160） Perika	90〜420円
セイヨウイラクサ（*Urtica dioica*）	多くの商品に含有されています	Stinging nettle	11円
セイヨウカノコソウ（*Valeriana officinalis*）	多くの商品に含有されています	Valerian	5〜10円
ビンポセチン（ニチニチソウ、*Vinca minor*）	Life Extension Smart Nutrition	Vinpocetine	60円
セイヨウニンジンボク（*Vitex agnus-castus*）	多くの商品に含有されています	Vitex	30円
ヨヒンビン（*Pausinystalia yohimbe*）注1)		Actibine Yocon Aphrodyne	120〜480円

注 製品によって価格は変わります。この表では出版時のおおよその価格を載せています。特記されていなければ、治療推奨量に基づいた1日あたりの価格です。
注1) 医師の監督の下での使用が推奨されます。

付録A

表A.2 ビタミン、栄養、向知性薬、栄養補助食品、ホルモン剤

栄養	製造元または販売元	商品名	1日当たりの費用
アセチル-L-カルニチン	Life Extension Foundation（LEF）Smart Nutrition	Acetyl-L-Carnitine ALCAR	60〜180円
αリポ酸	多くの商品に含有されています	Alpha-lipoic Acid	8円
アニラセタム	International Antiaging Systems（IAS）Smart Nutrition	Aniracetam	180円
ビタミンB群 B_{12}舌下投与	多くの商品に含有されています Twin labs General Nutrition Center（GNC）	B-12 DOTS Liquid B-12	7円
セントロフェノキシン（Meclofenoxate）	IAS	Lucidril	60〜300円
シチジン2リン酸コリン（CDP-コリン）	Smart Nutrition LEF	CDP-choline	240〜480円
デヒドロエピアンドロステロン（DHEA）	多くの商品に含有されています	DHEA	18〜66円
7-ケトデヒドロエピアンドロステロン（7-ketoDHEA）	LEF Smart Nutrition Swanson Vitamins	7-keto DHEA	24〜192円
γ-アミノ酪酸（GABA）	Pharma Foods int.	Pharma-GABA	
フペルジン-A	Smart Nutrition GNC	Huperzine	12〜48円
5-ヒドロキシトリプトファン	多くの商品に含有されています。	5-HT	720円
イデベノン	Smart Nutrition	Idebenone	367〜1200円
イノシトール		Inositol	180〜360円
メラトニン	LEF,IAS等多数	Melatonin	6〜24円

415

表A.2 続き

栄養	製造元または販売元	商品名	1日当たりの費用
N-アセチルシステイン	Puritan's Pride（日本でも医師が処方可能だが、適応外使用）	NAC	19〜28円
ニセルゴリン	IAS	Nicergoline	84〜504円
オメガ-3脂肪酸	Vital Nutrients IAS Nordic Naturals Twin Labs Solgar	Ultra Pure Fish Oil	192〜312円
ホスファチジルセリン（ウシ由来でない）	Jarrow and others	Phosphatidyl-Serine	60円
ピカミロン	IAS	Picamilon	48〜144円
ピラセタム	IAS Smart Nutrition	Piracetam	48〜144円
S-アデノシルメチオニン（SAMe）、アデメチオニン（ブリスター包のみ使用）	Nature Made, Jarrow, GNC, LEF, IAS	SAMe Donamet Samyr	120-480円
セレリギン（L-デプレニル）	液体もしくは錠剤 IAS	L-Deprenyl Emsam Jumex	60〜1680円
ユビキノン	LEF	Ubiquinol	240円
ビンポセチン	LEF Smart Nutrition	Vinpocetine	60円

注 製品によって価格は変わります。この表では出版時のおおよその価格を載せています。
　LEF=Life Extension Foundation, IAS=International Antiaging Systems, GNC=General Nutrition Centers.

表A.3 合成製品

合成製品	内容	製造元や販売元	1日当たりの費用
ADAPT-232®	イワベンケイ、エゾウコギ、チョウセンゴミシ	Swedish Herbal Institute	120〜180円
アムリットカラシ（Armit Kalash）	多くのアーユルヴェーダの薬草を含む	Maharishi Ayur Ved	120〜180円
アルギンマックス（ArginMax）	アルギニン、イチョウ、ニンジン、ビタミン、抗酸化物質	Daily Wellness	一錠あたり18円
ビタミンB群	含有成分は商品による	多数	7円
ビオストラス（Bio-Strath）	ビタミンB群と抗酸化物質	日本で販売あり、Websiteあり	120円
Cerefolin（現在はCerefolinNACという名で販売中）	メチルコバラミン 2mg、L-メチル葉酸 5.6mg、N-アセチルシステイン 600mg	Pamlab, NestleHealthScience	162円
Clear Mind	イワベンケイ、ロードデンドロンカウカシウム、クロスグリ	Ameriden	156〜432円
Cognitex	ビンポセチン、アシュワガンダ、ホップ、ショウガ、ローズマリー（マンネンロウ）、ホスファチジルセリン＋DHA、ホスファチジルコリン、α-GPC、リン脂質	Life Extension Foundation	216円
Deplin	7.5mg L-メチル葉酸	Pamlab NestleHealthScience	159円
イーズプラス（Ease plus）	肝臓に効く中国ハーブが多数含有されています	CraneHerb Healthconcerns	120円

表A.3 続き

合成製品	内容	製造元や販売元	1日当たりの費用
イーズエナジー（EZ-energy）	イワベンケイ 70mg、チョウセンゴミシ、エゾウコギ、マンシュウハンノキ、ルージアカルタモイデス	Ameriden	78〜156円
Fertilityblend	セイヨウニンジンボク、緑茶、L-アルギニン、ビタミン、必須元素	Daily wellness	318円
FucoTHIN	褐海藻、ザクロ種子油	Garden of Life	120円
Horse Chestnut Complex	セイヨウトチノキ、ナギイカダ、ルチン、ブドウ種子油	Nature's Best	36円
免疫刺激剤 RM10 Noxylane4 Double strength	10 mushrooms mushrooms	Garden of Life Lane labs	72〜144円
Intelligence plus	オトメアゼナと多くのアーユルヴェーダハーブ	Maharashi Ayur Ved	19〜38円
Kan Jang	キツネノマゴ、エゾウコギ	Swedish Herbal Institute	156円
Kare-n-Liver	チョウセンゴミシ 100mg、エゾウコギ 100mg	Kare-n-Herbs	48円
Mentat（BR16-A）	オトメアゼナ、ツボクサ、アシュワガンダ、トリファラ、アサガオ、アルジュナ	Himalaya	48〜96円
Metanx	L-メチル葉酸2.8mg、ピリドキサル5'リン酸（B_6）25mg、メチルコバラミン2mg	NestleHealthScience	102円

合成製品	内容	製造元や販売元	1日当たりの費用
Vigodana	イワベンケイ、マグネシウム、ビタミンB_6、B_{12}、葉酸	Dr.loges	120円

注：製品によって価格は変わります。この表では出版時のおおよその価格を載せています。
特記されていなければ、治療推奨量に基づいた1日あたりの価格です。

付録 B 医薬品一覧

抗うつ薬

モノアミン酸化酵素阻害薬
セレルギン（エルデプリル、EMSAM）
日本：パーキンソン病治療薬として薬価収載されています。

選択的セロトニン再取り込み阻害薬
シタロプラム（セレクサ）
　日本：未認可
エスシタロプラム（レクサプロ）
　日本：薬価収載あり
フルオキセチン（プロザック）
　日本：未認可
フルボキサミン（ルボックス）
　日本：薬価収載あり
パロキセチン（パキシル）
　日本：薬価収載あり
セルトラリン（ゾロフト）
　日本：薬価収載あり、日本名ジェイゾロフトなど

他の抗うつ薬
ブプロピオン（ウェルブトリン）
　日本：未認可
ミルタザピン（レメロン）
　日本：薬価収載あり
ネファゾトン（セルゾン）
　日本：未認可
トラゾドン（デジレル）
　日本：薬価収載あり
ベンラファキシン（エフェクサー）
　日本：未認可

抗精神病薬

非定型抗精神病薬
アリピプラゾール（エビリファイ）
　日本：薬価収載あり
クロザピン（クロザリル）
　日本：薬価収載あり
オランザピン（ジプレキサ）
　日本：薬価収載あり
クエチアピン（セロクエル）
　日本：薬価収載あり
リスペリドン（リスパダール）
　日本：薬価収載あり
ジプラシドン（ジオドン）
　日本：未認可

定型抗精神病薬
ハロペリドール（ハルドール）
　日本：薬価収載あり　日本名セレネースなど

抗不安薬、睡眠薬

ベンゾジアゼピン系薬物
アルプラゾラム（ザナックス）
　日本：薬価収載あり　日本名ソラナックスなど
クロナゼパム（クロロピン）
　日本：薬価収載あり　日本名リボトリルなど
ジアゼパム（バリウム）
　日本：薬価収載あり　日本名ホリゾンなど

ロラゼパム（アティバン）
　日本：薬価収載あり　日本名ワイパックスなど
オキサゼパム（セラックス）
　日本：未認可

非ベンゾジアゼピン系薬物
ブスピロン（バスパー）
　日本：未認可
ゾルピデム（アンビエン）
　日本：薬価収載あり　日本名マイスリーなど

双極性障害に使用される気分安定薬

カルバマゼピン（テグレトール）
　日本：薬価収載あり
ガバペンチン（ニューロンチン）
　日本：薬価収載あり　日本名ガバペン
ラモトリギン（ラミクタール）
　日本：薬価収載あり
リチウム
　日本：薬価収載あり　日本名リーマスなど
オキスカルバゼピン（トリレプタール）
　日本：未認可
トピラマート（トポマックス）
　日本：薬価収載あり　日本名トピナなど
バルプロ酸（デパコート）
　日本：薬価収載あり　日本名デパケンなど

ADD や ADHD（注意欠陥多動性障害）に使用される薬物

精神刺激薬
アンフェタミン（アデロール）
　日本：未認可
メチルフェニデート（コンサータ、リタリン）
　日本：薬価収載あり

選択的ノルエピネフリン再取り込み阻害薬
アトモキセチン（ストラテラ）
　日本：薬価収載あり

認知低下に使用される薬物

ドペネジル（アリセプト）
　日本：薬価収載あり
メマンチン（ナメンダ）
　日本：薬価収載あり　日本名メマリーなど

訳者あとがき

　精神科や児童精神科、小児科の外来には、「こころ」の問題をもち、患者さんやその親御さんが来院されます。上記3つの科を経験した私は、西洋医学に通じておりますが、その限界や患者とのコミュニケーションの不足を痛感しております。
　この本に、高額な治療法はあまりありません。一方ヨガや呼吸法、太極拳といった運動法や、ハーブや漢方薬の摂取が推奨されております。
　この本は2009年にアメリカで出版され、大きな反響と、多くの賞、高い評価を得た『How to Use Herbs, Nutrients & Yoga in Mental Health』の日本語版です。私は著者であるコロンビア大学精神科臨床助教授のブラウン先生とニューヨーク医科大学精神科臨床助教授であるゲルバーグ先生（夫妻）に、アメリカの学会でお会いしたのを含めて3度お目にかかっており、上記の方法の一部を直に教わってきました。
　著書の冒頭には、医療関係者や専門家向けと述べられておりますが、すべての人にお役に立つ内容であると思います。
　病気の治療法のヒントは、足元にあるというのが私の持論です。この本の推奨する方法は、今日から実行可能で、副作用がとても少なく、安価であると思います。
　もし本書を読んで統合医学をもっと知りたいと思ったら、方法はいくつもあります。たとえば太極拳を学びたければ、日本の大都市の大きな公園に朝早く行ってみてください。ラジオ体操の他に太極拳をしているかもしれません。
　ヨガを学びたければ、駅や地域のコミュニティセンターに講座が開かれ

記者あとがき

ていることが多いです。もちろん費用が必要なこともあるでしょう。

　呼吸法を学びたければ、帯津良一先生のクリニックが主催する太極拳の呼吸法が、東京池袋にて週1～2回行われております。他にはヨガや合気道の講座に参加するとよいでしょう。

　漢方薬は、日本において医者が処方可能であり、2016年現在まで処方量が増加し続けています。この本では単剤で薦められることが多いですが、日本では数種類が組み合わされた処方薬が保険収載されております。

　この本に出てくる商品名は2009年にアメリカで販売されているものが多く、商品名が変更されたり、販売終了したものがありました。できるだけ現在販売されているものを確認し、掲載しています。

　この本に出てくる植物名は和名、なければ通名を記しました。

　薬品名は巻末の付録Bに成分名と商品名を記し、日本発売中かどうかを記しています。薬品に関して、この本が米国で出版された時と比べて、インターネットやiHerbなどを通してさらに容易に手に入ると思います。

　診断名はICD10やWISC-Ⅳ, Ⅴにできる限り沿いましたが、原著に従った部分もあります。

　文中のお金については、2016年1月の1アメリカドル＝120円で換算しました。

　この本に記載の治療法を試みるにあたっては、まず現在の主治医に可否についてご質問し、その下で試みることをお勧めします。

　この本がお役に立てば幸いです。皆様のご健康とご発展をお祈りしております。たくさんの愛と感謝をこめて。

平成28年12月　児童精神科医　飯野彰人

423

索引

数字・アルファベット

5-ヒドロキシトリプトファン（5-HTP）
　　　　　　　　　　　　　　　68, 69
7-keto DHEA　　　　　　　73, 74, 76, 151
ADD（注意欠陥障害）
　　　　　85, 107, 231, 238, 257, 260, 384
ADHD（注意欠陥多動性障害）
　　28, 238, 242, 243, 252, 254, 257, 260, 395
AIDS（後天性免疫不全症候群）
　　　　　　　　　　　　　76, 367, 370
BCE-001　　　　　　　　　　　　218
CFS　　　　　　　　　　　　　　365
CDP-コリン　　　　　　　　　　　192
CoQ10　　　　　　　188, 223, 364, 409
DHA（ドコサヘキサエン酸）
　　　61, 167, 178, 224, 269, 276, 279, 331
DHEA　　73, 74, 76, 227, 303, 307, 328, 329
EPA（エイコサペンタエン酸）
　　　　　61, 167, 178, 269, 276, 279, 330
FMS　　　　　　　　　　　　　　365
GABA　　　　　　　　　164, 186, 330
HIV（ヒト免疫不全ウイルス）　45, 76, 367
IBS（→過敏性腸症候群）
L-チロシン　　　　　　　　　　　245
MAOI（→モノアミン酸化酵素阻害薬）
N-アセチルシステイン（NAC）
　　　　　　　　　　　　　70, 331, 386
PMS（→月経前症候群）
PMDD（→月経前不快気分障害）
PNS（→副交感神経系）
PTSD（→心的外傷後ストレス障害）
RLS（→下肢静止不能症候群）
Respire 1　　　　　　105, 120, 240, 298

SAMe（→S-アデノシルメチオニン）
SKY（→スダルシャンクリヤヨガ）
SNS（→交感神経系）
St. John's Wort（→セイヨウオトギリソウ）
S-アデノシルメチオニン　33, 36, 38, 40,
　　　46, 182, 244, 280, 360, 367, 387

ギリシャ文字

αリポ酸（ALA）　　43, 178, 190, 217, 223
γ-アミノ酪酸（→GABA）

あ行

アートオブリビング財団
　　　　　　　87, 121, 253, 355, 366, 370
アーユルヴェーダ
　　　　　71, 135, 205, 215, 249, 348, 391
アイアンガーハタヨガ　　　　　　　114
アイアンガーヨガ　　　　　　　79, 353
亜鉛　　　　　　　　　　243, 317, 411
アカシジア　　　　　　　　　　　406
アカツメグサ　　　　　　　　283, 288
アカンプロサート　　　　　　　　385
アサガオ　　　　　　　　　　　　391
アシュワガンダ　　　　　　　205, 349
アセチル-L-カルニチン（アルカー）
　　　　　189, 246, 312, 362, 368, 386
アダプトゲン　　　　157, 195, 346, 348
アデメチオニン　　　　　　　　　33
アニラセタム　　　　　　　210, 251, 328
亜麻種　　　　　　　　　　　　294
アメリカショウマ　　　　　　283, 289
アメリカニンジン　　　　　　　　248
アミノ酸　　　　　　　　　　　　245

索引

アムリットカラシ ……………………… 350, 411
アルカー（→アセチル-L-カルニチン）
アルギニン ………………………………… 302, 311
アルギンマックス ………………… 302, 311, 408
アルツハイマー病
　………… 145, 175, 179, 189, 191, 214, 222
イソフラボン ………………………………… 284, 287
イチョウ …………… 166, 214, 248, 294, 308, 326
イデベノン ……………………………………………… 188
イノシトール …………………………………………… 67
イボガ …………………………………………………… 390
イボツヅラフジ …………………………………… 391
イメージ療法 ……………………………………… 372
イワベンケイ
　…… 54, 55, 57, 157, 196, 346, 362, 368, 402
インテリジェンスプラス …………………… 205
インドカノコソウ ………………………………… 391
ウジャイ呼吸法
　……… 84, 105, 109, 121, 127, 132, 240, 282,
　338, 408
うつ病
　…… 30, 36, 37, 41, 42, 43, 45, 46, 50, 54, 55,
　62, 77, 84, 88, 278, 296
エイコサペンタエン酸（→EPA）
エストラジオール ………………………………… 298
エゾウコギ …………………………… 195, 203, 400
エルダーベリー（ニワトコ）………………… 410
オープンフォーカス瞑想法 ………………… 119
オーム詠唱 ………………………………………… 127
オタネニンジン …………………………………… 204
オトメアゼナ ………………… 215, 249, 391, 395
オピオイド依存症 ………………………………… 390
オメガ-3脂肪酸
　…… 57, 61, 62, 64, 65, 167, 178, 246, 276,
　330, 387
オメガ-3FA（→オメガ-3脂肪酸）

か行

外気功療法 ……………………………………… 364
カヴァ …………………………………………… 155, 162
顎関節症（TMJ）………………………………… 130

学習障害 ……………………………… 251, 252, 254
下肢静止不能症候群（RLS　レストレスレッグス症候群）…………… 49, 244, 286, 406
カパラバディ呼吸法 ………………… 109, 136
過敏性腸症候群（IBS）
　………… 27, 36, 73, 118, 169, 351, 371, 373
カモミール ………………………………………… 167
カラトウキ ………………………………………… 291
ガランタミン …………………………………… 191, 392
カルシウム ………………………………………… 267
カルニチン ………………………………………… 361
肝炎 …………………………………………………… 367
がん関連疲労 …………………………………… 345
がん関連疼痛 …………………………………… 351
肝機能不全 ……………………………………… 405
換語困難 …………………………………………… 407
カンショウ ………………………………………… 391
干渉呼吸法 ………………… 104, 120, 136, 240
関節炎 ………………………………………… 41, 360
カンゾウ …………………………………………… 292
顔面紅潮 …………………………………………… 294
気功 ………………………… 81, 107, 363, 379
季節性感情障害（SAD）
　…………………………… 50, 53, 60, 274, 278
気分障害 ………………… 47, 57, 61, 73, 77
吉草 ………………………………… 159, 161, 162, 406
境界性パーソナリティ障害 ………… 65, 137
強迫性障害 ……………………………………… 134
共鳴呼吸法 ……………………………………… 104
恐怖症 ……………………………………………… 132
クズ（葛）………………………………… 391, 395
クンダリーニ ……………………………………… 37
クンダリーニヨガ ………… 113, 134, 353, 370
けいれん ………………………………………… 136
傾眠 ………………………………………………… 400
月経前症候群（PMS）………………… 265, 275
月経前不快気分障害（PMDD）…… 265, 275
倦怠感 ……………………………………………… 400
口渇 ………………………………………………… 404
交感神経系（SNS）………………………… 27, 94
高氏柴胡 …………………………………………… 43
向精神薬 …………………………………… 294, 400

425

向知性薬 ……………………… 217, 328
コエンザイム Q10（→ CoQ10）
更年期障害 ……………………………… 55
広汎性発達障害 …………………… 148
高照度光療法 ……………………… 278
高地生活 ……………………………… 148
小麦胚芽 …………………………… 294
コリン作用増強薬 ………………… 191
コリン ………………………………… 67

さ行

サハジャヨガ ……………………… 115
サメの肝油 ………………………… 410
三環系抗うつ薬（TCA）……… 34, 52
産後うつ病 ………………………… 280
痔 …………………………………… 406
子宮がん …………………………… 344
時差ぼけ …………………………… 148
自傷 …………………………………… 65
シチコリン ………………………… 192
失読症 ……………………………… 251
自閉症 ……………………………… 148
ジメチルアミノエタノール（DMAE）
………………………………………… 247
社交不安症 …………………… 107, 159
シャバアサナ ……………………… 81
シャンティクリヤヨガ …………… 113
自由焦点瞑想法 …………………… 119
周産期双極性障害 ………………… 279
食事療法 …………………………… 242
身体表現性障害 …………………… 52
心的外傷（トラウマ）…………… 112
心的外傷後ストレス障害（PTSD）
……………………… 76, 124, 138, 151, 281
神経療法 ……………………… 230, 250
衰弱 ………………………………… 400
錐体外路症状（EPS）……… 326, 337
睡眠時無呼吸症候群 ……………… 286
睡眠障害 …………………… 134, 145
スダルシャンクリヤヨガ（SKY）
……… 82, 108, 109, 112, 298, 354, 358, 365,
370, 381
スノードロップ …………………… 191
スパニッシュセージ ……………… 211
セージ ……………………………… 211
性機能不全 ……… 303, 313, 318, 408
脆弱 X 症候群 ……………………… 246
精神腫瘍学 ………………………… 342
セイヨウイラクサ ………………… 315
セイヨウオトギリソウ（St. John's Wort）
…… 47, 49, 50, 52, 159, 293, 327, 361, 390
セイヨウカノコソウ（→吉草）
セイヨウカラハナソウ（ホップ）… 284, 288
セイヨウトチノキ …………… 406, 409
セイヨウニンジンボク（チェストベリー）
……………… 268, 270, 272, 292, 304, 409
性欲低下 …………………………… 408
生理不順 …………………………… 408
セレギリン ………………………… 221
セレニウム ………………………… 411
線維筋痛症 …………………… 41, 360
前庭刺激法 ………………………… 254
セントロフェノキシン …………… 218
前立腺がん ………………………… 357
前立腺肥大症 ……………………… 313
双極性障害 … 64, 65, 67, 70, 76, 89, 136, 279

た行

太極拳 ………………………… 115, 135
胎児性アルコール症候群 ………… 395
体重増加 …………………… 334, 401
タウリン …………………………… 385
多汗症 ……………………………… 400
脱毛 ………………………………… 411
担がん患者 ………………………… 342
タンジン …………………………… 390
チベットヨガ ……………………… 352
遅発性ジスキネジア（TD）…… 406
注意欠陥障害（→ ADD）
注意欠陥多動性障害（→ ADHD）
超越瞑想 …………………………… 119
チョウセンゴミシ ……… 195, 200, 202

チョウセンニンジン
　············ 195, 200, 203, 248, 307, 391
ツボクサ ·· 391
テアニン ·· 163
鉄 ·· 244
デヒドロエピアンドロステロン（→ DHEA）
てんかん ····························· 115, 148, 165, 209
統合失調症 ··· 324
トケイソウ（パッションフラワー）
　··· 162, 248, 390
ドコサヘキサエン酸（→ DHA）
ドネペジル ··· 392
トビカズラ ··· 392
トラウマ（→心的外傷）
トリプトファン ··································· 245

な行

ナギイカダ ································· 406, 409
ナルコレプシー ··································· 410
ニセルゴリン ······································ 226
ニチニチソウ ······································ 212
ニンジン ····································· 203, 307
乳汁漏出 ·· 408
乳房痛 ··· 408
妊娠 ·································· 136, 276, 278, 280
認知増強ホルモン ································ 227
認知行動療法 ······································ 113
認知障害 ·· 206
妊孕性 ····························· 300, 304, 306, 317
ノコギリヤシ ······································ 314

は行

パーキンソン病
　········· 43, 106, 146, 147, 175, 185, 210, 222, 228
パーソナリティ障害 ······················· 137, 365
ハァ呼吸法 ··· 115
バイオフィードバック ······· 230, 250, 363, 393
バストリカ呼吸法 ·························· 109, 127
ハタヨガ ································· 78, 81, 381

八味地黄丸 ································· 204, 392
麦角誘導体 ··· 226
鍼治療 ··································· 274, 280, 361, 393
ビオストラス ······························· 350, 411
ピカミロン ································· 186, 247
光療法 ·· 274, 278
ピクノジェノール ················ 249, 271, 308
ピジウム ·· 315
ビタミンB群 ···················· 38, 181, 333, 411
ビタミンB_1 ····································· 385
ビタミンB_{12} ························· 38, 181, 333
ビタミンB_6 ····················· 38, 181, 268, 333
ビタミンD ·································· 60, 268
ビタミンE ··· 298
ヒデルギン ··· 226
ヒト免疫不全ウイルス（HIV）··········· 367
ピラセタム ································· 220, 251
広場恐怖症 ··· 107
ビンポセチン ······································ 212
不安障害 ··· 104, 121, 138, 145, 155, 281, 354
フェニルアラニン ································ 245
副交感神経系（PNS）··············· 27, 94, 97
浮腫 ·· 409
物質乱用 ·· 378
フペルジン ································· 193, 249
不眠 ·· 407
不眠症 ·· 155, 168
ブラックコホシュ ································ 289
閉経 ······························ 283, 294, 297, 298, 303
ベル麻痺 ·· 201
ベンゾジアゼピン離脱症候群 ············· 150
便秘 ·· 405
片鼻交替呼吸法 ··································· 123
ホスファチジルセリン ························ 223
勃起障害 ····································· 306, 408
ホップ（→セイヨウカラハナソウ）
ホメオパシー ································ 72, 169
ホモシステイン ··································· 181
ポリフェノール ··································· 180
ホルモン治療 ······································ 328
ホルモン変化 ······································ 408

ま行

マインドフルネスストレス低減法（MBSR）
　…………………………… 118, 352
マインドフルネス瞑想法 ………… 118, 370
マカ ……… 205, 210, 301, 310, 317, 400, 408
マグネシウム ………………… 261, 361, 385
マッサージ ……………………………… 254
マツユキソウ …………………………… 211
マツヨイグサ …………………………… 269
慢性疲労症候群 ………………………… 360
マントラ復唱法 ………………… 116, 369
右鼻孔呼吸法 …………………………… 372
ミシマサイコ ……………………………… 43
ムイラプアマ ………………… 300, 309, 408
無オルガズム症 ………………………… 408
瞑想 ………………………… 101, 116, 252, 370
メクロフェノキセート ………………… 247
メラトニン ………… 145, 229, 328, 334, 408
メンタト ………………………… 391, 395
モノアミン酸化酵素阻害薬（MAOI）
　………………… 23, 52, 221, 235, 320, 420

や行

ヤクヨウサルビア ……………… 211, 392
ユビキノール …………………………… 188
葉酸 ………………………… 57, 181, 317
ヨガ …… 77, 82, 101, 117, 140, 142, 372, 410
ヨガサナ ………………………………… 338
ヨヒンビン ……………………………… 306

ら行

ライム病 ………………………………… 201
ラセタム ………………… 220, 251, 328
卵巣がん ………………………………… 344
リラックス法 …………………………… 372
ルイヨウボタン ………………………… 292
レイシ（霊芝） ………………………… 410
レストレスレッグス症候群（→下肢静止不
　能症候群）
レボドパ ……………………… 44, 245
レム睡眠行動障害（RBD） ………… 147
レモンバーム ……………… 161, 211, 406
レンゲソウ ……………………………… 410
ロードデンドロン ……………………… 402

メンタルヘルスケアのための統合医学ガイド

平成 29 年 4 月 27 日　第 1 刷発行

著　　者	リチャード・P・ブラウン、パトリシア・L・ゲルバーグ、	
	フィリップ・R・マスキン	
訳　　者	飯野彰人	
発 行 者	東島俊一	
発 行 所	株式会社 法 研	
	東京都中央区銀座1-10-1（〒104-8104）	
	販売 03(3562)7671 ／編集 03(3562)7674	
	http://www.sociohealth.co.jp	
印刷・製本	研友社印刷株式会社	0117

小社は㈱法研を核に「SOCIO HEALTH GROUP」を構成し、相互のネットワークにより、〝社会保障及び健康に関する情報の社会的価値創造〟を事業領域としています。その一環としての小社の出版事業にご注目ください。

ⓒ Akihito Iino 2017, Printed in Japan
ISBN 978-4-86513-383-7 C0077　定価はカバーに表示してあります。
乱丁本・落丁本は小社出版事業課あてにお送りください。
送料小社負担にてお取り替えいたします。

JCOPY〈(社)出版者著作権管理機構 委託出版物〉
本書の無断複製は著作権法上での例外を除き禁じられています。複製される場合は、そのつど事前に、(社)出版者著作権管理機構（電話 03-3513-6969、FAX 03-3513-6979、e-mail: info@jcopy.or.jp）の許諾を得てください。